吉林省普通本科高校省级重点教材
工程管理与工程造价专业新形态教材

工程经济学

第4版

主　编　于立君　郝利光
参　编　朱伟华　胡　巨　房树田　石宏彬
　　　　王　媛　陈金翠　胡金红

机械工业出版社
CHINA MACHINE PRESS

本书在第 3 版的基础上，紧密结合当前建设项目经济评价方法的最新内容修订而成。

本书系统介绍了工程经济学的基本原理和方法及其在工程中的应用。全书共 11 章，内容包括工程经济学概论、工程经济要素、项目经济预测、资金的时间价值、现金流量法——单方案评价和多方案评价、不确定性分析、建设项目可行性研究与经济评价、价值工程、工程经济学在工程中的应用以及经济评价案例——某钢铁联合企业财务评价。书后附录给出课程涉及的相关数据，便于教学和实际使用。

本书主要作为高等教育工程管理、工程造价专业的本科生教材，也可作为其他专业“工程经济学”和“技术经济学”课程的本科教学参考书，还可供工程规划、设计、施工、管理和投资决策咨询等单位和部门的工程技术专业人员与工程经济专业人员学习参考。

图书在版编目（CIP）数据

工程经济学/于立君，郝利光主编. —4 版. —北京：机械工业出版社，2022.12（2024.7 重印）
吉林省普通本科高校省级重点教材 工程管理与工程造价专业新形态教材
ISBN 978-7-111-72199-4

Ⅰ.①工… Ⅱ.①于…②郝… Ⅲ.①工程经济学-高等学校-教材 Ⅳ.①F062.4

中国版本图书馆 CIP 数据核字（2022）第 231906 号

机械工业出版社（北京市百万庄大街 22 号 邮政编码 100037）
策划编辑：冷 彬 责任编辑：冷 彬 何 洋
责任校对：张亚楠 李 婷 封面设计：张 静
责任印制：任维东
河北京平诚乾印刷有限公司印刷
2024 年 7 月第 4 版第 2 次印刷
184mm×260mm · 20.5 印张 · 478 千字
标准书号：ISBN 978-7-111-72199-4
定价：59.80 元

电话服务 网络服务
客服电话：010-88361066 机 工 官 网：www.cmpbook.com
010-88379833 机 工 官 博：weibo.com/cmp1952
010-68326294 金 书 网：www.golden-book.com
 机工教育服务网：www.cmpedu.com

前　言

《工程经济学》自 2005 年出版第 1 版以来，受到广大师生和读者的好评。后于 2010 年进行了修订，出版了第 2 版。第 2 版紧扣国家颁布的《建设项目经济评价方法与参数》(第三版) 的主要内容，更加突出教材实用性和对学生实际工作能力的培养与训练，紧密结合本专业实践性强、实用性强的特点，注重与其他专业课程的衔接，并保持教学内容体系的系统性和不断更新，对《建设项目经济评价方法与参数》(第三版) 的主要内容与原理进行了详细的阐述与讲解，对第 1 版中与其相关的内容进行了调整，同时增加了案例学习内容，使得教材内容体系更科学、实用，并充分体现了应用型本科的教学特点，更适合应用型普通高等院校教学的需要。时隔 5 年，于 2015 年又对第 2 版进行了修订，在第 2 版的基础上进一步完善，版式增加了套色，视觉效果更好，内容上进行了一定的微调，部分章节增加了更具应用性的复习题。

2022 年，本书在第 3 版的基础上再次进行了修订。此时营业税已全面取消，全部改征增值税，对工程经济评价的计算结果会产生一定的影响。本次修订也对“营改增”的内容进行全面修订，同时阐述了这一税收变动的沿革，方便教学和实际应用。

为贯彻落实党的二十大精神，本书作者结合本课程的具体内容，在书中加入了中国创造等课程思政元素，有助于培养学生具备技术与经济的双重思维，并增强民族自豪感和传承爱国情怀。

本书由从事多年教学工作的一线教师合作编写。全书由于立君和郝利光担任主编并负责统稿。具体编写分工如下：第一、四、十一章由郝利光（长春工程学院）编写；第二章由陈金翠（河南城建学院）编写；第三章由胡巨（河南城建学院）编写；第五、六章由于立君、胡金红（长春工程学院）编写；第七章由房树田（黑龙江工程学院）编写；第八章由王媛（北京建筑大学）编写；第九章由石宏彬（黑龙江工程学院）编写；第十章由朱伟华（湖南城市学院）编写。

由于编者水平有限，不妥或错误之处在所难免，敬请读者批评指正，以利再版时修正。

编　者

数字资源（重点授课视频）目录

资源名称	章节	二维码	资源名称	章节	二维码
工程与经济	第一章第一节		净现值	第五章第五节	
建设项目投资	第二章第二节		内部收益率	第五章第七节	
双倍余额递减法	第二章第三节		差额内部收益率	第六章第三节	
增值税	第二章第四节		最小公倍数法	第六章第三节	
现金流量图	第四章第一节		线性盈亏平衡分析	第七章第二节	
资金等值	第四章第一节		概率分析	第七章第四节	
名义利率与有效利率	第四章第三节		强制确定法	第九章第二节	
资金等值计算案例	第四章第四节		最合适区域法	第九章第二节	
现金流量表	第五章第二节		功能整理	第九章第三节	

目　录

前言

数字资源（重点授课视频）目录

第一章 工程经济学概论

学习要点及目标

1. 掌握工程、技术和经济的含义及其关系。
2. 掌握工程经济学的定义及研究对象。
3. 了解工程经济学的产生与发展。
4. 理解经济效果的概念。
5. 掌握工程经济分析的一般步骤。
6. 熟悉工程经济分析的基本原则。

视频讲解：工程与经济

第一节 工程经济学的含义

一、工程经济学的相关基本概念

工程经济学是一门应用性经济类学科。由于本课程的学习者多是工程专业类学生，没有系统学习过经济类的基础知识，所以本书首先从工程经济学的相关基本概念开始介绍。

1. 工程的含义

在《现代汉语词典》中，“工程”有两方面的含义：一是指土木建筑或其他生产、制造部门用比较大而复杂的设备来进行的工作，如土木工程、机械工程、化学工程、采矿工程、水利工程等；二是泛指某项需要投入巨大人力和物力的工作，如菜篮子工程。工程经济学中所谈到的工程主要是指第一种含义。从本质上说，工程是人们改造客观世界的社会实践活动。

2. 科学与技术的含义

科学与技术的关系是一个古老的话题，长久以来人们一直在讨论。从一般意义上来说，科学是对大自然的最基础的探索和研究，而技术是在科学的基础上利用其来改造自然界和人类社会的手段。从本质上说，科学属于认识世界的范畴，而技术属于改造世界的范畴。二者是不同的概念，但又是密切联系的。

现代工程是人们运用科学知识和技术手段创建的。

3. 经济与经济学的含义

在西方，“经济”一词源于希腊文，原意是家计管理。古希腊哲学家色诺芬的著作《经济论》中论述了以家庭为单位的奴隶制经济的管理，这与当时的经济发展状况是适应的。

在我国古代，“经济”一词是“经邦”和“济民”、“经国”和“济世”以及“经世济民”等词的综合和简化，含有“治国平天下”的意思。其内容不仅包括国家如何理财、如何管理其他各种经济活动，而且包括国家如何处理政治、法律、教育、军事等方面的问题。19 世纪，日本一些学者将西方著作中的“economy”一词译作现代含义上的“经济”一词。19 世纪下半叶，我国从日本引进这一概念，最初有“生计”“理财”“经济”等不同译名，最后才统一译作“经济”。

近代和现代的“经济”一词，大致有如下几种含义：①经济是指经济关系或经济制度，如马克思的政治经济学中经济的含义；②经济是一个国家国民经济部门或总体的简称，如国民经济、农业经济中经济的含义；③经济是指物质资料的生产，以及与其相适应的交换、分配、消费等生产和再生产活动，如工业经济学中经济的含义；④经济是指节约、精打细算之意，指对资源的有效利用和节约，如工程经济学中经济的含义。“经济”一词的多种含义视其使用范围不同而异，但在一定场合使用，其含义却是确定的。

经济学是研究人类社会在各个发展阶段上各种经济活动和各种相应的经济关系，及其运行、发展规律的科学。

经济活动是人们在一定经济关系的前提下，进行的生产、交换、分配、消费以及与之有密切关联的活动。由于资源的稀缺性，在经济活动中存在着以较少耗费取得较大效益的问题。经济关系是人们在经济活动中结成的相互关系，在各种经济关系中，占主导地位的是生产关系。

4. 经济效果

“经济效果”是 20 世纪 50 年代末我国经济学界提出来的一个名词。这个名词的科学概念可以这样表述：经济效果是对各种社会实践活动在经济上合乎目的程度的评价。社会主义条件下的经济效果，就是从各种社会实践所取得的效果和社会劳动消耗相互之间量的关系的角度，对人们的实践活动进行评价。根据不同的评价领域和评价对象，还有诸如产出和投入的比较、所得和所费的比较、满足社会需要和劳动消耗的比较等其他方式的表述。

人们在社会实践中从事每种活动都有一定的目的，都是为了取得一定的效果。由于从事活动的性质不同，取得的效果也不同。许多互相不同的效果大致可以分为两大类：一类是属于生产活动领域所产生的效果（如生产建设效果），这类效果是为了完成一定的生产任务，创造一定的使用价值和财富，它有一个特点，就是其效果可以直接用经济数字来表示；另一类属于非生产活动领域所产生的效果，这类效果一般很难直接用经济数字来表示。但是，不论从事什么实践活动及其产生的效果属于哪一种，都必须消耗劳动，都与经济有联系。因此，经济效果就是对人们为达到一定目的而进行的实践活动所做的关于劳动消耗量的节约或浪费的评价。

经济效益是指实现了的经济效果，即有用的效果。也就是说，所产生的效果是被社会所承认和需要的，而且，为产生这一效果所消耗的劳动也是节约的。

二、工程经济学的定义

工程是人们运用技术手段改造自然的社会实践活动，其复杂的属性决定工程会投入大量的人力、物力和财力。在工程实践中，工程技术人员将涉及各种设计方案、工艺流程方案、设备方案的选择，工程管理人员会遇到项目投资决策、生产计划安排和人员调配等问题，解决这些问题也有多种方案。技术上可行的各种行动方案可能涉及不同的投资、不同的经常性费用和效益。那么，以什么样的标准来决定这些方案的取舍呢？那就是技术上可行、经济上合理、以最小的投入获得预期产出或者说以等量的投入获得最大产出为标准。这就是工程经济学所要解决的问题。

什么是工程经济学？工程经济学是工程学和经济学有关知识相互交融而形成的工程经济分析原理与方法，是运用能够完成工程项目预定目标的各种可行技术方案进行技术经济论证、比较、计算和评价，优选出技术上先进、经济上有利的方案，从而为实现正确的投资决策提供科学依据的一门应用性经济学科。

第二节 工程经济学的产生与发展

工程经济学的产生至今已有 100 多年。其产生的标志是 1887 年美国工程师亚瑟 · M. 惠灵顿（Arthur M. Wellington）出版的著作《铁路布局的经济理论》（*The Economic Theory of Railway Location*）。很显然，铁路线路的选择可以有多种方案，而且不同方案的选择对铁路的建设费用、未来的运营费用和收益会产生很大影响。但当时的实际情况是，许多选线工程师没有意识到这一问题的重要性。于是，作为铁路工程师的惠灵顿首次将成本分析方法应用于铁路的最佳长度和路线曲率的选择问题上，并提出了工程利息的概念，开创了工程领域中经济评价的先河。在其著作中，将工程经济学描述为“一门少花钱多办事的艺术”。1920 年，O. B. 戈尔德曼（O. B. Goldman）研究了工程结构的投资问题，并在著作《财务工程》（*Financial Engineering*）中提出了用复利法来分析各个方案的比较值，并提到“有一种奇怪而遗憾的现象，就是许多作者在他们的工程学书籍中，没有或很少考虑成本问题。实际上，工程师最基本的责任是分析成本，以达到真正的经济性，即赢得最大可能数量的货币，获得最佳财务效益”。1930 年，E. L. 格兰特（E. L. Grant）教授出版了《工程经济学原理》教科书，从而奠定了经典工程经济学的基础。该书历经半个世纪，到 1982 年已再版 6 次，是一本公认的学科代表著作。在《工程经济学原理》一书中，作者指出了古典工程经济学的局限性，以复利计算为基础，讨论了判别因子和短期投资评价的重要性，以及长期资本投资的一般比较。格兰特教授的许多贡献获得了社会承认，他被称为“工程经济学之父”。以后，J. 迪安（J. Dean）发展了折现现金流量法和资金分配法。他指出“时间具有经济价值，所以近期的货币要比远期的货币更有价值”。1982 年，曾任世界生产力科学联合会主席的 J. L. 里格斯（J. L. Riggs）教授出版了《工程经济学》一书，系统阐述了工程经济学的内容。该书具有观点新颖、内容丰富、论述严谨的特点，把工程经济学的学科水平向前推进了一大步。书中写道：“工程师的传统工作是把科学家的发现转变为有用的产品。而今，工程师不仅要提出新颖的技术发明，还要能够对其实施的结果进行熟练的财务评价。现在，在密切而复杂地联系着的现代工业、公共部门和政府之中，成本和价值的分析比以往更为细致、更为广泛（如工人的安全、环境影响、消费者保护）。缺少这些分析，整个项目往往很容易成为一种负担，而收益不大。”显然，工程经济学是工程经济学家们为工程师创立的一门独立的经济学。

我国对工程经济学的研究和应用起步于20世纪70年代后期。随着改革开放，传统的计划经济不讲核算、不讲效益的观点被逐渐摒弃，在工程项目的成本核算中开始出现折现现金流量的概念。1984年，交通部组织编制了《运输船舶技术经济论证名词术语》的部颁标准（JT 0013—1985），其中出现了工程经济学的若干基本概念。现在，在项目投资决策分析、项目评估和管理中已经广泛地应用工程经济学的原理和方法。在技术与经济并重的工程决策思维推动下，我国在工程项目实践中取得了辉煌的成就和开创性的成果，“中国创造”正在被全世界认可。

视频讲解：
中国创造：
大跨径拱桥技术

第三节 工程经济学的研究对象

研究对象是一个学科独立存在的首要问题。工程经济学的研究对象是工程项目技术经济分析的最一般方法，即为了实现工程中资源的合理配置和有效使用，达到技术上可行、经济上合理的最佳结合点，从而建立的技术经济理论体系、方法体系和指标体系。运用这些知识体系对具体的工程项目进行分析的过程，就是工程经济分析。工程经济学为具体工程项目分析提供方法基础，而工程经济分析的对象则是具体的工程项目。在工程经济学的学习中，我们要正确区分两类单位：一类单位是进行工程项目建设的投资方，它是工程项目的所有者与使用者，使用这个项目完成一定产品的生产或提供一定的服务，如一所学校、一家工厂或一家金融机构；另一类单位是工程项目的施工与安装方，它们具备技术力量与施工设备，接受投资方的委托进行具体的建筑工程施工与设备安装。两者都会面对工程项目进行经济分析，但出发点与论证方法既有相同、又有不同。本书的前八章都是从建设项目的投资方角度所进行的工程经济论证，而第九章价值工程则是任何的产品生产者都可进行的经济分析。

第四节 工程经济分析的一般过程

工程经济分析工作应遵循科学的程序，一般过程如图1-1所示。

1. 确定目标

依照分析对象的不同，确定分析目标。目标可分为国家目标、地区目标或部门目标、项目目标或企业目标；目标内容可以是项目规模、设备选择或技术改造等。

2. 调查研究、收集资料

根据确定的目标进行调查研究，收集有关技术、经济、财务、市场、政策法规等资料。

3. 趋势分析

依据现有的数据资料，结合外部环境和内部因素获得研究目标所需的数据指标。

4. 建立和选择方案

根据目标集思广益，尽可能收集各种可能的信息和方案，从中筛选出所有可能的方案。从国家目标出发，兼顾企业目标，拟定技术经济分析指标，分析各方案的利弊得失以及影响技术经济效果的内外因素。

5. 构造和选择模型

经济数学模型是工程经济分析的基础和手段，通过建立经济数学模型，进一步规定方案的目标体系和约束条件，为以后的经济分析创造条件。

6. 模型求解

把各种具体资料和数据代入数学模型中运算，求出各方案主要经济指标的具体数值并进行比较，初步选择方案。

7. 综合评价

在对各方案的经济效益进行定量分析的基础上，还要采用定性分析的办法，对方案进行综合分析和全面评价（包括技术、经济、政治、社会、国防、资源以及生态环境等方面的分析与评价）。综合评价的正确与否，关键取决于定性分析的正确与否以及所引入的数据是否准确可靠，否则会影响评价结果。

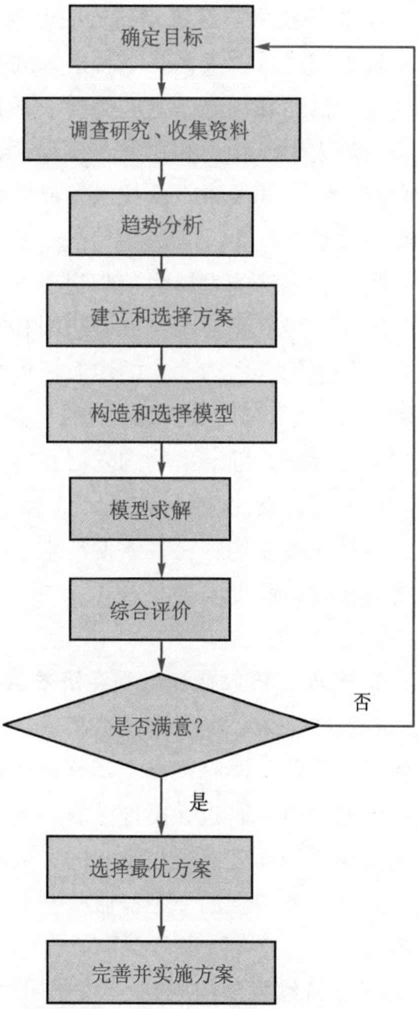

图 1-1　工程经济分析的一般过程

8. 选择最优方案

根据综合评价的结果，优选出技术上先进、经济上合理的最佳方案。若对方案满意，则选择最优方案；若不够满意，则检查方案、指标的合理性。

9. 完善并实施方案

选择最优方案后，针对这一方案的细节进一步完善，然后在实际工程中开始实施这一方案。

第五节　工程经济分析的基本原则

工程经济分析的重要任务，是正确选择和确定经济效益最佳的技术方案。在现代科学技术条件下，为完成某项生产建设任务，能够列举出各种各样的技术方案。但从经济分析的角度考查，这些方案不一定都能符合技术上先进、经济上合理、生产上适用的要求。在实际工作中，一方面要分析这些方案各自的所费和所得，考查其自身的经济效益；另一方面，大量的工作是将各方案与其他可能采用的方案进行比较，分析它们之间的经济效益。对各种技术方案进行经济效益评价时，应遵循以下几项基本原则：

1. 工程技术与经济相结合的原则

技术和经济的关系是一种辩证的关系，它们之间既相互统一，又相互矛盾。人们为了达到一定的目的和满足一定的需要，都必须采用一定的技术，而任何社会实践在所有条件下都必须消耗人力、物力和财力。换句话说，不能脱离经济，也就是技术和经济之间有着互相依赖和互相统一的关系。从技术发展的各个阶段来考察，许多先进的技术往往同时带来了很好的经济效益，在生产实践中得到了广泛应用和推广，推动了国民经济发展和促进了社会进步。同时，经济的发展也能促进新技术的应用，对经济发展的需要成为推动技术进步的动力。因此，经济是技术发展的起因和归宿。但是由于各种因素的影响，技术的先进性与经济的合理性之间存在着一定的矛盾。例如，不少技术虽然反映了先进的技术水平，但在当时和当地的条件下，其经济效益不如另外的技术，那么这种技术就不能在生产实践中被广泛应用。但应看到，随着事物的发展和条件的变化，这种矛盾关系也会发生改变，原来经济效益差的技术可以转化成经济效益好的，原来经济效益好的技术也可能转化成经济效益差的。正是这种转化关系的存在，才使技术不断进步，促进社会生产力不断发展。因此，在进行工程经济分析时，既要求分析技术上的先进性，又要求分析经济上的合理性，力求做到两者的统一。

2. 宏观经济效益和微观经济效益相结合的原则

宏观经济效益是指国民经济效益或社会经济效益；微观经济效益是指一个企业或项目的具体经济效益。两者实质上是整体利益和局部利益的关系。一般来讲，微观效益和宏观效益是一致的，但有时也会出现矛盾。也就是说，从一个企业、一个部门来看是有利的，但从整个国民经济的角度考察是不利的；或者对整个社会有利，而对一个企业或一个部门的利益不大。此时，就需要局部利益服从整体利益，从整个国民经济的利益出发，选择宏观经济效益好的方案。

3. 可持续发展的原则

我国实行社会主义市场经济，生产的目的是满足人们日益增长的物质文化生活需要，应该说近期的经济效益和长远的经济效益从根本上是一致的。但有时两者之间也会出现矛盾，这时进行经济评价不仅要考虑近期效益，还要分析和考察长远效益。以生产性建设项目为例，既要考察生产施工过程的经济效益，也要考察投入使用以后的经济效益，从而为社会主义经济可持续发展创造良好的条件。

4. 可比性原则

工程经济分析的可比性原则是指为完成某项工程建设任务所提出的各种可行的技术方案在进行经济比较时，必须具备共同的、一定的比较前提和基础。工程经济分析的可比性原则主要是研究技术方案经济比较的可比性与条件，分析各可行技术方案之间可比与不可比的因素，探讨不可比向可比转化的规律及处理办法，以提高工程经济分析工作的科学性。对两个或两个以上的可行技术方案进行经济比较时，应遵循以下四个可比性原则：

（1）满足需要的可比性原则　任何技术方案的主要目的都是满足一定的需要，没有一个方案不是以满足一定的客观需要为基础的。例如，彩色电视机厂的单层厂房，可采用现浇框架结构或轻钢结构，都是为了生产彩色电视机，满足社会对彩色电视机的需要。因此，一种技术方案若要与另一种方案进行比较，这两种方案就要满足相同的需要，否则，它们之间就不能互相代替，也就不能互相比较。所以，满足需要的可比性是一个很重要的可比性原则。

技术方案一般是以其产品的数量、品种和质量等技术经济指标来满足社会需要的，对满足相同需要的不同技术方案进行比较时，首先要求不同方案的产品数量、品种、质量等指标具有可比性。有些指标虽不能直接进行比较，但可以通过换算和修正，使之具有可比性；而有些指标是不能换算和修正的，这时方案就不具备可比性。

（2）消耗费用的可比性原则　经济效果是投入与产出之比，应从满足需要和消耗费用两个方面进行考核。所以在进行技术方案比较时，还应注意在满足消耗费用方面的可比性原则。

每个技术方案在工程中的具体实现都必须要消耗一定的社会劳动或费用。由于每个技术方案的技术特性和经济特性不同，因而在各方面所消耗的劳动和费用也不相同。为了使各个技术方案能够正确地进行经济效果的比较，每个技术方案的消耗费用必须从整个社会和整个国民经济的角度出发，从全部消耗的角度即综合的角度出发考虑。也就是说，必须考虑技术方案的社会全部消耗费用，而不只是从个别国民经济部门的角度，从个别环节、个别部分的消耗费用角度出发考虑。具体来说，就是不仅要计算技术方案本身直接消耗的费用，还应计算与实现方案密切相关的部门的投资或费用；不仅要计算实现方案的一次性投资费用，还要计算实现方案后每年的经营使用费用。

在计算各种技术方案的消耗费用时，也必须采用统一的计算原则和方法。

（3）价格指标的可比性原则　在市场经济条件下，各种商品要在市场上进行交换，在计算、比较方案的经济效果时，就必须用到价格指标。价格指标可从两方面影响技术分析工作的正确性：一是价格水平本身的合理性；二是所选用价格的恰当性（如采用国内市场价格、国际市场价格还是其他理论价格）。由于价格体系不合理或某些价格与价值的偏离，常给工程经济分析带来假象，从而导致错误的结论。为了避免这种错误，必须建立价格指标可比的条件。

另外，由于科技进步和社会劳动生产率的提高，各种技术方案的消耗费用也随之减少，因此要求在进行方案比较和经济计算时，采用一定的相应时期的价格，即在分析近期技术方案时，应统一使用现行价格，而在分析远期方案时，则应统一使用远景价格。

（4）时间的可比性原则　技术方案的经济效果还具有时间的概念。例如，有两种技术方案，它们的产品产量、质量、投资、成本等各方面都相同，但在时间上有差别，即一种投产早，另一种投产晚，或者一种投资早，另一种投资晚。在这种情况下，这两种方案的经济效益就会不同，不能简单地进行比较，而必须考虑时间因素，采用相等的计算期作为比较基础，才能进行经济效果比较。

另外，各种技术方案由于受到外界的技术、经济等各种因素的限制，在投入的人力、物力、资源和发挥效益的时间上有所差别。例如，有的技术方案建设年限短，有的建设年限长；有的投入运行生产早，有的投入运行生产迟；有的服务年限长，有的服务年限短等。可见，当对不同技术方案进行经济比较时，不仅要考虑技术方案所产生的社会产品数量和产值的大小，所消耗和占用的人力、物力和资源数量及其费用的大小，还必须考虑这些社会产品和产值以及人力、物力和资源数量及其费用是在什么时间产生、占用和消耗的，以及总共生产、占用和消耗了多长时间。早生产就会早发挥效益，创造的财富就多，晚生产就会晚发挥效益，创造的财富就少；服务年限长，生产的产品就多，服务年限短，生产的产品就少。

5. 直接经济效益与间接经济效益相结合原则

经济评价除考虑项目自身的经济效益外，还要考虑本项目给其他相关项目和部门的发展创造的有利条件及其经济效益。间接效益在经济评价中有时是很重要的，尤其是当间接效益比较高或是直接效益虽然好，但妨碍了其他相关项目或部门的发展及效益的提高时。在这种情况下，更有必要考察间接效益，以得到全面、正确的评价结论。

6. 定量经济效益与定性经济效益相结合原则

由于有用成果有可定量的效果因素和不可定量的效果因素，因而经济效益也有可定量的效益和不可定量的效益。其中，对不可定量效果因素的分析非常重要，即要求在评价时不仅从定量方面衡量其经济效益的高低，而且还要从定性方面分析经济效益的优劣，并使两者有机结合，以利于正确选择最优方案。

7. 经济效益评价与综合效益评价相结合原则

经济效益评价是分析经济合理性的。但对技术方案的评价和选优也不能单从经济因素这一方面做出最终结论。在此过程中，还要从社会因素、政治因素、自然资源、生态环境等各方面进行分析，并以国家政治经济形势和政策要求为依据，针对技术方案自身的技术经济特点，做出综合效益评价，从而为正确决策提供全面的、客观的依据。

本章小结

工程经济学是在工程项目建设的实践中逐渐发展和完善起来的，合理运用工程经济学的知识，可以促进投资决策的科学化。通过本章的学习，要全面掌握工程经济学的内涵，熟悉工程技术与经济之间的辩证关系，了解工程经济学的发展过程及其分析的一般步骤，理解本课程的研究对象等，为学好本课程做全方位的准备。

复习题

1. 什么是工程经济学？其研究对象与内容是什么？
2. 什么是技术？什么是经济？两者之间的关系如何？工程经济学为什么十分注意技术与经济的关系？
3. 为什么在进行工程经济分析时要强调可比条件？应注意哪些可比条件？
4. 从技术与经济既互相促进又相互制约两方面各举一个实例证明。

第二章
工程经济要素

学习要点及目标

1. 掌握投资的概念和构成。
2. 掌握固定资产投资的构成，了解固定资产投资的估算。
3. 掌握流动资产的内容及估算。
4. 掌握成本、总成本费用、经营成本的内涵和组成。
5. 理解固定成本和变动成本、机会成本、沉没成本的含义。
6. 理解现行税制主要税金构成及计算。
7. 理解营业收入与利润的概念以及净利润的分配。

第一节　工程经济要素的基本构成

各种技术活动都需要投入。以最少的投入取得尽可能多的产出，是各种经济活动追求的经济目标。在对工程项目进行技术经济分析时，必然要考察项目的投入和产出，因此要涉及许多投入和产出经济要素。投入的经济要素主要包括投资、成本和费用等，产出的经济要素主要包括收入、利润和税金等。投入和产出这些经济要素就构成了工程项目的基本经济要素。这些基本的经济要素是进行工程项目评价不可缺少的基本数据。

这些数据主要来自分析评价人员的预测、预算及以往经验的估算。这些数据预测或估算的准确性将会直接影响工程项目评价的质量及决策的选择。因此，有必要明确这些基本经济要素的含义、构成和内容，并熟练掌握其预测估算的基本方法。

第二节　建设项目投资的构成及估算

视频讲解：
建设项目投资

一、项目投资的概念和构成

投资是指投资主体为了实现盈利或规避风险，通过各种途径投放资金的活动。换句话说，就是以一定的资源（资金、人力、物力、技术、信息等）投入某项计划或工程，以获取所期望的报酬。投资是人类一种有目的的经济行为。

建设项目投资是指在工程项目建设阶段所需要的全部费用的总和。生产性建设项目总投资包括建设投资和铺底流动资金两部分；非生产性建设项目总投资则只包括建设投资。为维持一定的规模生产而占用的周转资金就是流动资金。铺底流动资金是指生产性建设项目为保证生产和经营正常进行，按规定应列入建设项目总投资的周转资金，一般按流动资金的30%计算。此外，根据市场经济环境下项目经营的需要，通常还有对无形资产和长期待摊费用进行的投资。完成工程项目建设并达到使用要求，建设投资就形成固定资产、无形资产和其他资产。

工程造价的主要构成部分是建设投资。根据国家发展改革委员会（简称国家发展改革委）和建设部（发改投资〔2006〕1325号）发布的《建设项目经济评价方法与参数》（第三版）的规定，建设投资包括工程费用、工程建设其他费用和预备费三部分。工程费用是指直接构成固定资产实体的各种费用，可以分为建筑安装工程费和设备及工器具购置费；工程建设其他费用是指根据国家有关规定应在投资中支付，并列入建设项目总造价或单项工程造价的费用；预备费是指为了保证工程项目的顺利实施，避免在难以预料的情况下造成投资不足而预先安排的一笔费用。建设项目总投资的具体构成如表2-1所示。

表2-1 建设项目总投资的具体构成

<table>
<tr><td rowspan="23">建设项目总投资</td><td rowspan="22">建设投资</td><td rowspan="2">第一部分 工程费用</td><td>1. 设备及工器具购置费</td></tr>
<tr><td>2. 建筑安装工程费</td></tr>
<tr><td rowspan="16">第二部分 工程建设其他费用</td><td>1. 土地使用费和其他补偿费</td></tr>
<tr><td>2. 建设管理费</td></tr>
<tr><td>3. 可行性研究费</td></tr>
<tr><td>4. 专项评价费</td></tr>
<tr><td>5. 研究试验费</td></tr>
<tr><td>6. 勘察设计费</td></tr>
<tr><td>7. 场地准备费和临时设施费</td></tr>
<tr><td>8. 引进技术和进口设备材料其他费</td></tr>
<tr><td>9. 特殊设备安全监督检验费</td></tr>
<tr><td>10. 市政公用配套设施费</td></tr>
<tr><td>11. 工程保险费</td></tr>
<tr><td>12. 专利及专有技术使用费</td></tr>
<tr><td>13. 联合试运转费</td></tr>
<tr><td>14. 生产准备费</td></tr>
<tr><td>15. 办公和生活家具购置费</td></tr>
<tr><td>16. 其他</td></tr>
<tr><td rowspan="2">第三部分 预备费</td><td>1. 基本预备费</td></tr>
<tr><td>2. 涨价预备费</td></tr>
<tr><td colspan="2">资金筹措费</td></tr>
<tr><td colspan="3">铺底流动资金（流动资产投资的30%）</td></tr>
</table>

（一）固定资产投资

固定资产一般是指使用期限比较长、单位价值比较高，能在一年以上的时间内为企业创造经济利益，并保持其原有实物形态的劳动资料。它包括房屋及建筑物、机器设备、运输设备、工具、器具等。

用于建筑、安装和购置固定资产以及与之相联系的其他工作的投资，称为固定资产投资。通常可以通过扩大生产能力或增加工程效益的新建和改扩建等方式进行固定资产投资，也可以通过零星购置和建造等其他形式增加固定资产。

固定资产应该按取得时的实际成本即原始价值入账。实际成本是指为购建某项固定资产，达到可使用状态前所发生的一切合理必要的支出。它的构成包括买价、税金（此处不包括允许抵扣的增值税）、运杂费、包装费和安装费等。

（二）流动资金

流动资金是指为维持一定的规模生产所占用的全部周转资金。当项目生命周期结束时，流动资金成为企业在期末的一项可回收的现金流入。流动资金是通常在工业项目投产前预先垫付，在投产后的生产经营过程中，用于购买原材料、燃料动力、备品备件、支付工资和其他费用，以及被在产品、半成品、产成品和其他存货占用的周转资金。在生产经营过程中，流动资金以现金及各种存款、存货、应收及预付款项等流动资产的形式出现。

（三）建筑安装工程费的构成与计算

根据住建部、财政部《关于印发〈建筑安装工程费用项目组成〉的通知》文件规定，建筑安装工程费项目组成有两种划分方式，即按费用构成要素划分和按造价形成划分。

1. 按费用构成要素划分

按费用构成要素划分，建筑安装工程费包括人工费、材料费、施工机具使用费、企业管理费、利润、规费和税金七大部分（图 2-1）。其中，人工费、材料费、施工机具使用费、企业管理费和利润包含在分部分项工程费、措施项目费和其他项目费中。

（1）人工费　人工费是指按工资总额构成规定，支付给从事建筑安装工程施工的生产工人和附属生产单位工人的各项费用。内容包括：

1）计时工资或计件工资，即按计时工资标准和工作时间或对已做工作按计件单价支付给个人的劳动报酬。

2）奖金，即对超额劳动和增收节支支付给个人的劳动报酬，如节约奖、劳动竞赛奖等。

3）津贴、补贴，即为了补偿职工特殊或额外的劳动消耗和因其他特殊原因支付给个人的津贴，以及为了保证职工工资水平不受物价因素影响支付给个人的物价补贴。例如流动施工津贴、特殊地区施工津贴、高温（寒）作业临时津贴、高空津贴等。

4）加班加点工资，即按规定支付的在法定节假日工作的加班工资和在法定日工作时间外延时工作的加点工资。

5）特殊情况下支付的工资，即根据国家法律、法规和政策的规定，因病、工伤、产假、计划生育假、婚丧假、事假、探亲假、定期休假、停工学习、执行国家或社会义务等原因按计时工资标准或计时工资标准的一定比例支付的工资。

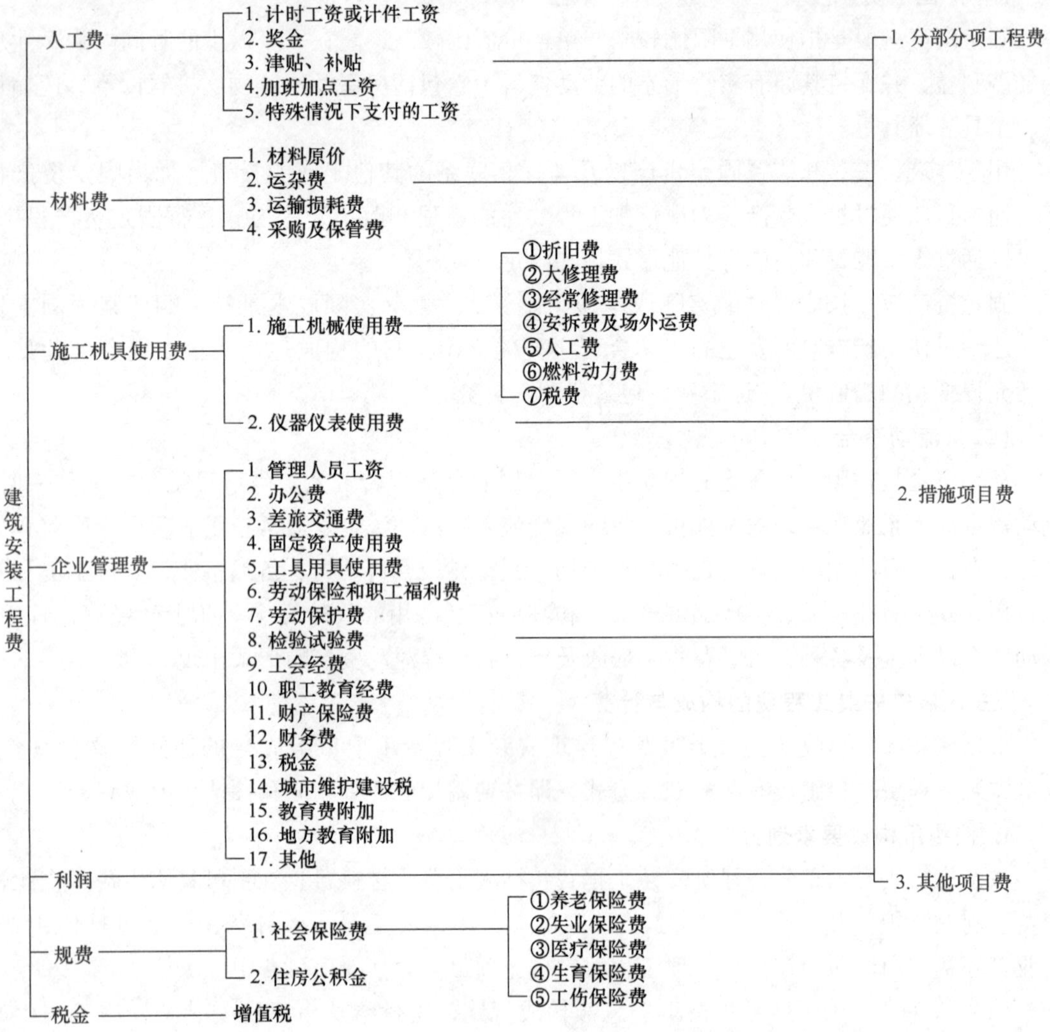

图 2-1　建筑安装工程费项目组成（按费用构成要素划分）

（2）材料费　材料费是指施工过程中耗费的原材料、辅助材料、构配件、零件、半成品或成品、工程设备的费用。内容包括：

1）材料原价，即材料、工程设备的出厂价格或商家供应价格。

2）运杂费，即材料、工程设备自来源地运至工地仓库或指定堆放地点所发生的全部费用。

3）运输损耗费，即材料在运输装卸过程中不可避免的损耗。

4）采购及保管费，即组织采购、供应和保管材料、工程设备的过程中所需要的各项费用。它包括采购费、仓储费、工地保管费、仓储损耗等。

工程设备是指构成或计划构成永久工程一部分的机电设备、金属结构设备、仪器装置及其他类似的设备和装置。

（3）施工机具使用费　施工机具使用费是指施工作业所发生的施工机械、仪器仪表使用费或其租赁费。内容包括：

1）施工机械使用费。它以施工机械台班耗用量乘以施工机械台班单价表示，施工机械台班单价应由下列七项费用组成：

① 折旧费，即施工机械在规定的使用年限内陆续收回其原值的费用。

② 大修理费，即施工机械按规定的大修理间隔台班进行必要的大修理，以恢复其正常功能所需的费用。

③ 经常修理费，即施工机械除大修理以外的各级保养和临时故障排除所需的费用。它包括为保障机械正常运转所需替换设备与随机配备工具附具的摊销和维护费用、机械运转中日常保养所需润滑与擦拭的材料费用及机械停滞期间的维护和保养费用等。

④ 安拆费及场外运费。安拆费是指施工机械（大型机械除外）在现场进行安装与拆卸所需的人工、材料、机械和试运转费用，以及机械辅助设施的折旧、搭设、拆除等费用；场外运费是指施工机械整体或分体自停放地点运至施工现场或由一施工地点运至另一施工地点的运输、装卸、辅助材料及架线等费用。

⑤ 人工费，即机上司机（司炉）和其他操作人员的人工费。

⑥ 燃料动力费，即施工机械在运转作业中所消耗的各种燃料及水、电等费用。

⑦ 税费，即施工机械按照国家规定应缴纳的车船税、保险费及年检费等。

2）仪器仪表使用费。它是指工程施工所需使用的仪器仪表的摊销及维修费用。

（4）企业管理费　企业管理费是指建筑安装企业组织施工生产和经营管理所需的费用。内容包括：

1）管理人员工资，即按规定支付给管理人员的计时工资、奖金、津贴补贴、加班加点工资及特殊情况下支付的工资等。

2）办公费，即企业管理办公用的文具、纸张、账表、印刷、邮电、书报、办公软件、现场监控、会议、水电、烧水和集体取暖降温（包括现场临时宿舍取暖降温）等费用。

3）差旅交通费，即职工因公出差、调动工作的差旅费、住勤补助费，市内交通费和误餐补助费，职工探亲路费，劳动力招募费，职工退休、退职一次性路费，工伤人员就医路费，工地转移费，以及管理部门使用的交通工具的油料、燃料等费用。

4）固定资产使用费，即管理和试验部门及附属生产单位使用的属于固定资产的房屋、设备、仪器等的折旧、大修、维修或租赁费。

5）工具用具使用费，即企业施工生产和管理使用的不属于固定资产的工具、器具、家具、交通工具和检验、试验、测绘、消防用具等的购置、维修和摊销费。

6）劳动保险和职工福利费，即由企业支付的职工退职金、按规定支付给离休干部的经费、集体福利费、夏季防暑降温、冬季取暖补贴、上下班交通补贴等。

7）劳动保护费，即企业按规定发放的劳动保护用品的支出。例如工作服、手套、防暑降温饮料，以及在有碍身体健康的环境中施工的保健费用等。

8）检验试验费，即施工企业按照有关标准规定，对建筑以及材料、构件和建筑安装物进行一般鉴定、检查所发生的费用，包括自设试验室进行试验所耗用的材料等费用。它不包括新结构、新材料的试验费，对构件做破坏性试验及其他特殊要求检验试验的费用和建设单位委托检测机构进行检测的费用，对此类检测发生的费用，由建设单位在工程建设其他费用中列支。但对施工企业提供的具有合格证明的材料进行检测不合格的，该检测费用由施工企业支付。

9）工会经费，即企业按《工会法》规定的全部职工工资总额比例计提的工会经费。

10）职工教育经费，即按职工工资总额的规定比例计提，企业为职工进行专业技术和职业技能培训、专业技术人员继续教育、职工职业技能鉴定、职业资格认定，以及根据需要对职工进行各类文化教育所发生的费用。

11）财产保险费，即施工管理用财产、车辆等的保险费用。

12）财务费，即企业为施工生产筹集资金或提供预付款担保、履约担保、职工工资支付担保等所发生的各种费用。

13）税金，即企业按规定缴纳的房产税、车船税、土地使用税、印花税等。

14）城市维护建设税。以建筑企业缴纳的增值税和消费税税额为基数，乘以一定税率。

15）教育费附加。以建筑企业缴纳的增值税和消费税税额为基数乘以一定的征收率，教育费附加的征收率为3%。

16）地方教育附加。地方教育附加征收标准为建筑企业实际缴纳的增值税和消费税的2%。

17）其他，包括技术转让费、技术开发费、投标费、业务招待费、绿化费、广告费、公证费、法律顾问费、审计费、咨询费、保险费等。

（5）利润　利润是指施工企业完成所承包工程获得的盈利。

（6）规费　规费是指按国家法律、法规规定，由省级政府和省级有关权力部门规定必须缴纳或计取的费用。内容包括：

1）社会保险费。

① 养老保险费，即企业按照规定标准为职工缴纳的基本养老保险费。

② 失业保险费，即企业按照规定标准为职工缴纳的失业保险费。

③ 医疗保险费，即企业按照规定标准为职工缴纳的基本医疗保险费。

④ 生育保险费，即企业按照规定标准为职工缴纳的生育保险费。

⑤ 工伤保险费，即企业按照规定标准为职工缴纳的工伤保险费。

2）住房公积金，即企业按规定标准为职工缴纳的住房公积金。

其他应列而未列入的规费，按实际发生计取。

（7）税金　税金是指国家税法规定的应计入建筑安装工程造价内的增值税销项税额。税前工程造价为人工费、材料费、施工机具使用费、企业管理费、利润和规费之和，各费用项目均以不包含增值税（可抵扣进项税额）的价格计算。

2. 按造价形成划分

按造价形成划分，建筑安装工程费包括分部分项工程费、措施项目费、其他项目费、规费和税金五大部分（图2-2）。其中，分部分项工程费、措施项目费、其他项目费包含人工费、材料费、施工机具使用费、企业管理费和利润。

（1）分部分项工程费　分部分项工程费是指各专业工程的分部分项工程应予列支的各项费用。

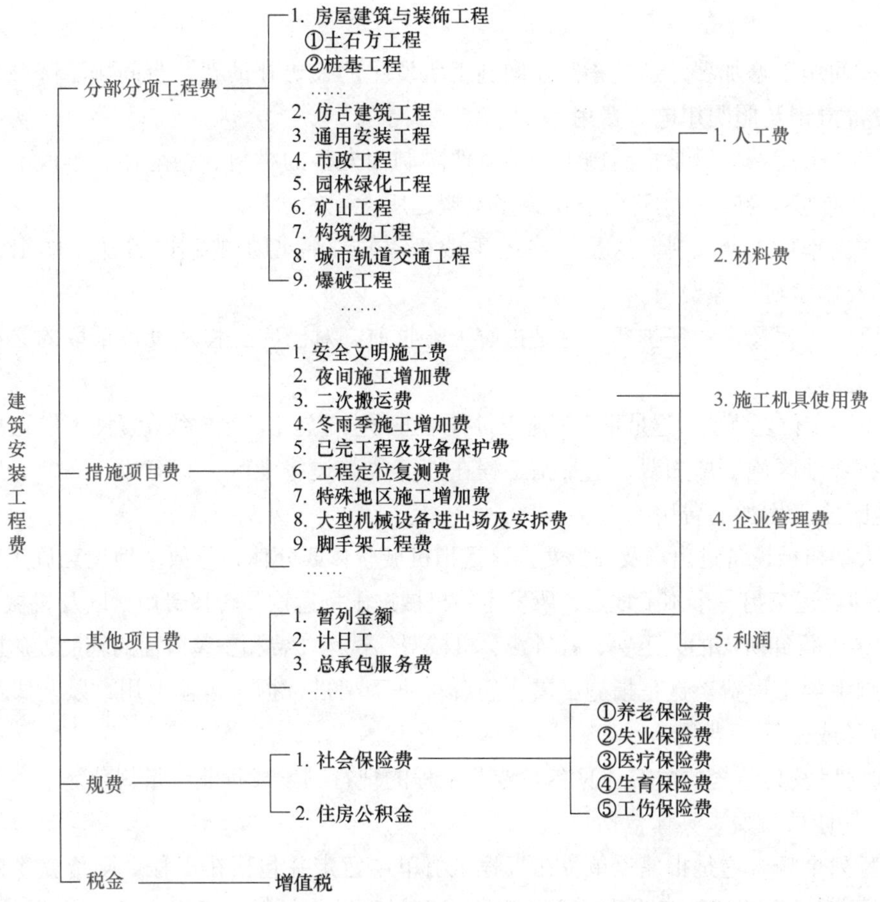

图 2-2 建筑安装工程费用项目组成（按造价形成划分）

1）专业工程。这是指按现行国家计量规范划分的房屋建筑与装饰工程、仿古建筑工程、通用安装工程、市政工程、园林绿化工程、矿山工程、构筑物工程、城市轨道交通工程、爆破工程等各类工程。

2）分部分项工程。这是指按现行国家计量规范对各专业工程划分的项目。例如房屋建筑与装饰工程划分的土石方工程、地基处理与桩基工程、砌筑工程、钢筋及钢筋混凝土工程等。

各类专业工程的分部分项工程划分见现行国家或行业计量规范。

（2）措施项目费 措施项目费是指为完成建设工程施工，发生于该工程施工前和施工过程中的技术、生活、安全、环境保护等方面的费用。内容包括：

1）安全文明施工费。

① 环境保护费，即施工现场为达到环保部门要求所需要的各项费用。

② 文明施工费，即施工现场文明施工所需要的各项费用。

③ 安全施工费，即施工现场安全施工所需要的各项费用。

④ 临时设施费，即施工企业为进行建设工程施工所必须搭设的生活和生产用的临时建

筑物、构筑物和其他临时设施费用。它包括临时设施的搭设、维修、拆除、清理费或摊销费等。

2）夜间施工增加费。这是指因夜间施工所发生的夜班补助费，夜间施工降效、夜间施工照明设备摊销及照明用电等费用。

3）二次搬运费。这是指因施工场地条件限制而发生的材料、构配件、半成品等一次运输不能到达堆放地点，必须进行二次或多次搬运所发生的费用。

4）冬雨季施工增加费。这是指在冬季或雨季施工需增加的临时设施、防滑、排除雨雪、人工及施工机械等费用。

5）已完工程及设备保护费。这是指竣工验收前，对已完工程及设备采取的必要保护措施所发生的费用。

6）工程定位复测费。这是指工程施工过程中进行全部施工测量放线和复测工作的费用。

7）特殊地区施工增加费。这是指工程在沙漠或其边缘地区，高海拔、高寒、原始森林等特殊地区施工增加的费用。

8）大型机械设备进出场及安拆费。这是指机械整体或分体自停放场地运至施工现场或由一个施工地点运至另一个施工地点，所发生的机械进出场运输及转移费用，以及机械在施工现场进行安装、拆卸所需的人工费、材料费、机械费、试运转费和安装所需的辅助设施的费用。

9）脚手架工程费。这是指施工需要的各种脚手架搭、拆、运输费用，以及脚手架购置费的摊销（或租赁）费用。

措施项目及其包含的内容详见各类专业工程的现行国家或行业计量规范。

（3）其他项目费　具体包括：

1）暂列金额。这是指建设单位在工程量清单中暂定并包括在工程合同价款中的一笔款项。它用于施工合同签订时尚未确定或者不可预见的所需材料、工程设备、服务的采购，施工中可能发生的工程变更、合同约定调整因素出现时的工程价款调整，以及发生的索赔、现场签证确认等的费用。

2）计日工。这是指在施工过程中，施工企业完成建设单位提出的施工图以外的零星项目或工作所需的费用。

3）总承包服务费。这是指总承包人为配合、协调建设单位进行的专业工程发包，对建设单位自行采购的材料、工程设备等进行保管，以及施工现场管理、竣工资料汇总整理等服务所需的费用。

（4）规费　同前。

（5）税金　同前。

（四）设备及工器具购置费构成与计算

1. 设备购置费

设备购置费是指为工程建设项目购置或自制的达到固定资产设备标准的设备、工具器具的费用。

设备购置费=国产设备原价或进口设备抵岸价+设备运杂费

（1）国产设备原价　国产设备原价是指设备制造厂的交货价，即出厂价，或设备成套供应公司的订货合同价。它一般根据生产厂或供应商的询价、报价或合同价确定，或采用一定的方法计算确定。

（2）进口设备抵岸价　进口设备抵岸价是指抵达买方边境港口或边境车站且缴完关税以后的价格。进口设备的交货方式可分为内陆交货类、目的地交货类和装运港交货类三种。内陆交货类即卖方在出口国内陆的某个地点完成交货任务。在交货地点，卖方提交合同规定的货物和有关凭证，并承担交货前的一切费用和风险；买方接受货物，交付货款，承担接货后的一切费用和风险，并自行办理出口手续和装运出口。货物的所有权也在交货后由卖方转移给买方。目的地交货类即卖方要在进口国的港口或内地交货，包括目的港船上交货价、目的港船边交货价（FOS）和目的港码头交货价（关税已付）及完税后交货价（进口国目的地的指定地点）。买卖双方承担的责任、费用和风险是以目的地约定交货点为分界线，只有当卖方在交货点将货物置于买方控制下方算交货，方能向买方收取货款。这类交货价对卖方来说承担的风险较大，在国际贸易中卖方一般不愿意采用这类交货方式。装运港交货类是卖方在出口国装运港完成交货任务，即卖方按照约定的时间在装运港交货，只要卖方把合同规定的货物装船后提供货运单据便完成交货任务，并可凭单据收回货款，是我国进口设备采用较多的一种方式。它有以下三种交货价：

1）装运港船上交货价（FOB），习惯称为离岸价。

2）运费在内价（C&F）。

3）运费、保险费在内价（CIF），习惯称为到岸价。计算公式为

进口设备抵岸价=货价（FOB）+国外运费+国外运输保险费+银行财务费+外贸手续费+进口关税+增值税+消费税

① 进口设备的货价。计算公式为

货价=离岸价（FOB）×人民币外汇牌价

② 国外运费。计算公式为

国外运费=离岸价×运费率

或

国外运费=运量×单位运价

式中，运费率或单位运价参照有关部门或进出口公司的规定。

计算进口设备抵岸价时，再将国外运费换算为人民币。

③ 国外运输保险费。对外贸易货物运输保险费是由保险人（保险公司）与被保险人（出口人或进口人）订立保险契约，在被保险人交付议定的保险费后，保险人根据保险契约的规定对货物在运输过程中发生的承保责任范围内的损失给予经济上的补偿。计算公式为

国外运输保险费=离岸价+国外运费×国外运输保险费费率

计算进口设备抵岸价时，再将国外运输保险费换算为人民币。

④ 银行财务费。计算公式为

银行财务费=离岸价×人民币外汇牌价×银行财务费费率

银行财务费一般指银行手续费，费率一般为0.4%~0.5%。

⑤ 外贸手续费。它是指按商务部规定的外贸手续费费率计取的费用。外贸手续费费率

一般取 1.5%。计算公式为

$$外贸手续费=进口设备到岸价\times人民币外汇牌价\times外贸手续费费率$$

其中

$$进口设备到岸价\ (CIF)=离岸价+国外运费+国外运输保险费$$

⑥ 进口关税。关税是由海关对进出国境的货物和物品征收的一种税，属于流转性课税。计算公式为

$$进口关税=到岸价\times人民币外汇牌价\times进口关税税率$$

⑦ 增值税。增值税是我国政府对从事进口贸易的单位和个人，在进口商品报关进口后征收的税种。《中华人民共和国增值税暂行条例》规定，进口应税产品均按组成计税价格，依税率直接计算应纳税额，不扣除任何项目的金额或已纳税额。增值税的基本税率为 13%。计算公式为

$$进口产品增值税额=组成计税价格\times增值税税率$$

$$组成计税价格=到岸价\times人民币外汇牌价+进口关税+消费税$$

⑧ 消费税。对部分进口产品（如轿车、高档化妆品等）征收。计算公式为

$$消费税=\frac{到岸价\times人民币外汇牌价+关税}{1-消费税税率}\times消费税税率$$

（3）设备运杂费　设备运杂费由下列各项构成：①运费和装卸费；②包装费；③设备供销部门的手续费；④采购与仓库保管费。

设备运杂费的计算公式为

$$设备运杂费=设备原价\times设备运杂费费率$$

其中，设备运杂费费率按有关规定计取。

【例 2-1】　某公司从国外进口一套生产设备，重量为 1280t，装运港船上交货价（FOB）为 350 万美元。国际运费标准为 320 美元/t，海上运输保险费费率为 0.266%，中国银行手续费费率为 0.5%，外贸手续费费率为 1.5%，关税税率为 8.8%，增值税税率为 13%，美元的银行外汇牌价为 1 美元=6.37 元人民币，设备的国内运杂费费率为 2.5%。计算该设备购置费。

解：

$$进口设备货价=(350\times6.37)万元=2229.5 万元$$

$$国际运费=(320\times1280\times6.37)万元=260.92 万元$$

$$国外运输保险费=[(2229.5+260.92)\div(1-0.266\%)]万元\times0.266\%=6.64 万元$$

$$银行财务费=2229.5 万元\times0.5\%=11.15 万元$$

$$外贸手续费=(2229.5+260.92+6.64)万元\times1.5\%=37.46 万元$$

$$进口关税=(2229.5+260.92+6.64)万元\times8.8\%=219.74 万元$$

$$增值税=(2229.5+260.92+6.64+219.74)万元\times13\%=353.18 万元$$

$$国内运杂费=2229.5 万元\times2.5\%=55.74 万元$$

$$设备购置费=(2229.5+260.92+6.64+11.15+37.46+219.74+353.18+55.74)万元=3174.33 万元$$

2. 工器具及生产家具购置费

工器具及生产家具购置费是指新建项目初步设计规定所必须购置的不够固定资产标准的设备、仪器、工卡模具、器具、生产家具和备品备件等的费用。其一般计算公式为

$$工器具及生产家具购置费=设备购置费\times定额费率$$

（五）工程建设其他费用构成与计算

工程建设其他费用是指建设期发生的与土地使用权取得、整个工程建设以及未来生产经营有关的构成建设投资但不包括在工程费用中的费用。工程建设其他费用分为三类：第一类是指土地使用权购置或取得的费用；第二类是指与整个工程建设有关的各类其他费用；第三类是指与未来企业生产经营有关的其他费用。

1. 土地使用费和其他补偿费

土地使用费是指建设项目使用土地应支付的费用，包括建设用地费和临时土地使用费，以及由于使用土地发生的其他有关费用，如水土保持补偿费等。建设用地费是指为获得工程项目建设土地的使用权而在建设期内发生的各项费用，包括通过划拨方式取得土地使用权而支付的土地征用及迁移补偿费，或者通过土地使用权出让方式取得土地使用权而支付的土地使用权出让金。临时土地使用费是指临时使用土地发生的相关费用，包括地上附着物和青苗补偿费、土地恢复费及其他税费等。其他补偿费是指项目涉及的对房屋、市政、铁路、公路、管道、通信、电力、林区、矿区等不附属于建设用地的相关建（构）筑物或设施的补偿费用。

（1）建设用地取得的基本方式　建设用地的取得，实质是依法获取国有土地的使用权。获取国有土地使用权的基本方式有两种：一是出让方式；二是划拨方式。

国有土地使用权出让是指国家将土地使用权在一定年限内出让给土地使用者，由土地使用者向国家支付土地使用权出让金的行为。土地使用权出让最高年限按下列用途确定：居住用地 70 年，工业用地 50 年，教育、科技、文化、卫生、体育用地 50 年，商业、旅游、娱乐用地 40 年，综合或者其他用地 50 年。

通过出让方式获取土地使用权又可以分成两种具体方式：一是通过招标、拍卖、挂牌等竞争出让方式取得国有土地使用权；二是通过协议出让方式获取国有土地使用权。

国有土地使用权划拨，是指县级以上人民政府依法批准，在土地使用者缴纳补偿、安置等费用后将该幅土地交付其使用，或者将土地使用权无偿交付给土地使用者使用的行为。依法以划拨方式取得土地使用权的，除法律、行政法规另有规定外，没有使用期限的限制。以下用地可以以划拨方式取得：国家机关用地和军事用地，城市基础设施用地和公益事业用地，国家重点扶持的能源、交通、水利等基础设施用地，法律、行政法规规定的其他用地。

（2）建设用地取得的费用　建设用地如通过划拨方式取得，则必须承担征地补偿费用或对原用地单位或个人的拆迁补偿费用；若通过出让方式取得，则不但承担以上费用，还必须向国家支付土地出让金。

1）征地补偿费用。该费用由土地补偿费、青苗补偿费和地上附着物补偿费、安置补助费、新菜地开发建设基金、耕地占用税、土地管理费构成。

土地补偿费是对农村集体经济组织因土地被征用而造成经济损失的一种补偿。征用耕地的补偿费为该耕地被征用前三年平均年产值的 6~10 倍。征用其他土地的补偿费标准由省、

自治区、直辖市参照征用耕地的土地补偿费制定。土地补偿费归农村集体经济组织所有。

青苗补偿费是因征地时对其正在生长的农作物受到损害而做出的一种赔偿。在农村实行承包责任制后，农民自行承包土地的青苗补偿费应付给本人，属于集体种植的青苗补偿费可纳入当年集体收益。地上附着物是指房屋、水井、树木、涵洞、桥梁、公路、水利设施、林木等地面建筑物、构筑物、附着物等。视协商征地方案前地上附着物价值与折旧情况确定，应根据“拆什么、补什么；拆多少，补多少，不低于原来水平”的原则确定，如附着物产权属于个人，则该项补助费付给个人。

安置补助费应支付给被征地单位和安置劳动力的单位，作为劳动力安置与培训的支出，以及作为不能就业人员的生活补助。征用耕地的安置补助费按照需要安置的农业人口数计算。需要安置的农业人口数，按照被征用耕地数量除以征地前被征用单位平均每人占有耕地的数量计算。每一个需要安置的农业人口的安置补助费标准，为该耕地被征用前三年平均年产值的 4~6 倍。但是，每公顷被征用耕地的安置补助费，最高不得超过被征用前三年平均年产值的 15 倍。土地补偿费和安置补助费，尚不能使需要安置的农民保持原有生活水平的，经省、自治区、直辖市人民政府批准，可以增加安置补助费。但是，土地补偿费和安置补助费的总和不得超过土地被征用前的三年平均年产值的 30 倍。

新菜地开发建设基金是指征用城市郊区商品菜地时支付的费用。这项费用交给地方财政，作为开发建设新菜地的投资。

耕地占用税是对占用耕地建房或者从事其他非农业建设的单位和个人征收的一种税收。目的是合理利用土地资源，节约用地，保护农用耕地。

土地管理费主要作为征地工作中所发生的办公、会议、培训、宣传、差旅、借用人员工资等必要的费用。

2）拆迁补偿费用。在城市规划区内国有土地上实施房屋拆迁，拆迁人应当对被拆迁人给予补偿、安置。

拆迁补偿的方式既可以实行货币补偿，也可以实行房屋产权调换。

拆迁人应当对被拆迁人或者房屋承租人支付搬迁补偿费。在过渡期限内，被拆迁人或者房屋承租人自行安排住处的，拆迁人应当支付临时安置补偿费；被拆迁人或者房屋承租人使用拆迁人提供的周转房的，拆迁人不支付临时安置补偿费。

3）土地使用权出让金为用地单位向国家支付的土地所有权收益，出让金标准一般参考城市基准地价并结合其他因素制定。

2. 与项目建设有关的其他费用

（1）建设管理费　建设管理费是指建设单位为组织完成工程项目建设，在建设期内发生的各类管理性费用。它包括建设单位管理费、工程监理费、全过程工程咨询费等。

建设单位管理费是指建设单位发生的管理性质的开支。它包括工作人员工资、工资性补贴、施工现场津贴、职工福利费、住房基金、基本养老保险费、基本医疗保险费、失业保险费、工伤保险费、办公费、差旅交通费、劳动保护费、工具用具使用费、固定资产使用费等各种管理性质的开支。

工程监理费是指建设单位委托工程监理单位实施工程监理的费用。

全过程工程咨询费是项目投资方依据全过程工程咨询合同支付给全过程咨询单位实施项目的投资管理和工程建设管理的相关费用。

（2）可行性研究费　可行性研究费是指在工程项目投资决策阶段，依据调研报告对有关建设方案、技术方案或生产经营方案进行的技术经济论证，以及编制、评审可行性研究报告所需的费用。

（3）专项评价费　专项评价费是指建设单位按照国家规定委托有资质的单位开展专项评价及有关验收工作发生的费用。它包括环境影响评价及验收费、安全预评价及验收费、职业病危害预评价及控制效果评价费、地震安全性评价费、地质灾害危险性评价费等。其中，环境影响评价费是指按照《环境保护法》《环境影响评价法》等规定，在工程项目投资决策过程中，对其进行环境污染或影响评价所需的费用。

此项费用包括编制环境影响报告书（含大纲）、环境影响报告表，以及对环境影响报告书（含大纲）、环境影响报告表进行评估等所需的费用。

（4）研究试验费　研究试验费是指为建设项目提供或验证设计数据、资料等进行必要的研究试验及按照相关规定在建设过程中必须进行试验、验证所需的费用。它包括自行或委托其他部门研究试验所需的人工费、材料费、试验设备及仪器使用费等。这项费用按照设计单位根据本工程项目的需要提出的研究试验内容和要求计算。

（5）勘察设计费　勘察设计费是指对工程项目进行工程水文地质勘察、工程设计所发生的费用。它包括进行勘察作业、编制工程勘察文件和岩土工程设计文件等收取的费用，编制初步设计文件、施工图设计文件、非标准设备设计文件等服务收取的费用。

（6）场地准备及临时设施费　建设项目场地准备费是指为使工程项目的建设场地达到开工条件，由建设单位组织进行的场地平整等准备工作而发生的费用。建设单位临时设施费是指建设单位为满足工程项目建设、生活、办公的需要，用于临时设施建设、维修、租赁、使用所发生或摊销的费用。

（7）引进技术和进口设备材料其他费　引进技术和进口设备材料其他费是指引进技术和设备发生的但未计入设备购置费中的费用。它包括引进项目图样资料翻译复制费、备品测绘费、出国人员费用、来华人员费用、银行担保及承诺费。

（8）工程保险费　工程保险费是指为转移工程项目建设的意外风险，在建设期内对建筑工程、安装工程、机械设备和人身安全进行投保而发生的费用。它包括建筑安装工程一切险、引进设备财产保险和人身意外伤害险等。

（9）特殊设备安全监督检验费　特殊设备安全监督检验费是指安全监察部门对在施工现场组装的锅炉及压力容器、压力管道、消防设备、燃气设备、电梯等特殊设备和设施实施安全检验收取的费用。

（10）市政公用配套设施费　市政公用设施费是指使用市政公用设施的工程项目，按照项目所在地省级人民政府有关规定建设或缴纳的市政公用设施建设配套费用以及绿化工程补偿费用。此项费用按工程所在地人民政府规定标准计列。

（11）专利及专有技术使用费　专利及专有技术使用费是指建设期内取得专利、专有技术、商标、商誉和特许经营的所有权或使用权发生的费用。它包括工艺包费、设计及技术资料费、有效专利、专有技术使用费、技术保密费和技术服务费等，以及商标权、商誉和特许经营权费。

3. 与未来企业生产经营有关的其他费用

（1）联合试运转费 联合试运转费是指新建或新增加生产能力的工程项目，在交付生产前按照设计文件规定的工程质量标准和技术要求，对整个生产线或装置进行负荷联合试运转所发生的费用净支出（试运转支出大于收入的差额部分费用）。其中，试运转支出包括试运转所需原材料、燃料及动力消耗、低值易耗品、其他物料消耗、工具用具使用费、机械使用费、保险金、施工单位参加试运转人员工资及专家指导费等；试运转收入包括试运转期间的产品销售收入和其他收入。联合试运转费不包括应由设备安装工程费用开支的调试及试车费用，以及在试运转中暴露出来的因施工原因或设备缺陷等发生的处理费用。

（2）生产准备费 生产准备费是指新建项目或新增生产能力的项目，为保证竣工交付使用进行必要的生产准备所发生的费用。内容包括：

1）人员培训费及提前进场费，包括自行组织培训或委托其他单位培训的人员工资、工资性补贴、职工福利费、差旅交通费、劳动保护费、学习资料费等。

2）为保证初期生产（或营业、使用）必需的第一套不够固定资产标准的生产工具、器具、用具购置费。不包括备品备件费。

（3）办公和生活家具购置费 办公和生活家具购置费是指为保证新建、改建、扩建项目初期正常生产、使用和管理所必须购置的办公和生活家具、用具的费用。其范围包括办公室、会议室、资料档案室、阅览室、文娱室等。

（六）预备费、建设期贷款利息的计算

1. 预备费

预备费是指在建设期内因各种不可预见因素的变化而预留的可能增加的费用，包括基本预备费和价差预备费。

（1）基本预备费 基本预备费是指在投资估算或设计概算阶段预留的，由于工程实施中不可预见的工程变更及洽商、一般自然灾害处理、地下障碍物处理、超规超限设备运输等可能增加的费用。其内容包括：

1）在批准的基础设计和概算范围内增加的设计变更、局部地基处理等费用。

2）一般自然灾害造成的损失和预防自然灾害所采取措施的费用。

3）竣工验收时为鉴定工程质量，对隐蔽工程进行必要的挖掘和修复的费用。

4）超规超限设备运输过程中可能增加的费用。

基本预备费估算，一般是以建设项目的工程费用和工程建设其他费用之和为基础，乘以基本预备费费率进行计算。基本预备费费率的大小应根据建设项目的设计阶段和具体的设计深度，以及在估算中所采取的各项估算指标与设计内容的贴近度、项目所属行业主管部门的具体规定确定。

（2）价差预备费 价差预备费是指为在建设期内利率、汇率或价格等因素的变化而预留的可能增加的费用。

其内容包括：人工、设备、材料、施工机械的价差费，建筑安装工程费及工程建设其他费用调整，利率、汇率调整等增加的费用。

价差预备费估算，一般是根据国家规定的投资综合价格指数，以估算年份价格水平的投资额为基数，根据价格变动趋势，预测价值上涨率，采用复利方法计算。计算公式为

$$PF=\sum_{t=1}^{n} I_t[(1+f)^m(1+f)^{0.5}(1+f)^{t-1}-1]$$

式中　PF——价差预备费；

I_t——建设期中第 t 年的投资计划额，包括工程费用、工程建设其他费用及基本预备费，即第 t 年的静态投资；

f——年均投资计划上涨率；

m——建设前期年限（从编制估算到开工建设，单位：年）；

n——建设期年份数。

【例 2-2】 某新建项目建安工程费为 15000 万元，设备购置费为 7000 万元，工程建设其他费用为 4000 万元，已知基本预备费费率为 5%，项目建设前期年限为 1 年，建设期为 3 年，各年投资计划额为：第 1 年完成投资 30%，第 2 年 50%，第 3 年 20%。年均投资价格上涨率为 6%，求建设项目建设期间价差预备费。

解：　基本预备费 =(15000+7000+4000) 万元×5% = 1300 万元

静态投资 =(15000+7000+4000+1300) 万元 = 27300 万元

建设期第一年完成投资 I_1 = 27300 万元×30% = 8190 万元

第 1 年价差预备费为

$$PF_1=I_1[(1+f)(1+f)^{0.5}-1]=748.05\text{ 万元}$$

第 2 年完成投资

$$I_2=27300\text{ 万元}\times 50\%=13650\text{ 万元}$$

第 2 年价差预备费为

$$PF_2=I_2[(1+f)(1+f)^{0.5}(1+f)-1]=2140.55\text{ 万元}$$

第 3 年完成投资

$$I_3=27300\text{ 万元}\times 20\%=5460\text{ 万元}$$

第 3 年价差预备费为

$$PF_3=I_3[(1+f)(1+f)^{0.5}(1+f)^2-1]=1235.19\text{ 万元}$$

建设期的价差预备费为

$$PF=(748.05+2140.55+1235.19)\text{ 万元}=4123.79\text{ 万元}$$

2. 建设期贷款利息

建设期贷款利息主要是指在建设期内发生的为工程项目筹措资金的融资费用及债务资金利息。

债务资金包括向国内银行和其他非银行金融机构贷款、出口信贷、外国政府贷款、国际商业银行贷款以及在境内外发行的债券等。融资费用和应计入固定资产原值的利息包括借款

（或债券）利息及手续费、承诺费、管理费等。建设期贷款利息要计入固定资产原值。

建设期贷款利息的计算方法分为以下两种情况：

1）贷款总额一次性贷出且利率固定的贷款，计算公式为

$$I=F-P$$

其中

$$F=P(1+i)^n$$

式中 I——利息；

F——n 期后的本利和；

P——本金；

n——计息期数；

i——有效利率。

2）当总贷款额是分年均衡发放时，建设期贷款利息的计算可按当年贷款在年中支用考虑，即当年贷款按半年计息，上年贷款按全年计息。计算公式为

$$I_j=\left(P_{j-1}+\frac{1}{2}A_j\right)i$$

式中 I_j——建设期第 j 年应计利息；

P_{j-1}——建设期第（$j-1$）年贷款额累计金额与利息累计金额之和；

A_j——建设期第 j 年贷款金额；

i——年利率。

在国外贷款利息的计算中，还应包括国外贷款银行根据贷款协议向贷款方以年利率的方式收取的手续费、管理费、承诺费，以及国内代理机构经国家主管部门批准的以年利率的方式向贷款单位收取的转贷费、担保费、管理费等。

【例 2-3】 某建设项目建设期为 2 年，共向银行贷款 1200 万元，贷款分年投放为第 1 年 500 万元，第 2 年 700 万元，年利率为 7%，计算建设期利息。

解：

$$第 1 年应计利息=\frac{1}{2}\times 500 万元\times 7\%=17.5 万元$$

$$第 2 年应计利息=\left(500+17.5+\frac{1}{2}\times 700\right)万元\times 7\%=60.73 万元$$

（七）投资的资金来源

工程项目的投资资金来源可划分为自有资金和负债资金两大类。企业的自有资金是投资者缴付的出资额（包括资本金和资本溢价），包括企业用于项目投资的新增资本金、资本公积金、提取的折旧费与摊销费以及未分配的税后利润等。负债资金是指银行和非银行金融机构的贷款及发行债券的收入等，包括长期负债（长期借款、应付长期债券和融资租赁的长期应付款项等）和短期负债（如短期借款、应付账款等）。

为了让投资者具有风险投资意识，国家对自有资金一般规定最低数额与比例，并且规定了资本金筹集到位的期限，并在整个生产经营期间内不得随意抽走。允许投资者以已有的固

定资产和无形资产作为投资的出资，但要经具有资质的机构评估作价，出具验资报告；无形资产（不包括土地使用权）的出资一般不得超过注册资金的20%。所有这些规定，其目的都是让投资者承担必要的风险，不能搞无本经营或过度的负债经营。

二、项目投资估算

项目投资估算是对整个工程项目投资总额的估算，是指项目从筹建、施工直至建成投产的全部建设费用。项目投资估算的主要依据有：项目建议书；建设规模、产品方案；设计方案、图样及设备明细表；设备价格、运杂费率及当地材料预算价格；同类型建设项目的投资资料，以及有关标准、定额等。

工程项目费用估算的准确度，取决于该费用估算是在项目进展的哪个阶段编制的。随着工程项目建设阶段的不断深入，费用估算的准确度也不断提高而接近实际。

这里介绍一个简便粗略的总投资估算法——资金周转率法，这是一种用资金周转率来推测投资额的方法。

使用这种方法时，先根据同类项目的数据计算出资金周转率，即

$$资金周转率=\frac{同类项目年销售总额}{同类项目总投资}=\frac{同类项目产品的年产量\times 产品单价}{同类项目总投资}$$

然后将根据拟建项目的规模，代入下列公式，计算其总投资额，即

$$拟建项目总投资额=\frac{拟建项目产品的年产量\times 产品单价}{资金周转率}$$

我国通常采用工程概算法进行投资估算，根据工程项目的特点、掌握资料的详尽程度、估算的精度要求和作用等灵活选用。这里介绍几种常用的投资估算方法，按照固定资产投资和流动资金投资分别介绍。

（一）固定资产估算

1. 生产规模指数法

生产规模指数法是利用已知的投资数据来估算规模不同的同类项目的投资，一般在规划方案阶段使用。计算公式为

$$K_2=K_1\left(\frac{Q_2}{Q_1}\right)^n$$

式中　K_1——已知工程的投资额；

K_2——新建工程的投资估算额；

Q_1——已知工程的生产能力；

Q_2——新建工程的生产能力；

n——工程能力指数。

工程能力指数一般难以确定，各国目前都采用 n 的平均值。当工程规模扩大以提高设备的效率、功率为主的时候，$n=0.6\sim0.7$；而工程规模扩大是以增加设备数量为主的时候，$n=0.8\sim1.0$。

【例 2-4】　年产 200 万 t 的钢厂，投资为 15 亿元，新建一个 400 万 t 的钢厂，估算投资为多少？（$n=0.8$）

解：
$$K_2=K_1\left(\frac{Q_2}{Q_1}\right)^n$$
$$=15\text{亿元}\times\left(\frac{400\text{万 t}}{200\text{万 t}}\right)^{0.8}=26.12\text{亿元}$$

2. 分项类比估算法

分项类比估算法是将工程项目的固定资产投资分为三项：①机器设备的投资；②建筑物、构筑物的投资；③其他投资。首先估算机器设备的投资，然后根据建筑和其他投资与机器设备的一般比例关系，分别估算出建筑物的投资和其他费用。这种方法需要大量的同类工程实际投资额的资料，并要求估算人员具有丰富的经验，一般适用于初步设计阶段。

（1）机器设备的投资估算　以设备安装以后的价值乘以设备数量。计算公式为

$$K_{\mathrm{m}}=\sum\left[Q_{\mathrm{m}i}D_{\mathrm{m}i}(1+k_{\mathrm{m}i})\right]$$

式中　K_{m}——机器设备的投资估算值；

$Q_{\mathrm{m}i}$——第 i 种设备的数量；

$D_{\mathrm{m}i}$——第 i 种设备的价格；

$k_{\mathrm{m}i}$——同类工程、同类机器设备的运输安装费用系数，这个系数目前国内还没有公认的合理数值，国外一般采用 0.43。

（2）建筑物、构筑物的投资估算　计算公式为

$$K_{\mathrm{f}}=K_{\mathrm{m}}k_{\mathrm{f}}$$

式中　K_{f}——建筑物、构筑物部分投资估算值；

k_{f}——同类工程建筑物、构筑物部分投资占机器设备部分投资的相对比重。

1）厂房建筑物费 K_{f1}。计算公式为

$$K_{\mathrm{f1}}=K_{\mathrm{m}}k_{\mathrm{f1}}$$

式中　k_{f1}的大小取决于厂房建筑物的类型：露天的，$k_{\mathrm{f1}}=0.1\sim0.2$；半露天的，$k_{\mathrm{f1}}=0.2\sim0.6$；室内的，$k_{\mathrm{f1}}=0.6\sim1.0$。

2）附属设施 K_{f2}。计算公式为

$$K_{\mathrm{f2}}=K_{\mathrm{m}}k_{\mathrm{f2}}$$

式中　k_{f2}的大小取决于供水供电等附属设施的来源：利用现有的，$k_{\mathrm{f2}}=0$；少量扩建的，$k_{\mathrm{f2}}=0\sim0.05$；大量扩建的，$k_{\mathrm{f2}}=0.05\sim0.25$；新建的，$k_{\mathrm{f2}}=0.25\sim1$。

3）仪表费用 K_{f3}。计算公式为

$$K_{\mathrm{f3}}=K_{\mathrm{m}}k_{\mathrm{f3}}$$

式中　k_{f3}的大小取决于自动化程度：无自控装置的，$k_{\mathrm{f3}}=0.03\sim0.05$；部分自控的，$k_{\mathrm{f3}}=0.05\sim0.12$；广泛自控的，$k_{\mathrm{f3}}=0.12\sim0.2$。

4）工艺管线费用 K_{f4}。计算公式为

$$K_{\mathrm{f4}}=K_{\mathrm{m}}k_{\mathrm{f4}}$$

式中　k_{f4}的大小取决于产品和工艺：固体，$k_{f4}=0.07\sim0.1$；固体-流体，$k_{f4}=0.1\sim0.3$；流体，$k_{f4}=0.3\sim0.6$。

（3）其他投资估算　其他投资一般是指独立的单项费用，如土地购置费、青苗补偿费、居民拆迁费、建设单位管理费、设计费、人员培训以及负荷试车费用。计算公式为

$$K_w=K_m k_w$$

式中　K_w——其他投资估算值；

k_w——同类工程其他投资对机器设备部分投资的相对比重。

以上这些费用合计之后，再考虑一下施工费用和预备费用，这两项可按费用合计的一定比例来计算。

1）施工费用K_s。计算公式为

$$K_s=(K_m+K_f+K_w)k_s$$

式中　k_s 的大小取决于工程施工的复杂程度：简单工程，$k_s=0.20\sim0.35$；复杂工程，$k_s=0.35\sim0.6$。

2）预备费用K_b。计算公式为

$$K_b=(K_m+K_f+K_w)k_b$$

式中　k_b 为考虑不可预见因素而设定的费用系数，一般为5%～10%，国外有达到30%的。

综上所述，工程项目固定资产投资估算值 K_t 为

$$K_t=K_m+K_f+K_w+K_s+K_b$$

注意：由于投资环境千差万别，估算时应视具体情况对各系数进行必要的调整。

3. 工程概算法

工程概算法是目前国内应用较广的一种方法。其做法大致如下：

（1）建筑工程投资　根据工程项目结构特征一览表，套用概算指标或大指标（每平方米建筑面积造价指标）进行计算。

（2）设备投资　标准设备按交货价格计算；非标准设备按非标准指标估算；国外进口设备按离岸价加海运费、海上保险费、关税、增值税及外贸手续费和银行手续费等来计算；设备运杂费按各部委、省、市、自治区规定的运杂费率计算；工具及器具按占设备原价的百分比计算。

（3）其他费用　按主管部委、省、市、自治区规定的取费标准或按建筑工程费的百分比计算。

（4）预备费用　按建筑工程、设备投资和其他费用之和的一定百分比计算，一般取上述之和的5%～8%。

（二）流动资金估算

1. 扩大指标估算法

根据同类企业中，流动资金与销售收入、经营成本、固定资产的比率，以及单位产量占用流动资金的比率来估算。例如，国外化工企业的流动资金就有按固定资产投资的15%～20%估算的。具体方法包括产值资金率法、固定资产投资比率法、成本计算法。

2. 定额天数法

主要材料（或其他材料、结构件）等资金定额的核定，可运用定额天数法来计算。计

算公式为

$$主要材料资金定额=主要材料平均日耗用额×主要材料定额天数$$

其中

$$主要材料平均日耗用额=\frac{年度建安工作量×主要材料比重}{360}$$

主要材料比重是指主要材料占全部建安工作量的百分比。但由于不同结构的工程，其材料所占比重相差较大，因而很难确定一个合理的比重。为了简化计算，通常在实际工作中按照上年材料的实际比重进行计算，或者按上年实际材料比重结合当年承建工程中不同结构的工程占全部承建工程量的百分比，采用加权平均法来计算确定其比重。

由于主要材料的品种类别、规格繁多，按各种类别分别计算定额天数比较困难，同时也没有必要，所以，主要材料定额天数可按各类材料耗用额占全部材料总值的百分比，加权计算确定其平均定额天数。

【例 2-5】 假设某施工企业本年计划承建工程的工作量为 2200 万元，据上年实际资料，主要材料耗用额占工作量的 42%，结构件耗用额占工作量的 30%，其他材料耗用额占 5%，其他资料如表 2-2 所示。计算主要材料、结构件和其他材料的资金定额。

表 2-2　定额天数法计算结果

材料类别	定额天数							材料总值的比重（%）	加权平均定额天数（天）
	供应间隔天数（天）	间隔系数（%）	应计供应间隔天数（天）	在途天数（天）	加工整理天数（天）	保险储备天数（天）	合计（天）		
一、主要材料								100	64.1
钢材	80	65	52	20	6	10	88	25	22
木材	100	50	50	32	9	11	102	20	20.4
水泥	35	60	21	9	2	8	40	20	8
大堆材料	50	50	25	6	2	6	39	35	13.65
二、结构件	50	40	20	7	4	10	41		41
三、其他材料	50	50	25	17	10	9	61		61

解：

$$主要材料资金定额=\frac{2200\ 万元×42\%}{360\ 天}×64.1\ 天=164.52\ 万元$$

$$结构件资金定额=\frac{2200\ 万元×30\%}{360\ 天}×41\ 天=75.16\ 万元$$

$$其他材料资金定额=\frac{2200\ 万元×5\%}{360\ 天}×61\ 天=18.64\ 万元$$

3. 分项详细估算法

这是国际上通行的流动资金估算方法。按照下列公式，分项详细估算，即

$$流动资金=流动资产-流动负债$$

流动资产和流动负债各项的计算公式为

$$流动资产=应收账款+存货+现金$$

$$应收账款=\frac{年经营成本}{周转次数}$$

$$流动负债=应付账款+预收账款$$

其中

$$周转次数=360/最低周转天数（还要考虑风险）$$

$$存货=外购原材料、燃料和动力+在产品+产成品$$

其中

$$外购原材料、燃料和动力=\frac{年外购原材料、燃料和动力费用}{年周转次数}=价格\times\frac{年消耗量}{360}\times储存天数$$

$$储存天数=在途天数+平均供应天数\times供应间隔系数+验收天数+整理准备天数+保险天数$$

其中，供应间隔系数一般取 50%～60%。

$$在产品=\frac{年外购原材料、动力费用+年工资福利费用+年修理费用+年其他制造费用}{周转次数}$$

$$产成品=\frac{年经营成本}{周转次数}$$

$$现金=\frac{年工资福利费用+年其他费用}{周转次数}$$

其中

年其他费用=制造费用+管理费用+财务费用+销售费用-以上四项中所含的工资及福利费、折旧费、维简费、摊销费、修理费和利息支出

$$应付账款=\frac{年外购原材料、动力费用}{年周转次数}$$

【例 2-6】 扩建某纺织厂，已知设备购置费按现行价格计算为 100 万元，试估算工厂的总投资额。（各系数参考分项类比估算法中的规定并视具体情况调整）

解：按分项类比估算法计算。

（1）安装后的设备价值 K_m

$$K_m=1.43\times100\ 万元=143\ 万元$$

（2）厂房建筑费用 K_{f1}

$$K_{f1}=0.8\times143\ 万元=114.4\ 万元$$

（3）附属设施费用 K_{f2}

$$K_{f2}=0.05\times143\ 万元=7.15\ 万元$$

（4）仪表费用 K_{f3}

$$K_{f3}=0.12\times143\ 万元=17.16\ 万元$$

（5）工艺管线费用 K_{f4}

$$K_{f4}=0.1\times143\ 万元=14.3\ 万元$$

(6) 工厂实体部分投资 K_1

$$K_1=K_m+K_{f1}+K_{f2}+K_{f3}+K_{f4}=(143+114.4+7.15+17.16+14.3)\text{万元}=296.01\text{万元}$$

(7) 施工费用 K_s

$$K_s=0.3\times296.01\text{万元}=88.803\text{万元}$$

(8) 预备费用 K_b

$$K_b=0.3\times296.01\text{万元}=88.803\text{万元}$$

(9) 工厂所需固定资金 K_t

$$K_t=K_1+K_s+K_b=(296.01+88.803+88.803)\text{万元}=473.616\text{万元}$$

(10) 工厂所需流动资金 K_v

$$K_v=0.2\times473.616\text{万元}=94.723\text{万元}$$

(11) 工厂总投资 K

$$K=K_t+K_v=(473.616+94.723)\text{万元}=568.339\text{万元}$$

第三节 产品成本和费用的构成及估算

要了解产品成本，首先要弄清生产成本的概念和构成。工程项目投入使用后，即进入生产经营期。在生产经营期内，各年的成本费用由生产成本和期间费用两部分组成。

一、生产成本与产品成本

生产成本也称制造成本或生产费用，是指企业为生产产品、提供劳务而发生的各种耗费。生产成本要素按其经济用途可划分为直接材料、直接工资、其他直接支出和制造费用。

1. 直接材料

直接材料是指企业生产经营过程中实际消耗的原材料、辅助材料、设备配件、外购半成品、燃料、动力、包装物、低值易耗品以及其他直接材料。

2. 直接工资

直接工资是指企业直接从事产品生产人员的工资、奖金、津贴和补贴等。

3. 其他直接支出

其他直接支出是指直接从事产品生产人员的职工福利费等。

4. 制造费用

制造费用是指直接用于产品生产但不能直接计入产品成本，待按一定的标准分摊后才能计入产品成本的那部分费用。具体是指企业各个生产单位（分厂、车间）为组织和管理生产所发生的各项费用，包括生产单位（分厂、车间）管理人员工资、职工福利费、折旧费、维简费、修理费、物料消耗、低值易耗品摊销、劳动保护费、水电费、办公费、差旅费、运输费、保险费、租赁费（不含融资租赁费）、设计制图费、试验检验费、环境保护费以及其他制造费用。

直接材料、直接人工和其他直接支出通常称为直接成本；制造费用称为间接成本。

生产费用与产品成本是两个既互相联系又有区别的概念。生产费用按一定的产品加以归集汇总，就形成产品成本。生产费用的发生是形成产品成本的基础，产品成本则是对象化的生产费用。但是，前者通常是指某一时期（月、季、年）内实际发生的生产费用，而产品成本反映的是某一时期某种产品所应负担的费用。按照权责发生制的原则，企业生产费用的发生期与归集产品成本的期间并不完全一致。归集于当期产品成本的生产费用并非当期发生，或许有一部分属于以前期间发生的生产费用；归属于本期的生产费用不一定归属于当期的产品成本，可能要由以后期间的产品来负担。所以，企业某一时期实际发生的产品生产费用总和，不一定等于该期产品成本的总和。某一时期完工产品的成本可能包括几个时期的生产费用，某一时期的生产费用也可能分期计入几个会计期间完工产品成本。两者的关系可用下列公式表示，即

本期完工产品成本=期初在产品成本+本期生产费用-期末在产品成本

在对工程项目进行技术经济分析时，当期投入的生产费用视同当期全部转入产品成本，即当期生产当期全部完工，生产费用等于产品成本。

二、期间费用

期间费用是指本期发生的、与生产经营没有直接关系和关系不密切的管理费用、财务费用和营业费用。期间费用不能直接或间接归属于某种产品成本，它容易确定其发生的时间，而难以判断其所应归属的产品，因而在发生的当期便从当期的损益中扣除，即直接计入当期损益。

（一）管理费用

管理费用是指企业行政管理部门为组织和管理企业生产经营所发生的各项费用。它包括公司经费、工会经费、待业保险费、劳动保险费、住房公积金、董事会费、聘请中介机构费、咨询费（含顾问费）、诉讼费、业务招待费、税金（房产税、车船税、印花税）、技术转让费、矿产资源补偿费、无形资产摊销、职工教育经费、研究与开发费、排污费、存货盘亏与盘盈（不包括应计入营业外支出的存货损失）、计提的坏账准备和存货跌价准备等。

其中，公司经费包括总部管理人员工资、职工福利费、差旅费、办公费、折旧费、修理费、物料消耗、低值易耗品摊销以及公司其他经费。

劳动保险费是指离退休职工的退休金、价格补贴、医疗费（包括离退休人员参加医疗保险的医疗保险金）、职工异地安家费、职工退职金、职工死亡丧葬补助费、抚恤金、按规定支付给离退休干部的各项经费以及实行社会统筹办法的企业按规定提取的统筹退休基金。

待业保险费是指企业按照国家规定缴纳的待业保险基金。

董事会费是指企业最高权力机构及其成员为执行其职能而发生的费用，包括差旅费、会议费等。

（二）财务费用

财务费用是指企业为筹集生产经营所需资金而发生的各项费用。它包括生产经营期间的利息支出净额（利息支出减利息收入）、汇兑净损失（汇兑损失减汇兑收益）、金融机构手

续费，以及为筹集生产经营资金发生的其他费用等。

（三）营业费用

营业费用是指企业在销售产品、提供劳务等日常经营过程中发生的各项费用。它包括企业销售产品过程中发生的运输费、装卸费、包装费、保险费、委托代销费、广告费、展览费、租赁费（不包括融资租赁费），以及为销售本企业商品而专设的销售机构（含销售网点、售后服务网点等）的人员工资、职工福利费、差旅费、办公费等经常性费用。

商品流通企业在进货过程中发生的运输费、装卸费、包装费、运输途中的合理损耗和入库前的挑选整理费，也作为营业费用处理。

产品总费用成本的构成（上述各项费用之间的关系）如图2-3所示。

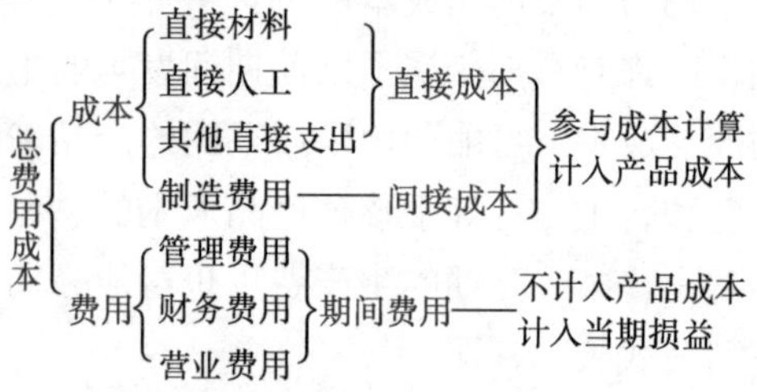

图2-3 产品总费用成本的构成

三、产品成本和费用的估算

产品的生产过程，即劳动资料、劳动对象和活劳动的耗费过程。因此，从其经济内容看，计入产品成本的费用，不外乎是物化劳动消耗和活劳动消耗，其中物化劳动消耗又包括劳动资料、劳动对象的消耗。为了具体反映各种生产要素的构成和水平，产品总费用可具体划分为外购原材料、外购燃料、外购动力成本，工资，职工福利费，固定资产折旧、修理费、维简费、摊销费及其他费用。

（一）外购原材料、燃料及动力成本的估算

外购原材料是指企业为进行产品生产经营而耗用的一切从外部购进的原料及主要材料、半成品、辅助材料、包装物、修理用备件和低值易耗品等。外购燃料是指企业为进行生产经营而耗用的一切从外部购进的各种燃料。外购动力是指企业为进行生产而耗用的从外部购进的各种动力。外购原材料、燃料及动力成本的计算公式为

外购原材料（燃料、动力）成本=年产量×单位产品原材料（燃料、动力）成本

式中 年产量可根据测定的设计生产能力和投产期各年的生产负荷加以确定；

单位产品原材料（燃料、动力）成本是依据某种原材料消耗定额和单价确定的，即

单位产品原材料（燃料、动力）成本=某种原材料（燃料、动力）单耗×单价

企业生产经营中所需要的原材料种类繁多，在计算时，可根据具体情况，选取耗用量较大的、主要的原材料为对象，依据有关规定、原则和经验数据进行估算。

（二）工资的估算

工资是指应计入企业生产费用和期间费用中的职工工资。其计算方法是按整个企业的职工定员数和人均年工资额计算年工资总额。计算公式为

年工资总额=企业职工定员数×人均年工资额

（三）职工福利费的估算

职工福利费主要用于职工的医疗费（包括企业参加职工医疗保险缴纳的医疗保险金），医护人员的工资、医务经费，职工因工负伤赴外地就医路费，职工生活困难补助费，职工浴

室、理发室、幼儿园、托儿所人员的工资等。计算公式为

$$职工福利费=工资总额\times 14\%$$

（四）固定资产折旧的估算

1. 固定资产折旧的概念

企业的固定资产可以长期参加生产经营而仍保持其原有的实物形态，但其价值将随着不断使用而逐渐转移到生产的产品中去，或构成企业每年经营的成本或费用。这部分随着固定资产的磨损而逐渐转移的价值称为固定资产折旧。固定资产折旧计入生产成本或期间费用的过程，即随着固定资产价值的转移，以折旧的形式在产品销售收入中得到补偿并转化为货币资金。固定资产折旧应当在固定资产的生命周期内系统分摊。固定资产折旧等于应当计提折旧的固定资产原价扣除其预计净残值后的金额，如果对固定资产计提减值准备，还应当扣除已计提的固定资产减值准备累计金额。

从本质上讲，折旧也是一种费用，只不过这一费用没有在计提期间付出实实在在的货币资金，但这种费用是前期已经发生的支出，而这种支出的收益在资产投入使用后的有效使用期内实现。无论是从权责发生制原则，还是从收入与费用配比的原则讲，计提折旧都是必要的，否则，不计提折旧或不正确地计提折旧，都将导致错误地计算企业的费用和利润。

2. 影响折旧的因素

企业计算各期折旧额的依据或者说影响折旧的因素，主要有以下三个方面：

（1）折旧的基数　计算固定资产折旧的基数一般为取得固定资产的原始成本，即固定资产的账面原值。企业已经入账的固定资产，除发生下列情况外，不得任意变动：①根据国家规定对固定资产进行重新估价；②增加补充设备或改良设备；③将固定资产的一部分拆除；④根据实际价值调整原来的暂估价值；⑤发现原记固定资产价值有错误。

（2）固定资产的净残值　固定资产的净残值是指预计的固定资产报废时可以收回的残余价值扣除预计清理费用后的数额。由于在计算折旧时，对固定资产的残余价值和清理费用只能人为估计，就不可避免地存在主观性。为了避免人为调整净残值，从而人为调整计提折旧额，国家有关法律法规规定：净残值比例在原价5%以内的，由企业自行确定；由于情况特殊，需调整净残值比例的，应报主管税务机关备案。

（3）固定资产使用年限　固定资产使用年限的长短直接影响各期应提的折旧额。在确定固定资产使用年限时，不仅要考虑固定资产的有形损耗，还要考虑固定资产的无形损耗。由于固定资产的有形损耗和无形损耗也很难准确估计，因此，固定资产使用年限也只能预计，同样具有主观随意性。企业应根据国家的有关规定，结合本企业的具体情况，合理地确定固定资产的折旧年限。

3. 计提折旧的范围

企业在用的固定资产（包括经营用固定资产、非经营用固定资产、租出固定资产等）一般均应计提折旧。具体范围包括：房屋和建筑物；在用的机器设备、仪器仪表、运输工具；季节性停用、大修理停用的设备；融资租入和以经营租赁方式租出的固定资产。已达到预定可使用状态，尚未办理竣工决算的固定资产也应计提折旧。

对已达到预定可使用状态的固定资产，如果尚未办理竣工决算的，应当按照估计价值暂

估入账，并计提折旧；待办理竣工决算手续后，再按照实际成本调整原来的暂估价值，同时调整原已计提的折旧额。

不提折旧的固定资产包括：未使用、不需用的机械设备；以经营租赁方式租入的固定资产；融资租出的固定资产；已提足折旧继续使用的固定资产；未提足折旧提前报废的固定资产；国家规定不提折旧的其他固定资产（如土地等）。

4. 计算折旧的方法

会计上计算折旧的方法很多，有直线法、工作量法、加速折旧法等。由于固定资产折旧方法的选用直接影响到企业成本、费用的计算，也影响到企业的收入和纳税，从而影响到国家的财政收入，因此，对固定资产折旧方法的选用，国家历来有比较严格的规定，原则上应当根据固定资产所含经济利益预期实现方式选择折旧方法。随着改革开放的深入，我国为了鼓励企业采用新技术，加快科学技术向生产力的转化，增强企业的后劲，允许某些行业的企业经国家批准后采用加速折旧的方法。折旧方法一经选定，不得随意变更。如需变更，应当按照一定的程序审批，经批准后报送有关各方备案，并在会计报表中说明。

关于计算折旧的方法，这里重点介绍以下几种：

（1）平均年限法　平均年限法又称直线法，是将固定资产的折旧均衡地分摊到各期的一种方法。采用这种方法计算的每期折旧额均是等额的。计算公式为

$$\text{年折旧率}=\frac{1-\text{预计净残值率}}{\text{规定的折旧年限}}\times 100\%$$

$$\text{年折旧额}=\text{年折旧率}\times\text{固定资产原值}$$

【例 2-7】　某企业有一设备，原值为 500000 元，预计可使用 20 年，按照有关规定，该设备报废时净残值率为 2%，计算该设备的月折旧率和月折旧额。

解：

$$\text{年折旧率}=\frac{1-\text{预计净残值率}}{\text{规定的折旧年限}}\times 100\%$$

$$=\frac{1-2\%}{20}\times 100\%=4.9\%$$

$$\text{月折旧率}=\frac{4.9\%}{12}=0.41\%$$

$$\text{月折旧额}=500000\text{ 元}\times 0.41\%=2050\text{ 元}$$

由于平均年限法易于理解和简单易行，因而得到广泛应用。但它也存在着一些明显的局限性。首先，固定资产在不同年限提供的经济效益是不同的。一般来讲，固定资产在使用前期工作效率相对较高，所带来的经济效益也较多；而在使用后期，工作效率一般呈下降趋势，因此所带来的经济效益也就逐渐减少。平均年限法不考虑这一事实，明显是不合理的。其次，固定资产在不同的使用年限发生的维修费也不一样。固定资产的维修费将随着其使用年限的延长而不断增大。而平均年限法也没有考虑这一因素。

当固定资产各期的负荷程度相同时，各期应分摊相同的折旧费，这时采用平均年限法计算折旧是合理的。但是，若固定资产各期的负荷程度不相同，采用平均年限法则不能反映固

定资产的实际使用情况，提取的折旧额与固定资产的损耗程度也不相符。

（2）工作量法　工作量法是根据工作量计提折旧额的一种方法。基本计算公式为

$$单位工作量折旧额=\frac{固定资产原值\times(1-净残值率)}{预计总工作量}$$

$$某项固定资产月折旧额=该项固定资产当月工作量\times单位工作量折旧额$$

结合实际工作，工作量法又可分为工作时数法和行驶里程法等。

1）工作时数法。工作时数法是指按固定资产总工作时数平均计算折旧额的方法，它适用于机器设备。计算公式为

$$单位工作小时应提折旧额=\frac{固定资产原值\times(1-净残值率)}{预计的总工作时数}$$

$$每期应提的折旧额=单位工作小时应提折旧额\times实际工作时数$$

2）行驶里程法。行驶里程法是按固定资产行驶里程平均计算折旧额的方法，它适用于机动车辆。计算公式为

$$单位里程应提折旧额=\frac{固定资产原值\times(1-净残值率)}{总行驶里程}$$

$$某期应提折旧额=单位里程应提折旧额\times实际行驶里程$$

【例 2-8】　某企业一载重汽车的原价为 60000 元，预计总行驶里程为 50 万 km，该汽车的残值率为 5%，本月行驶 4000km。计算该汽车的月折旧额。

解：

$$单位里程应提折旧额=\frac{60000\ 元\times(1-5\%)}{500000\text{km}}=0.114\ 元/\text{km}$$

$$本月折旧额=4000\text{km}\times0.114\ 元/\text{km}=456\ 元$$

工作量法把固定资产的服务效能与固定资产的使用程度联系起来，弥补了平均年限法只重使用年限、不考虑使用强度的缺点。但这种方法也具有一定的局限性，即预计的总工作量难以估计，而且没有考虑无形损耗对固定资产服务潜力的影响。这种方法适合各期完成工作量不均衡的固定资产。

（3）加速折旧法　加速折旧法又称递减折旧法，是指在固定资产使用年限前期多提折旧，在后期少提折旧，从而相对加快折旧的速度，以使固定资产价值在使用年限内尽早得到补偿的折旧计算方法。它是一种国家鼓励投资的措施，即国家先让利给企业，加速回收投资，增强还贷能力，促进技术进步。因此，只对某些确有特殊原因的工程项目，才准许采用加速折旧法计提折旧。加速折旧的方法很多，主要有双倍余额递减法和年数总和法。

1）双倍余额递减法。双倍余额递减法是在不考虑固定资产残值的情况下，根据每期期初固定资产账面余额和双倍的直线法折旧率计算固定资产折旧的一种方法。计算公式为

视频讲解：
双倍余额递减法

$$年折旧率=\frac{2}{预计的折旧年限}\times100\%$$

$$年折旧额=年初固定资产账面净值\times年折旧率$$

由于双倍余额递减法不考虑固定资产的残值收入，因此，在应用这种方法时必须注意不能使固定资产的账面折余价值降低到它的预计残值收入以下。所以，应当在其固定资产折旧年限到期以前两年内，将固定资产净值扣除预计残值后的余额平均摊销，即最后两年改用直线折旧法计算折旧。

2）年数总和法。年数总和法又称合计年限法，是以固定资产原值扣除预计净残值后的余额乘以一个逐年递减的折旧率计提折旧的一种方法。采用年数总和法的关键是每年都要确定一个不同的折旧率。计算公式为

$$年折旧率=\frac{尚可使用年限}{预计使用年限的年数总和}\times 100\%$$

或

$$年折旧率=\frac{预计使用年限-已使用年限}{\dfrac{预计使用年限\times(预计使用年限+1)}{2}}\times 100\%$$

$$年折旧额=(固定资产原值-预计净残值)\times 年折旧率$$

【例2-9】 某企业一台机器的原值是50000元，预计净残值2000元，预计使用年限为5年，分别按年数总和法和双倍余额递减法计算其折旧。

采用年数总和法计算的各年折旧额如表2-3所示。

表2-3 年数总和法计算的各年折旧额

年份	原值-净残值（元）	尚可使用年限（年）	折旧率	折旧额（元）	累计折旧（元）
1	48000	5	5/15	16000	16000
2	48000	4	4/15	12800	28800
3	48000	3	3/15	9600	38400
4	48000	2	2/15	6400	44800
5	48000	1	1/15	3200	48000

采用双倍余额递减法计算的各年折旧额如表2-4所示。

表2-4 采用双倍余额递减法计算的各年折旧额

年份	期初账面净值（元）	折旧率	折旧额（元）	累计折旧（元）	期末账面净值（元）
1	50000	40%	20000	20000	30000
2	30000	40%	12000	32000	18000
3	18000	40%	7200	39200	10800
4	10800		4400	43600	6400
5	6400		4400	48000	2000

注：年折旧率 = 2÷5 = 40%。

第4、5年改用直线折旧法，计算公式为

$$折旧额=\left(\frac{10800-2000}{2}\right)元=4400元$$

加速折旧法具有以下优点：①随着固定资产使用年限的推移，它的服务潜力下降了，所能提供的效益也随之降低，所以根据配比的原则，在固定资产的使用早期多提折旧，而在晚期少提折旧。②固定资产所能提供的未来效益是难以预计的，早期效益要比晚期效益有把握一些。从谨慎原则出发，早期多提折旧、后期少提折旧的方法是合理的。③随着固定资产的使用，后期修理维护费用要比前期多。采用加速折旧法，早期折旧费用比后期多，可以使固定资产的成本费用在整个使用期内比较平均。④企业采用加速折旧法并没有改变固定资产的有效年限和折旧总额，变化的只是在投入使用前期提的折旧多，后期提的折旧少。这一变化的结果推迟了企业所得税的缴纳，实际上等于企业从政府处获得了一笔长期无息贷款。

（五）修理费的估算

修理费包括大修理费和日常中、小修理费。在估算修理费时，一般无法确定修理费具体发生的时间和金额，可按照折旧费的一定百分比计算。该百分比可参照同行业的经验数据加以确定。

（六）维简费的估算

维简费是指采掘、采伐企业按生产产品数量（采矿按每吨原矿产量，林区按每立方米原木产量）提取的固定资产更新和技术改造资金，即维持简单再生产的资金，简称“维简费”。企业发生的维简费直接计入成本，其计算方法与折旧费相同。这类采掘、采伐企业不计提固定资产折旧。

（七）摊销费的估算

摊销费是指无形资产和递延资产在一定期限内分期摊销的费用。

1. 无形资产

无形资产是指企业为生产商品或提供劳务、出租给他人，或为管理目的而持有的，没有实物形态的非货币性长期资产。它包括专利权、非专利技术、商标权、商誉、著作权和土地使用权等。

无形资产属于企业的长期资产，能在较长的时间里给企业带来效益。但无形资产通常也有一定的有效期限，它所具有的价值的权利或特权总会终结或消失，因此，企业应将入账的无形资产在一定年限内摊销。无形资产应按法律、合同规定的年限进行摊销。若无形资产的使用年限超过了相关合同规定的受益年限或法律规定的有效年限，则该无形资产的摊销年限按如下原则确定：①合同规定了受益年限但法律没有规定有效年限的，摊销期不应超过合同规定的受益年限；②合同没有规定受益年限但法律规定了有效年限的，摊销期不应超过法律规定的有效年限；③合同规定了受益年限，法律也规定了有效年限的，摊销期不应超过受益年限和有效年限二者之中较短者；④合同没有规定受益年限，法律也没有规定有效年限的，摊销期不应超过 10 年。

2. 递延资产

递延资产又称为长期待摊费用，是指企业已经支出，但摊销期限在 1 年以上（不含 1 年）的各项费用。它包括以经营租赁方式租入固定资产的改良支出和开办费。

经营租赁又称传统租赁，是承租方只在协议规定的期限内拥有对该资产的使用权，因而对以经营租赁方式租入的固定资产发生的改良支出，不能计入固定资产成本，只能计入长期待摊费用，在租赁期内平均分摊。

开办费是指企业在筹建期间所发生的各种费用。它包括筹建期间人员工资、办公费、培训费、差旅费、印刷费、律师费、注册登记费，以及不计入固定资产和无形资产购建成本的汇兑损益和利息等项支出。

企业开办费的发生与企业的经营有着密切的关系，其效益一般涉及企业成立后的每一个生产经营年度，直到企业解散为止。因此，将开办费支出在企业开始生产的当期全部摊入成本费用是不恰当的，而应当分期摊销到以后的各个收益年限。但根据谨慎原则，一般来说应尽快摊销。所以我国新会计准则规定，所有筹建期间发生的费用，应当在发生时一次计入当期的利益。

（八）其他费用的估算

其他费用是指扣除以上费用后的费用。在工程项目经济分析中，其他费用一般可根据成本中的原材料成本、燃料和动力成本、工资及福利费、折旧费、中小修理费、维简费及摊销费之和的一定百分比计算，并按照同类企业的经验数据加以确定。

将上述各项费用合计，即得出生产经营期各年的成本费用。

四、工程经济学中常用的其他成本概念

（一）经营成本

经营成本是工程经济学中经济评价的专用术语，是工程经济学特有的概念。在财务会计中没有经营成本的概念。经营成本涉及产品生产及销售，以及企业管理过程中的物料、人力和能源的投入费用，反映了企业的生产和管理水平。在工程项目的经济分析中，经营成本被应用于现金流量的分析。

经营成本具体是指项目总成本费用扣除固定资产折旧费、维简费、无形资产及递延资产摊销费和利息支出以后的成本费用。计算公式为

$$经营成本=总成本费用-折旧费-维简费-摊销费-利息支出$$

其中

$$总成本费用=生产成本+经营费用+管理费用+财务费用$$

或

$$总成本费用=外购原材料+外购燃料、动力+工资及福利+修理费+折旧费+维简费+摊销费+利息支出$$

计算经营成本之所以要从总成本费用中剔除折旧费、维简费、摊销费和利息支出，主要原因有以下两点：

1）经营成本的确认与常规会计方法不同。会计是按权责发生制原则来确认其费用的。也就是说，凡属本期应当负担的费用，不管款项是否付出，都作为本期的费用处理；反之，凡不应归属本期的费用，即使其款项已经付出，也不能作为本期的费用处理。经营成本是以现金流量为基础计算的，采用的是收付实现制，即本期的费用必须以款项的实际支出为标准。也就是说，凡属本期支付的费用，不管其是否归属本期，都应作为本期的费用处理；反之，本期未曾支付的费用，即使应归属本期，也不能作为本期的费用处理。

2）折旧费是固定资产的转化形式，在投资时已按其发生的时间作为一次性支出计入现

金流出，如果再将折旧费随成本计入现金流出，会造成现金流出的重复计算。同样，维简费、无形资产及递延资产摊销也是项目内部的现金转移，而非真正的现金支出，为避免重复计算也不予考虑。贷款利息是使用借贷资金所要付出的代价，对于项目来说是实际的现金流出，但在评价项目全部投资的经济效果时，不考虑资金的来源，以项目为一独立系统，全部投资作为计算基础，利息支出不作为现金流出。在评价项目自有资金的经济效果时，将利息支出单列。因此，经营成本中也不包括利息支出。

（二）固定成本和变动成本

在理论上，成本对业务量有着一定的依存关系，这种成本对业务量的依存关系通常被称为成本性态。在这里，业务量是指企业的生产经营活动水平的标志量。它可以是产出量，也可以是投入量；可以使用实物量、时间度量，也可以使用货币度量。例如，产品产量、人工工时、销售额、主要材料处理量、生产能力利用百分数、生产工人工资、机器运转时数、运输吨公里等，都可以作为业务量大小的标志。当业务量变化以后，各项成本有不同的性态，大体上可以分为三种：固定成本、变动成本和混合成本。

1. 固定成本

固定成本是指在一定的业务量范围内不随业务量的变化而变化的成本，如固定资产折旧费、固定管理人员的工资、财产保险等。

2. 变动成本

变动成本是指随着业务量的变化而成正比例变化的成本，如原材料、燃料和动力、直接生产工人的工资等。

在这里，固定成本和变动成本与业务量的关系是相对固定总成本和变动总成本而言的。

单位固定成本和单位变动成本与业务量的关系恰恰相反，即单位固定成本随着业务量的变化而变化，与业务量成反比例关系；单位变动成本不随业务量的变化而变化。

3. 混合成本

在实际工作中，往往有许多成本明细项目同时兼有固定成本和变动成本两种不同性质，它们虽然也随业务量的变化而变化，但与业务量的变化不成正比例关系，不能简单地归入固定成本和变动成本，因而称为混合成本。在工程经济学中，为进行经济分析的需要，采用一定的方法将混合成本分解成固定成本和变动成本两部分，再分别计入固定成本和变动成本总额之中。

经营成本、固定成本和变动成本根据总成本费用估算表直接计算。

（三）机会成本

机会成本是指由于将有限资源使用于某种特定的用途而放弃的其他各种用途的最大收益。机会成本是理论经济学中的一个概念，它不是实际发生的成本，因此在会计上是不存在的。但它对决策非常重要，其作用是寻求最佳利用资源的方案。这是因为投资者能投入的资金或可利用的经济资源总是有限的，当这种有限的资源同时用于两个或两个以上的备选方案时，只有把机会成本同时考虑进去，使收益大于机会成本，才能保证选取最佳方案投资，从而实现资源的最佳配置和利用。例如，在几个方案择一而行的条件下，A 方案的可能收益就是 B 方案的机会成本，B 方案的可能收益就是 A 方案的机会成本。

（四）沉没成本

沉没成本是指过去已经发生而现在无法得到补偿的成本。它对企业决策不起作用。它主要表现为过去发生的事情，费用已经支付，虽然现在已经认识到当时的决策是不明智的，但也无法改变，今后的任何决策都不要受它的影响。在项目评价决策中，当前决策所考虑的是未来可能发生的费用及所能带来的效益，沉没成本与当前决策无关，因此在下一次决策中不予考虑。例如，某企业上个月以 700 元/t 购入一批小麦，本月市场价格仅为 650 元/t。该企业在决策是否出售这批小麦时，不应受上月 700 元/t 购入价格的影响，因为 50 元/t 已经沉淀，决策时应分析小麦价格的走势。若预计小麦价格上涨，则继续持有，如有富余资金，并可逢低吸纳；若预计小麦价格继续下跌，则应果断出货。

第四节　现行税制主要税金的构成及计算

税收是国家凭借其政治权力参与国民收入分配，取得供其支配的财政收入的一种特殊分配形式，它具有强制性、无偿性和固定性三个特征。对于纳税义务人而言，税收是其财务上的一种支出与费用。我国现行税制是在原有税制的基础上，经过 1994 年工商税制改革逐渐完善形成的，按照征税对象的性质和作用大致可分为流转税类、所得税类、资源税类、特定目的税类、财产和行为税类五大类。

一、流转税类

流转税类包括增值税、消费税和关税，主要是对生产、流通或服务行业征收。在 2016 年 3 月前，流转税中还包括营业税。营业税是针对建筑业、房地产业、金融业、生活服务业的单位和个人，就其所取得的营业额征收的一种税。娱乐业适用 5%～20%的幅度税率，销售不动产、金融保险业、服务业、转让无形资产适用 5%的税率，建筑业、交通运输业、邮电通信业、文化体育业适用 3%的税率。营业税的计算公式为应纳营业税税额 = 营业额×适用税率。这里的营业额指企业向对方收取的全部价款和价外费用。2016 年 5 月 1 日起，在全国范围内开展营业税改征增值税（简称营改增）试点，相关行业企业由缴纳营业税改为缴纳增值税。2017 年 11 月，营业税的历史使命正式结束。

（一）增值税

视频讲解：
增值税

1. 增值税的概念

增值税是对在我国境内销售货物或者加工、修理修配劳务，销售服务、无形资产、不动产以及进口货物的单位和个人，就其销售货物、劳务、服务、无形资产、不动产的增值额和货物进口金额为计税依据而课征的一种流转税。

为了严格增值税的征收管理，我国参照国际惯例，根据企业经营规模的大小、会计核算是否健全以及能否提供准确的税务资料，将增值税纳税人划分为一般纳税人和小规模纳税人。

2. 一般纳税人增值税应纳税额的计算

从计税原理来说，增值税是对商品生产、流通、劳务服务中多个环节的新增价值或商品的附加值征收的一种流转税。在实际当中，商品新增价值或附加值在生产和流通过程中是很难准确计算的。因此，我国也采用国际上普遍采用的税款抵扣的办法，即根据销售商品或劳务的销售额，按规定的税率计算出销售税额，然后扣除取得该商品或劳务时所支付的增值税款，也就是进项税额，其差额就是增值部分应缴的税额。这种计算方法体现了按增值因素计税的原则。生产商品的目的最终是为消费者服务，因此增值税的实质是消费者承担了税收负担。与营业税的价内税相比，增值税是价外税，即购买方要支付两部分金额：一部分是归销货方的销售价款，另一部分是归国家的税款。

增值税税率设13%、9%、6%和零税率四档。出口货物、国际运输服务、航天运输服务和向境外单位提供的完全在境外消费的相关服务，税率为零；销售无形资产，税率为6%；销售粮食、食用植物油、自来水、暖气、冷气、热水、煤气、石油液化气、天然气、沼气、居民用煤炭制品、图书、报纸、杂志、饲料、化肥、农药、农机、农膜等货物，销售不动产，提供建筑服务，提供交通运输服务，税率为9%，销售或进口货物，提供加工、修理、修配劳务，提供有形动产租赁服务，税率为13%。计税公式为

$$应纳税额=当期销项税额-当期进项税额$$

销项税额是纳税人销售货物或者应税劳务，按照销售额和规定的税率计算并向购买方收取的增值税税额。其计算公式为

$$销项税额=不含增值税销售额\times适用的增值税税率$$

其中，销售额为纳税人销售货物或者应税劳务向购买方收取的全部价款和价外费用。

进项税额为纳税人购进货物或者接受应税劳务支付或者负担的增值税税额。准予从销项税额中抵扣的进项税额主要有以下几种情形：①从销售方取得的增值税专用发票上注明的增值税税额；②从海关取得的海关进口增值税专用缴款书上注明的增值税税额；③购进农产品，除取得增值税专用发票或者海关进口增值税专用缴款书外，按照农产品收购发票或者销售发票上注明的农产品买价和9%的扣除率计算的进项税额；④自境外单位或个人购进劳务、服务、无形资产或境内的不动产，从税务机关或者扣缴义务人取得的代扣代缴税款的完税凭证上注明的增值税税额。进项税额的计算公式为

$$进项税额=买价\times扣除率$$

3. 小规模纳税人应纳税额的计算方法

小规模纳税人发生应税销售行为，实行按照销售额和征收率计算应纳税额的简易办法，并不得抵扣进项税额。应纳税额的计算公式为

$$应纳税额=销售额（不含增值税）\times征收率$$

一般来说，小规模纳税人会采用销售额和应纳增值税税额合并定价。因此上式中销售额的计算公式为

$$销售额=含税销售额\div(1+征收率)$$

4. 建筑业增值税的计算方法

建筑安装工程费用的增值税是指国家税法规定应计入建筑安装工程造价内的增值税销项税额。增值税的计税方法包括一般计税方法和简易计税方法。一般纳税人发生应税行为适用一般计税方法，适用税率为9%。其计算公式为

$$增值税销项税额=税前造价\times 9\%$$

税前造价为人工费、材料费、施工机具使用费、企业管理费、利润和规费之和，各费用项目均不包含增值税可抵扣进项税额的价格计算。小规模纳税人发生应税行为适用简易计税方法计税，适用的征收率为 3%，不得抵扣进项税额。其计算公式为

$$增值税=税前造价\times 3\%$$

税前造价为人工费、材料费、施工机具使用费、企业管理费、利润和规费之和，各费用项目均以包含增值税进项税额的含税价格计算。

【例 2-10】 某生产企业为增值税一般纳税人，其生产的货物适用增值税税率为 13%，2020 年 6 月销售甲产品，开具增值税专用发票，取得不含税销售额 70 万元；另外，开具增值税普通发票，取得销售乙产品含税收入 6 万元。当月，购进货物取得增值税专用发票，注明支付货款 50 万元，进项税额 6.5 万元，货物验收入库；另外，支付购货的运输费 5 万元，取得运输公司开具的增值税普通发票。计算该企业 2020 年 6 月应缴纳的增值税税额。

解：

$$\begin{aligned}6月份销项税额&=700000元\times 13\%+60000元\div(1+13\%)\times 13\%\\&=91000元+6902.65元\\&=97902.65元\end{aligned}$$

$$6月份进项税额=65000元+50000元\div(1+9\%)\times 9\%=65000元+4128.44元=69128.44元$$

$$\begin{aligned}6月份应缴增值税税额&=当期销项税额-当期进项税额\\&=97902.65元-69125.44元=28774.21元\end{aligned}$$

（二）消费税

消费税是在对货物普遍征收增值税的基础上，选择少数消费品再征收的一个税种。它主要是为了调节产品结构，引导消费方向，保证国家财政收入。现行消费税的征收范围主要包括烟、酒、鞭炮焰火、高档化妆品、成品油、贵重首饰及珠宝玉石、高尔夫球及球具、高档手表、游艇、实木地板、小汽车等 15 个税目，有的税目还进一步划分若干子目。

消费税征收环节具有单一性，一般只在应税消费品的生产、委托加工和进口环节缴纳。在以后的批发、零售等环节，因为价款中已包含消费税，因此不用再缴纳消费税。但金银首饰消费税由零售者在零售环节缴纳，在批发环节征收的消费税仅限于卷烟，且是加征的一道消费税，适用税率 5%。

消费税实行从价定率、从量定额，或者从价定率和从量定额复合计税（简称复合计税）的办法计算应纳税额。应纳税额计算公式为

$$实行从价定率办法计算的应纳税额=销售额\times 比例税率$$

$$实行从量定额办法计算的应纳税额=销售数量\times 定额税率$$

$$实行复合计税办法计算的应纳税额=销售额\times 比例税率+销售数量\times 定额税率$$

其中，销售额为纳税人销售应税消费品向购买方收取的全部价款和价外费用，不包括向购买方收取的增值税税款。

（三）关税

关税是指一国海关根据该国法律规定，对通过其关境的进出口货物课征的一种税收。关税在各国一般属于国家最高行政单位指定税率的高级税种，对于对外贸易发达的国家而言，关税往往是国家税收乃至国家财政的主要收入。

关税的征税基础是关税完税价格。进口货物以海关审定的成交价值为基础的到岸价格为关税完税价格；出口货物以该货物销售于境外的离岸价格减去出口税后，经过海关审查确定的价格为完税价格。

关税应纳税额的计算公式为

$$应纳税额=关税完税价格\times适用税率$$

二、所得税类

所得税是指对所有以所得额为课税对象的总称，是国家对法人、自然人和其他经济组织在一定时期内的各种所得征收的一类税收。所得税分为企业所得税和个人所得税。这里主要介绍企业所得税。

（一）企业所得税的概念

企业所得税是指对中华人民共和国境内的企业（居民企业及非居民企业）和其他取得收入的组织以其生产经营所得为课税对象所征收的一种所得税。

居民企业应当就其来源于中国境内、境外的所得缴纳企业所得税。

非居民企业在中国境内设立机构、场所的，应当就其所设机构、场所取得的来源于中国境内的所得，以及发生在中国境外但与其所设机构、场所有实际联系的所得，缴纳企业所得税；在中国境内未设立机构、场所的，或者虽设立机构、场所但取得的所得与其所设机构、场所没有实际联系的，应当就其来源于中国境内的所得缴纳企业所得税。

企业所得税的税率为25%。非居民企业在中国境内未设立机构、场所的，或者虽设立机构、场所但取得的所得与其所设机构、场所没有实际联系的，就其来源于中国境内的所得缴纳企业所得税适用20%税率；符合条件的小微企业按20%的税率缴纳企业所得税。

企业应纳所得税税额的计算公式为

$$应纳所得税税额=应纳税所得额\times所得税税率$$

（二）应纳税所得额的确定

企业每一纳税年度的收入总额，减除不征税收入、免税收入、各项扣除以及允许弥补的以前年度亏损后的余额，为应纳税所得额。

1. 收入总额

企业以货币形式和非货币形式从各种来源取得的收入，为收入总额。收入总额包括：销售货物收入，提供劳务收入，转让财产收入，股息、红利等权益性投资收益，利息收入，租金收入，特许权使用费收入，接受捐赠收入，其他收入。

2. 不征税收入

收入总额中的下列收入为不征税收入：财政拨款，依法收取并纳入财政管理的行政事业性收费、政府性基金，国务院规定的其他不征税收入。

3. 免税收入

企业的下列收入为免税收入：①国债利息收入；②符合条件的居民企业之间的股息、红利等权益性投资收益；③在中国境内设立机构、场所的非居民企业从居民企业取得与该机构、场所有实际联系的股息、红利等权益性投资收益，但不包括连续持有居民企业公开发行并上市流通的股票不足12个月取得的投资收益；④符合条件的非营利组织的收入。

4. 各项扣除

企业实际发生的与取得收入有关的、合理的支出，包括成本、费用、税金、损失和其他支出，准予在计算应纳税所得额时扣除。

合理的支出是指符合生产经营活动常规，应当计入当期损益或者有关资产成本的必要和正常的支出。

成本是指企业在生产经营活动中发生的销售成本、销货成本、业务支出以及其他耗费。

费用是指企业在生产经营活动中发生的销售费用、管理费用和财务费用，已经计入成本的有关费用除外。

税金是指企业发生的除企业所得税和允许抵扣的增值税以外的各项税金及其附加。

损失是指企业在生产经营活动中发生的固定资产和存货的盘亏、毁损、报废损失，转让财产损失，呆账损失，坏账损失，自然灾害等不可抗力因素造成的损失，以及其他损失。企业发生的损失，减除责任人赔偿和保险赔款后的余额，依照国务院财政、税务主管部门的规定扣除。企业已经作为损失处理的资产，在以后纳税年度又全部收回或者部分收回时，应计入当期收入。

其他支出是指除成本、费用、税金、损失外，企业在生产经营活动中发生的与生产经营活动有关的、合理的支出。

（三）应纳税所得额与利润总额

应纳税所得额与利润总额是两个不同的概念，但又有着一定的联系。应纳税所得额是一个税收概念，是根据《企业所得税法》按照一定的标准确定的、纳税人在一个时期内的计税所得，是企业所得税的计税依据。利润总额则是一个会计概念，它反映的是企业一定时期内生产经营的财务成果。两者都是对所得的界定，但企业所得税的界定规则与会计准则的界定规则存在差异，表现出不同的结果。但是，差异是少量的，共同点是占大部分的，所以，可以对利润总额进行一定的调整，从而形成应纳税所得额。

在工程项目的经济分析中，一般情况下，可认为各项扣除金额等于总成本费用加营业税金及附加，工程项目中也没有不征税收入和免税收入，这时的利润总额就等于应纳税所得额。

【例2-11】 某公司2020年度实现收入2500万元，发生成本费用总额为2200万元。计算该公司2020年度应缴纳的企业所得税。

解：

$$利润总额=2500万元-2200万元=300万元$$

$$企业所得税税额=应纳税所得额\times适用税率=300万元\times25\%=75万元$$

三、资源税类

资源税类包括资源税和城镇土地使用税。它主要是对因开发和利用自然资源差异而形成的级差收入发挥调节作用。

（一）资源税

资源税是以各种应税自然资源为课税对象，为了调节资源级差收入并体现国有资源有偿使用而征收的一种税。

我国现行资源税实行从量定额征收：一方面，税收收入不受产品价格、成本和利润变化的影响，能够稳定财政收入；另一方面，有利于促进资源开采企业降低成本，提高经济效益。同时，资源税按照“资源条件好、收入多的多征，资源条件差、收入少的少征”原则，根据矿产资源等级分别确定不同的税额，以有效地调节资源级差收入。

目前我国的资源税目共包括七大类，分别是原油、天然气、煤炭、其他非金属原矿、黑色金属原矿、有色金属原矿和盐（包括固体盐和液体盐）。

根据应税产品的课税数量和规定的单位税额可以计算应纳税额。计算公式为

$$应纳税额=课税数量\times单位税额$$

【例 2-12】　某油田 2020 年 6 月份销售原油 30 万 t，其适用的单位税额为 8 元/t，计算该油田 6 月应缴纳的资源税税额。

解：　　应纳税额=课税数量×单位税额=300000t×8 元/t=2400000 元

（二）城镇土地使用税

城镇土地使用税是以开征范围的土地为征税对象，以实际占用的土地面积为计税标准，按规定税额对拥有土地使用权的单位和个人征收的一种行为税。

城镇土地使用税适用地区幅度差别定额税率，按大、中、小城市和县城、建制镇、工矿区分别规定每平方米城镇土地使用税年应纳税额。城镇土地使用税每平方米年纳税额标准具体规定如下：大城市 1.5~30 元；中等城市 1.2~24 元；小城市 0.9~18 元；县城、建制镇、工矿区 0.6~12 元。

城镇土地使用税根据实际使用土地的面积，按税法规定的单位税额缴纳。其计算公式为

$$应纳城镇土地使用税税额=应税土地的实际占用面积\times适用单位税额$$

四、特定目的税类

特定目的税类包括固定资产投资方向调节税（现已停征）、筵席税（暂停征收）、城市维护建设税、土地增值税、车辆购置税、耕地占用税。它主要是为了达到特定目的，对特定对象和特定行为发挥调节作用。

（一）城市维护建设税

1. 城市维护建设税的概念

城市维护建设税是我国为了加强城市的维护建设，扩大和稳定城市维护建设资金的来源，而对有经营收入的单位和个人征收的一个税种。城市维护建设税税款专门用于城市的公

用事业和公共设施的维护建设。城市维护建设税税率分别为 7%、5%和 1%。纳税人所在地为市区的，税率为 7%；纳税人所在地为县城、镇的，税率为 5%；纳税人所在地不在市区、县城或者镇的，税率为 1%。

2. 城市维护建设税应纳税额的计算

城市维护建设税纳税人的应纳税额多少是由纳税人实际缴纳的增值税和消费税税额决定的。其计算公式为

应纳税额 =（增值税税额+消费税税额）×适用税率

【例 2-13】 某市一企业 2020 年 3 月份实际缴纳的增值税为 500000 元，缴纳的消费税为 200000 元。计算该企业 2020 年 3 月应缴纳的城市维护建设税。

解： 应纳税额 =（实际缴纳的增值税+实际缴纳的消费税）×适用税率

=（500000 元+200000 元）×7%

= 700000 元×7% = 49000 元

（二）土地增值税

1. 土地增值税的概念

我国从 1994 年起开征土地增值税。土地增值税是对转让国有土地使用权、地上建筑物及其附着物并取得收入的单位和个人，就其转让房地产所取得的增值额征收的一种税。

土地增值税实行四级超率累进税率：增值额未超过扣除项目金额 50%的部分，税率为 30%；增值额超过扣除项目金额 50%、未超过扣除项目金额 100%的部分，税率为 40%；增值额超过扣除项目金额 100%、未超过扣除项目金额 200%的部分，税率为 50%；增值额超过扣除项目金额 200%的部分，税率为 60%，如表 2-5 所示。

表 2-5 土地增值税四级超率累进税率

级数	增值额与扣除项目金额的比例	税率	速算扣除系数
1	未超过 50%的部分	30%	0
2	超过 50%、未超过 100%的部分	40%	5%
3	超过 100%、未超过 200%的部分	50%	15%
4	超过 200%的部分	60%	35%

上述所列四级超率累进税率，每级增值额未超过扣除项目金额的比例均包括本比例数。

2. 土地增值税应纳税额的计算

（1）应税收入的确定　根据《土地增值税暂行条例》及其实施细则的规定，纳税人转让房地产取得的应税收入，应包括转让房地产的全部价款及其有关的经济利益。从收入的形式来看，包括货币收入、实物收入和其他收入。

（2）扣除项目的确定　根据《土地增值税暂行条例》及其实施细则的规定，准予纳税人从转让收入额减除的扣除项目有：取得土地使用权所支付的金额，包括纳税人为取得土地使用权所支付的价款以及纳税人在取得土地使用权时按国家统一规定缴纳的有关税费；房屋开发成本，包括土地的征用及拆迁补偿费、前期工程费、建筑安装工程费、基础设施费、公

共配套设施费、开发间接费等；房地产开发费用，包括与房地产开发项目有关的销售费用、管理费用和财务费用。

（3）土地增值额的确定　土地增值税纳税人转让房地产取得的收入减除规定的扣除项目金额后的余额，为土地增值额。其计算公式为

$$土地增值额=应税收入-扣除项目$$

（4）土地增值税应纳税额的计算　土地增值税应纳税额按照纳税人转让房地产所取得的增值额和规定的适用税率计算征收。其计算公式为

$$应纳税额=\sum(每级距的土地增值额\times适用税率)$$

在实际工作中，分步计算比较烦琐，一般采用速算扣除法计算，即计算土地增值税税额，可按增值额乘以适用的税率减去扣除项目金额乘以速算扣除系数的简便方法计算。具体公式如下：

1）增值额未超过扣除项目金额50%的

$$土地增值税应纳税额=增值额\times30\%$$

2）增值额超过扣除项目金额50%，未超过扣除项目金额100%的

$$土地增值税应纳税额=增值额\times40\%-扣除项目金额\times5\%$$

3）增值额超过扣除项目金额100%，未超过扣除项目金额200%的

$$土地增值税应纳税额=增值额\times50\%-扣除项目金额\times15\%$$

4）增值额超过扣除项目金额200%的

$$土地增值税应纳税额=增值额\times60\%-扣除项目金额\times35\%$$

公式中的5%、15%、35%分别为二、三、四级的速算扣除系数。

【例2-14】　某企业转让房地产所取得的收入为600万元，其扣除项目为200万元。计算该企业的土地增值税应纳税额。

解：1）计算增值额。计算公式为

$$增值额=600万元-200万元=400万元$$

2）计算增值额与扣除项目金额之比。计算公式为

$$增值额与扣除项目金额之比=\frac{400万元}{200万元}\times100\%=200\%$$

由此可见，增值额超过扣除项目金额200%，其适用的简便计算公式为

$$\begin{aligned}土地增值税应纳税额&=增值额\times50\%-扣除项目金额\times15\%\\&=400万元\times50\%-200万元\times15\%=170万元\end{aligned}$$

（三）车辆购置税

车辆购置税是以在中国境内购置规定车辆为课税对象、在特定的环节向车辆购置者征收的一种税。

车辆购置税以列举的车辆作为征税对象，未列举的车辆不纳税。其征税范围包括汽车、摩托车、电车、挂车、农用运输车。

车辆购置税实行从价定率的办法计算应纳税额。车辆购置税的税率为10%。应纳税额

的计算公式为

$$应纳税额=计税价格\times税率$$

车辆购置税的计税价格根据不同情况，按照下列规定确定：①纳税人购买自用的应税车辆的计税价格，为纳税人购买应税车辆而支付给销售者的全部价款和价外费用，不包括增值税税款；②纳税人进口自用的应税车辆的计税价格的计算公式为计税价格=关税完税价格+关税+消费税；③纳税人自产、受赠、获奖或者以其他方式取得并自用的应税车辆的计税价格，由主管税务机关参照应税车辆市场平均交易价格，按规定的不同类型应税车辆的最低计税价格核定。

（四）耕地占用税

耕地占用税是国家对占用耕地建房或者从事其他非农业建设的单位和个人，依据实际占用耕地面积、按照规定税额一次性征收的一种税。

耕地占用税以纳税人实际占用的耕地面积为计税依据，按照规定的适用税额一次性征收。耕地占用税的税额规定如下：①人均耕地不超过 1 亩[㊀]的地区，每平方米为 10~50 元；②人均耕地超过 1 亩但不超过 2 亩的地区，每平方米为 8~40 元；③人均耕地超过 2 亩但不超过 3 亩的地区，每平方米为 6~30 元；④人均耕地超过 3 亩的地区，每平方米为 5~25 元。

五、财产和行为税类

1. 车船税

车船税是指对在我国境内应依法到公安、交通、农业、渔业、军事等管理部门办理登记的车辆、船舶，根据其种类，按照规定的计税依据和年税额标准计算征收的一种财产税。

车船税采用定额税率，即对征税的车船规定单位固定税额。车船税采用代收代缴方式，从事机动车交通事故责任强制保险业务的保险机构为机动车车船税的扣缴义务人。

车船税税目及税额如表 2-6 所示。

表 2-6　车船税税目及税额

税　　目	计税单位	税额（元）	备　　注
载客汽车	每辆	60~660	包括电车
载货汽车、专项作业车和轮式专用机械车	按自重每吨	16~120	包括半挂牵引车、挂车及客货两用汽车
三轮汽车和低速货车	按自重每吨	24~120	
摩托车	每辆	36~180	
船舶	按净吨位每吨	3~6	拖船和非机动驳船分别按船舶税额的 50%计算

2. 房产税

房产税是以房屋为征税对象，按房屋的计税余值或租金收入为计税依据，向产权所有人征收的一种财产税。

㊀ 1 亩 $=666.\dot{6}\ m^2$。

房产税的计税依据有两种：①从价计征的，其计税依据为房产原值一次减去10%~30%后的余值，从价计征10%~30%的具体减除幅度由省、自治区、直辖市人民政府确定；②从租计征的，以房产租金收入为计税依据。

房产税税率采用比例税率。从价计征的，年税率为1.2%；从租计征的，年税率为12%。

房产税应纳税额的计算分为以下两种情况：

1）从价计征的

$$应纳税额=房产原值\times(1-扣除比例)\times1.2\%$$

2）从租计征的

$$应纳税额=房产租金收入\times12\%$$

【例2-15】 某公司经营用房产原值为6000万元，按照规定允许减除30%后的余值计税，适用税率为1.2%。计算该公司应缴纳的房产税税额。

解：

$$\begin{aligned}应纳税额&=应税房产原值\times(1-扣除比例)\times1.2\%\\&=6000万元\times(1-30\%)\times1.2\%=50.4万元\end{aligned}$$

【例2-16】 某公司出租房屋，年租金收入为40000元，适用税率为12%。计算该公司应缴纳的房产税税额。

解：

$$应纳税额=租金收入\times12\%=40000元\times12\%=4800元$$

3. 印花税

印花税是对经济活动和经济交往中书立、领受具有法律效力的凭证的行为所征收的一种税。

在中华人民共和国境内书立、领受《中华人民共和国印花税暂行条例》所列举凭证的单位和个人，都是印花税的纳税义务人，应当按照规定缴纳印花税。具体有：①立合同人；②立据人；③立账簿人；④领受人；⑤使用人。

印花税的税目是指印花税法明确规定的应当纳税的项目，它具体划定了印花税的征税范围。一般地说，列入税目的就要征税，未列入税目的就不征税。印花税共有13个税目：购销合同，加工承揽合同，建设工程勘察设计合同，建筑安装工程承包合同，财产租赁合同，货物运输合同，仓储保管合同，借款合同，财产保险合同，技术合同，产权转移书据，营业账簿，权利、许可证照。

印花税根据不同征税项目，分别实行从价计征和从量计征两种征收方式。

4. 契税

契税是以所有权发生转移变动的不动产为征税对象，向产权承受人征收的一种财产税。应缴税范围包括土地使用权出售、赠与和交换，房屋买卖，房屋赠与，房屋交换等。

契税的计税依据为不动产的价格。契税实行3%~5%的幅度税率，各省、自治区、直辖市人民政府可以在3%~5%的幅度税率规定范围内，按照该地区的实际情况决定。

契税应纳税额的计算公式为

$$应纳税额=不动产价格\times税率$$

第五节 营业收入与利润

一、营业收入

（一）营业收入的计算

销售是企业经营活动的一项重要环节，产品销售过程是产品价值的实现过程。营业收入也称销售收入，是指企业在从事销售商品，提供劳务和让渡资产使用权等日常经营业务过程中所形成的经济利益的总流入。营业收入是企业补偿生产经营耗费的资金来源，是企业的主要经营成果，是企业取得利润的重要保障。

营业收入包括主营业务收入和其他业务收入。主营业务收入是指企业经常性的、主要业务所产生的收入，如制造业的销售产品、半成品和提供工业性劳务作业的收入等。主营业务收入在企业收入中所占的比重较大，它对企业的经济效益有着举足轻重的影响。其他业务收入是指除上述主营业务收入之外的其他业务的收入。计算公式为

$$营业收入=主营业务收入+其他业务收入$$

或

$$营业收入=产品销售量(或服务量)\times产品单价(或服务单价)$$

主副产品（或不同等级产品）的销售收入应全部计入营业收入；所提供的不同类型服务收入也应计入营业收入。

（二）产品销售单价的选择

估算营业收入，产品销售单价是一个很重要的因素，一般而言，工程项目的经济效益对其变化最敏感，所以一定要谨慎选择。一般可在以下三种价格中进行选择：

1. 口岸价格

如果项目产品是出口产品，或是替代进口产品，或是间接出口产品，可以以口岸价格为基础确定产品销售单价。出口产品和间接出口产品可选择离岸价格（FOB），替代进口产品可选择到岸价格（CIF）；或者直接以口岸价格定价；或者以口岸价格为基础，参考其他有关因素确定产品销售单价。

2. 市场价格

如果同类产品或类似产品已在市场上销售，并且这种产品既与外贸无关，也不在计划控制的范围内，则可选择现行市场价格作为项目产品的销售单价。当然，也可以以现行市场价格为基础，根据市场供求关系上下浮动作为项目产品销售单价。

3. 根据预计成本、利润和税金确定的价格

如果拟建项目的产品属于新产品，则其出厂价格的计算公式为

$$出厂价格=产品计划成本+产品计划利润+产品计划税金$$

其中

$$产品计划利润=产品计划成本\times产品成本利润率$$

$$产品计划税金=(产品计划成本+产品计划利润)/(1-税率)\times税率$$

对于以上几种情况，当难以确定采用哪一种价格时，可考虑选择可供选择方案中价格最低的一种作为项目产品的销售单价。

（三）产品年销售量的确定

在工程经济分析中，应首先根据市场需求预测确定项目产品的市场份额，进而合理确定企业的生产规模，再根据企业的设计生产能力确定年产量。在现实经济生活中，产品年销售量不一定等于年产量，这主要是因市场波动而引起库存变化导致产量和销售量的差别。但在工程项目经济分析中，难以准确地估算出由于市场波动引起的库存量变化。因此，在估算营业收入时，不考虑项目的库存情况，而假设当年生产出来的产品当年全部售出，这样就可以根据项目投产后各年的生产负荷确定各年的销售量。如果项目的产品比较单一，用产品销售单价乘以产品年销售量即可得到每年的营业收入；如果项目的产品种类比较多，则要根据营业收入和税金及附加估算表进行估算，即应首先计算每一种产品的年营业收入，然后汇总在一起，求出项目运营期各年的营业收入；如果产品部分销往国外，还应计算外汇收入，并按外汇牌价折算成人民币，然后计入项目的年营业收入总额中。

二、利润

（一）会计利润

利润是指企业在一定会计期间的经营成果。利润包括收入减去费用后的净额、直接计入当期利润的利得和损失等。利润按其构成的不同层次可划分为营业利润、利润总额和净利润。利润是衡量企业优劣的一个重要标志，往往是评价企业管理层业绩的一项重要指标，也是投资者等财务报告使用者进行决策时的重要参考。

会计利润的计算公式为

营业利润=营业收入-营业成本-税金及附加-销售费用-管理费用-财务费用-资产减值损失+公允价值变动收益+投资收益

利润总额=营业利润+营业外收入-营业外支出

净利润=利润总额-所得税

（二）经济利润

经济利润等于总收入减去总成本的差额。而总成本既包括显性成本也包括隐性成本。因此，经济学中的利润概念与会计利润也不一样。

隐性成本是指稀缺资源投入任何一种用途中所能得到的正常收入。如果在某种用途上使用经济资源所得到的收入还抵不上这种资源的正常收入，该企业就会将这部分资源转向其他用途以获得更高的报酬。因此，西方经济学中的隐性成本又被称为正常利润。将会计利润减去隐性成本，就是经济学中的利润概念，即经济利润。企业所追求的利润就是最大的经济利润。可见正常利润相当于中等的或平均的利润，它是生产某种产品所必须付出的代价。因为如果生产某种产品连正常的或平均的利润都得不到，资源就会被转移到其他用途中去，该产品就不可能被生产。而经济利润相当于超额利润，也即总收益超过机会成本的部分。

经济利润可以为正、负或零。在西方经济学中，经济利润对资源配置和重新配置具有重要意义。如果某一行业存在着正的经济利润，这意味着该行业内企业的总收益超过了机会成本，生产资源的所有者将把资源从其他行业转入这个行业中，因为他们在该行业中可能获得的收益超过该资源的其他用途；反之，如果一个行业的经济利润为负，生产资源将要从该行业中退出。经济利润是资源配置和重新配置的信号：正的经济利润是资源进入某行业的信号；负的经济利润是资源从某一行业撤出的信号；只有经济利润为零时，企业才没有进入某一行业或从中退出的动机。

三、净利润的分配

净利润是利润总额扣除所得税后的差额。在工程项目的经济分析中，一般视净利润为可供分配的净利润，可按照下列顺序分配：

1. 弥补公司以前年度亏损

公司的法定公积金不足以弥补以前年度亏损的，在依照规定提取法定公积金之前，应当首先用当年利润弥补亏损。

2. 提取法定公积金

法定公积金又称强制公积金，是《中华人民共和国公司法》规定必须从税后利润中提取的公积金。公司分配当年税后利润时，应当提取利润的10%列入公司法定公积金。公司法定公积金累计额为公司注册资本的50%以上的，可以不再提取。

3. 提取任意公积金

任意公积金是公司在法定公积金之外，经股东会或股东大会决议而从税后利润中提取的公积金。

4. 向投资者分配利润（应付利润）

企业以前年度未分配利润，可以进入本年度向投资者分配。

5. 未分配利润

未分配利润即未进行分配的净利润。可供分配利润减去盈余公积金和应付利润后的余额，即为未分配利润。

本章小结

本章主要介绍了工程经济学分析的要素，是从未来项目运营的角度来分析投资的可行性。具体包括投资的构成及估算，成本费用的概念、构成及计算，营业收入、税金及附加的计算，利润总额的计算，以及净利润的分配。

复习题

1. 简述建设项目总投资的构成。
2. 什么是固定资产、无形资产和流动资金？
3. 什么是固定资产投资？
4. 固定资产如何估算？流动资金如何估算？
5. 产品总费用成本由哪几部分组成？

6. 什么是经营成本、机会成本、沉没成本？它们在工程项目经济分析中有何意义？

7. 经营成本与总成本费用有何关系？

8. 什么是折旧？折旧的计算方法有哪些？

9. 加速折旧法有什么优点？

10. 什么是增值税？一般纳税人增值税如何计算？

11. 建筑行业的小规模纳税人如何缴纳增值税？是否可以抵扣进项税额？

12. 什么是消费税？如何计算？

13. 什么是土地增值税？如何计算？

14. 什么是房产税？如何计算？

15. 什么是企业所得税？如何计算？

16. 某企业 2019 年 1 月 1 日购置一台设备，价值 100000 元，估计使用年限为 5 年，预计残值率为 5%。试分别用直线法、年数总和法和双倍余额递减法计算该设备每年应提的折旧额。

17. 某企业所有的一辆汽车的原值为 200000 元，预计残值率为 5%，预计行驶里程为 300000km。2019 年 3 月份实际行驶里程为 1500km，计算该汽车 3 月份应提的折旧额。

18. 某鞭炮企业 2019 年 4 月 20 日销售一批鞭炮，开具增值税专用发票，取得不含增值税销售额 50 万元，增值税税额为 6.5 万元；4 月 27 日销售另一批，开具普通发票，取得含增值税销售额 6.78 万元。已知鞭炮适用消费税税率为 15%，计算该企业在该月需缴纳的消费税税额。

19. 某县城化妆品厂本月缴纳增值税 10 万元，消费税 30 万元。计算该县城化妆品厂应缴纳的城市维护建设税和教育费附加。

20. 某工业企业为一般纳税人，2020 年 5 月发生以下业务：

（1）采用交款提货方式销售货物 100 万元，并开具增值税专用发票，发票注明销售额为 884955.75 元，增值税税额为 115044.25 元。

（2）采用赊销方式销售货物 50 万元，开具普通发票。

（3）本月购进货物，增值税专用发票上注明材料款为 60 万元，进项税额为 7.8 万元，同时开具运费发票若干张，运费金额为 10 万元。

请计算该企业当月应纳增值税税额。

21. 某国有工业企业 2019 年度生产经营情况如下：

（1）销售收入 5000 万元，产品成本 2700 万元，主营业务税金及附加 140 万元。

（2）其他业务收入 70 万元，其他业务支出 50 万元。

（3）发生营业费用 300 万元、管理费用 500 万元、财务费用 200 万元。

（4）发生营业外支出 160 万元。

（5）投资收益 9 万元。

请计算该企业 2019 年应缴纳的所得税。

22. 甲公司 2020 年 3 月 12 日购入一台需要安装的设备作为固定资产：

（1）增值税专用发票上注明价款 80000 元，增值税税款 10400 元，发生运费 2860 元，全部款项以银行存款支付。

（2）安装过程中领用 5 件备件，备件购入时价款 2000 元，增值税 260 元。

（3）该设备当月安装完工，交付使用，该设备预计净残值为 2000 元，预计使用年限为 5 年，采用直线折旧法计提折旧。

该设备的固定资产原值为多少？折旧率是多少？每年的折旧额为多少？

第三章 项目经济预测

学习要点及目标

1. 了解预测的概念。
2. 了解预测的基本原则。
3. 了解项目经济预测的分类。
4. 掌握预测的基本步骤。
5. 了解定性预测方法，掌握德尔菲法。
6. 了解定量预测方法，熟悉并掌握时间序列分析法和因果分析法。

预测是决策的依据，没有科学的预测就不可能做出科学的决策。在对工程项目进行工程经济分析的时候，需要对项目的投资、经营费用以及市场销售收入等经济参数进行估算和预测，预测的结果将是对项目进行财务评价、国民经济评价等可行性分析的基础数据，预测结果的准确性和可靠性将直接影响工程经济评价的可靠性和正确性。因此，项目经济预测是工程经济分析的重要内容之一。

第一节 项目经济预测的概念

一、预测的概念

预测是人们依据对事物已有认识而做出的对未知事物的预先推测和判断。预测是一种认识未来事物的行为活动，表现为一个过程；同时，预测也表现为这一活动的一个结果。从本质上来看，预测是在深刻把握客观事物发展的因果关系和内在规律的基础上，使用科学的方法，推断出其未来发展可能呈现的各种结果以及各种结果的发生概率。

按照不同的应用领域，预测可分为社会发展预测、政治经济预测、科学预测、技术预测、经济预测、市场预测等；按照预测问题涉及的范围，预测又可分为宏观预测与微观预测，长期预测、中期预测与短期预测，定性预测与定量预测等。

近些年来，许多预测者把计量经济学、数理统计学、现代管理学、计算机技术，以及运筹学、信息论、控制论、未来学等学科的思想、理论和方法引进预测领域，建立和完善了一系列定性、定量预测方法，形成了一门综合性的独立学科。

二、预测的基本原则

1. 惯性原则

所谓惯性原则，就是从时间上考察事物的发展，其各个阶段具有连续性。

辩证唯物主义认为，任何事物在经历由量变到质变的发展变化过程中，具有时间上的连续性，在性质、数量、范围等方面存在着继承性和变异性。事物在经历量变过程时，继承性占主导地位，因此事物在性质上没有根本性变化，仅在数量和范围上有所增减，这就为预测事物的发展提供了极大的可能性。大量的数量预测方法就应用在量变阶段。当量变积累到一定程度时，就会出现质的飞跃，变异性将占主导地位，事物的性质将发生根本性变化。质的飞跃可能会突然爆发，但绝不是偶然出现的，它是事物连续发展的一个重要的特殊环节。在长期的实践中，人们能够逐步认识和掌握事物发展的质量互变规律，并用于预测事物的未来发展方向、转折点（质变）的出现，以及发生转折之后的基本状况。

可以说，没有一种事物的发展与其过去没有关系。过去的行为和状态不仅会影响到现在，还会影响到未来。这表明任何事物的发展都有一定的连续性，这种连续性称为“惯性”。惯性越大，表示过去对未来的影响越大，研究过去所得到的信息对研究未来越有帮助；惯性越小，表示过去对未来的影响越小。

2. 类推原则

世界上的事物千差万别，每一种事物都存在于特定的环境中，都有其特殊的运动规律。但世界上的事物又处在普遍的联系之中，同类事物之间存在着普遍适用的运动规律。即使不同的事物之间，也常常存在某些相似或类同之处。因此，只要掌握了事物发展变化的普遍规律（即共性，也即相似或类同点），再结合具体事物所处的环境条件和具体特点（即个性），就可以认识具体事物的特殊运动规律。所谓“举一反三”“以此类推”，讲的就是这个道理。

类推原则尤其适用于对历史资料欠缺的新产品的市场预测。开发新产品市场，就可以借鉴老一代产品的市场销售历史，去估计新产品的未来需求和销售趋势。

3. 相关原则

世界上各种事物之间均存在着直接的或间接的联系。事物之间或构成一种事物的各种因素之间，存在着或大或小的相互影响、相互制约、相互促进的关系，要么相生，要么相克。在经济领域中，这种相互联系更是普遍存在。例如，价格上涨，刺激供给增加，需求减少；人民收入增加，消费结构就会发生明显变化；互补品之间存在“一荣俱荣”“一损俱损”的关系；替代品间存在着此消彼长的关系；等等。

利用事物之间这种相互影响的关系，就可以观察到某些经济现象，预测将要出现何种情况。定性分析中特别重视的相关因素分析法、定量预测技术中的因果关系回归预测技术，都是根据相关原则推导出来的。从分析造成某种市场情况的原因入手，探求预测目标的发展规律并用于预测，是十分有效的方法。

4. 概率推断原则

由于各种因素的干扰，一些预测对象常常呈现随机变化的形式，由此带来的不确定性使预测工作变得比较困难。为了给决策工作提供依据，预测工作者需要对具有不确定性结果的预测对象提出比较可靠的结论，这就需要概率推断原则。所谓概率推断原则，就是当推断预测结果能以比较大的概率出现时，就认为这一结果是成立的，是可用的。在实际应用中，概率应伴随预测结果同时给出。定量预测中的置信度，表示的就是事物出现的数量落在该区间的概率。在进行定性和定量预测时，一般要对多种可能的结果分别给出其发生的概率。

三、项目经济预测

项目经济预测可以看成是预测学理论和方法在工程经济分析领域的应用。

项目经济预测是在项目详尽的系统分析（如对经济背景、环境、市场等因素）基础上，对影响工程项目的基本经济要素进行的科学推测和判断，如对市场前景、产品销售价格、销售量、生命周期内各年的耗费等数据的预测。

为了进行工程项目经济效果的分析评价，必须以一定数量的基础资料为依据，主要是有关工程项目的投资、成本、折旧、销售收入、税金和利润等，它们一般被称为工程经济的基本要素。工程经济分析由于通常是对尚未实施的项目进行分析，因而是在这些基本要素的未来预测值的基础上进行的。因此，对这些基本经济要素的预测工作就显得十分重要。

在这些基本要素中，有些与国家的财税体制和经济政策有关，相对比较容易预测，如各种税金、财务折旧方法等，一般不会有经常和剧烈的变化，即便有变化也会由有关部门或机构明确地提前公之于众；而有些则与变化莫测的市场形势有关，相对不容易准确预测，如投资、销售收入和成本。其中，投资发生的时间比较近，而销售收入和成本的发生贯穿差不多项目的整个生命周期，后者预测的准确性就远远小于前者。在工程项目的经济预测项目中，最难以把握同时也最重要的就是工程项目市场前景的预测。

除了得到工程项目的基本经济要素数据以反映项目预期盈利能力外，投资者还非常关心项目的抗风险能力和生存能力，所以还经常对工程项目做风险预测。

总之，在市场经济环境下，项目未来的收益和费用与变幻莫测的市场息息相关，只有依靠科学、缜密的预测方法，才能较好地保证项目的生存和盈利。

第二节 项目经济预测的分类、步骤和方法

一、项目经济预测的分类

根据研究任务的不同，按照不同标准，项目经济预测可以有不同的分类。常用的有以下几种分类：

1. 按预测涉及范围的不同分类

（1）宏观经济预测 它是以整个社会经济发展的总图景作为考察对象，研究经济发展中各项有关指标之间的联系和发展变化。例如，对全国或某个地区社会再生产各环节的发展

速度、规模和结构的预测。宏观经济预测是政府制定方针政策、编制和检查计划、调整经济结构的重要依据，也是各类工程项目进行系统分析和微观经济预测不可缺少的基础条件。

（2）微观经济预测 它是以个别经济单位经营和投资的前景作为考察对象，研究微观经济中各项有关指标之间的联系和发展变化。例如，对工程项目所要生产的具体商品的生产量、需求量和市场占有率的预测。微观经济预测是企业制定生产经营决策、编制和检查计划的依据，也是工程经济预测的主要内容。

2. 按预测时间的长短不同分类

（1）长期经济预测 它是指对五年以上经济发展前景的预测。它是制订国民经济和工程项目的十年计划、远景计划，规定经济长期发展任务的依据。

（2）中期经济预测 它是指对一年以上、五年以下经济发展前景的预测。它是制订国民经济和工程项目的五年计划，规定经济五年发展任务的依据。

（3）短期经济预测 它是指对三个月以上、一年以下经济发展前景的预测。它是制订工程项目的年度计划、季度计划，明确规定经济短期发展具体任务的依据。

（4）近期经济预测 它是指对三个月以下经济发展前景的预测。它是制订企业生产经营发展月计划、旬计划，明确规定近期经济活动具体任务的依据。

3. 按预测方法的性质不同分类

（1）定性经济预测 它是指预测者通过调查研究，了解实际情况，凭自己的实践经验和理论、业务水平，对经济现象发展前景的性质、方向和程度做出判断并进行预测的方法，也称为判断预测或调研预测。定性经济预测的准确程度主要取决于预测者的经验、理论、业务水平以及掌握的情况和分析判断能力。

（2）定量经济预测 它是指根据准确、及时、系统、全面的调查统计资料和经济信息，运用统计方法和数学模型，对经济现象未来发展的规模、水平、速度和比例关系的测定。定量预测由于与统计资料、统计方法有密切关系，所以也被称为统计预测。它包括时间序列预测和因果预测等。

4. 按预测时态的不同分类

（1）静态经济预测 它是指不包含时间变动因素，对同一时期经济现象因果关系的预测。

（2）动态经济预测 它是指包含时间变动因素，根据经济现象发展的历史和现状，对其未来发展前景的预测。

二、预测的基本步骤

1. 确定预测目标

不同的预测对象具有不同的预测目标。预测目标是指预测所要达到的目的，一般包括预测内容、预测结果、精确度要求和预测期限（预测结果距现在的时间）。

2. 收集和分析资料

根据预测目标，尽可能地收集各种有关资料，首先是预测对象自身发展的历史资料，其次是影响对象发展的各种因素的历史与现状资料。例如，对我国今后 10 年汽车保有量的预测，不仅与过去若干年的汽车保有量有关，而且与国民经济发展状况、汽车产量、居民生活水平、油料供应情况、交通运输情况等诸多因素的历史、现状及其发展有关。这些相关资料的取得，对正确预测对象的未来是十分必要的。

在收集资料的同时，要对各种资料进行科学的分析，判断资料的真实性与可靠性，剔除对对象影响很小的相关因素，保证预测的简单性、科学性和准确性。

3. 选择预测方法

能够用于工程经济的预测方法很多，随着各种技术的快速发展，预测方法也更加切合实际，更具有应用价值。常用的预测方法有市场调查预测法、个人判断预测法、专家调查预测法、回归技术预测法、移动平均法、指数平滑法、季节性预测法、成长曲线预测法、模糊预测法、灰色预测法、系统动力学预测法、投入产出预测法等。

每种预测方法都有各自的特点和适用范围，使用时要注意选择适当的方法。如果方法选择不当，将大大降低预测的效果和可靠性。

根据各种预测方法的特点，以及人力、物力、财力、时间等限制条件，选择一种最满意的方法进行预测。

有时也可以同时采用几种预测方法，最后取其综合预测结果（如各预测结果的加权平均）。

4. 建立预测模型，利用模型进行预测

根据所选用预测方法和相关的历史、现状资料建立相应的预测模型，并对所建立的模型进行分析、评价和检验，确保其能够真正地反映事物的发展规律。最后，利用所建立的模型计算和预测对象发展的未来结果。

5. 分析预测模型结果

由于建立的模型是对实际情况的近似模拟，加之计算和预测过程中产生的误差，预测结果会与实际产生偏差。同时，定量预测方法不可能反映与对象有关的全部信息，尤其是那些难以量化的因素，因此需要对预测结果做进一步的分析、考察。通常的办法是根据常识和经验去检验和判断结果的合理性，必要时需要使用其他方法对预测结果加以修正，增加可信度。对于效果较差的预测结果，需重新选择预测方法，建立模型并进行新的预测。

三、预测调查方法

预测调查是指根据预测目标的要求，采用科学的组织方法，有目的地去收集资料的过程。

可以直接获取的资料其主要来源有：国家政府部门和经济管理部门公布的各种计划和统计资料；各级主管部门收集和编制的统计资料；各种信息情报中心的交流资料，各研究单位、学术团体、高等院校的研究成果，报纸杂志刊登的调查报告；学术文章、统计资料等；部门和企业内部的原始记录。

此外，作为各种直接获取的资料的重要补充，通常还需要预测人员采用各种调查方法获取的第一手资料。以下是一些常用的调查方法：

1. 访问法

访问法是指将所拟调查的事项，当面或电话或书面向被调查者询问，以获得所需资料的调查方法。它按问卷送递方式可分为以下几种：

（1）面谈调查　面谈调查可以分为个人面谈与小组面谈，也可以分为一次面谈与多次面谈以及动机调查所用的深层面谈。

其优点是：当面听取被调查者意见，并观察其反应；问卷回收率很高，如彻底执行可达100%；调查员可从被调查者的住所及其家具等推测其经济情况。

其缺点是：调查成本较高；调查结果正确与否受调查员技术熟练程度及被调查者诚实与否的影响甚大。

（2）电话调查　电话调查是指通过电话与被调查者谈话。

其优点是：可在短时间内调查多数样本，成本很低。

其缺点是：不易获得对方的合作，不能询问较为复杂的内容。

（3）邮送调查　邮送调查是指系统将设计好的问卷选用邮政寄达被调查者，请其自行填答寄回。

其优点是：调查成本低；抽样时可以完全依据随机抽样法抽取样本，因此抽样误差低。

其缺点是：回收率通常偏低，影响调查的代表性；因无调查员在场，被调查者可能误解问卷意义。

（4）留置问卷调查　留置问卷调查是指系统将问卷由调查员当面交给被调查者，说明回答方法后，留置在被调查者家中，令其自行填写，再由调查员定期收回。此方法是面谈调查和邮送调查两种方法的折中，因此其优点及缺点也介于这两种调查法之间。

2. 观察法

观察法的主要特点是当被调查者被调查时，他们并不会感觉到正在被调查。

3. 实验调查法

实验调查法起源于自然科学的实验求证法，通过小规模、小范围的模拟真实条件下的实验来获取有关数据信息。

其优点是：使用的方法科学，具有客观价值。

其缺点是：实验的时间过长、成本高。

四、预测方法的选择

预测方法很多，目前大概有300多种。在实际预测时，根据预测对象及其特点，考虑一定的有关因素，选择适当的预测方法，是预测成功的关键。一般情况下，选择预测方法要考虑如下六个因素：

1. 预测的时间范围

不同的预测方法适用于不同的预测期限，所收集的历史数据的样本点个数也会决定预测期限的长短。一般情况下，时间序列分析法中的移动平均和指数平滑仅适用于做近期预测；回归分析法、计量经济法多适用于做中、短期预测；投入产出法多适用于做中、长期预测；定性预测法一般适用于做长期预测。样本点个数多表示数据时间长，则可以预测较长的期限，否则，只能预测较短的期限。

2. 数据的趋势规律

数据的趋势规律是选择预测方法的重要依据。多数情况下可以从收集数据所绘制的散布图上观察出数据的波动状态，然后进行合理的分解与分析，正确选择合适的预测方法。一般情况下，随机波动状态的数据可以采用移动平均法；长期趋势波动状态的数据可以采用回归分析法、生命增长曲线法、计量经济法和灰色系统法；周期性循环波动的数据可以采用季节性波动分析法、时间序列分解法等。

3. 预测精确度

预测方法在特定条件下的价值，取决于它在进行预测时的精确程度。评价预测精确程度的方法也有多种，最简单的是把历史数据分成两部分：一部分作为确定预测方法的参数，另一部分用来检验其精确度。但是这种方法的适用性不强，评价的精确度比较低。

4. 预测费用

预测费用包括研制费用和运算费用。由于大多数定量预测方法都需要使用计算机，因此计算机的储存和运算费用是预测的主要费用。预测工作的组织、数据的收集和调研等所需的费用为研制费用。预测费用的大小主要取决于对预测精度的要求：要求的预测精度高，就需要采用高级的预测方法，所需要的费用多；如果预测费用少，就只能采用较低级的方法，其结果是预测精度低，因预测精度低而造成决策失误会带来较大的损失。因此，应该在保证一定精度的前提下，选择费用最低的预测方法。

5. 预测模型的优选

不同预测方法的预测结果其精确度、预测费用和预测期限均有所不同，因此，优选预测模型是预测工作的重要内容。预测模型的优选一般可采用验证法、统计法和经济检验法来确定。

6. 适用性

预测方法的适用性是指应用这一方法的难易程度和用这种方法进行预测所需时间的长短。如果预测方法不能被预测人员所掌握或使用该方法进行预测所需要的时间过长，影响决策的时间性，不能满足所需要完成预测的时间要求，则这种预测方法是不可取的。

第三节　定性预测方法

所谓定性预测方法，是指依靠熟悉业务知识、具有丰富经验和综合分析能力的人员或专家，根据已经掌握的历史资料和直观材料，运用人的知识、经验和分析判断能力，对事物的未来发展趋势做出性质和程度的判断，然后再通过一定的形式综合各方面的判断，得出统一的预测结论。

定性预测偏重于对事物发展性质的分析，主要凭借人的知识、经验和分析能力。它是一种很实用的预测方法，也是工程项目预测中的一项基本方法。

由于定性预测方法更重视对事物的发展趋势、方向、重大转折点的分析，因此，它较适用于对下列情况的预测：国民经济形势发展、经济政策的演变、市场总体形势的变化（如卖方市场向买方市场的过渡）、科学技术发展与实际应用对市场供求的影响、新产品开发、新市场开拓、企业经营环境分析和战略决策方向、企业市场营销组合及对市场销售的影响等。

值得注意的是，定性预测技术一定要与定量预测技术配合使用。

一、市场调查法

市场调查法是指企业营销管理人员组织或亲自参与市场调查，并在掌握第一手市场信息资料的基础上，经过分析和推算，预测市场未来发展形势的一类方法。

市场调查法更注重市场信息资料的收集、整理、分析和推算，较少采用人的主观判断，可以在一定程度上减少主观性和片面性。客观性强和针对性强是市场调查法的两大优势。

1. 预购测算法

预购测算法主要是根据需求者的预购订单和预购合同来测算产品的市场需求量。这种方法适用于现代企业的微观预测，主要预测目标是市场销售量。根据订单和合同测算需求数量，方法虽然简单，但在实际应用时，仍需要注意以下几点：

1）有了预购订单和预购合同并不等于产品已经售出。由于社会生产、市场需求等重大因素的变化，很可能发生撤回订单、不能如期履行合同等情况。因此，预测人员要在积累各种条件下合同实现程度等方面资料的基础上，寻求不同条件下的履约率，用以调整和修正预测值。

2）由于经济情况的复杂多变，常常发生签约之后的补充订货、临时追加订货等情况。预测者应根据积累的历史资料，估算出补充订货和追加订货占总销售量的比重，作为调整测算值的修正系数。

2. 用户调查法

用户调查法即预测者直接向用户了解需求与购买意向的第一手资料，分析用户的需求变化趋势，预测市场销售前景。

需求预测和销售预测实质上是预计和推测用户在一系列特定条件下可能做什么的技术。也就是说，最有价值的信息来源于买主。与买主的直接接触，可能得到购买量的准确数字，还可以询问有多少购买指向特定企业产品或品牌，对产品有哪些意见，哪些因素影响他们对供货者的选择等。

用户调查法分为两大类。一类是普查法，就是开列一份现实用户和潜在用户名单，逐一调查名单上的用户。但这仅适用于用户不多且用户规模较大的情况。如果用户多且分散，普查费时费力，就只能求助于第二类调查法，即抽样调查法。抽样调查法就是在全体用户中按一定的抽样规则，抽取一定数量的样本用户，通过对样本用户的细致周密的调查，掌握各项统计资料，然后再利用样本用户所表现出来的基本特征与规律，去推算整体用户或整个市场的未来需求趋势。

3. 典型调查法

典型调查法也叫重点调查推算法，就是有目的地选择有代表性的用户进行调查，并利用调查后的统计分析结果，去推算整体市场趋势的方法。

典型调查不同于抽样调查，典型用户的选择是有目的、有意识的主观确定。为了保证预测结果的准确可靠，典型用户的选择必须十分谨慎仔细，务必保证所选用户确有典型代表意义，否则，预测结果将会出现严重失误。

4. 展销调查法

展销调查法是工商企业常用的一种了解市场行情的预测方法。它通过产品展销这一手段，直接调查用户的各种需求，了解用户对产品的各种反映。得到的第一手资料，往往是十分宝贵的。特别是对新产品的销售前景预测，展销调查法预测是十分有效的。展销调查法将销售与调查预测相结合，便于对用户的消费需求、购买能力、购买意向等多方面情况做出分析研究。展销调查期间要采取多种手段积极地与用户接触，诸如印制和发放调查表，有计划地采访各类用户，召集用户座谈会，详细记录用户的意见或抱怨等。

二、德尔菲法

我国习惯称德尔菲法为“专家预测法”。它是美国兰德公司在20世纪50年代初与道格拉斯公司协作研究出的通过有控制的反馈可靠地收集专家意见的方法，以古希腊圣地德尔菲（Delphi）命名。

德尔菲法就是依靠专家的知识、经验和思维能力，对历史和现实进行分析综合，对未来发展做出个人判断的一种预测方法。其基本过程如下：

1. 不记名投寄征询意见

就预测内容写成若干条含义十分明确的问题，规定统一的评价方法，然后将这些问题邮寄给所选的有关专家，背对背地征询意见。

2. 统计归纳

收集各位专家的意见，然后对每个问题进行定量统计归纳。通常用反馈问题的中位数反映专家的集体意见。

3. 沟通反馈意见

将统计归纳后的结果再反馈给专家，每个专家根据这个统计归纳的结果，慎重地考虑其他专家的意见，然后提出自己的意见。

把收回的第二轮征询的意见，进行统计归纳，之后再反馈给专家。如此多次反复，一般经过三四轮，就可以取得较为集中一致的意见。

用德尔菲法进行预测时应注意：①问题必须十分清楚，其含义只能有一种解释；②问题的数量不要太多，一般以回答者可在2h内答完一轮为宜，要求专家们独自回答；③要忠实于专家们的回答，调查者不得显露自己的倾向；④对于不熟悉这一方法的专家，应事先讲清楚意义与方法，还应给专家们以适当的精神与物质的奖励。

德尔菲法的突出特点是：①反复性，即多次双向反馈，每个专家在多轮讨论中可以多次提出和修正自己的意见，又可以多次听取其他专家的意见；②匿名性，即专家讨论问题时，采取背对背方式，这样可以消除主观的和心理上的影响，使讨论比较快速和客观。

三、历史类推法

历史类推法假定一种新服务的引进和成长方式与另一种可获得可靠数据的事物相类似。它经常被用于预测某种新服务的市场渗透力或生命周期。一种产品进入市场，其生命周期包括引入期、成长期、成熟期和衰退期。

应用历史类推法的一个有名的案例是根据几年前黑白电视机市场的经验来预测彩色电视机的市场渗透力。当然，合适的类推并不是显而易见的。比如，物业管理服务需求的成长类似于儿童护理服务的成长曲线。由于对以往的数据模式可有多种解释，且类推本身就有令人质疑的地方，那么使用该方法进行预测的可信度就值得怀疑。历史类推法的可信度取决于是否做了可信的类推。

第四节 定量预测方法

定量预测方法是指运用数学知识，从数量上分析把握客观事物发展变化趋势的预测方法。运用定量预测方法需具备三个条件：一是要有过去的历史资料；二是这种资料能以数据方式定量化；三是可以假定过去的形态会延续到将来。

定量预测方法的优点是能够比较准确地把握未来事件的发展程度和规模，为制订计划提供科学的数据和资料。

定量预测方法的不足之处是对统计资料的要求和依赖性高，计算量大，对一些重大事件的发生、科技上的重大突破、经济活动的重要转折点和新动向的预测上敏感性差，有时甚至不能表现出来。因此，在运用定量预测方法时，一要注意以正确的经济理论为指导，二要注意和定性预测方法配合使用，以取得较好的预测效果。

工程项目预测中常用的定量预测方法主要分为两大类：时间序列分析法和因果分析法。

一、时间序列分析法

时间序列分析法是将历史资料和数据按时间顺序排列起来，组成时间数据序列，按时间数据序列发展的规律性做出预测结果的一种预测方法。运用时间序列分析法，要求有若干个连续的历史资料和数据，且资料和数据的变化趋势和相互关系要明确而稳定，表现出较强的规律性，以此来推测未来。但多数历史数据，由于受偶然性因素的影响，其变化不太规律，为此就要把时间序列作为随机变量，运用概率统计方法来进行分析，减少偶然因素的影响，提高预测的准确性。实践证明，时间序列分析法的短期预测效果较好，主要适用于进行短期预测。

常见的时间序列分析法有简单平均法、趋势外推法、移动平均法、指数平滑法等。这里主要介绍简单平均法、移动平均法和指数平滑法。

1. 简单平均法

简单平均法是依据简单平均数的原理，将预测对象过去各个时期的数据平均，以这个平均数作为预测值。这种方法只适用于没有明显波动或较大增减变化的事件的预测。设 y_t 为时间序列 $(1,2,\cdots,n)$，简单平均法的计算公式为

$$\hat{y}_{t+1}=\bar{y}=\frac{\sum_{i=1}^{n}y_i}{n}$$

式中 $\hat{y}_{t+1}$——第 $t+1$ 期的预测值；

y_i——第 i 期的数值；

n——期数。

【例 3-1】 某企业 2011 年—2019 年各年产量如表 3-1 所示，要求预测 2020 年的产量。

表 3-1 某企业 2011 年—2019 年各年产量 （单位：万件）

年份	2011	2012	2013	2014	2015	2016	2017	2018	2019
t	1	2	3	4	5	6	7	8	9
y_t	16	18	26	24	20	19	24	28	22

解：本例中，各年产量最低的为 16 万件，最高的为 28 万件，在进行粗略预测时，可以认为波动不大，因而可以采用简单平均法进行预测。

$$\hat{y}_{10}=\frac{16\text{ 万件}+18\text{ 万件}+26\text{ 万件}+24\text{ 万件}+20\text{ 万件}+19\text{ 万件}+24\text{ 万件}+28\text{ 万件}+22\text{ 万件}}{9}$$

$$=21.89\text{ 万件}$$

2020 年的产量粗略预测为 21.89 万件。

2. 移动平均法

移动平均法是用分段逐点推移的平均方法对时间序列数据进行处理，找出预测对象的历史变化规律，并据此建立预测模型的一种时间序列分析法。

（1）移动平均值 移动平均值就是计算数据的平均值。首先取定 m，即每次平均的个数，定义一次移动平均值，即

$$M_t^{[1]}=\frac{1}{m}(y_t+y_{t-1}+\cdots+y_{t-m+1})$$

m 由预测人员凭经验设定，最小值为 1，此时 $M_t^{[1]}=y_t$，就是数列本身；m 最大为 n，此时 $M_t^{[1]}$ 只有一个值，即全部数据的算术平均值。

用 $M_t^{[1]}$ 代替一次移动平均值公式中的 y_t，计算 $M_t^{[1]}$ 的一次移动平均值，即为二次移动平均值 $M_t^{[2]}$，即

$$M_t^{[2]}=\frac{1}{m}(M_t^{[1]}+M_{t-1}^{[1]}+\cdots+M_{t-m+1}^{[1]})$$

例 3-1 中，取 $m=3$，分别计算 $M_t^{[1]}$、$M_t^{[2]}$，如表 3-2 所示。

表 3-2 例 3-1 的移动平均值 （单位：万件）

年份	2011	2012	2013	2014	2015	2016	2017	2018	2019
t	1	2	3	4	5	6	7	8	9
y_t	16	18	26	24	20	19	24	28	22
$M_t^{[1]}$	—	—	20	22.67	23.33	21	21	23.67	24.67
$M_t^{[2]}$	—	—	—	—	22	22.33	21.78	21.89	23.11

将三个序列绘图，如图 3-1 所示。

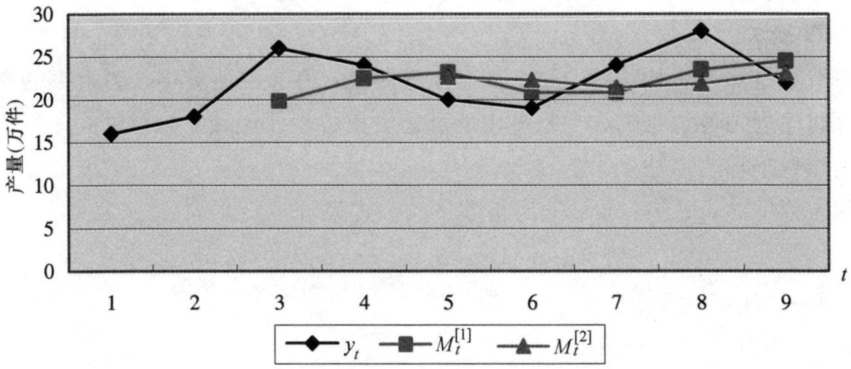

图 3-1　移动平均值

由图 3-1 可以看出，随着移动平均次数增加，原时间序列的随机干扰程度减少，折线越来越光滑，反映预测对象的历史变化趋势越强，越有利于预测方法的建立。

（2）利用移动平均值做预测　分为以下步骤：

1）用一次移动平均值做预测。如果实际的时间序列数据没有明显的周期变动，近期的移动平均值序列没有明显的增长或下降趋势，则可以直接用最近一期的一次移动平均值作为下一期的预测值，即当最近一期为 t 时，可以认为

$$\hat{y}_{t+1}=M_t^{[1]}$$

用此方法，可以预测例 3-1 中的 $\hat{y}_{10}=M_9^{[1]}=24.67$ 万件，即 2020 年该企业产量预测值为 24.67 万件。

2）线性预测模型。如果近期的一次移动平均值序列有明显的增长或下降趋势，就不能直接用一次移动平均值做预测。这是因为移动平均值的变化总是滞后于实际数据的变化：当预测对象有明显的增长趋势时，直接用一次移动平均值就会使预测值偏低；当预测对象有明显的下降趋势时，直接用一次移动平均值就会使预测值偏高。如果预测对象的变化趋势呈线性时，可以建立下述预测模型做预测，即

$$\hat{y}_{t+T}=A_t+B_tT$$

式中　$\hat{y}_{t+T}$——第（$t+T$）期对象的预测值；

t——目前对象的期数；

T——目前期数到预测期数的间隔数；

$$A_t=2M_t^{[1]}-M_t^{[2]}$$

$$B_t=\frac{2}{m-1}(M_t^{[1]}-M_t^{[2]})$$

在例 3-1 中，设目前期数 $t=9$，预测第 12 期（$T=3$）的年产量，即

$$A_9=2M_9^{[1]}-M_9^{[2]}=2\times24.67\text{ 万件}-23.11\text{ 万件}=26.23\text{ 万件}$$

$$B_9=\frac{2}{m-1}(M_9^{[1]}-M_9^{[2]})=\frac{2}{2}(24.67\text{ 万件}-23.11\text{ 万件})=1.56\text{ 万件}$$

$$\hat{y}_{t+T}=\hat{y}_{9+3}=\hat{y}_{12}=26.23\text{ 万件}+1.56\text{ 万件}\times 3=30.91\text{ 万件}$$

用此种方法预测得 2022 年（$t=12$）产量值为 30.91 万件。

3. 指数平滑法

指数平滑法是移动平均法的改进，其基本思路是：在预测研究中，越近期的数据越应受到重视。时间序列中各数据的重要程度由近及远呈指数规律递减，故对时间序列数据的平滑处理应采用加权平均的方法。

对时间序列 y_1，y_2，…，y_n，一次指数平滑公式为

$$S_t^{(1)}=\alpha y_t+(1-\alpha)S_{t-1}^{(1)}\quad(t=1,2,\cdots,n)$$

式中　$S_t^{(1)}$——一次指数平滑值；

α——平滑系数，$0<\alpha<1$。

二次指数平滑公式为

$$S_t^{(2)}=\alpha S_t^{(1)}+(1-\alpha)S_{t-1}^{(2)}$$

下面介绍平滑系数 $\alpha(0<\alpha<1)$ 和初始值 $S_0^{(1)}$，$S_0^{(2)}$，$S_0^{(3)}$ 的确定。$S_t^{(1)}$ 实际上是 y_1，y_{t-1}，…，y_{t-j}，…的加权平均，加权平均系数分别为 α，$\alpha(1-\alpha)$，$\alpha(1-\alpha)^2$，…，$\alpha(1-\alpha)^j$，…；同理，$S_t^{(2)}$ 为 $S_t^{(1)}$，$S_{t-1}^{(1)}$，…，$S_{t-j}^{(1)}$，…的加权平均，$S_t^{(3)}$ 为 $S_t^{(2)}$，$S_{t-1}^{(2)}$，…，$S_{t-j}^{(2)}$，…的加权平均。

由于 $0<\alpha<1$，故加权函数随着时间的前移按指数函数形式衰减，选取的 α 越大，前期数据对目前的指数平滑值（$S_t^{(1)}$ 或 $S_t^{(2)}$ 或 $S_t^{(3)}$）影响越小，即 α 越大，越倚重近期数据所载的信息。因此，当时间序列波动比较大时，应选取 α 大些（如 0.3~0.7）；反之，当序列发展趋势比较稳定时，应选取 α 小些（如 0.05~0.2）。

初始值 $S_0^{(1)}$，$S_0^{(2)}$，$S_0^{(3)}$ 有许多确定方法，这里只给出一种最简单的方法，即

$$S_0^{(3)}=S_0^{(2)}=S_0^{(1)}=\frac{y_1+y_2+y_3}{3}$$

选取前面移动平均法的例子，并取 $\alpha=0.6$，计算 $S_t^{(1)}$，$S_t^{(2)}$，$S_t^{(3)}$，所得结果如表 3-3 所示（其中，$S_0^{(1)}=S_0^{(2)}=S_0^{(3)}=20$）。

表 3-3　例 3-1 的指数平滑计算　　（单位：万件）

年　份	2011	2012	2013	2014	2015	2016	2017	2018	2019
t	1	2	3	4	5	6	7	8	9
y_t	16	18	26	24	20	19	24	28	22
$S_t^{(1)}$	17.60	17.84	22.74	23.50	21.40	19.96	22.38	25.75	23.50
$S_t^{(2)}$	18.56	18.13	20.90	22.46	21.82	20.70	21.71	24.13	23.75
$S_t^{(3)}$	19.14	18.53	19.95	21.46	21.68	21.09	21.46	23.06	23.47

二、因果分析法

经济活动中的任何现象都有其产生的原因，任何原因都将引出一定的结果，这是一

切事物运动的规律。而从数量上根据事物变化的因，预测事物变化的果，就是因果分析法。

因果分析法的主要方法是回归分析预测法。回归分析是指对具有相关关系的变量，依据其形态关系，选择一个合适的数学模型（或称回归方程式），用来近似地表示变量之间数量平均变化关系的方法。具体来说，就是通过分析多个变量的统计资料，找出自变量与因变量之间的因果关系建立变量之间的经验公式，即回归方程，用自变量的未来目标状态来推测因变量的未来变化状态。

回归分析预测法按照回归方程的不同而有不同的分类：根据回归模型中自变量的个数，可以分为一元回归分析预测法和多元回归分析预测法；根据回归模型的性质不同，可以分为线性回归分析预测法和非线性回归分析预测法。

1. 一元线性回归分析预测法

一元线性回归分析法适用于有线性统计规律的两个变量的预测问题。其基本步骤如下：

1）获取一组反映变量 x 与 y 的样本数据。其中，x 称为自变量或影响因素，自变量通常不是时间，而是在因变量的影响因素中最重要的一个；y 称为因变量或者预测对象。

$$x_1,\ x_2,\ x_3,\ \cdots,\ x_i,\ \cdots,\ x_n$$

$$y_1,\ y_2,\ y_3,\ \cdots,\ y_i,\ \cdots,\ y_n$$

2）把上面的样本数据画在以 x 和 y 为轴的直角坐标系上，得到的图形称为 xy 散点图（图 3-2）。

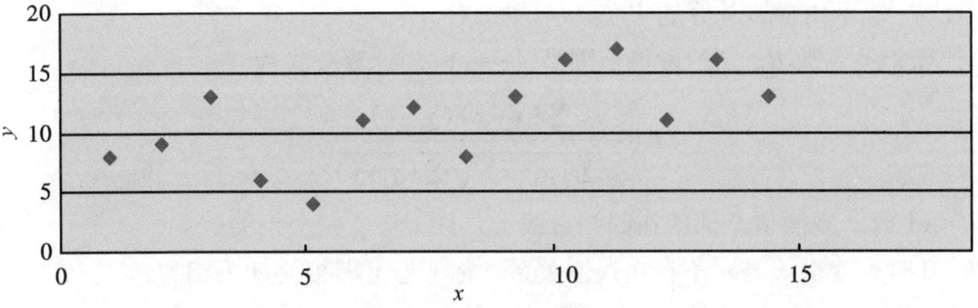

图 3-2　xy 散点图

若散点图显示 x 与 y 之间有较好的线性关系，设定回归模型为

$$y=a+bx$$

3）用最小二乘法计算回归系数。计算公式为

$$b=\frac{n\sum x_iy_i-\sum x_i\sum y_i}{n\sum x_i^2-\left(\sum x_i\right)^2}$$

$$=\frac{\sum(x_i-\bar{x})(y_i-\bar{y})}{\sum(x_i-\bar{x})^2}$$

$$a=\bar{y}-b\bar{x}=\frac{\sum y_i-n\sum x_i}{n}$$

式中 n——样本点数目，最好不少于 20 个；

x_i——第 i 个样本点的自变量；

y_i——第 i 个样本点的因变量；

Σ——$\sum\limits_{i=1}^{n}$，$\bar{x}=\dfrac{1}{n}\Sigma x_i$，$\bar{y}=\dfrac{1}{n}\Sigma y_i$。

样本数据应经过分析和筛选，去掉不可靠和不正常的数据。

4）对 b 是否为 0 做 F 检验（在 x 与 y 存在比较显著线性关系的情况下，这一步通常可以不做），提出假设，即

$$H_0: b=0\ (x \text{ 与 } y \text{ 不存在线性关系})$$

$$H_1: b\neq 0\ (x \text{ 与 } y \text{ 存在线性关系})$$

构造统计量 F，令

$$F=\frac{(n-2)\Sigma(\hat{y}_i-\bar{y})^2}{\Sigma(y_i-\hat{y}_i)^2}$$

其中，$\hat{y}_i$ 是将 x_i 代入 $y=a+bx$ 得到的 y 值。

统计量 F 服从第一个自由度为 1、第二个自由度为 $n-2$ 的 F 分布，即 $F\sim F_{(1,n-2)}$。

给定检验水平 α，可由 F 分布临界值表（参见附表 18）查出临界值 $F_{\alpha(1,n-2)}$，并进行如下判别：

若 $F^*<F_{\alpha(1,n-2)}$，接受 H_0；

若 $F^*>F_{\alpha(1,n-2)}$，拒绝 H_0。

其中，F^* 表示由样本计算的 F 值。

5）计算相关系数 R。R 的取值范围是 $[-1,1]$。计算公式为

$$R=\frac{\Sigma(x_i-\bar{x})(y_i-\bar{y})}{\sqrt{\Sigma(x_i-\bar{x})^2}\sqrt{\Sigma(y_i-\bar{y})^2}}$$

当 $R=\pm1$ 时，观测值全部落在回归直线上，称 x 与 y 完全相关。

当 $R=0$ 时，变量 x 与 y 不存在线性关系，称 x 与 y 零相关（不相关）。

当 $R>0$ 时，变量 x 与 y 同向变化，称为正相关。

当 $R<0$ 时，变量 x 与 y 反向变化，称为负相关。

以上各种关系如图 3-3~图 3-6 所示。

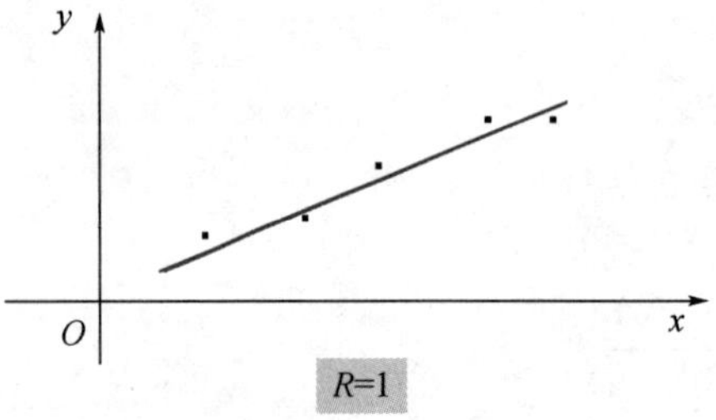

图 3-3 完全相关

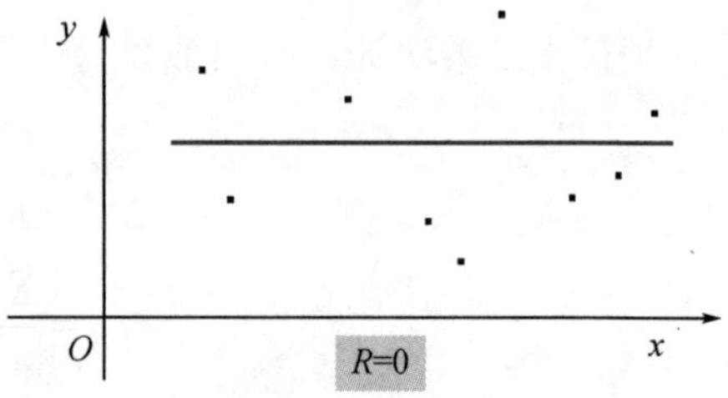

图 3-4 零相关

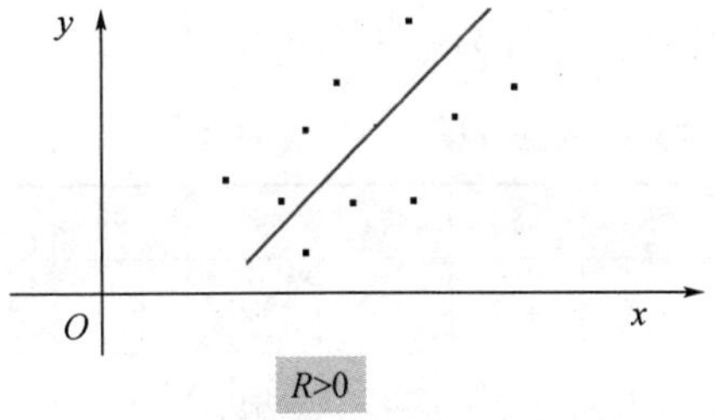

图 3-5 正相关

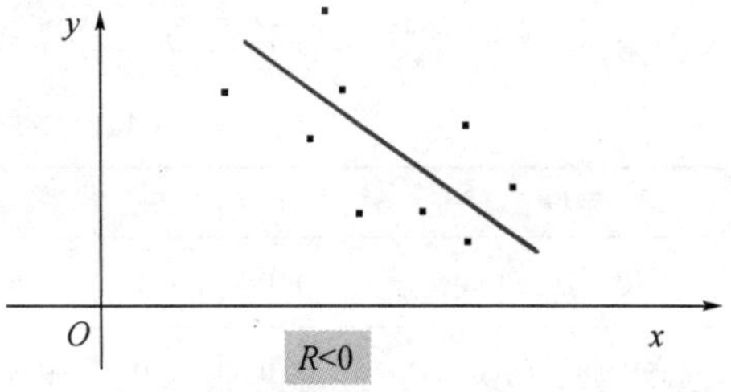

图 3-6 负相关

6）预测数学期望 $E(y_0)$。由 $\hat{y}=a+bx_0$ 估计，其中 x_0 为新给出的自变量的值，即所需要预测的对象所对应 x 的值；y_0 为对应于 x_0 的实际值（大多是未来的，只能靠估计近似），y_0 为随机变量；E 表示数学期望。

7）求 y_0 的置信区间，置信区间是

$$\hat{y}_0 \pm t_{\alpha(n-2)}\sqrt{\frac{\sum e_i^2}{(n-2)}}\sqrt{1+\frac{1}{n}+\frac{(x_0-\bar{x})^2}{\sum(x_i-\bar{x})^2}}$$

式中 $e_i=y_i-\hat{y}_i$；

$t_{\alpha(n-2)}$——自由度为 $n-2$ 的 t 分布在置信水平为 $1-\alpha$ 时的临界值（参见附表 19）。

2. 简易计算法

在实际工作中，也有采用较为简易的一元线性回归分析预测法的。该方法由前述方法简化而来。其预测模型为

$$y=a+bx$$

式中

$$b=\frac{n\sum x_iy_i-\sum x_i\sum y_i}{n\sum x_i^2-(\sum x_i)^2}=\frac{\sum(x_i-\bar{x})(y_i-\bar{y})}{\sum(x_i-\bar{x})^2}$$

$$a=\bar{y}-b\bar{x}=\frac{\sum y_i-n\sum x_i}{n}$$

这些与前面模型相同，简化的部分在于一是省略了显著性检验，二是简化了置信区间的计算。

采用一元回归方程预测因变量的值，通常用区间估计预测值，即

$$y=\hat{y}\pm tS_Y$$

其中

$$S_Y=\sqrt{\frac{\sum(y_i-\hat{y})^2}{n-m-1}}$$

式中 y——与自变量的变化值 x 相对应的因变量的真实值；

$\hat{y}$——回归预测值；

t——在一定置信度相对应的概率度，$t=1$ 时置信度为 68.27%，$t=2$ 时置信度为 95.45%，$t=3$ 时置信度为 99.373%，置信度通常取 95%，此时 $t=1.96$；

m——回归预测中的自变量，在一元回归预测中，$m=1$；

n——序列中自变量或因变量观察值的个数。

【例 3-2】　某城市煤气消耗量与使用煤气总户数的历史资料如表 3-4 所示。

表 3-4　某城市煤气消耗量与使用煤气总户数

年份 i	1	2	3	4	5	6	7	8	9	10
户数 x（万户）	1.0	1.2	1.6	1.8	2.0	2.5	3.2	4.0	4.2	4.5
煤气消耗量 y（百万 m^3）	6.0	7.0	9.8	12.0	12.1	14.5	20.0	24.0	25.4	27.5

用线性回归法对用户达到 5 万户的年度煤气消耗量进行预测，并在 $\alpha=0.05$（即置信度 $1-\alpha=0.95$）的水平下做出回归系数的显著性检验，给出预测年份实际结果的置信区间。

解：(1) 标准方法

1) 画出散点图，即煤气用户数与消耗量关系（图 3-7）。

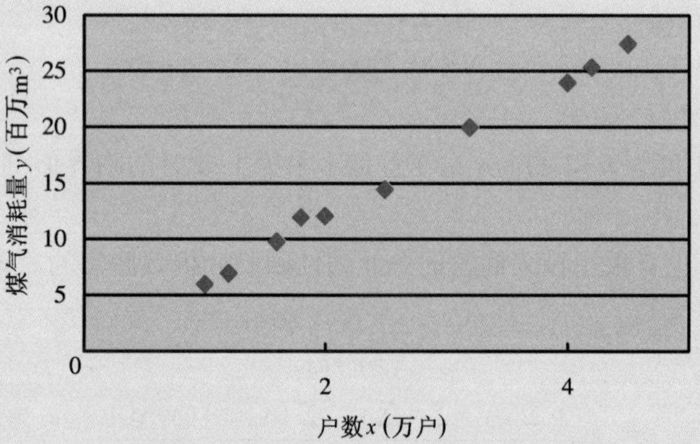

图 3-7　煤气用户数与年消耗量关系图

散点图显示，x 与 y 具有明显的线性关系。

2) 求回归方程。计算公式为

$$\bar{x}=2.6,\ \bar{y}=15.83$$

$$\sum(x_i-\bar{x})^2=15.02$$

$$\sum(y_i-\bar{y})^2=553.22$$

$$\sum(x_i-\bar{x})(y_i-\bar{y})=90.98$$

$$b=\frac{\sum(x_i-\bar{x})(y_i-\bar{y})}{\sum(x_i-\bar{x})^2}=\frac{90.98}{15.02}=6.06$$

$$a=\bar{y}-b\bar{x}=0.07$$

回归方程为 $\hat{y}=0.07+6.06x$

3) 做显著性检验。计算公式为

$$\sum(\hat{y}_i-\bar{y})^2=551.59$$

$$\sum(y_i-\hat{y})^2=1.63$$

$$F^*=\frac{(n-2)\sum(\hat{y}_i-\bar{y})^2}{\sum(y_i-\hat{y}_i)^2}=\frac{8\times551.59}{1.63}=2707$$

$$F_{\alpha(1,n-2)}=F_{0.05(1,8)}=5.32$$

因为 $F^*=2707>5.32$，所以煤气消耗量与户数之间存在线性关系。

4）预测。将 $x_0=5$ 代入回归方程，得 $\hat{y}_0=0.07+6.06\times5=30.37$，即当用户增长到 5 万户时，煤气消耗量预测值为 30.37 百万 m^3。

5）y_0 的置信区间。计算公式为

$$\sum e_i^2=\sum(y_i-\hat{y}_i)^2=1.63$$

$$\sum(x_i-\bar{x})^2=15.02$$

$$(x_0-\bar{x})^2=5.76$$

$$t_{\alpha(n-2)}=t_{0.05(8)}=2.306$$

置信区间为

$$\hat{y}_0\pm t_{0.05(8)}\sqrt{\frac{\sum e_i^2}{(n-2)}}\sqrt{1+\frac{1}{n}+\frac{(x_0-\bar{x})^2}{\sum(x_i-\bar{x})^2}}$$

$$=30.37\pm2.306\times\sqrt{\frac{1.63}{8}}\sqrt{1+\frac{1}{10}+\frac{5.76}{15.02}}$$

$$=30.37\pm2.306\times0.451\times1.218$$

$$=30.37\pm1.27$$

即当用户达到 5 万户时，煤气消耗量在 29.10~31.64 百万 m^3（置信度 95%）。

（2）简易方法

1）用散点图判断两个变量为直线相关（图 3-7）。

2）计算回归系数，找出回归方程。计算公式为

$$b=\frac{\sum(x_i-\bar{x})(y_i-\bar{y})}{\sum(x_i-\bar{x})^2}=0.06$$

$$a=\bar{y}-b\bar{x}=0.07$$

则回归方程为

$$\hat{y}=0.07+6.06x$$

3）进行预测。

当 $x=5$ 时，$\hat{y}=0.07+6.06x=0.07+6.06\times5=30.37$，在 95%的置信度下，求煤气消耗量的预测区间。计算公式为

$$S_Y=\sqrt{\frac{\sum(y_i-\hat{y})^2}{n-m-1}}=\sqrt{\frac{1.63}{10-1-1}}=0.451$$

$$y=\hat{y}\pm tS_Y=30.37\pm1.96\times0.451=30.37\pm0.88$$

与前面标准方法的结果算出的预测区间稍有出入。

3. 使用 Excel 进行回归分析

用传统的回归分析建立经验公式很烦琐，计算过程也极易出错。使用 Excel 的专用工具和专用函数建立经验公式，能使这一烦琐的工作变得轻而易举。

具体操作如下：

1）将以上数据录入 Excel 的一个工作表中（图 3-8）。

图 3-8　在 Excel 工作表中录入数据

2）首先选取该数据区域，单击菜单“插入”，在下拉列表中选择“图表”（图 3-9）。在“图表向导”对话框的“标准类型”中选取“*XY* 散点图”（图 3-10），单击“确定”后，出现根据所选取数据描绘的“*XY* 散点图”（图 3-11），单击“下一步”，出现如图 3-12 所示的“标题”选项卡，对 *X* 和 *Y* 轴进行定义，单击“完成”，完成 *XY* 散点图（图 3-13）。

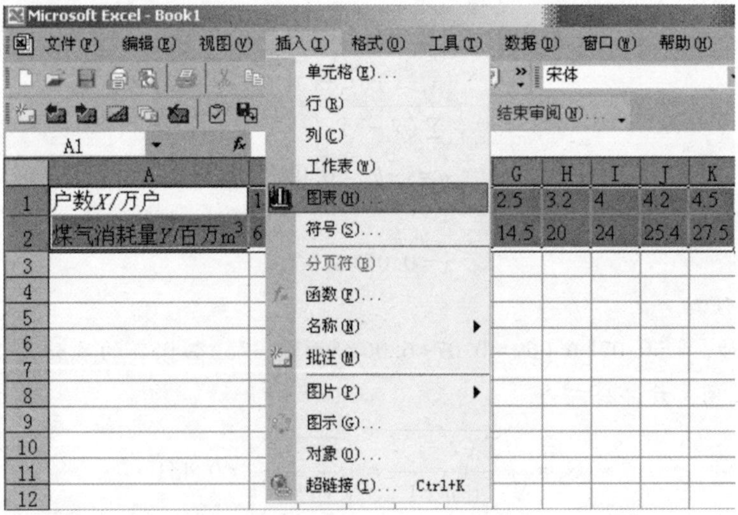

图 3-9　在“插入”菜单中选择“图表”

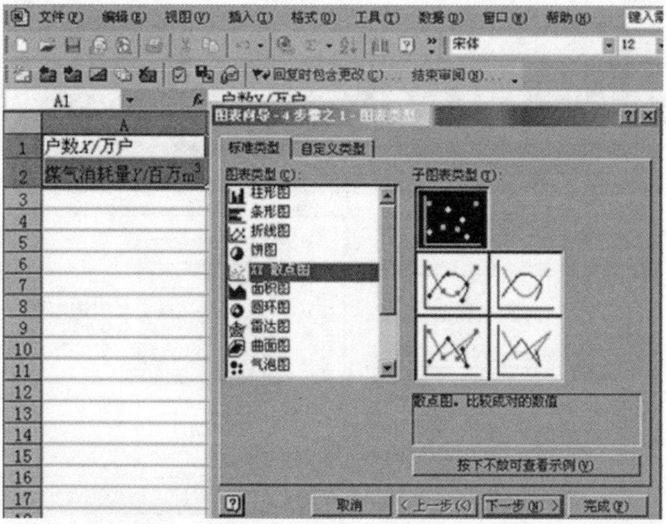

图 3-10 在“标准类型”中选取“XY 散点图”

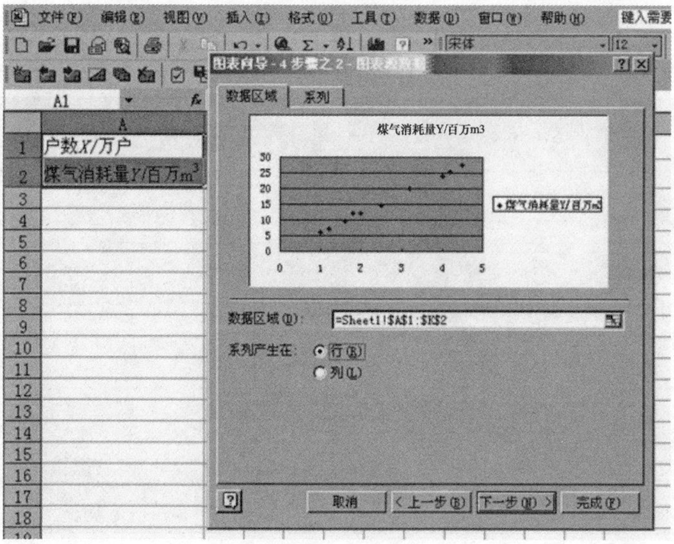

图 3-11 *XY* 散点图

3）单击工具栏中“图表”选项，使图形进入编辑状态，单击“图表”，选择“添加趋势线”（图 3-14），出现“趋势线”对话框（图 3-15）。

4）“趋势线”对话框中的曲线“类型”有“线性”“对数”“多项式”“升幂”“指数”“移动平均”六种可供选择。观察上述 *XY* 散点图，选取一种适合的趋势预测/回归分析类型，如“线性”。

5）选择完图形，再在“选项”选项卡中选中“显示公式”和“显示 *R* 平方值”复选框，然后单击“确定”，*XY* 散点图上就会自动加上选定的曲线公式（经验公式）和 R^2 值，如图 3-16 和图 3-17 所示。

6）其中“多项式”公式有“项”数的设置，一般取两项即可满足要求。

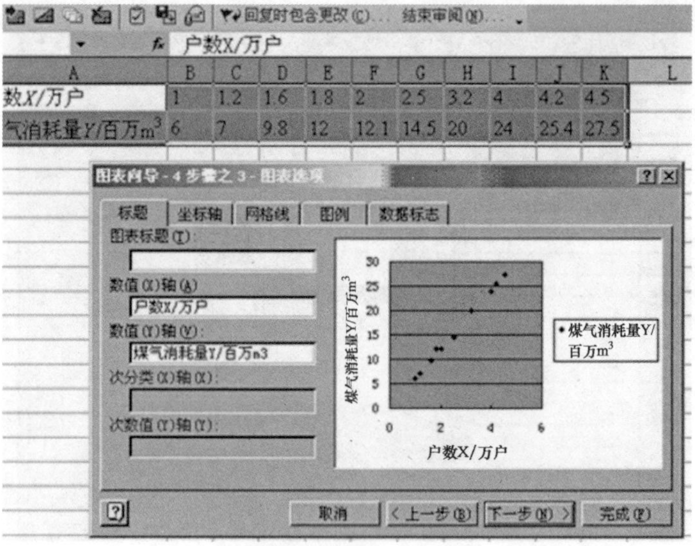

图3-12 “标题”选项卡

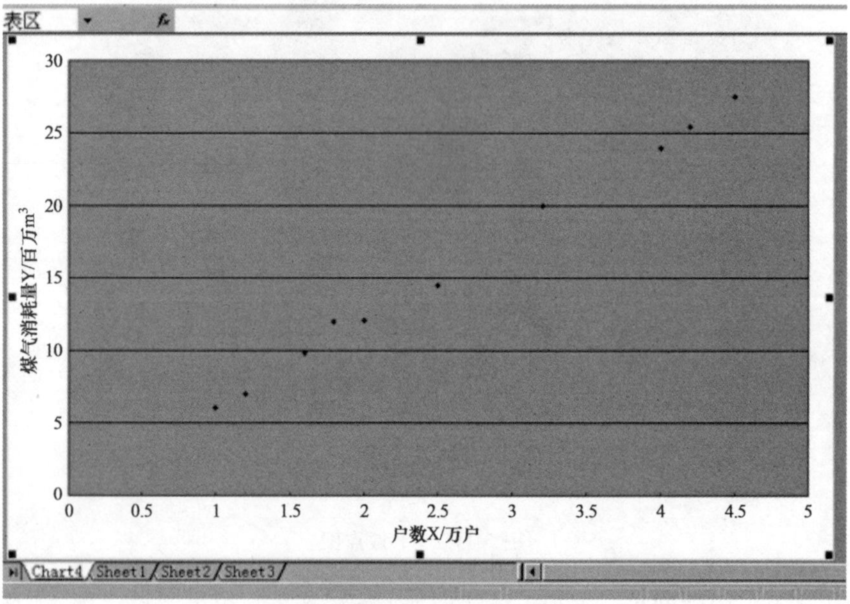

图3-13 完成的XY散点图

R是相关系数，表示经验公式对原始数据拟合的程度，一般要求$R^2>0.8$，当然最理想的情况是$R^2=1$。观察经验公式和原曲线的拟合效果，并看R值的大小，如果曲线拟合不够理想，或R值偏小，不妨按第7）步重新选择拟合公式再做一次比较，直到满意为止。

7）重新选择拟合公式的方法是：用右键单击XY散点图的拟合曲线（曲线稍粗），注意不是单击原始的XY曲线；再选择“趋势线格式”，在“趋势线格式”对话框中重新选取“类型”和“选项”，另外选择一种曲线；以下的工作与第4）步完全一样。

使用Excel，对例3-2找出的回归方程为$\hat{y}=6.0828x$。

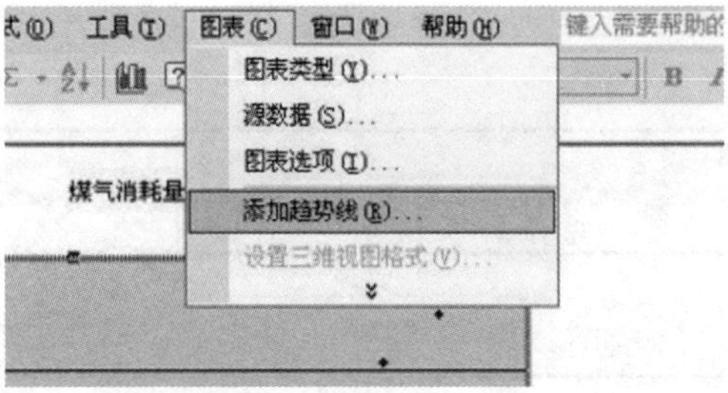

图 3-14　“图表”菜单

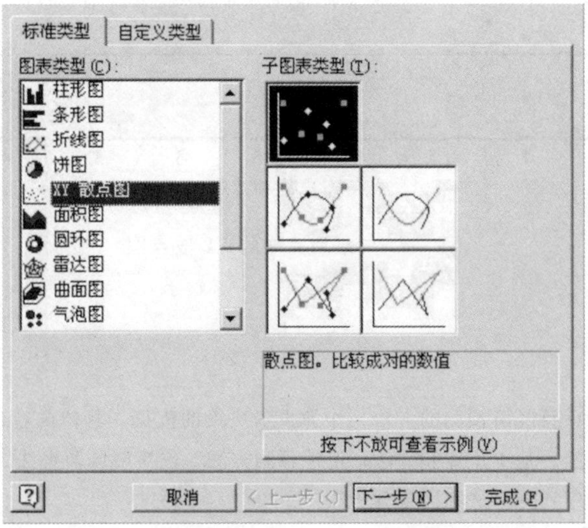

图 3-15　“趋势线”对话框

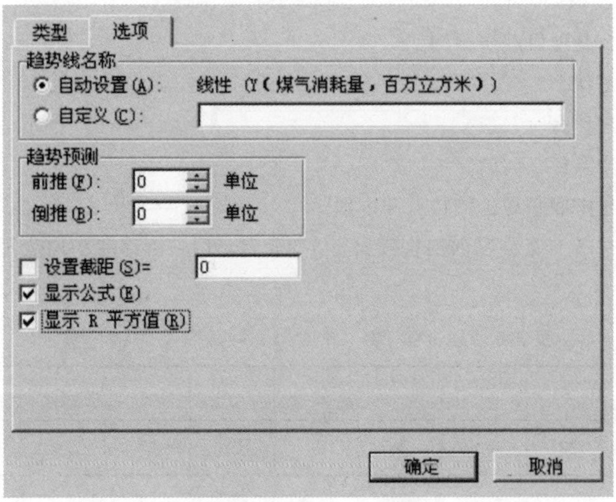

图 3-16　“选项”选项卡

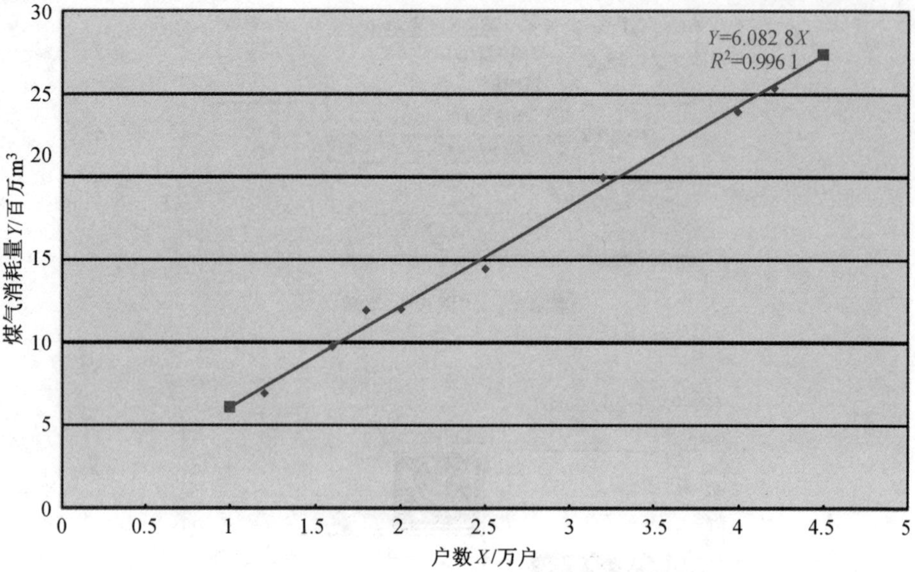

图 3-17　最后完成的 *XY* 散点图

本章小结

本章主要介绍了工程项目经济预测的方法，作为投资决策的依据。具体内容包括：预测的概念和基本原则；项目经济预测的分类、基本步骤和方法；定性预测方法，包括市场调查法、德尔菲法和历史类推法；定量预测方法，包括时间序列分析法和因果分析法。

复习题

1. 什么是预测？什么是项目经济预测？
2. 预测的基本原则是什么？
3. 预测的基本步骤是什么？
4. 应用德尔菲法应注意什么问题？
5. 简述移动平均法与指数平滑法的特点和区别。
6. 某企业 2019 年 1~11 月某商品的销售额如表 3-5 所示。用一次移动平均法预测 2019 年 12 月和 2020 年 1 月的销售额（取 $m=3$）。

表 3-5　某企业 2019 年 1~11 月某商品的销售额　　（单位：万元）

月　份	1	2	3	4	5	6	7	8	9	10	11
销售额	24	22	23	21	24	22	23	24	23	25	26

7. 某商品 2021 年各月在某市的销售量如表 3-6 所示。用指数平滑法线性预测模型预测 2022 年 1、2 月的商品销售量。（$\alpha=0.6$）

表 3-6　某商品 2021 年各月在某市的销售量　　　　（单位：万件）

月份	1	2	3	4	5	6	7	8	9	10	11	12
销售量	8.8	9.3	10.4	11.2	12.3	12.8	12.9	13.2	14.8	16.6	18	19.4

8. 某地区 2013 年—2020 年财政收入 y 与国民收入 x 的统计数据如表 3-7 所示。

表 3-7　某地区 2013 年—2020 年财政收入 y 与国民收入 x 的统计数据　　（单位：亿元）

i	1	2	3	4	5	6	7	8
国民收入 x	3.35	3.69	3.94	4.26	4.73	5.65	7.00	7.80
财政收入 y	1.10	1.08	1.09	1.12	1.25	1.50	1.87	2.27

（1）试求财政收入 y 对国民收入 x 的回归方程。

（2）做显著性检验。（$\alpha=0.05$）

（3）使用 Excel 作散点图并计算回归方程。

第四章

资金的时间价值

学习要点及目标

1. 掌握资金时间价值及资金等值的概念。
2. 掌握现金流量的概念及现金流量图的作图方法。
3. 掌握单利、复利、年金、现值和终值的概念。
4. 掌握资金时间价值的基本公式及其应用。
5. 掌握名义利率和有效利率的概念及应用。
6. 熟练查阅复利系数表。

资金在周转过程中，随着时间的变化会增值。凡存在商品生产和商品交换，资金的时间因素就客观存在。本章学习研究资金的时间价值概念，掌握等值计算公式，用来选择借贷、经营和投资的方案。

第一节　资金的时间价值概述

一、资金时间价值的概念

所谓资金的时间价值，是指资金的价值随着时间的变化而发生变化。也就是说，货币在不同时间的价值是不一样的，今天的 1 元钱与一年后的 1 元钱其价值不等。比如，投资 1000 万元于某工业项目，建成投产后，每年可得利润 50 万元，这 50 万元就是 1000 万元资金在特定生产经营活动中所产生的时间价值。某人将 100 元存入银行，存期 1 年，获利息 10 元，这 10 元就是 100 元通过银行借贷，投入社会再生产过程中所产生的时间价值中的一部分。但是，如果将上述 1000 万元、100 元资金锁在保险箱里，不管多长时间都不会有增值，若考虑通货膨胀，反而会贬值。

资金时间价值存在的条件有两个：一是将货币投入生产或流通领域，使货币转化为资本，从而产生的增值（称为利润或收益）；二是货币借贷关系的存在，货币的所有权及使用权的分离，比如把资金存入银行或向银行借贷所得到或付出的增值额（称为利息）。

在方案经济评价中考虑时间因素的意义在于：

1）一项工程若能早一天建成投产，就能多创造一天的价值；延误一天竣工就会延误一天生产，造成一笔损失。另一种情况是，当积累了一笔资金时，若把它投入生产或存入银行，就可带来一定的利润或利息收入；不及时利用，就会失去一笔相应的收入。

2）考虑资金的时间价值可以促使资金使用者加强经营管理，更充分地利用资金以促进生产的发展。

3）在利用外资的情况下，不计算资金的时间价值，就无法还本付息。因此，在经济活动中，应千方百计地缩短投资项目的建设周期，加快资金周转，尽量减少资金的占用数量和时间。

二、资金时间价值的度量

资金的时间价值一般用利息和利率来度量。

利息是借款者支付给贷款者超出本金的那部分金额。利息是利润的一部分。在我国，利息是社会一部分国民收入的再分配，它作为对储蓄的一种物质奖励和对借款的经济监督手段。

利率是一定时期内所付利息额与所借资金额之比，即利息与本金之比。用于表示计算利息的时间单位称为计息周期（或称利息周期）。以年为计息周期的利率称为年利率；以月为计息周期称为月利率；等等。通常年利率用百分比（%）表示，月利率用千分比（‰）表示，日利率用万分比（‱）表示。

三、单利与复利

（一）单利

每期均按原始本金计息，这种计息方式称为单利。在单利计息的情况下，利息与时间是线性关系，不论计息周期数为多大，只有本金计息，而利息不再计息。

设 P 代表本金，n 代表计息周期数，i 代表利率，I 代表总利息，F 代表期末本利和。单利计算公式的推导过程如表 4-1 所示。

表 4-1　单利计算公式的推导过程

年份（n）	年初本金（P）	年末利息（I）	年末本利和（F）
1	P	Pi	$P+Pi=P(1+i)$
2	$P(1+i)$	Pi	$P(1+i)+Pi=P(1+2i)$
3	$P(1+2i)$	Pi	$P(1+2i)+Pi=P(1+3i)$
⋮	⋮	⋮	⋮
n	$P[1+(n-1)i]$	Pi	$P[1+(n-1)i]+Pi=P(1+ni)$

由表 4-1 可知，n 年末本利和计算公式为

$$F=P(1+ni) \tag{4-1}$$

n 年末的总利息为

$$I=Pni \tag{4-2}$$

单利虽然考虑了资金的时间价值，但对以前已经产生的利息并没有转入计息基数而累计计息。因此，单利计算资金的时间价值是不完善的。

（二）复利

将本期利息转为下期的本金，下期按本期期末的本利和计息，这种计息方式称为复利。在以复利计息的情况下，除本金计算利息之外，利息再计利息，即“利滚利”。复利计算公式的推导过程如表 4-2 所示。

表 4-2 复利计算公式的推导过程

年份（n）	年初本金（P）	年末利息（I）	年末本利和（F）
1	P	Pi	$P+Pi=P(1+i)$
2	$P(1+i)$	$P(1+i)i$	$P(1+i)+P(1+i)i=P(1+i)^2$
3	$P(1+i)^2$	$P(1+i)^2 i$	$P(1+i)^2+P(1+i)^2 i=P(1+i)^3$
⋮	⋮	⋮	⋮
n	$P(1+i)^{n-1}$	$P(1+i)^{n-1} i$	$P(1+i)^{n-1}+P(1+i)^{n-1} i=P(1+i)^n$

由表 4-2 可知，n 年末本利和的复利计算公式为

$$F=P(1+i)^n \tag{4-3}$$

复利法对资金占用数量、占用时间更加敏感，具有更大的约束力，更充分地反映了资金的时间价值。在技术经济分析中，一般均采用复利进行计算。

【例 4-1】 设借入一笔资金 1000 元，规定年利率为 6%，借期为 4 年。分别用单利法和复利法计算第 4 年年末还款金额为多少。

解：先用单利计算，计算公式为

$$F=P(1+ni)=1000\text{ 元}\times(1+4\times6\%)=1240\text{ 元}$$

再用复利计算，计算公式为

$$F=P(1+i)^n=1000\text{ 元}\times(1+6\%)^4=1262.48\text{ 元}$$

再比较一下单利和复利计算每年利息和年末本利和的情况。由表 4-3 可见，在本金和利率相同的条件下，由于计算方法不同，年末利息和年末本利和就不一样。第 4 年年末还款金额，单利是 1240 元，复利是 1262.48 元。

表 4-3 单利和复利计算比较 （单位：元）

年份	单利			复利		
	年初本金	年末利息	年末本利和	年初本金	年末利息	年末本利和
1	1000	60	1060	1000	60	1060
2	1060	60	1120	1060	63.6	1123.6
3	1120	60	1180	1123.6	67.42	1191.02
4	1180	60	1240	1191.02	71.46	1262.48

四、现金流量图

（一）现金流量的概念

在对项目进行技术经济分析时，一般不用会计利润的概念，而要计算现金流量。为了全面地考察新建工业项目的经济性，必须对项目在整个生命周期内的收入和支出进行研究。根据各阶段现金流动的特点，可把一个项目分为四个时期：建设期、投产期、达产期和回收处理期，如图 4-1 所示。建设期是指项目开始投资至项目开始投产获得收益之间的一段时间；投产期是指项目投产开始至项目达到预定的生产能力的时间；达产期是指项目达到正常设计生产能力后持续发挥生产能力的阶段；回收处理期是指项目完成预计的寿命周期后停产并进行善后处理的时期。

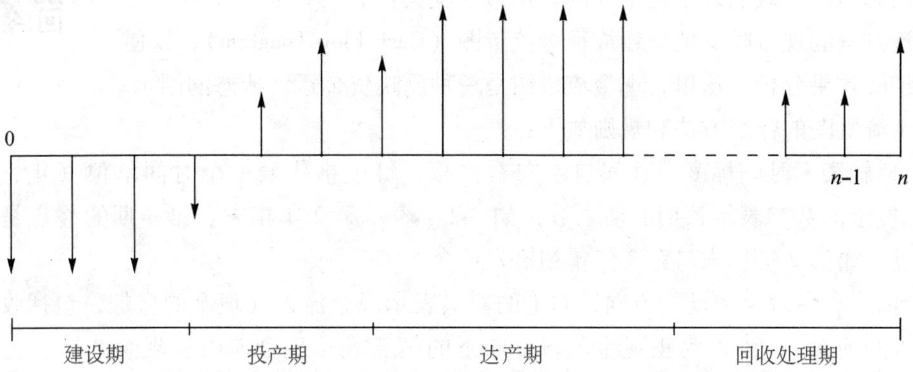

图 4-1　新建工业项目的现金流量

现金流量是指企业现金流入和流出的数量。一定时期内现金流入量减去包括税金在内的现金流出量后的差额，称为净现金流量。

现金流量的构成有两种表述方法：一种是按现金流量发生的时间来表述；另一种是按现金的流入、流出来表述。

1. 按现金流量发生的时间表述

（1）初始现金流量　初始现金流量是指开始投资时发生的现金流量。它一般包括：固定资产的投资，即固定资产的购入或建造成本、运输成本和安装成本等；流动资产的投资，即材料、燃料、低值易耗品，在产品、半成品、产成品、协作件以及商品等存货；其他投资费用，即与长期投资有关的职工培训费、谈判费、注册费用等。

（2）营业现金流量　营业现金流量是指投资项目投入使用后，在其生命周期内由于生产经营所带来的现金流入和流出的数量。这种现金流量一般以年为单位进行计算，即

$$年净现金流量=净利润+折旧$$

（3）终结现金流量　终结现金流量是指投资项目完结时所发生的现金流量。它主要包括固定资产残值收入或变价收入、原有垫支在各种流动资产上的资金的收回、停止使用的土地变价收入等。

2. 按现金的流入、流出来表述

任何一项长期投资决策，都会涉及未来一定时期内现金流入与现金流出的数量。可以通

过现金流入、流出的数量计算每年的净现金流量。

（1）现金流入量　一个投资方案的现金流入量通常包括：投资项目完成后每年可增加的营业现金收入，即销售产品获取的收入；固定资产报废时的残值收入或中途的变价收入；项目生命周期结束时，原有垫支在各种流动资产上资金的收回。

（2）现金流出量　一个投资方案的现金流出量通常包括：在固定资产上的投资；在流动资产上的投资；营业现金支出，即为生产及销售各种产品而产生的各项现金支出费用；其他投资。

（二）现金流量图的作图方法和规则

视频讲解：现金流量图

货币具有时间价值，资金的生命在于运动，因而在不同时间发生的资金支付，其价值是不相同的。这正如力学分析中的受力图，其各个受力点上所施加的力或荷载的效果是不同的。类似于受力图，可以将某个技术方案或投资方案的现金收支情况绘成现金流量图（Cash Flow Diagram），以便于进行经济效果分析。这里，现金流量图是一种反映资金运动状态的图示。

现金流量图的作图方法和规则如下：

1）横轴表示时间标度，时间自左向右推移，每一格代表一个时间单位（年、月、周等）。标度上的数字表示该期的期末数，如“2”表示第2年年末。第 n 期的终点是第 $n+1$ 期的始点，如第2年年末与第3年年初恰好重合。

2）箭头表示现金流动的方向，向上的箭头表示现金流入（现金的增加，包括收入、收益和借入的现金），流入为正现金流量；向下的箭头表示现金流出（现金的减少，包括支出、亏损和借出的现金），流出为负现金流量。

3）现金流量图与立脚点有关。对于例4-1，从借款人的角度出发绘制的现金流量图和从贷款人的角度出发绘制的现金流量图分别如图4-2和图4-3所示。

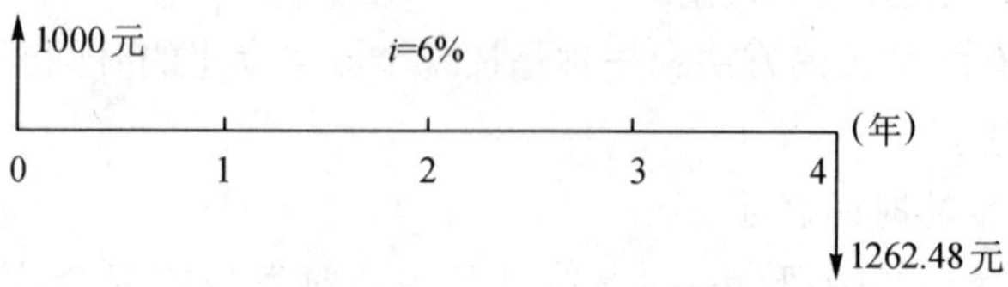

图4-2　借款人的现金流量图

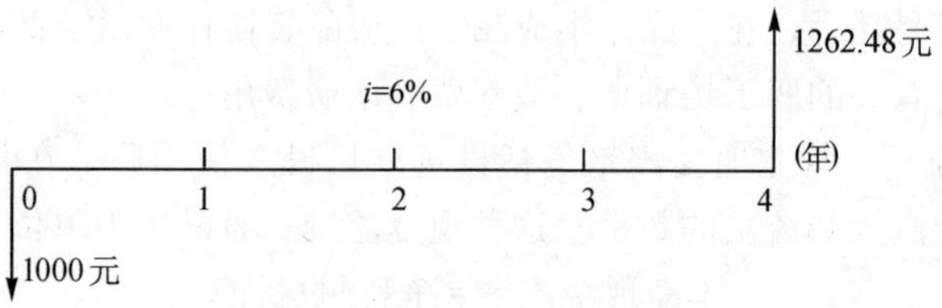

图4-3　贷款人的现金流量图

【例4-2】　某工厂计划在2年之后投资建一车间，所需金额为 P；从第3年年末起的5年中，每年可获利 A，年利率为10%。试绘制现金流量图。

解：该投资方案的现金流量图如图 4-4 所示。

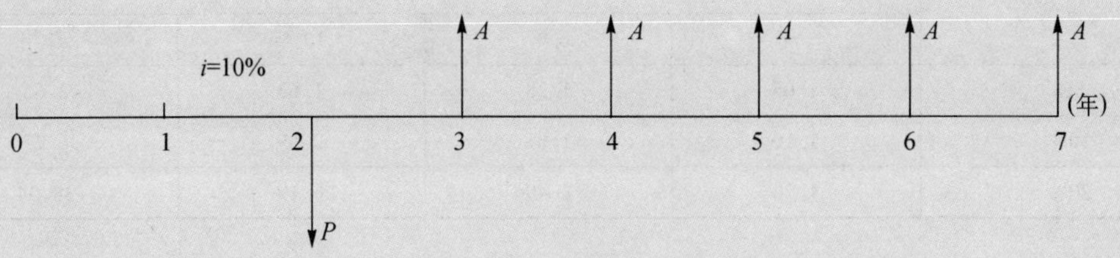

图 4-4　例 4-2 的现金流量图

五、资金等值

视频讲解：
资金等值

（一）资金等值的概念

对资金来说，它具有时间价值。这一客观事实不仅告诉人们，一定数量的资金在不同时间代表着不同的价值，因此资金必须被赋予时间概念，才能显示其真实的意义；而且这也从另一方面提示人们，在不同时点，不同数量的资金可以具有相同的价值，这就是资金等值的概念。比如，按年利率 10%计算，现在的 1 元钱、10 年后的 2. 59 元钱以及 20 年后的 6. 73 元钱都是等值的。

影响资金等值的因素有三个：①资金的金额；②金额发生的时间；③利率。

（二）现值、终值和年金

在现金流量图上，横轴代表时间，其上的某一点称为时点。一笔资金随着时间的推移而不断增值，在每一个时点的金额是不同的，其在某一时点上的价值称为时值。

1. 现值

现值（Present Value）又称期初值，是发生在时间轴起点处的资金的金额，现值也可称为基期的时值。把未来时间收支的资金换算成现值，这种运算称为“折现”或“贴现”（Discount）。实际上，折现是求资金等值的一种方法。

表 4-4 所示为未来 1 元钱的现值（计息期为年）。

表 4-4　未来 1 元钱的现值　（单位：元）

i	n			
	1 年	5 年	10 年	20 年
5%	0. 952	0. 784	0. 614	0. 377
10%	0. 909	0. 621	0. 386	0. 149
20%	0. 833	0. 402	0. 162	0. 026

2. 终值

终值（Future Value）又称未来值、期终值，是发生在时间轴终点的资金金额，终值也可称为期末的时值。计算终值就是计算资金的复本利和。实际上，计算本利和也是求资金等值的一种方法。

表 4-5 所示为现在 1 元钱的终值。

表 4-5 现在 1 元钱的终值 （单位：元）

i	n			
	1 年	5 年	10 年	20 年
5%	1.05	1.28	1.63	2.65
10%	1.10	1.61	2.59	6.73
20%	1.20	2.49	6.19	38.34

3. 年金

在经济生活中有这样一种现象，在一段时间内，每一个计息期的期末都有相等金额的收付款项，这个等额的资金系列称为年金（Annuity）。年金有以下特点：①是一组金额相等的现金流量；②每笔资金发生在每个计息期期末；③连续发生，中间不能间断。在经济生活中，以直线折旧法计算的折旧、房屋的租金、存款的利息、职工的住房公积金等都是年金。年金的现金流量图如图 4-5 所示。

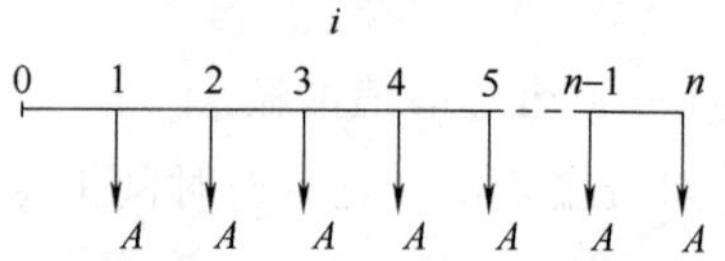

图 4-5 年金的现金流量图

第二节 资金时间价值复利计算的基本公式

根据现金的不同支付方式，复利计算的基本公式有如下几种：

一、一次支付终值公式

一次支付终值公式，即前面所介绍的复利计息本利和公式。

当投资一笔资金 P，利率为 i，求 n 期后可收回多少金额 F 时；或者，当借入一笔资金 P，利率为 i，求 n 期后该偿还多少金额 F 时，计算公式为

$$F=P(1+i)^n \tag{4-4}$$

式中 $(1+i)^n$——一次支付终值系数，通常用符号 $(F/P,i,n)$ 来表示。

这样式（4-4）可以写成

$$F=P\left(\frac{F}{P},i,n\right)$$

一次支付终值现金流量图如图 4-6 所示。

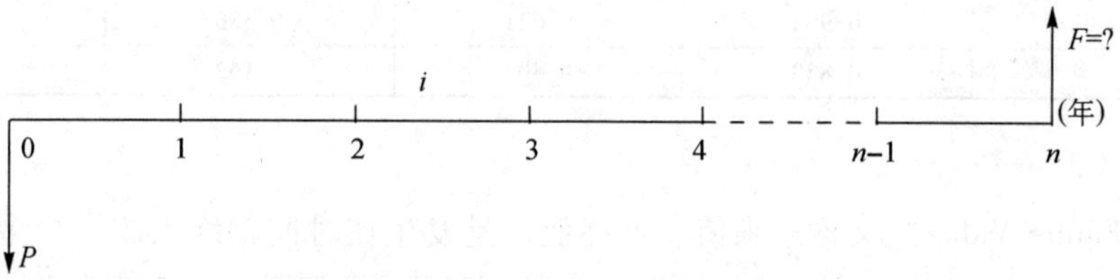

图 4-6 一次支付终值现金流量图

公式中的系数 $(F/P,i,n)$ 可以在复利系数表（附表 1~附表 17）中查出。

【例 4-3】 某建筑公司进行技术改造，2017 年年初贷款 100 万元，2018 年年初贷款 200 万元，年利率 8%，2020 年年末一次偿还，应还款多少元？

解：先画现金流量图，如图 4-7 所示。

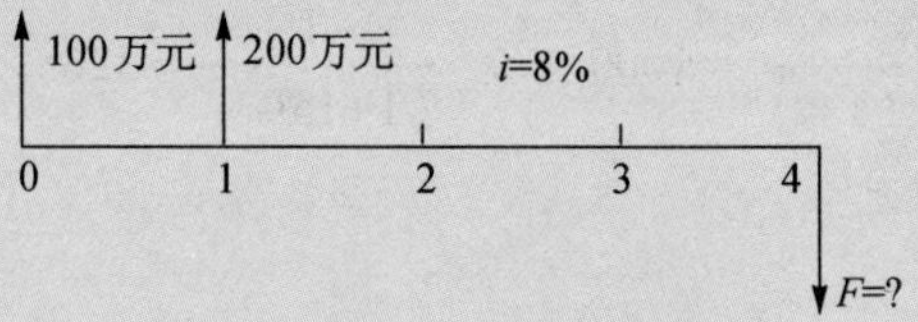

图 4-7 例 4-3 的现金流量图

根据式（4-4）得

$$F = 100\text{ 万元} \times \left(\frac{F}{P}, 8\%, 4\right) + 200\text{ 万元} \times \left(\frac{F}{P}, 8\%, 3\right)$$
$$= 100\text{ 万元} \times 1.3605 + 200\text{ 万元} \times 1.2597$$
$$= 387.99\text{ 万元}$$

所以，2020 年年末应还款 387.99 万元。

二、一次支付现值公式

如果计划 n 年后积累一笔资金 F，利率为 i，现在一次投资 P 应为多少？这个问题相当于已知终值 F、利率 i 和计算期数 n，求现值 P。通过对式（4-4）进行变换，得到

$$P = F\frac{1}{(1+i)^n} \tag{4-5}$$

式中 $\frac{1}{(1+i)^n}$——一次支付现值系数，并用符号（$P/F,i,n$）表示。

这样式（4-5）可写成

$$P = F\left(\frac{P}{F}, i, n\right)$$

一次支付现值现金流量图如图 4-8 所示。

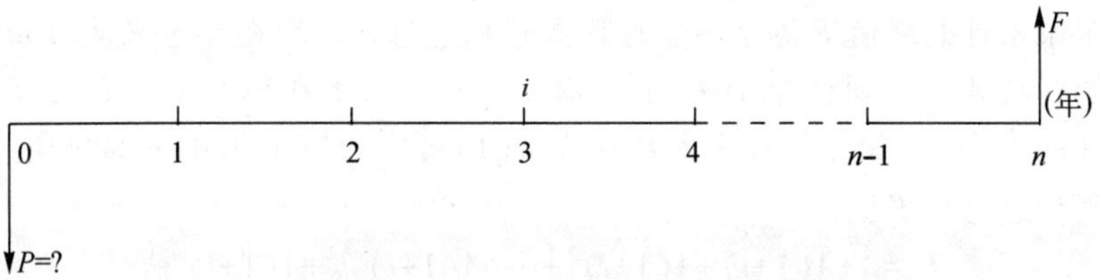

图 4-8 一次支付现值现金流量图

公式中的系数（P/F，i，n）可以在复利系数表（附表 1～附表 17）中查出。

【例4-4】　某公司对收益率为15%的项目进行投资，希望8年后能得到1000万元，现在需投资多少？

解：先画现金流量图，如图4-9所示。计算公式为

$$P=F\frac{1}{(1+i)^n}=1000\text{万元}\times\frac{1}{(1+15\%)^8}=326.9\text{万元}$$

现在需投资326.9万元。

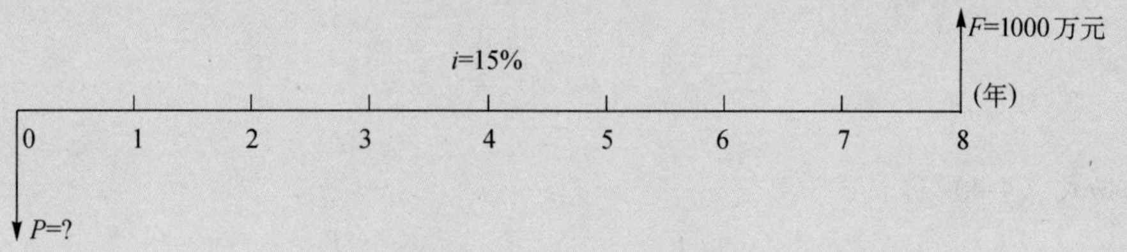

图4-9　例4-4的现金流量图

三、等额支付系列年金终值公式

等额支付系列年金终值涉及的问题是，以利率 i 每年年末等额存款 A，n 年后累计一次提取终值 F，问 F 为多少；另一种情况是，以利率 i 每年年末等额借款 A，n 年后累计一次还本付息，问本利和 F 为多少。这两种情况可归结为，已知逐年等额支付资金 A（A 称为年金）、利率 i 和计息期数 n，求终值（本利和）F。

第一种情况的现金流量图如图4-10所示。

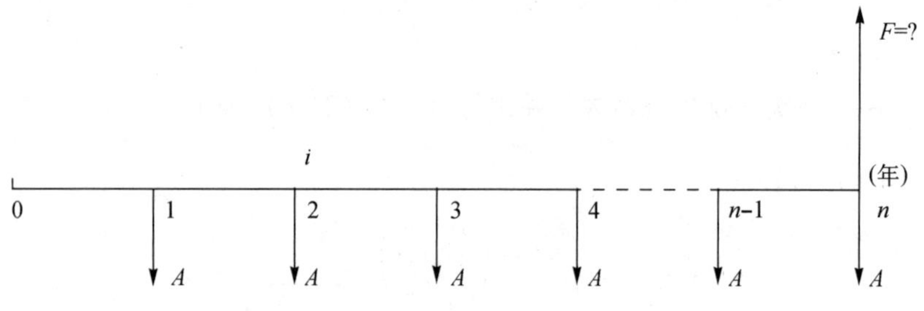

图4-10　等额支付系列年金终值现金流量图

第 n 年年末累计的终值 F 等于各年存款本利和之总和。现在倒过来从第 n 年往回推算，第 n 年年末的存款 A 的本利和为 $A(1+i)^0$，第 $n-1$ 年年末本利和为 $A(1+i)^1$，第 $n-2$ 年年末本利和为 $A(1+i)^2$，…，第2年年末本利和为 $A(1+i)^{n-2}$，第1年年末本利和为 $A(1+i)^{n-1}$。于是各年本利和之总和 F 为

$$\begin{aligned}F&=A+A(1+i)+A(1+i)^2+\cdots+A(1+i)^{n-2}+A(1+i)^{n-1}\\&=A[1+(1+i)+(1+i)^2+\cdots+(1+i)^{n-2}+(1+i)^{n-1}]\end{aligned}$$

式中　$1+(1+i)+(1+i)^2+\cdots+(1+i)^{n-2}+(1+i)^{n-1}$ 为一等比级数，其公比为 $(1+i)$。

根据等比级数求和的公式，化简为 $\frac{(1+i)^n-1}{i}$，所以

$$F=A\frac{(1+i)^{n}-1}{i} \tag{4-6}$$

式中 $\frac{(1+i)^{n}-1}{i}$——等额支付系列年金终值系数，可用符号 $(F/A,i,n)$ 表示。

这样，式（4-6）可写成

$$F=A\left(\frac{F}{A},i,n\right)$$

【例 4-5】 某建筑企业每年利润 15 万元，利率 15%，问 20 年后总共有多少资金？

解：已知 $A=15$ 万元，$i=15\%$，$n=20$ 年，求 F。

$$F=15\text{ 万元}\times\left(\frac{F}{A},i,n\right)=15\text{ 万元}\times\left(\frac{F}{A},15\%,20\right)$$

$$=15\text{ 万元}\times102.4436=1536.654\text{ 万元}$$

所以 20 年后总共有 1536.654 万元资金。

四、等额支付系列积累基金公式

等额支付系列积累基金（或称存储基金、偿债基金）的问题是，为了在 n 年年末筹措一笔基金 F，利率为 i，问每年年末等额存储的金额 A 应为多少，即已知 F，i，n，求 A。等额支付系列积累基金现金流量图如图 4-11 所示。

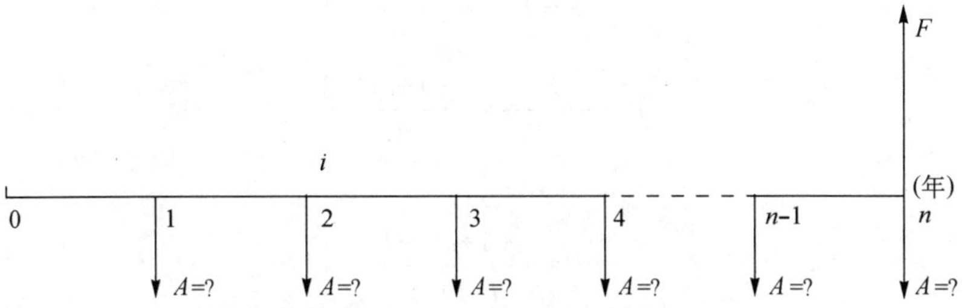

图 4-11　等额支付系列积累基金现金流量图

这种情况与等额支付年金终值的计算为互逆运算，根据式（4-6）可变换为

$$A=F\frac{i}{(1+i)^{n}-1} \tag{4-7}$$

式中 $\frac{i}{(1+i)^{n}-1}$——等额支付系列积累基金系数，用符号 $(A/F,i,n)$ 表示。

从而式（4-7）可表示为

$$A=F\left(\frac{A}{F},i,n\right)$$

【例 4-6】 某企业打算五年后兴建一幢 $5000m^2$ 的住宅楼以改善职工居住条件，按测算每平方米造价为 2100 元。若银行利率为 8%，现在起每年年末应存入多少金额才能满足需要？

解：已知 $F=5000\text{m}^2\times2100$ 元$/\text{m}^2=1050$ 万元，$i=8\%$，$n=5$，求 A。计算公式为

$$A=1050\text{ 万元}\times\left(\frac{A}{F}i,n\right)=1050\text{ 万元}\times\left(\frac{A}{F},8\%,5\right)$$

$$=1050\text{ 万元}\times0.1705=179.03\text{ 万元}$$

所以，该企业每年年末应等额存入 179.03 万元。

五、等额支付系列年金现值公式

如果逐年等额收入（或支出）一笔年金 A，求 n 年年末此收入（或支出）年金的现值总和时，这种情况就属于等额支付系列年金现值问题，相当于已知 A，i 和 n，求 P。等额支付系列年金现值现金流量图如图 4-12 所示。

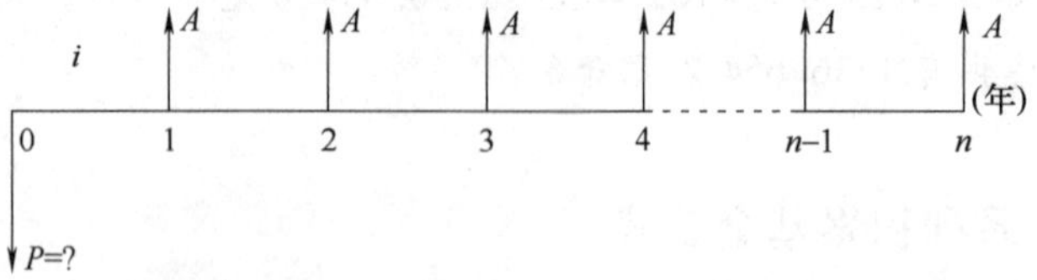

图 4-12 等额支付系列年金现值现金流量图

根据式（4-6）和式（4-5），有

$$F=A\frac{(1+i)^n-1}{i}$$

$$P=\frac{F}{(1+i)^n}=A\frac{(1+i)^n-1}{i(1+i)^n}$$

即有

$$P=A\frac{(1+i)^n-1}{i(1+i)^n} \tag{4-8}$$

式中 $\frac{(1+i)^n-1}{i(1+i)^n}$——等额支付系列年金现值系数，用符号（$P/A,i,n$）表示。

因此式（4-8）又可表示为

$$P=A\left(\frac{P}{A},i,n\right)$$

【例 4-7】 某建筑公司打算贷款购买一部 10 万元的建筑机械，利率为 10%。据预测，此机械使用年限 10 年，每年平均可获净利润 2 万元。所得净利润是否足以偿还银行贷款？

解：已知 $A=2$ 万元，$i=10\%$，$n=10$ 年，求 P 是否$\geqslant10$ 万元。

$$P=2\text{ 万元}\times\left(\frac{P}{A},10\%,10\right)=2\text{ 万元}\times6.1446=12.2892\text{ 万元}>10\text{ 万元}$$

因此，所得净利润足以偿还银行贷款。

六、等额支付系列资金回收公式

这一问题涉及两种情况：一种情况是，以利率 i 投资一笔资金，分 n 年等额回收，求每年年末可收入多少；另一种情况是，以利率 i 借入一笔资金，计划分 n 年等额偿还，求每年年末应偿还多少，这相当于已知现值 P，利率 i 和计息期数 n，求年金 A。第一种情况的现金流量图如图 4-13 所示。

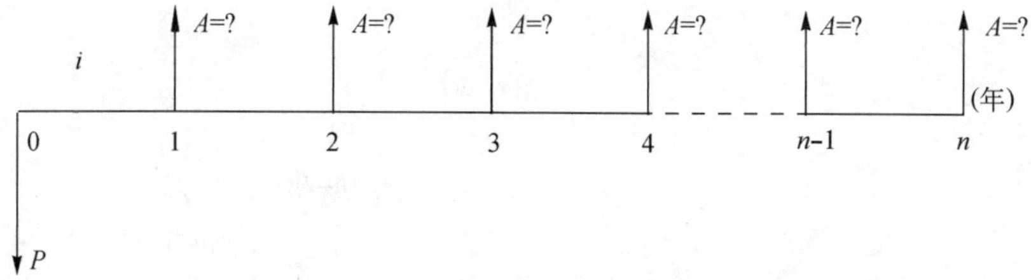

图 4-13　等额支付系列资金回收现金流量图

通过对式（4-8）的变换，得到等额支付系列资金回收公式为

$$A=P\frac{i(1+i)^n}{(1+i)^n-1} \tag{4-9}$$

式中　$\frac{i(1+i)^n}{(1+i)^n-1}$——等额支付系列资金回收系数，用符号（$A/P,i,n$）表示。

因此式（4-9）可以表示为

$$A=P\left(\frac{A}{P},i,n\right)$$

【例 4-8】　某建设项目的投资准备用国外贷款，贷款方式为商业信贷，年利率 20%。据测算投资额为 1000 万元，项目服务年限 20 年，期末无残值。该项目年平均收益为多少时不至于亏本？

解：已知 $P=1000$ 万元，$i=20\%$，$n=20$ 年，求 A。

$$A=1000\text{ 万元}\times\left(\frac{A}{P},20\%,20\right)=1000\text{ 万元}\times0.2054=205.4\text{ 万元}$$

所以，该项目年平均收益至少应为 205.4 万元。

七、均匀梯度支付系列公式

均匀梯度支付系列的问题是这样一种情况，即每年以一固定数值（等差）递增（或递减）的现金支付情况。例如，机械设备由于老化而每年的维修费以固定的增量支付等。这种情况的现金流量图如图 4-14 所示。

第 1 年年末的支付是 A_1，第 2 年年末的支付是 A_1+G，第 3 年年末的支付是 A_1+2G，…，第 n 年年末的支付是 $A_1+(n-1)G$。如果把图 4-14 的均匀梯度支付系列现金流量图分解成由两个系列组成的现金流量图，一个是等额支付系列，年金为 A_1（图 4-15），另一个是 0，G，$2G$，…，$(n-1)G$ 组成的梯度系列（图 4-16）。其中第一种情况是我们熟悉的，于是，剩下的就是寻求图 4-16 梯度系列的解决途径了。

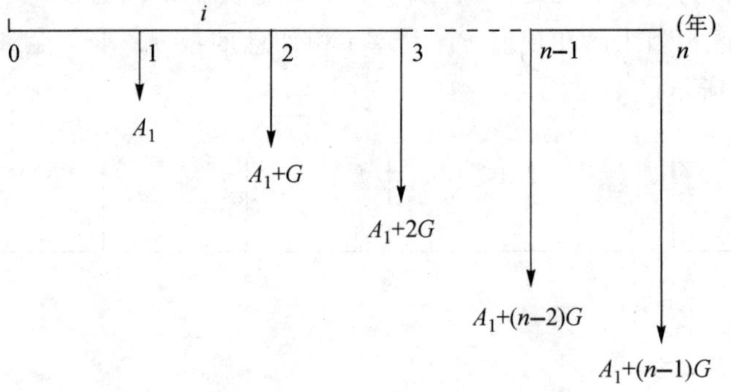

图 4-14　均匀梯度支付系列现金流量图

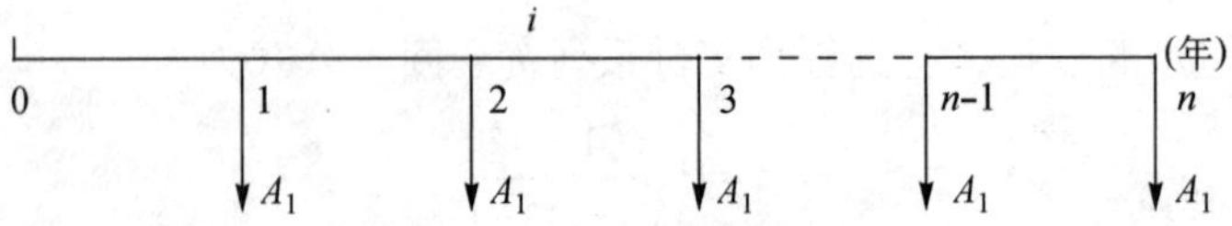

图 4-15　等额支付系列

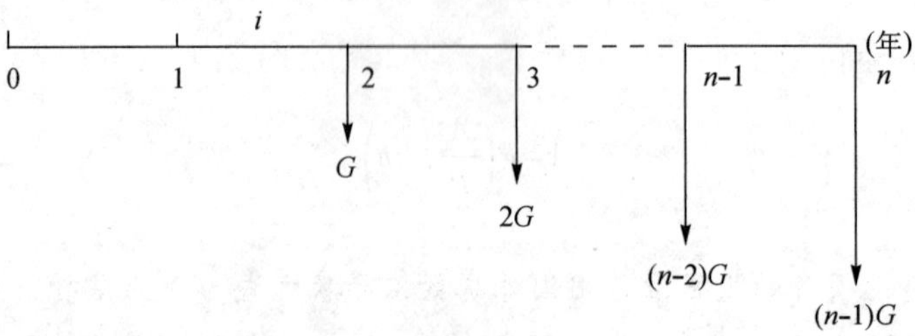

图 4-16　梯度系列

设等额支付系列的终值为 F_1，梯度系列的终值为 F_2。根据图 4-16，梯度系列终值 F_2 为

$$F_2 = G\left(\frac{F}{A},i,n-1\right)+G\left(\frac{F}{A},i,n-2\right)+G\left(\frac{F}{A},i,n-3\right)+\cdots+G\left(\frac{F}{A},i,2\right)+G\left(\frac{F}{A},i,1\right)$$

$$= G\frac{(1+i)^{n-1}-1}{i}+G\frac{(1+i)^{n-2}-1}{i}+G\frac{(1+i)^{n-3}-1}{i}+\cdots+G\frac{(1+i)^{2}-1}{i}+G\frac{(1+i)-1}{i}$$

$$=\frac{G}{i}[(1+i)^{n-1}+(1+i)^{n-2}+(1+i)^{n-3}+\cdots+(1+i)^{2}+(1+i)-(n-1)\times 1]$$

$$=\frac{G}{i}[(1+i)^{n-1}+(1+i)^{n-2}+(1+i)^{n-3}+\cdots+(1+i)^{2}+(1+i)+1]-\frac{nG}{i}$$

$$=\frac{G}{i}\left[\frac{(1+i)^{n}-1}{i}\right]-\frac{nG}{i}$$

从而

$$
\begin{aligned}
F &= F_1+F_2 \\
&= A_1\frac{(1+i)^n-1}{i}+\frac{G}{i}\left[\frac{(1+i)^n-1}{i}\right]-\frac{nG}{i} \\
&= \left(A_1+\frac{G}{i}\right)\frac{(1+i)^n-1}{i}-\frac{nG}{i}
\end{aligned}
\tag{4-10}
$$

用符号表示，式（4-10）还可写成

$$
F=\left(A_1+\frac{G}{i}\right)\left(\frac{F}{A},i,n\right)-\frac{nG}{i}=A_1\left(\frac{F}{A},i,n\right)+G\left(\frac{F}{G},i,n\right)
$$

式中　$(F/G,i,n)$——定差（等差）终值系数。

均匀梯度支付系列的现值和等值年金的计算，可以在式（4-10）的基础上，再按一次支付和等额支付系列的公式进一步求解。

比如，均匀梯度支付现值的计算公式为

$$
\begin{aligned}
P &= F\left(\frac{P}{F},i,n\right)=\left(A_1+\frac{G}{i}\right)\frac{(1+i)^n-1}{i}\frac{1}{(1+i)^n}-\frac{nG}{i}\frac{1}{(1+i)^n} \\
&= \left(A_1+\frac{G}{i}\right)\left(\frac{P}{A},i,n\right)-\frac{nG}{i}\left(\frac{P}{F},i,n\right)
\end{aligned}
\tag{4-11}
$$

均匀梯度支付等值年金的计算公式为

$$
\begin{aligned}
A &= A_1+F_2\left(\frac{A}{F},i,n\right) \\
&= A_1+\left[\frac{G}{i}\frac{(1+i)^n-1}{i}-\frac{nG}{i}\right]\left(\frac{A}{F},i,n\right) \\
&= A_1+\frac{G}{i}-\frac{nG}{i}\left(\frac{A}{F},i,n\right)
\end{aligned}
\tag{4-12}
$$

对于递减支付系列（即第一年年末支付为 A_1，第二年年末的支付为 A_1-G 等）的情况，只需改变相应项的计算符号，即将其视为每年增加一个负的数额，仍可应用式（4-10）~式（4-12）进行计算。

【例 4-9】 某类建筑机械的维修费用，第一年为 200 元，以后每年递增 50 元，服务年限为 10 年。服务期内全部维修费用的现值为多少？（$i=10\%$）

解：已知 $A_1=200$ 元，$G=50$ 元，$i=10\%$，$n=10$ 年，求均匀梯度支付现值 P。

由式（4-11）可知

$$
\begin{aligned}
P &= \left(A_1+\frac{G}{i}\right)\left(\frac{P}{A},i,n\right)-\frac{nG}{i}\left(\frac{P}{F},i,n\right) \\
&= \left(200\text{ 元}+\frac{50\text{ 元}}{10\%}\right)\left(\frac{P}{A},10\%,10\right)-\frac{10\times50\text{ 元}}{10\%}\left(\frac{P}{F},10\%,10\right) \\
&= 700\text{ 元}\times6.1446-5000\text{ 元}\times0.3855 \\
&= 2373.72\text{ 元}
\end{aligned}
$$

所以，均匀梯度支付现金为 2373.72 元。

【例 4-10】　设某技术方案服务年限 8 年，第一年净利润为 10 万元，以后每年递减 0.5 万元。若年利率为 10%，相当于每年等额盈利多少元？

解：已知 $A_1=10$ 万元，递减梯度量 0.5 万元，$n=8$ 年，$i=10\%$，求均匀梯度支付（递减支付系列）的等值年金 A。

$$\begin{aligned}A&=A_1-\frac{G}{i}+\frac{nG}{i}\left(\frac{A}{F},i,n\right)\\&=10\text{ 万元}-\frac{0.5\text{ 万元}}{10\%}+\frac{8\times0.5\text{ 万元}}{10\%}\left(\frac{A}{F},i,n\right)\\&=10\text{ 万元}-5\text{ 万元}+40\text{ 万元}\times0.0874\\&=8.5\text{ 万元}\end{aligned}$$

所以，相当于每年等额盈利 8.5 万元。

八、基本公式小结及注意事项

1）上面介绍了复利计算的一次支付、等额支付系列和均匀梯度支付系列基本公式，现汇总于表 4-6。

表 4-6　普通复利公式汇总表

收付类别	公式名称	已知	求	普通复利公式
一次支付	终值公式	P	F	$F=P(1+i)^n$ $F=P(F/P,i,n)$
	现值公式	F	P	$P=F\dfrac{1}{(1+i)^n}$ $P=F(P/F,i,n)$
等额支付系列	年金终值公式	A	F	$F=A\dfrac{(1+i)^n-1}{i}$ $F=A(F/A,i,n)$
	积累基金公式	F	A	$A=F\dfrac{i}{(1+i)^n-1}$ $A=F(A/F,i,n)$
	年金现值公式	A	P	$P=A\dfrac{(1+i)^n-1}{i(1+i)^n}$ $P=A(P/A,i,n)$
	资金回收公式	P	A	$A=P\dfrac{i(1+i)^n}{(1+i)^n-1}$ $A=P(A/P,i,n)$

（续）

收付类别	公式名称	已知	求	普通复利公式
均匀梯度支付系列	终值公式	G	F	$F=\left(A_1+\frac{G}{i}\right)\frac{(1+i)^n-1}{i}-\frac{nG}{i}$ $F=\left(A_1+\frac{G}{i}\right)\left(\frac{F}{A},i,n\right)-\frac{nG}{i}$
	现值公式	G	P	$P=\left(A_1+\frac{G}{i}\right)\frac{(1+i)^n-1}{i}\frac{1}{(1+i)^n}-\frac{nG}{i}\frac{1}{(1+i)^n}$ $P=\left(A_1+\frac{G}{i}\right)\left(\frac{P}{A},i,n\right)-\frac{nG}{i}\left(\frac{P}{F},i,n\right)$
	等值年金公式	G	A	$A=A_1+\frac{G}{i}-\frac{nG}{i}\left[\frac{i}{(1+i)^n-1}\right]$ $A=A_1+\frac{G}{i}-\frac{nG}{i}\left(\frac{A}{F},i,n\right)$

2）现金流量图上，本年年末即等于下年年初。例如，0 点（即 0 年年末）就是第 1 年年初，第 1 年年末（1 点）为第 2 年年初（图 4-7）等。

3）当问题包括 P 与 A 时，第一个 A 与 P 隔一期，即在 P 发生一年后发生；当问题包括 F 与 A 时，最后一个 A 与 F 同时发生。

4）均匀梯度系列中，第一个 G 发生在系列的第 2 年年末。

第三节　名义利率和有效利率

一、名义利率和有效利率的概念

前面讨论的是以年为计息周期。但是在实际工作中，并不一定以一年为一个计息周期，可能规定半年、每季、每月、每周为一个计息周期。由于计息周期长度不同，同一笔资金在占用的总时间相等的情况下，所付利息有较大的差别。当计息周期与利率的时间单位不一致时，就出现了名义利率与有效利率的概念区别。

所谓名义利率（Nominal Interest），一般是指按每一计息期利率乘上一年中计息期数计算所得的年利率。例如，每月计息 1 次，月利率为 1%，也就是一年中计息期数为 12 次，每一计息期（月）利率为 1%。于是，名义利率等于 1%×12 = 12%，习惯上称为“年利率为 12%，每月计息 1 次”。

所谓（年）有效利率（Effective Interest），一般是指通过等值换算，使计息期与利率的时间单位（一年）一致的（年）利率。显然，一年计息 1 次的利率，其名义利率就是年有效利率；对于计息期短于一年的利率，二者就有差别。

【例 4-11】 设本金 $P=100$ 元，年利率为 10%，半年计息 1 次，求年实际利率。

解：已知名义利率 $r=10\%$，计息期半年的利率为 $\frac{r}{2}=5\%$，于是年末本利和应为

$$F=P(1+i)^n=100\text{ 元}\times(1+5\%)^2=110.25\text{ 元}$$

$$\text{年利息额}=F-P=110.25\text{ 元}-100\text{ 元}=10.25\text{ 元}$$

$$\text{年有效利率}=\frac{\text{年利息额}}{\text{本金}}=\frac{10.25\text{ 元}}{100\text{ 元}}=10.25\%$$

可见，年实际利率比名义利率高些。

二、名义利率和有效利率的关系

视频讲解：名义利率与有效利率

设 P 为本金，F 为本利和，m 为一年中计息期数，i 为有效利率，r 为名义利率，r/m 为计息期的有效利率，根据一次支付终值公式，年末本利和为

$$F=P\left(1+\frac{r}{m}\right)^m$$

而年末利息额为本利和与本金之差，即 $P\left(1+\frac{r}{m}\right)^m-P$。根据定义，利息与本金之比为利率，则年有效利率为

$$i=\frac{P\left(1+\frac{r}{m}\right)^m-P}{P}=\left(1+\frac{r}{m}\right)^m-1 \tag{4-13}$$

式（4-13）为从名义利率求有效利率的公式。从公式可以看出，有效利率 i 要高于名义利率 r，而且，每年计息周期 m 越大，也就是复利次数越多，有效利率 i 就越高于名义利率 r。只有当 $m=1$（即一年计息一次）时，名义利率才等于有效利率。

【例 4-12】 某公司向国外银行贷款 200 万元，借款期 5 年，年利率为 15%，但每周复利计算 1 次。在进行资金运用效果评价时，该公司把年利率（名义利率）误认为实际利率。该公司少算多少利息？

解：该公司原计算的本利和为

$$F'=200\text{ 万元}\times(1+0.15)^5=402.27\text{ 万元}$$

而实际利率应为

$$i=\left(1+\frac{0.15}{52}\right)^{52}-1=16.16\%$$

这样，实际的本利和应为

$$F=200\text{ 万元}\times(1+0.1616)^5=422.97\text{ 万元}$$

少算的利息为

$$F-F'=422.97\text{ 万元}-402.27\text{ 万元}=20.70\text{ 万元}$$

三、瞬时复利的年有效利率

如果按瞬时计息（这种计息方式也称为连续复利），那么复利可以在一年中按无限多次计算，年有效利率为

$$i=\lim_{m\to+\infty}\left(1+\frac{r}{m}\right)^{m}-1$$

式中 $\left(1+\frac{r}{m}\right)^{m}=\left[\left(1+\frac{r}{m}\right)^{\frac{m}{r}}\right]^{r}$。

根据基本极限公式 $\lim_{m\to+\infty}\left(1+\frac{r}{m}\right)^{\frac{m}{r}}=\mathrm{e}$，得到

$$i=\lim_{m\to+\infty}\left[\left(1+\frac{r}{m}\right)^{\frac{m}{r}}\right]^{r}-1=\mathrm{e}^{r}-1 \tag{4-14}$$

这就是说，如果复利是连续地计算，则年有效利率就是 $\mathrm{e}^{r}-1$。

就整个社会而言，资金确实是在不停地运动，每时每刻都通过生产和流通在增值，从理论上讲应采用瞬间复利，即连续复利。但实际工作中一般采用离散式复利，即按一定的时间间隔计息。

为比较各种计息期年有效利率的变化情况，列出表 4-7，表示名义利率为 10%时，分别按年、半年、季、月、周、日、瞬时计算复利的相应年有效利率。

表 4-7 各种计息期年有效利率（$r=10\%$）

计息期	每年计息次数（m）	计息期有效利率（r/m）	年有效利率（i）
一年	1	10%	10%
半年	2	5%	10. 25%
一季	4	2. 5%	10. 38%
一月	12	0. 8333%	10. 46%
一周	52	0. 1923%	10. 506%
一日	365	0. 0274%	10. 516%
瞬时	$+\infty$	0. 000%	10. 517%

结论：当 $m=1$ 时，有效利率=名义利率；当 $m>1$ 时，m 越大，两者差值越大。

【例 4-13】 某企业向银行贷款 200 万元，名义利率为 12%，要求每月计息一次，每月月末等额还款，3 年还清。每月应偿还多少？

解：画出现金流量图，如图 4-17 所示。

已知 $P=200$ 万元，$m=3\times12=36$，$r=12\%$，则 $i=1\%$，求 A。

根据式（4-9）可知

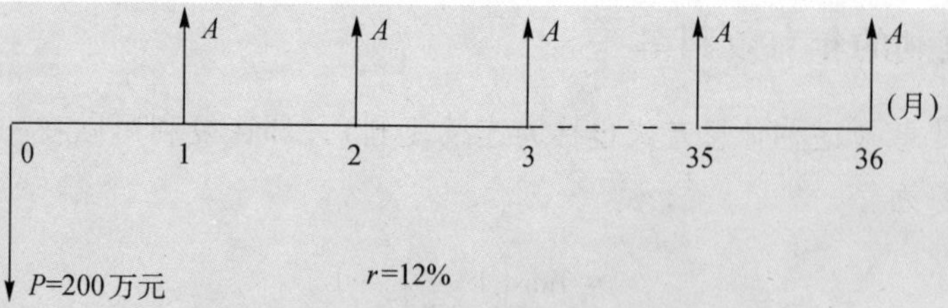

图 4-17 例 4-13 的现金流量图

$$A = P\frac{i(1+i)^n}{(1+i)^n-1}$$

$$= 200\ 万元 \times \frac{1\% \times (1+1\%)^{36}}{(1+1\%)^{36}-1}$$

$$= 200\ 万元 \times 0.0332 = 6.64\ 万元$$

可知3年内每月应等额偿还6.64万元。

【例4-14】 上例中如果要求每年年末等额偿还，3年还清，每月计息一次。每年应偿还多少？

解：由名义利率12%，求实际利率。计算公式为

$$i = \left(1+\frac{r}{m}\right)^m - 1 = \left(1+\frac{12\%}{12}\right)^{12} - 1 = 12.6825\%$$

根据式（4-9）可知

$$A = P\frac{i(1+i)^n}{(1+i)^n-1}$$

$$= 200\ 万元 \times \frac{12.6825\% \times (1+12.6825\%)^3}{(1+12.6825\%)^3-1}$$

$$= 200\ 万元 \times 0.42124$$

$$= 84.248\ 万元$$

所以每年应偿还84.248万元。

第四节 资金时间价值基本公式的应用

视频讲解：
资金等值计算案例

一、计算货币的未知量

【例4-15】 某企业现在贷款10000元，年利率为6%，10年内偿还完毕。试确定下列四种偿还方案的偿还数额。

方案Ⅰ：于每年年底偿还利息600元，最后一次偿还本利10600元。

方案Ⅱ：每年除偿还利息外，还归还本金1000元，10年到期全部归还。

方案Ⅲ：将本金加10年利息的总和均匀分摊于各期中。

方案Ⅳ：第10年年末本利一次偿还。

解：计算结果如表4-8所示。

表4-8　四种等值偿还贷款方案　（单位：元）

年数	贷款额	四种等值的偿还方案			
		Ⅰ	Ⅱ	Ⅲ	Ⅳ
0	10000				
1		600	1600	1359	
2		600	1540	1359	
3		600	1480	1359	
4		600	1420	1359	
5		600	1360	1359	
6		600	1300	1359	
7		600	1240	1359	
8		600	1180	1359	
9		600	1120	1359	
10		10600	1060	1359	17910
合计		16000	13300	13590	17910

由计算结果可看出，四个方案偿还的总值是不相同的，这四个不同偿还方案与10000元本金是等价的。

从投资者立场来看，四种方案中的任何一种都可以偿付其现在的投资；从贷款者的立场来看，只要投资者同意在今后以四种方案中的任何一种来偿还，其今日都可得到10000元的使用权。在消费者购买住房运用银行按揭贷款时，采用本题中的方案Ⅱ进行还款时，称作等额本金还款法；采用本题中的方案Ⅲ进行还款时，称作等额本息还款法。后一种方案的总还款金额略高于前一种方案。

【例4-16】　某工程项目建设采用银行贷款，贷款数额为每年年初贷款100万元，连续5年向银行贷款，年利率10%。5年贷款总额的现值及第5年年末的未来值各为多少？

解：画出现金流量图，如图4-18所示。

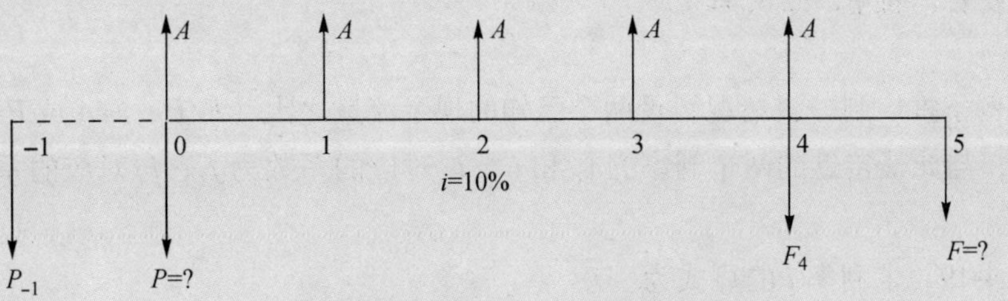

图4-18　例4-16的现金流量图

已知 $A=100$ 万元，$i=10\%$，求 P 和 F。

解法1：先求 P_{-1}，再求 P 和 F。计算公式为

$$P_{-1}=A(P/A,10\%,5)=100\text{ 万元}\times 3.7908=379.08\text{ 万元}$$

$$P=P_{-1}(F/P,10\%,1)=379.08\text{ 万元}\times 1.1000=416.99\text{ 万元}$$

$$F=P_{-1}(F/P,10\%,6)=379.08\text{ 万元}\times 1.7716=671.58\text{ 万元}$$

解法2：先求 F_4，再求 P 和 F。计算公式为

$$F_4=A(F/A,10\%,5)=100\text{ 万元}\times 6.1051=610.51\text{ 万元}$$

$$P=F_4(P/F,10\%,4)=610.51\text{ 万元}\times 0.6830=416.98\text{ 万元}$$

$$F=F_4(F/P,10\%,1)=610.51\text{ 万元}\times 1.1000=671.56\text{ 万元}$$

二、计算未知利率

在计算技术方案的等值时，有时会遇到这样一种情况：现金流量 P、F、A 以及计算期 n 均为已知量，而利率 i 为待求的未知量。比如，求方案的收益率、国民经济的增长率等就属于这种情况。这时，可以借助查复利表利用线性内插法近似地求出 i。

【例4-17】 已知现在投资300万元，9年后可一次获得525万元。利率 i 为多少？

解：利用式（4-4）可知

$$525\text{ 万元}=300\text{ 万元}\times\left(\frac{F}{P},i,9\right)$$

$$\left(\frac{F}{P},i,9\right)=\frac{525\text{ 元}}{300\text{ 元}}=1.750$$

从复利表上查到，当 $n=9$ 时，1.750落在利率6%和7%之间。从6%的位置查到1.6895，从7%的位置上查到1.8385，用直线内插法可得

$$i=6\%+\frac{(1.750-1.6895)(7\%-6\%)}{1.8385-1.6895}$$

$$\approx 6.41\%$$

计算表明，利率 i 为6.41%。

把上述例子推广到一般情况，设两个已知的现金流量之比（F/P、F/A 或 P/A 等）对应的系数为 f_0，与此最接近的两个利率为 i_1 和 i_2，i_1 对应的系数为 f_1，i_2 对应的系数为 f_2，如图4-19所示。

根据图4-19，求利率 i 的算式为

$$i=i_1+\frac{(f_0-f_1)(i_2-i_1)}{f_2-f_1} \tag{4-15}$$

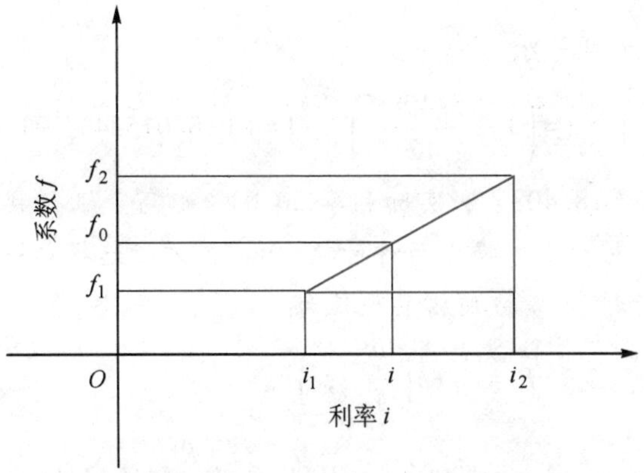

图 4-19 系数 f 与利率 i 的对应图

【例 4-18】 某公司欲购买一台机床，卖方提出两种付款方式：

（1）若买时一次付清，则售价 30000 元。

（2）买时第一次支付 10000 元，以后 24 个月内每月支付 1000 元。

当时银行利率为 12%，若这两种付款方案在经济上是等值的，那么，对于等值的两种付款方式，卖方实际上得到了多大的名义利率与实际利率？

解：两种付款方式中有 10000 元现值相同。剩下 20000 元付款方式不同。根据题意，已知 $P=20000$ 元，$A=1000$ 元，$n=24$ 个月，求月利率 i。计算公式为

$$P=A\left(\frac{P}{A},i,n\right)$$

$$20000\text{ 元}=1000\text{ 元}\times\left(\frac{P}{A},i,24\right)$$

$$\left(\frac{P}{A},i,24\right)=20=f_0$$

查附录的复利系数表可知

$$i_1=1\%\text{时},\left(\frac{P}{A},i,24\right)=21.2434=f_1$$

$$i_2=2\%\text{时},\left(\frac{P}{A},i,24\right)=18.9139=f_2$$

说明所求月利率 i 介于 i_1 与 i_2 之间，利用式（4-15），得

$$\begin{aligned}i&=i_1+\frac{(f_0-f_1)(i_2-i_1)}{f_2-f_1}\\&=1\%+\frac{(20-21.2434)\times(2\%-1\%)}{18.9139-21.2434}\\&=1\%+0.534\%=1.534\%\end{aligned}$$

那么卖方得到的年名义利率为

$$r=12\times1.534\%=18.408\%$$

卖方得到的年实际利率为

$$i=\left(1+\frac{r}{n}\right)^{n}-1=\left(1+\frac{18.408\%}{12}\right)^{12}-1=(1+0.01534)^{12}-1=20.04\%$$

由于上述名义利率18.408%和实际利率20.04%都高于银行利率12%，因此，第一种付款方式对买方有利，对于卖方提出两种付款方式，买方应选择第一种。而第二种付款方式对卖方有利，按银行利率，卖方所得的现值为

$$\begin{aligned}P&=P_1+A\left(\frac{P}{A},i,n\right)\\&=10000\text{元}+1000\text{元}\times\left(\frac{P}{A},1\%,24\right)\\&=10000\text{元}+1000\text{元}\times21.2434\\&=31243.4\text{元}\end{aligned}$$

【例4-19】　设一个25岁的人投资人身保险，保险期50年，在这一期间，每年年末交纳150元保险费，在保险期间内，若发生人身死亡或期末死亡，保险人均可获得10000元。投资这段保险期的实际利率是多少？若此人活到52岁去世，银行年利率为6%，保险公司是否亏损？

解：画现金流量图，如图4-20所示。

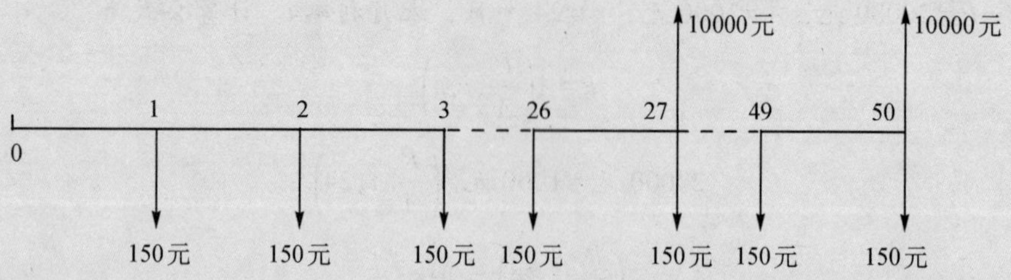

图4-20　例4-19的现金流量图

已知$A=150$元，$F=10000$元，$n=50$年，求i。

根据式（4-6）得到

$$10000\text{元}=150\text{元}\times\left(\frac{F}{A},i,50\right)$$

$$\left(\frac{F}{A},i,50\right)=66.667=f_0$$

查附录的复利系数表可知

$$i_1=1\%\text{时},\left(\frac{F}{A},i,50\right)=64.4632=f_1$$

$$i_2=2\%\text{时},\left(\frac{F}{A},i,50\right)=84.5794=f_2$$

说明所求i介于i_1与i_2之间，利用式（4-15）得

$$i = i_1 + \frac{(f_0 - f_1)(i_2 - i_1)}{f_2 - f_1}$$

$$= 1\% + \frac{(66.667 - 64.4632) \times (2\% - 1\%)}{84.5794 - 64.4632}$$

$$= 1\% + 0.11\% = 1.11\%$$

所以，50 年保险期的有效利率为 1.11%。

若此人活到 52 岁去世，则在保险期内的第 27 年保险公司要赔偿 10000 元，看其是否亏损，就与存入银行所得本利和做比较。计算公式为

$$F = A\left(\frac{F}{A}, i, n\right) = 150\text{ 元} \times \left(\frac{F}{A}, 6\%, 27\right) = 150\text{ 元} \times 63.7058 = 9555.87\text{ 元}$$

保险公司亏损 10000 元−9555.87 元＝444.13 元

可见此人投保期间的实际利率只有 1.11%，若此人 52 岁时去世，则保险公司亏损 444.13 元。

三、计算未知年数

在计算技术方案等值的过程中，另一种可能的情况是：已知方案现金流量 P、F 或 A 以及方案的利率 i，而方案的计算期为待求的未知量。例如，要求计算方案的投资回收期、借款清偿期就属于这种情况。这时可借助复利系数表（见附录），利用线性内插法近似地求出。其求解思路与计算未知利率大体相同。

【例 4-20】　假定国民经济收入的年增长率为 10%，如果使国民经济收入翻两番，从现在起需多少年？

解：设现在的国民经济收入为 P，若干年后翻两番则为 $4P$，由式（4-4）得

$$F = P\left(\frac{F}{P}, 10, n\right)$$

$$4P = P\left(\frac{F}{P}, 10\%, n\right)$$

$$\left(\frac{F}{P}, 10\%, n\right) = 4$$

查附录的复利系数表可知，当 $i=10\%$ 时，4 落在年数 14 年和 15 年之间。当 $n=14$ 年时，$(F/P, 10\%, 14) = 3.7975$；当 $n=15$ 年时，$(F/P, 10\%, 15) = 4.1772$。用直线内插法得到

$$n = 14\text{ 年} + \frac{(4 - 3.7975) \times (15\text{ 年} - 14\text{ 年})}{4.1772 - 3.7975} = 14.53\text{ 年}$$

上述例子推广到一般情况，仿照式（4-15）可得出

$$n = n_1 + \frac{(f_0 - f_1)(n_2 - n_1)}{f_2 - f_1} \tag{4-16}$$

【例 4-21】　某企业向外资贷款 200 万元建一项工程，第 3 年投产，投产后每年净收益 40 万元。若年利率 10%，投产后多少年能归还 200 万元贷款的本息？

解：先画出现金流量图，如图 4-21 所示。

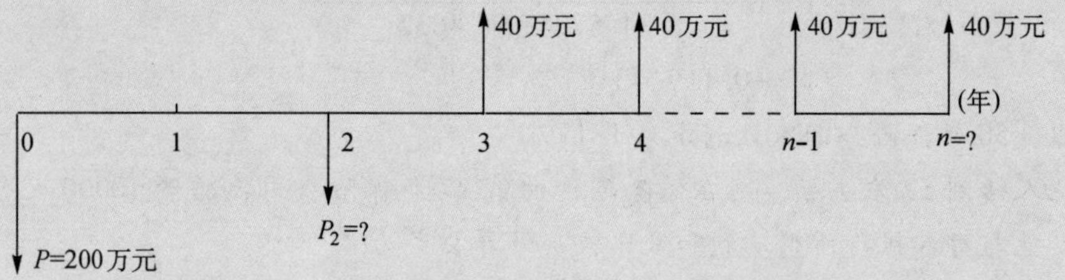

图 4-21　例 4-21 的现金流量图

为使方案的计算能利用公式，将第 2 年年末（第 3 年年初）作为基期，计算 P_2。计算公式为

$$P_2=200\text{ 万元}\times\left(\frac{F}{P},10\%,2\right)=200\text{ 万元}\times1.210=242\text{ 万元}$$

然后，利用式（4-8）计算从投产后算起的偿还期 n。计算公式为

$$P=A\left(\frac{P}{A},10\%,n\right)$$

$$242\text{ 万元}=40\text{ 万元}\times\left(\frac{P}{A},10\%,n\right)$$

$$\left(\frac{P}{A},10\%,n\right)=\frac{242\text{ 万元}}{40\text{ 万元}}=6.05$$

在 $i=10\%$ 的复利系数表中，6.05 落在第 9 年和第 10 年之间。当 $n_1=9$ 年时，$(P/A,10\%,9)=5.7590$；当 $n_2=10$ 年时，$(P/A,10\%,10)=6.1446$。根据式（4-15），有

$$n=n_1+\frac{(f_0-f_1)(n_2-n_1)}{f_2-f_1}=9\text{ 年}+\frac{(6.05-5.7590)\times(10\text{ 年}-9\text{ 年})}{6.1446-5.7590}=9.755\text{ 年}$$

所以投产后 9.755 年能全部还清贷款的本息。

本章小结

本章论述了资金时间价值的理论，要求建立复利的思维。主要内容包括：资金时间值的概念，单利计息与复利计息，资金时间价值复利计算的基本公式，运用这些公式分析经济生活中的现象，现金流量的概念及现金流量图的作图方法，如何查阅复利系数表等，为后面内容的学习做好准备。

复习题

1. 某人存入银行 1000 元，年利率为 9%，分别用单利和复利计算 3 年后获本利和各是多少？

2. 现有两个存款机会：一为投资 1000 万元，期限 3 年，年利率 7%，单利计算；二为同样投资及年

限，但利率 6%，复利计算。应选择哪种方式？

3. 某企业向银行贷款，第 1 年年初借入 10 万元，第 3 年年初借入 20 万元，利率为 10%，第 4 年年末偿还 25 万元，并打算第 5 年年末一次还清。第 5 年年末应偿还多少？画出以借款人（企业）为立脚点的现金流量图和以贷款人（银行）为立脚点的现金流量图。

4. 下列一次支付的终值 F 为多少？

（1）年利率 12%，存款 1000 元，存期 6 年。

（2）年利率 10%，投资 15 万元，5 年后一次回收。

5. 下列期终一次支付的现值为多少？

（1）年利率 5%，第 5 年年末 4000 元。

（2）年利率 10%，第 10 年年末 10000 元。

6. 下列等额支付的终值为多少？

（1）年利率 6%，每年年末存入银行 100 元，连续存款 5 年。

（2）年利率 10%，每年年末存入银行 200 元，连续存款 10 年。

7. 下列等额支付的现值为多少？

（1）年利率 8%，每年年末支付 100 元，连续支付 8 年。

（2）年利率 10%，每年年末支付 500 元，连续支付 6 年。

8. 下列终值的等额支付为多少？

（1）年利率 6%，每年年末支付一次，连续支付 10 年，第 10 年年末积累金额 10000 元。

（2）年利率 8%，每年年末支付一次，连续支付 6 年，第 6 年年末积累金额 5000 元。

9. 下列现值的等额支付为多少？

（1）年利率 6%，借款 2000 元，借款后第 1 年年末开始偿还，每年偿还一次，分 4 年还清。

（2）年利率 8%，借款 40000 元，借款后第 1 年年末开始偿还，每年偿还一次，分 10 年还清。

10. 某建设项目投资贷款 200 万元，银行要求 4 年内等额回收全部投资贷款。已知贷款利率为 8%，那么该项目年净收益应为多少才可按期偿还贷款？

11. 银行贷款给某建设单位，年利率为 5%，第 1 年年初贷给 3000 万元，第 2 年年初贷给 2000 万元。该建设单位第 3 年年末开始用盈利偿还贷款，按协议至第 10 年年末还清。该建设单位每年年末应等额偿还多少？

12. 某建筑企业 7 年前用 3500 元购买了一台机械，每年用此机械获得收益为 750 元，第 1 年时维护费为 100 元，以后每年递增维护费 20 元。该单位打算第 7 年年末转让出售，若年利率为 10%，最低售价应为多少？

13. 某人计划从 1 年后开始存入 500 元，并且预计在 9 年之内每年存款额逐年增加 100 元。若年利率是 5%，该项投资的现值是多少？

14. 某技术转让项目，合同规定甲方向乙方第 1 年支付费用 4 万元，而后每年以 $j=6\%$ 递增支付，直到第 10 年。若银行利率为 10%，与之等值的现值、终值和年值各为多少？

15. 某企业采用每月月末支付 300 元的分期付款方式购买一台价值 6000 元的设备，共分 24 个月付完。名义利率是多少？

16. 一笔 10 万元的贷款，名义年利率为 8%，每季复利一次，2 年后的本利和为多少？

17. 如果现在投资 1000 元，10 年后可一次获得 2000 元，利率为多少？

18. 利率为 10%时，现在的 100 元多少年后才成为 200 元？

19. 某企业以年利率 8%存入银行 50000 元，用以支付每年年末的设备维修费。设每年年末支付的维修费为 8000 元，该存款能支付多少年？

20. 有一支付系列，第 3 年年末支付 500 元，以后 12 年每年支付 200 元。设年利率为 10%，试画出此支付系列的现金流量图，并计算：

（1）零期（第 1 年年初）的现值。

（2）第 15 年年末的终值。

（3）第 10 年年末的时值。

21. 以按揭贷款方式购房，贷款 30 万元。假定年名义利率为 12%，10 年内按月等额分期付款，每月应付多少？

22. 一技改工程准备 6 年后启动，计划投资 200 万元。若年利率是 8%，每年都存入等量资金，每年年初需存入多少资金？

23. 某公司贷款 10 万元，10 年内于每年年末等额还清本利和，贷款年利率为 8%。到第 2 年年末，该公司共向银行支付多少利息？

第五章

现金流量法（一）——单方案评价

学习要点及目标

1. 掌握静态投资回收期的计算公式和判别准则。
2. 掌握动态投资回收期的计算公式和判别准则。
3. 掌握净现值、内部收益率的经济含义、计算方法和判别准则。
4. 掌握净现值与净年值、净终值的关系。
5. 熟悉净现值率的计算公式及判别准则。
6. 理解投资收益率的概念及具体指标。
7. 了解净现值函数的特征。

第一节　单方案评价概述

单方案评价不涉及多个方案之间的比较，只研究独立项目的经济效果，并得出最后的结论，为项目的取舍提供决策依据，所以也称绝对经济效益评价，即通过技术方案本身的效益与费用的计算与比较，评价、选择方案。技术方案的绝对经济效益也称总效益。技术方案可以是某个投资项目，也可以是某个项目的设计方案。在经济评价中分析单个方案常用的指标有投资回收期、投资收益率、净现值、净年值、内部收益率等。通过这些指标来判断方案是否可行，故称判据（Criteria）。

第二节　项目的计算期和现金流量表

对投资项目或技术方案进行评价和分析时，都是根据方案特定时期内的现金流量进行的。因此，首先应了解项目的计算期和现金流量表。

一、项目计算期的确定

项目计算期也称项目经济生命周期，是指对拟建项目进行现金流量分析时应确定的项目的服务年限。项目计算期包括拟建项目的建设期和生产期两个阶段。

1. 建设期

建设期是指项目从开始施工到全部建成投产所需要的时间。建设期的主要工作是安排建设计划、签订经济合同、筹集资金、组织施工、检查工程进度、进行生产准备。建设期的长短与投资项目规模大小、行业性质和建设方式有关，应根据实际需要加以确定。这里需要指出的是：一方面，由于在建设期内一般只有投入，没有或很少有产出，建设期过长会增加项目的投资成本；另一方面，项目的建成投产标志着项目开始产生投资收益，建设期过长会推迟这种获利机会的到来，从而影响项目预期的投资效果。因此，在确保投资项目工程建设质量的前提下，项目建设期应尽可能地缩短。

2. 生产期

生产期一般又分为投产期、达产期和回收处理期。投产期是指项目投产开始至项目达到预定的生产能力的时期；达产期是指项目达到正常设计生产能力后持续发挥生产能力的时期；回收处理期是指项目完成预计的生命周期后停产并进行善后处理的时期。项目生产期一般不等同于该项目建成后的实际服务期，而是根据该项目的性质、技术水平、技术进步，即实际服务期的长短来合理确定。除某些采掘工业受资源储量限制需合理确定开采年限外，一般工业项目的生产期可按固定资产综合折旧寿命计，一般为 15 年左右，最多不超过 20 年；对于某些折旧年限较长的特殊项目，如某些水利、交通等项目，其生产期可延长至 25 年，甚至 30 年以上。项目的生产期需要根据行业的特点来具体确定。

对于不同的投资项目，其现金流量的分布、资金的回收时间安排往往会有差异。若项目的计算期确定得太短，就有可能在决定项目取舍或投资方案的比较或选择时，错过一些具有更大潜在盈利机会的投资项目；但项目的计算期也不宜定得过长，由于经济情况发生变化的可能性会变大，从而计算误差也会变大。另外按折现法计算，将几十年后的收益金额折现为现值，数额较小，不会对评价结论产生关键性影响。因此，要求在投资项目的经济分析和投资决策过程中合理地确定项目的计算期。

二、现金流量

在第四章中简要地介绍了现金流量的概念，下面从工程经济分析的角度出发，对现金流量进行进一步的介绍与分析。

1）对项目进行经济评价时，首先应分清项目的投入与产出的内容，也即要分清收入与支出的内容，这是正确理解与计算现金流量这个概念的前提。因为项目的现金流量是根据该项目在计算期内的收入与支出情况来确定的。一个工程项目在某一时间内支出的费用称为现金流出。如在项目计算期内发生的规划设计、征用土地、购置设备、土建施工、设备安装及其他建设费用等固定资产投资和流动资金投资，在项目生产期内发生的经营成本、税金等均属于现金流出的内容。而现金流入是指项目在该时间内所取得的收入。如在项目生产期内取得的销售收入，在项目生命周期结束时应回收的固定资产余值和流动资金等均属于现金流入的范畴。

2）在计算项目的现金流量时，有一个需要注意的问题，就是现金流量只计算现金收支，不计算非现金收支；只考虑现金，不考虑借款利息。因为在进行项目的经济评价时，是把项目看作一个独立的系统，然后考察项目在建设期和生产期内各年流出系统的费用支出和流入该系统的现金流入，也就是考察现金流量。因此，那些发生在系统内部的资金转换，如折旧、维简费等，以及只在账面显示并没有实际发生的收支内容，如应收账款、应付款项等，就不能计入现金流量。

三、现金流量表

视频讲解：
现金流量表

现金流量表是指能够直接、清楚地反映项目在整个计算期内各年的现金流量（资金收支）情况的一种表格，利用它可以进行现金流量分析。计算各项静态和动态评价指标，是评价项目投资方案经济效果的主要依据。

现金流量表的一般形式如表 5-1 所示。

表 5-1　现金流量表　（单位：万元）

序号	项　目	建设期		投产期		达产期			回收处理期	合计
		1	2	3	4	5	6	…	n	
	生产负荷									
1	现金流入									
1.1	产品销售（营业）收入									
1.2	回收固定资产余值									
1.3	回收流动资金									
2	现金流出									
2.1	固定资产投资									
2.2	流动资金									
2.3	经营成本									
2.4	销售税金及附加									
2.5	所得税									
3	净现金流量（1-2）									
4	累计净现金流量									
5	所得税前净现金流量									
6	所得税前累计净现金流量									

从表 5-1 可以看出，现金流量表的纵列是现金流量项目，按现金流入、现金流出、净现金流量的顺序编排；横向是年份，按项目计算期的各阶段排列。整个现金流量表中既包含现金流量各个项目的基础数据，又包含计算的结果；既可横向看各年的现金流动情况，又可纵向看各项目的发展变化，直观方便，综合性强。

在现金流量表中，一个重要的栏目是净现金流量栏目。净现金流量是指项目在一定时期内现金流入与现金流出的差额。通常现金流入取正号，现金流出取负号。根据项目处在计算期的不同阶段，各年的现金流量有正有负，其计算分述如下：

（1）项目建设期内每年净现金流量　计算公式为

$$净现金流量=-(固定资产投资+流动资金投资)$$

在这个阶段，由于只有现金流出，没有现金流入，因此净现金流量是负值。

（2）项目生产期初的每年净现金流量 计算公式为

净现金流量=销售收入-经营成本-销售税金-所得税-流动资金增加额

在这个阶段，由于还未达到设计生产能力，销售收入不太稳定，因而净现金流量可能为正，也可能为负。

（3）项目正常生产期内每年净现金流量 计算公式为

净现金流量=销售收入-经营成本-销售税金-所得税

在这个阶段，一般情况下净现金流量是正值。如果出现负值，则说明项目亏损，是不可行的。

（4）项目计算期最后一年的年净现金流量 计算公式为

净现金流量=销售收入+回收固定资产余值+回收流动资金-经营成本-销售税金-所得税

项目计算期的最后一年也即项目生命周期终了的年份，在这个阶段，前期投入的流动资金要回收，还要回收固定资产余值，因此一般净现金流量是正值。

【例5-1】 某公司准备购入一台设备以扩充生产能力，需投资24000元，使用寿命为5年，采用直线法计提折旧，5年后设备净残值收入4000元。5年中每年销售收入为10000元，经营成本第一年为4000元，以后随着设备陈旧，将逐年增加修理费200元，另需垫支营运资金3000元。假设所得税税率为25%，试计算该方案的现金流量。

解：该投资方案现金流量表如表5-2所示。

表5-2 投资方案现金流量表（非标准形式） （单位：元）

项目	时间					
	0	1	2	3	4	5
（1）销售收入		10000	10000	10000	10000	10000
（2）固定资产余值						4000
（3）流动资金回收						3000
（4）固定资产投资	-24000					
（5）流动资产投资	-3000					
（6）经营成本		4000	4200	4400	4600	4800
（7）折旧		4000	4000	4000	4000	4000
（8）税前净利		2000	1800	1600	1400	1200
（9）所得税		500	450	400	350	300
（10）税后净利		1500	1350	1200	1050	900
（11）现金流量	-27000	5500	5350	5200	5050	11900

注：表中（7）折旧$=\dfrac{\text{固定资产投资}-\text{设备净残值}}{\text{折旧年限}}=\dfrac{24000\text{元}-4000\text{元}}{5}=4000\text{元}$；

（8）税前净利=(1)-(6)-(7)；

（9）所得税=(8)×25%；

（10）税后净利=(8)-(9)；

（11）现金流量=(1)+(2)+(3)-(4)-(5)-(6)-(9)。

第三节　投资回收期

投资回收期又称投资返本期或投资偿还期，是指以项目的净收益抵偿全部投资所需要的时间。这里所说的净收益主要是指利润，此外还可以包括按制度规定允许作为还款用的折旧、摊销及其他资金；全部投资包括固定资产投资、建设期贷款利息和流动资金。

投资回收期是反映项目财务上投资回收能力的重要指标，是用来考察项目投资盈利水平的经济效益指标。计算投资回收期（以年为单位）一般从项目投产时算起，若从投资开始时算起则应予以注明。投资回收期的计算按是否考虑资金的时间价值，可分为静态投资回收期与动态投资回收期。

一、静态投资回收期（P_t）

静态投资回收期的表达式为

$$\sum_{t=0}^{P_t}(\mathrm{CI}-\mathrm{CO})_t=0 \tag{5-1}$$

式中　CI——现金流入量；

CO——现金流出量；

$(\mathrm{CI}-\mathrm{CO})_t$——第 t 年的净现金流量。

如果投产或达产后的年净收益相等，或用年平均净收益计算时，则投资回收期的表达式转化为

$$P_t=\frac{P}{A} \tag{5-2}$$

式中　P_t——投资回收期（年）；

P——全部投资；

A——等额净收益或年平均净收益。

实际上，投产或达产后的年净收益不可能都是等额数值，因此，投资回收期也可根据全部投资财务现金流量表中累计净现金流量计算求得。表中累计净现金流量等于零或出现正值的年份，即为项目投资回收的终止年份。其计算公式为

$$\text{静态投资回收期}(P_t)=\begin{pmatrix}\text{累计净现金流量}\\\text{出现正值的年份}\end{pmatrix}-1+\frac{\text{上年累计净现金流量的绝对值}}{\text{当年净现金流量}} \tag{5-3}$$

式中的小数部分也可化为月数，从而可用年和月表示计算结果。

设基准投资回收期为 P_c，则判别准则为：若 $P_t \leqslant P_c$，则项目可以接受；若 $P_t>P_c$，则项目应予以拒绝。

【例 5-2】　如表 5-3 所示某方案的有关数据，其建设期为 3 年，生产期为 20 年，并且各年的收益不同。已知基准投资回收期为 8 年，试用投资回收期指标评价方案。

表 5-3 静态投资回收期计算表 （单位：万元）

年份	年初投资	年现金流入	累计净现金流量	年份	年初投资	年现金流入	累计净现金流量
1	-1250		-1250	13		1074	+2940
2	-1500		-2750	14		1074	+4014
3	-1500		-4250	15		1074	+5088
4	-750	374	-4626	16		1074	+6162
5		374	-4252	17		1074	+7236
6		374	-3878	18		1074	+8310
7		374	-3504	19		1074	+9384
8		1074	-2430	20		1074	+10458
9		1074	-1356	21		1074	+11532
10		1074	-282	22		1074	+12606
11		1074	+792	23		1074	+13680
12		1074	+1866				

解：根据表 5-3 可知，方案的建设期为 3 年，累计净现金流量出现正值的年份为投产后的第 8 年，当年的净现金流量为 1074 万元，上年累计净现金流量的绝对值为 282 万元，计算投资回收期 P_t。

$$P_t=\left(8-1+\frac{282\text{ 万元}}{1074\text{ 万元}}\right)\text{年}=7.26\text{ 年}$$

由于 $P_c=8$，$P_t<P_c$，所以方案是可取的。

二、动态投资回收期

为了克服静态投资回收期未考虑资金时间价值的缺陷，可采用动态投资回收期指标对技术方案进行评价和比选。所谓动态投资回收期，是指在考虑资金时间价值的条件下按设定的利率收回全部投资所需要的时间。其计算公式为

$$\sum_{t=0}^{P_t'}(\mathrm{CI}-\mathrm{CO})_t(1+i_c)^{-t}=0 \tag{5-4}$$

式中 P_t'——动态投资回收期（年）。

如果项目投产后或达到正常生产能力后年净收益相等，则动态投资回收期的计算公式可推导如下：

设总投资 P 在计算期期初一次性投入，利率为 i，年净收益为 A。根据动态投资回收期计算公式，有

$$-P+A(P/A,i,P_t')=0$$

解得

$$P_t'=\frac{-\lg\left(1-\frac{Pi}{A}\right)}{\lg(1+i)} \tag{5-5}$$

【例 5-3】　某企业初始投资为 1000 万元，投产后每年获得收益 200 万元。如投资贷款年利率为 8%，求该企业的投资回收期。

解：(1) 由式 (5-5) 求精确值

$$P_t'=\frac{-\lg\left(1-\frac{0.08\times1000\text{ 万元}}{200\text{ 万元}}\right)}{\lg(1+0.08)}\text{年}=6.64\text{ 年}$$

(2) 据式 (5-4)

$$-1000\text{ 万元}+200\text{ 万元}\times\left(\frac{P}{A},8\%,P_t'\right)=0$$

$$\left(\frac{P}{A},8\%,P_t'\right)=\frac{1000\text{ 万元}}{200\text{ 万元}}=5$$

从利息表中查得利率为 8% 时，P/A 系数为 5 的值在 6~7 年之间，即

6 年　4.6229

P_t' 年　5.0000

7 年　5.2064

用内插法计算可得

$$P_t'=\left(6+\frac{5.0000-4.6229}{5.2064-4.6229}\times1\right)\text{年}=6.65\text{ 年}$$

结果与精确值相比略有出入，一般已够精度要求。假如该例题不考虑资金时间价值，则静态投资回收期为 5 年。显然，由于复利计算的结果，动态投资回收期大于静态投资回收期。但在投资回收期不长和折现率不大的情况下，两种投资回收期差别不大，不致影响项目或方案的选择。因此，只有在静态投资回收期很长的情况下，才有必要进一步计算动态投资回收期。

如果投资方案各年的现金流量为非等额数值，可以用现金流量表计算，其计算方法与静态投资回收期类似。其计算公式为

$$\text{动态投资回收期}(P_t')=(\text{累计净现金流量现值出现正值的年份})-1+\frac{\text{上年累计净现金流量现值的绝对值}}{\text{当年净现金流量的现值}} \tag{5-6}$$

【例 5-4】 某项目有关数据如表 5-4 所示。设 $i_c=10\%$，计算该项目的动态投资回收期。

表 5-4　某项目有关数据　　（单位：万元）

项　目	年序							
	0	1	2	3	4	5	6	7
投资	20	500	100					
经营成本				300	450	450	450	450
销售收入				450	700	700	700	700
净现金流量	-20	-500	-100	150	250	250	250	250
折现系数 $1/(1+10\%)^t$	1.0000	0.9091	0.8264	0.7513	0.6830	0.6209	0.5645	0.5132
净现金流量现值	-20	-454.6	-82.6	112.7	170.8	155.2	141.1	128.3
累计净现金流量现值	-20	-474.6	-557.2	-444.5	-273.7	-118.5	22.6	150.9

根据式（5-6），有

$$P_t'=\left(6-1+\frac{|-118.5\ \text{万元}|}{141.1\ \text{万元}}\right)\text{年}=5.84\ \text{年(含建设期)}$$

动态投资回收期用于投资方案的判别准则可根据净现值的判别准则推出。根据净现值的计算公式（见本章第五节）和动态投资回收期的计算公式，可以得到：

当 NPV=0 时，有 $P_t'=n$，即净现值等于 0 时的动态投资回收期就是方案的生命周期。

当 $P_t'<n$，则 NPV>0，方案可以考虑接受。

当 $P_t'>n$，则 NPV<0，方案不可行。

投资回收期具有明确的经济意义，计算简单、直观，便于投资者衡量项目的风险能力，并能在一定程度上反映投资效益的优劣。项目决策面临着未来不确定性因素的挑战，这种不确定性所带来的风险随着时间的推移而增加。为了减少这种风险，人们自然希望投资回收期越短越好，基准投资回收期就是使项目风险尽可能小的时间界限。因此，作为能够反映一定经济性和风险性的投资回收期指标，它在项目评价中具有独特的地位和作用，并被广泛用作项目评价的辅助指标。然而，投资回收期也有其固有的局限性：①没有考虑计划投资的项目使用年限；②没有考虑投资回收期以后的收益。因此，将投资回收期作为评价判据时，有时会使决策失误，故往往与其他指标结合使用，以弥补其不足。

第四节　投资收益率

投资收益率也称投资报酬率，是指项目达到设计生产能力后的一个正常年份的净收益额与项目总投资的比率，生产期内各年净收益额变化幅度较大的项目，则计算生产期年平均净收益额与项目总投资的比率。投资收益率的含义是表明项目投产后单位投资所创造的净收益额，因此，它也是进行财务盈利能力分析和考察项目投资盈利水平的重要指标。其计算公式为

$$R=\frac{A}{P} \tag{5-7}$$

式中　R——投资收益率；

P——项目总投资；

A——项目达产后正常生产年份的净收益或年平均净收益额。

按分析目的不同，A 可以是年利润总额或年平均利润总额，也可以是年利税总额或年平均利税总额。

设 i_c 为基准投资收益率，则判别准则为：若 $R \geqslant i_c$，则项目可以考虑接受；若 $R<i_c$，则项目应予以拒绝。

在实际评价工作中，根据分析的具体目的不同，主要计算以下三种投资收益率指标：

1. 投资利润率

投资利润率是指项目达到正常生产年份的利润总额或生产期年平均利润总额与项目总投资的比率。其计算公式为

$$投资利润率=\frac{年利润总额或年平均利润总额}{项目总投资}\times 100\%$$

式中

年利润总额=年产品销售收入-年产品销售税金及附加-年总成本费用

年产品销售税金及附加=年增值税+年资源税+年城市维护建设税+年教育费附加

项目总投资=固定资产投资+建设期贷款利息+流动资金

项目的投资利润率可根据项目评价损益表中的有关数据计算求得，并与有关部门或行业的平均利润率相比较，以判别项目单位投资盈利能力是否达到本行业平均水平。

【例 5-5】 某建设项目，投资估算总额为 85780 万元，建设期贷款利息为 6457.35 万元，流动资金为 4025 万元，投产期为 2 年，年利润总额分别为 3167 万元、4846 万元，达到设计能力生产期为 16 年，年利润总额为 7836 万元。求投资利润率。

解：（1）按达产期的年利润总额计算，计算公式为

$$投资利润率=\frac{7836\ 万元}{85780\ 万元+6457.35\ 万元+4025\ 万元}\times 100\%$$

$$=\frac{7836\ 万元}{96262.35\ 万元}\times 100\%=8.14\%$$

（2）按年平均利润总额计算，计算公式为

$$投资利润率=\frac{(3167\ 万元+4846\ 万元+7836\ 万元\times 16)\div 18}{96262.35\ 万元}\times 100\%$$

$$=\frac{7410.5\ 万元}{96262.35\ 万元}\times 100\%=7.70\%$$

2. 投资利税率

投资利税率是指项目达产后正常生产年份的利税总额或生产期年平均利税总额与项目总

投资的比率。其计算公式为

$$投资利税率=\frac{年利税总额或年平均利税总额}{项目总投资}\times 100\%$$

式中

$$年利税总额=年销售收入-年总成本费用$$

或

$$年利税总额=年利润总额+年销售税金及附加$$

投资利税率可根据项目评价损益表中的有关数据计算求得，并与有关部门或行业的平均利税率相比较，以判别项目单位投资对国家积累的贡献水平是否达到本行业平均水平。

3. 资本金利润率

资本金利润率是指达产后正常生产年份的利润总额或生产期年平均利润总额与项目资本金的比率。其计算公式为

$$资本金利润率=\frac{年利润总额或年平均利润总额}{资本金}\times 100\%$$

资本金利润率是反映项目的资本金盈利能力的重要指标。

一般地讲，投资收益率指标与项目的投资回收期指标互为倒数关系，即

$$R=\frac{1}{P_t}或\ P_t=\frac{1}{R}$$

为了做好建设项目经济评价工作，提高投资效益，保证各类投资项目评价标准的相对统一性、评价参数取值的合理性和评价结论的可比性，《建设项目经济评价方法与参数》（第三版）统一发布了全国各行业财务评价参数。其中，财务基准收益率 i_c 和财务基准投资回收期 P_c 是作为项目财务评价的基准判据，而平均投资利润率与平均投资利税率是用来衡量项目的投资利润率或投资利税率是否达到或超过本行业平均水平的评判参数，只作为项目评价的参考依据，不作为项目投资利润率和投资利税率是否达到本行业最低要求的判据。

第五节　净现值

净现值（Net Present Value，NPV）是反映工程项目在建设期和生产服务年限内获利能力的综合性动态评价指标。净现值指标有财务净现值指标、经济净现值指标和外汇净现值指标，分别适用于项目的财务评价、国民经济评价和涉及外贸项目的评价。三类计算指标的计算方法是相同的。

一、净现值的含义与判别准则

净现值是根据项目方案所期望的基准收益率，将方案在计算期内的现金流量折算到基准年的所有现值的代数和。其计算公式为

$$NPV=\sum_{t=0}^{n}(CI-CO)_t(1+i_c)^{-t} \tag{5-8}$$

式中　NPV——净现值；

CI_t——第 t 年的现金流入量；

CO_t——第 t 年的现金流出量；

i_c——基准收益率（也称基准折现率）；

n——项目计算期。

视频讲解：净现值

式（5-8）实质上是把资金投入某一项目之后能够获得的增值。当 NPV 为 0 时，表示方案正好满足预定的收益率；当 NPV 为负时，表示达不到预定的收益率，但并不一定亏损；当 NPV 为正时，表示除了保证方案得到预定的收益率外，尚有超额剩余。

因此，净现值指标的判别准则为：当 $NPV>0$ 时，方案可以考虑接受；当 $NPV=0$ 时，方案处于临界状态；当 $NPV<0$ 时，方案应予以拒绝。

净现值的优点在于，它不仅考虑了资金的时间价值，进行动态评价，而且考虑了方案整个计算期的现金流量，因而能比较全面地反映方案的经济状况，经济意义明确，能够直接以货币额表示项目的净收益。

净现值的缺点在于，必须首先确定一个符合经济现实的基准收益率，而收益率的确定往往是比较困难的，它只能表明项目的盈利能力超过、等于或未达到要求的水平，而该项目的盈利能力究竟比基准收益率的要求高多少或低多少则表示不出来，不能真正反映项目投资中单位投资的使用效率。

【例 5-6】　某项目各年的现金流量如表 5-5 所示。已知 $i_c=10\%$，试用净现值指标评价其经济可行性。

表 5-5　某项目各年的现金流量表　（单位：万元）

项　目	年　份		
	0	1	2~7
销售收入			1500
投资	2000	2000	
经营成本			100
净现金流量	-2000	-2000	1400

解：(1) 由表中各年净现金流量和式（5-8）可得

$$NPV=-2000\text{万元}-2000\text{万元}\times\left(\frac{P}{F},10\%,1\right)+1400\text{万元}\left(\frac{P}{A},10\%,6\right)\left(\frac{P}{F},10\%,1\right)$$

$$=-2000\text{万元}-2000\text{万元}\times0.9091+1400\text{万元}\times4.3553\times0.9091$$

$$=1724.96\text{万元}$$

计算结果表明，该投资方案不仅能达到预定的 10% 收益率，而且还有现值为 1724.96 万元的余额，因此该方案可行。

(2) 求净现值还可在现金流量表上继续计算，如表 5-6 所示。

表 5-6 现金流量表 （单位：万元）

项 目	年份							
	0	1	2	3	4	5	6	7
销售收入			1500	1500	1500	1500	1500	1500
投资	2000	2000						
经营成本			100	100	100	100	100	100
净现金流量	-2000	-2000	1400	1400	1400	1400	1400	1400
折现系数 $(1+i_c)^{-t}$	1.0000	0.9091	0.8264	0.7513	0.6830	0.6209	0.5645	0.5132
净现金流量现值	-2000	-1818.2	1156.96	1051.82	956.20	869.26	790.30	718.48
累计净现金流量现值	-2000	-3818.2	-2661.24	-1609.42	-653.22	216.04	1006.34	1724.82

由表上的计算结果可知，净现值为 1724.82 万元，说明该方案不仅达到预定收益率的要求，而且还有额外剩余，因此该方案可行。

二、净现值函数的特征

净现值计算公式 $NPV=\sum_{t=0}^{n}(CI-CO)_t(1+i_c)^{-t}$ 中，令 $(CI-CO)_t$ 为 F_t。在常规投资条件下，即 $F_0<0$，$\sum_{t=1}^{n}F_t>0(t=1,2,\cdots,n)$，$n$ 为有限值，F_t 仅改变一次符号，则 $NPV(i)$ 可展开为

$$NPV(i)=F_0+F_1(1+i)^{-1}+F_2(1+i)^{-2}+\cdots+F_n(1+i)^{-n}$$

设 $NPV(i)$ 为连续函数，因此有

$$\frac{dNPV(i)}{d(1+i)}=-\frac{F_1}{(1+i)^2}-\frac{2F_2}{(1+i)^3}-\cdots-\frac{nF_n}{(1+i)^{n+1}}<0$$

$$\frac{d^2NPV(i)}{d(1+i)^2}=\frac{2F_1}{(1+i)^3}+\frac{6F_2}{(1+i)^4}+\cdots+\frac{n(n+1)F_n}{(1+i)^{n+2}}>0$$

故 $NPV(i)$ 为向下凹的单调递减的函数曲线。

当 $i\to+\infty$ 时，$NPV(i)\to-F_0$；当 $i\to-1$ 时，$NPV(i)\to+\infty$。

因此，在 $-1<i<+\infty$ 范围内，$NPV(i)$ 与横轴只相交一次，如图 5-1 所示。

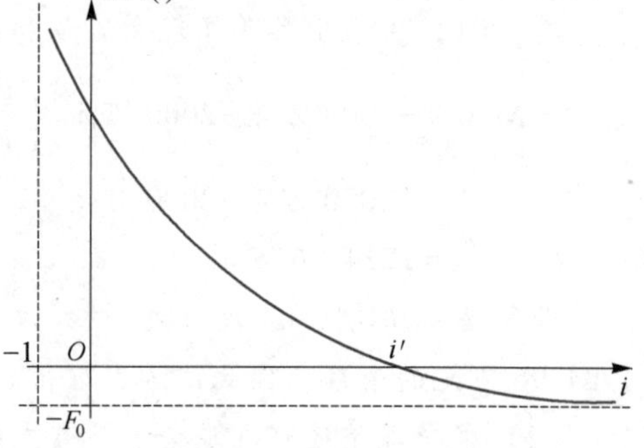

图 5-1 净现值函数曲线

实际的投资方案大多数现金流量都是开始有支出，而后有一系列收入，在 $0<i<+\infty$ 的范围内，常规投资方案大都属于这一类型。按照净现值判别准则，只要 $NPV(i)\geqslant0$，方案或项目

就可接受。但由于 NPV(i) 是 i 的减函数，故基准收益率定得越高，方案被接受的可能性就越小。那么，NPV(i)>0，则 i 最大可以大到多少，仍可使方案可以接受呢？很明显，当 i 大到使 NPV(i)=0 时，这时 i 达到了其临界值 i'，称为内部收益率，其意义将在下面章节中进行介绍。

三、净现值率

为了考察资金的利用效率，可采用净现值率作为净现值的补充指标。净现值率（Net Present Value Ratio，NPVR）也称净现值指数，是指方案的净现值与其投资现值之比。其计算公式为

$$\mathrm{NPVR}=\frac{\mathrm{NPV}}{K_{\mathrm{p}}}=\frac{\sum_{t=0}^{n}(\mathrm{CI}-\mathrm{CO})_t(1+i_{\mathrm{c}})^{-t}}{\sum_{t=0}^{n}K_t(1+i_{\mathrm{c}})^{-t}} \tag{5-9}$$

式中　NPVR——净现值率；

K_{p}——项目总投资现值。

净现值率的经济含义是方案确保基准收益率外，单位投资现值所取得的净现值额，也就是单位投资现值所获得的超额净收益。这个收益越高，说明每元投资的效率越好，也即方案的经济性越好。

仍用例 5-6 的数据，可得

$$\mathrm{NPVR}=\frac{1724.96\text{ 万元}}{2000\text{ 万元}+2000\text{ 万元}\times\left(\frac{P}{F},10\%,1\right)}=0.45$$

在经济评价中，净现值率判据同净现值判据一样，可以用于单方案评价，同时它作为投资的效率指标，也可用于多方案经济性优劣的排序。

四、基准收益率的选择与确定

采用净现值指标评价和选择方案时，正确选择和确定基准收益率非常重要，它关系到方案评价的正确性和合理确定项目的盈利水平。基准收益率又称目标收益率、最低期望收益率，用来贴现求现值又称贴现率。它是投资者可以接受的、按其风险程度在金融市场上可以获得的收益率。

常用的基准收益率主要有行业财务基准收益率和社会折现率。行业财务基准收益率是项目财务评价时计算财务净现值的折现率。用行业财务基准收益率作为基准折现率计算的净现值，称行业评价的财务净现值。行业财务基准收益率代表行业内投资资金应当获得的最低财务盈利水平，代表行业内投资资金的边际收益率。社会折现率是项目国民经济评价时计算净现值的折现率，用社会折现率作为基准折现率计算的净现值称国民经济评价的经济净现值。社会折现率表示从国家角度对资金机会成本和资金时间价值以及对资金盈利能力的一种估量。确定和采用适当的社会折现率，有助于合理使用建设资金，引导投资方向，调控投资规模，以及促进资金在短期项目和长期项目之间的合理配置。

利用基准收益率或目标收益率来选择、确定项目，实际上是用它作为一个衡量标准。这个标准收益率水平的高低对方案的选择有很大的影响。如果标准收益率定得太高，可能会使许多经济效益好的方案被拒绝；若标准收益率定得太低，则可能会接受一些经济效益并不好的方案。从资金投入即收益的时间上来分析，当基准收益率定得偏高时，则时间间隔越长的未来价值在总现值中的比重就越小，即对只有近期效益的项目有利。因此，如果资金短缺，应当把收益率标准定得稍高一些。这样有利于把资金用在获利高且短期效益好的项目上，有利于资金的增值。

基准收益率的确定必须考虑资金成本、机会成本、投资风险和通货膨胀。

1. 资金成本

资金成本是为取得资金使用权所支付的费用，主要包括筹资费和资金的使用费。筹资费是指在筹集资金过程中发生的各种费用，如委托金融机构代理发行股票、债券而支付的注册费和代理费等，向银行贷款而支付的手续费等。资金的使用费是指因使用资金而向资金提供者支付的报酬。项目投资后的所获利润额必须能够补偿资金成本，然后才能有利可图。因此，基准收益率的最低限度不应小于资金成本，否则便无利可图。

2. 机会成本

机会成本是指投资者将有限的资金用于拟建项目而放弃的其他投资机会所能获得的最大收益。换言之，由于资金有限，当把资金投入拟建项目时，将失去从其他更好的投资机会中获得收益的机会。机会成本的表现形式也是多种多样的：货币形式表现的机会成本，如销售收入、利润等；由于利率的大小决定货币的价格，采用不同的利率（贴现率）也表示货币的机会成本。我们应当看到，机会成本是在方案外部形成的，它不可能反映在该方案的财务上，而必须通过工程经济分析人员的分析比较，才能确定项目的机会成本。机会成本虽不是实际支出，但在工程经济分析时，应作为一个因素加以认真考虑，有助于选择最优方案。显然，基准收益率应不低于单位资金成本和单位投资的机会成本，这样才能使资金得到最有效的利用。

3. 投资风险

通常项目投资都存在发生亏损的可能性，即投资都是有风险的，投资者则自然要求获得利润，否则是不愿意去冒风险的。为了限制对风险大、盈利低的项目进行投资，可以采取提高基准收益率的办法来进行项目经济评价。

4. 通货膨胀

所谓通货膨胀，是指由于货币（这里指纸币）的发行量超过商品流通所需要的货币量而引起的货币贬值和物价上涨现象。在通货膨胀的影响下，各种材料、设备、房屋、土地的价格以及人工费都会上升。为反映和评价出拟建项目在未来的真实经济效果，在确定基准收益率时，应考虑这种影响，结合投入产出价格的选用，决定对通货膨胀因素的处理。

通货膨胀以通货膨胀率来表示。通货膨胀率主要表现为物价指数的变化，即通货膨胀率约等于物价指数变化率。在测定基准收益率时要考虑通货膨胀率，对基准收益率进行修正。

总之，合理确定基准收益率，对于投资决策极为重要。确定基准收益率的基础是资金成本和机会成本，而投资风险和通货膨胀是必须考虑的影响因素。总之，资金成本和目标利润是确定基准收益率的基础，投资风险和资金限制是确定基准收益率必须考虑的影响因素。

第六节　净年值和净终值

一、净年值

净年值（Net Annual Value，NAV）通常称年值，是指将方案计算期内的净现金流量，通过基准收益率折算成与其等值的各年年末等额支付序列。其计算公式为

$$\mathrm{NAV}=\mathrm{NPV}\left(\frac{A}{P},i_c,n\right)$$

$$=\sum_{t=0}^{n}(\mathrm{CI}-\mathrm{CO})_t(1+i_c)^{-t}\left(\frac{A}{P},i_c,n\right) \tag{5-10}$$

净年值判别准则与净现值指标判别准则相同：当 NAV>0 时，方案可以接受；当 NAV=0 时，为临界状态；当 NAV<0 时，则方案应予以拒绝。净现值的含义是项目生命周期内取得的超出目标盈利的超额收益现值，而净年值给出的是项目生命周期内平均每年取得的等额超额收益。

二、净终值

净终值（Net Future Value，NFV）通常称终值，它是指方案计算期内的净现金流量，通过基准收益率折算成未来某一时点的终值代数和。其计算公式为

$$\mathrm{NFV}=\mathrm{NPV}\left(\frac{F}{P},i_c,n\right)$$

$$=\sum_{t=0}^{n}(\mathrm{CI}-\mathrm{CO})_t(1+i_c)^{-t}\left(\frac{F}{P},i_c,n\right) \tag{5-11}$$

净终值判别准则与净现值指标判别准则相同：当 NFV>0 时，方案可以接受；当 NFV=0 时，为临界状态；当 NFV<0 时，则方案应予以拒绝。

由于 $(A/P,i_c,n)$ 即 $\frac{i_c(1+i_c)^n}{(1+i_c)^n-1}$，$(F/P,i_c,n)$ 即 $(1+i_c)^n$，当 i_c 和 n 为有限值时，它们都是常数，即

$$\mathrm{NAV}=\mathrm{NPV}\times 常数$$

$$\mathrm{NFV}=\mathrm{NPV}\times 常数$$

这样，现值、年值、终值是成比例的，因而方案评价不论用现值、年值、终值，其结果是等效的。在单方案评价中，净现值、净年值、净终值指标实质上没有什么不同，只是它们计算的基准时间不同，三种判据在实践中所得结论是一致的。但人们较多地使用净现值，一

般几乎不用净终值，而对净年值多用于生命周期不同的方案比较（见第六章）。

第七节　内部收益率

若把考虑资金时间价值的净现值、净年值指标称为价值型指标，那么内部收益率、净现值率就是考虑资金时间价值的效率型指标。内部收益率是方案盈利能力分析的重要评价判据。

一、内部收益率的概念及其经济含义、判别准则

视频讲解：
内部收益率

内部收益率（Internal Rate of Return，IRR）又称内部报酬率，是指项目在整个计算期内各年净现金流量现值代数和等于零（或净年值等于零）时的折现率。前面已经讨论过，常规投资方案净现值函数曲线在 $-1<i<+\infty$ 的范围内只与横轴相交于一点，此时方案的 NPV(i) 的利率 i 定义为该方案的内部收益率(IRR)。它反映项目所占用资金的盈利能力，是考察项目资金使用效率的重要指标。其计算公式为

$$\sum_{t=0}^{n}(\mathrm{CI}-\mathrm{CO})_t(1+\mathrm{IRR})^{-t}=0 \tag{5-12}$$

式中　IRR——项目内部收益率。

内部收益率很久以来就已成为方案评价的判据。由于收益率是方案收支对比的未知数，即由项目本身的现金支出和现金收入所决定的，取决于方案的“内部”，故称内部收益率。内部收益率的经济含义是：它反映的是项目全部投资所能获得的实际最大收益率，是项目借入资金利率的临界值；它表明了项目对所占用资金的一种恢复（收回）能力，在项目整个计算期内尚未恢复的资金，按这一利率 $i=\mathrm{IRR}$ 进行恢复，则到生命周期终了时恰好恢复完毕。内部收益率值越高，说明方案的恢复能力越强，方案的经济性越好。

假定某投资方案的现金流量系列如图 5-2 所示，其内部收益率为 10%。从图 5-2 中可以看出：初始投资 1000 元的投资方案，各年的净收益分别为 400 元、370 元、240 元和 220 元，第 1 年年末以 10%利率占用的待恢复投资 1100 元-恢复资金 400 元=700 元，即尚未恢复的投资；第 2 年年末以同样利率占用的待恢复投资 770 元-恢复资金 370 元=400 元，即尚未恢复的投资；第 3 年年末以同样利率占用的待恢复资金 440 元-恢复资金 240 元=200 元，即尚未恢复的投资；第 4 年年末以同样利率占用的待恢复资金 220 元-恢复资金 220 元=0，到此为止，以 10%利率占用的投资全部得到恢复。可见内部收益率是未恢复的投资所赚得的利率，它不仅受项目初始投资规模的影响，而且受项目生命周期内各年净收益大小的影响。

内部收益率的判别准则为：计算求得的内部收益率 IRR 要与项目的基准收益率 i_c（行业基准收益率或社会折现率）相比较，当 $\mathrm{IRR}>i_c$ 时，则表明项目的收益率已超过基准折现率水平，项目可行，可以考虑接受；当 $\mathrm{IRR}=i_c$ 时，为临界状态；当 $\mathrm{IRR}<i_c$ 时，则表明项目的收益率未达到基准折现率水平，项目不可行，应予以拒绝。

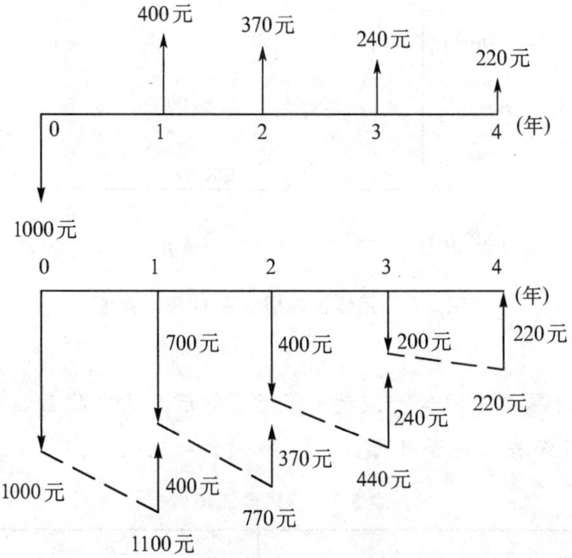

图 5-2　资金恢复图

二、内部收益率的计算

内部收益率实际上是净现值（年值、终值）的反算，计算净现值时利率 i 为已知值，而内部收益率 IRR 的计算由式（5-12）可知是一个一元高次方程，不宜直接求解，在实际工作中，多采用试算内插法，即利用 $NPV(i)$ 曲线的特点，求解 IRR 的近似值。根据净现值函数曲线的特征可知：当 $i<i'$ 时（图 5-1），$NPV>0$；当 $i>i'$ 时，$NPV<0$；只有当 $i=i'$ 时，$NPV=0$。因此，可先选择两个折现率 i_1 与 i_2，且 $i_1<i_2$，使得 $NPV(i_1)>0$ 和 $NPV(i_2)<0$，然后用线性内插法求出 $NPV(i)=0$ 时的折现率 i，此即欲求的内部收益率。用线性内插法计算内部收益率的步骤如下：

第一步，首先估计和选择两个适当的折现率 i_1 和 i_2，且 $i_1<i_2$，然后分别计算净现值 $NPV(i_1)$ 和 $NPV(i_2)$，并使得 $NPV(i_1)>0$ 和 $NPV(i_2)<0$，因此，内部收益率即净现值为零时的利率必然在 i_1 与 i_2 之间，即 $i_1<IRR<i_2$。

第二步，推导求内部收益率 IRR 的计算式。用线性内插法求内部收益率 IRR 示意图如图 5-3 所示，则有

$$\frac{NPV(i_1)}{|NPV(i_2)|}=\frac{IRR-i_1}{i_2-IRR}$$

展开后得到

$$IRR=i_1+\frac{NPV(i_1)}{NPV(i_1)+|NPV(i_2)|}(i_2-i_1) \tag{5-13}$$

应当指出，用线性内插法计算式（5-13）计算的误差（$i'-IRR$）与估计选用的两个折现率差额（i_2-i_1）的大小有直接关系。为了控制误差不宜过大，通常试算用的两个折现率之差（i_2-i_1）一般为 2%~5%。

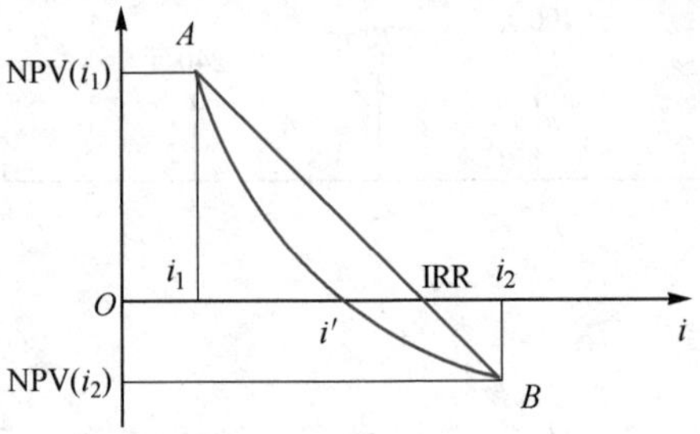

图 5-3　用线性内插法求 IRR 示意图

【例 5-7】　某项目计算期内净现金流量如表 5-7 所示。基准收益率为 10%，试用内部收益率指标判断该项目经济上是否可行。

表 5-7　净现金流量表　　（单位：万元）

年　份	0	1~9	10
净现金流量	-5000	790	1000

解：为了求 IRR 的值，可列出等式

$$NPV(i)=-5000\text{ 万元}+790\text{ 万元}\times\left(\frac{P}{A},IRR,10\right)+210\text{ 万元}\times\left(\frac{P}{F},IRR,10\right)=0$$

取 $i_1=9\%$，即

$$NPV(9\%)=-5000\text{ 万元}+790\text{ 万元}\times\left(\frac{P}{A},9\%,10\right)+210\text{ 万元}\times\left(\frac{P}{F},9\%,10\right)=158.69\text{ 万元}$$

结果为正值，由现值函数规律可知 NPV(i) 值随 i 的增加而减少，为使净现值为零或负值，用 $i_2=10\%$试算，即

$$NPV(10\%)=-5000\text{ 万元}+790\text{ 万元}\times\left(\frac{P}{A},10\%,10\right)+210\text{ 万元}\times\left(\frac{P}{F},10\%,10\right)=-64.81\text{ 万元}$$

可见，内部收益率必然在 9%~10%，代入线性内插法计算公式求得

$$IRR=i_1+\frac{NPV(i_1)}{NPV(i_1)+|NPV(i_2)|}(i_2-i_1)$$

$$=9\%+\frac{158.69\text{ 万元}}{64.81\text{ 万元}+158.69\text{ 万元}}\times1\%$$

$$=9.71\%$$

因为，IRR=9.71%<10%，故该项目在经济上不可行，应予以拒绝。

三、求内部收益率的几种情况

内部收益率方程式（5-12）是一元高次方程。为便于分析问题，令 $X=(1+IRR)^{-1}$，$F_t=(CI-CO)_t(t=0,1,2,\cdots,n)$，则内部收益率方程式可简写为如下形式，即

$$F_0+F_1X+F_2X^2+\cdots+F_nX^n=0$$

这是一元 n 次方程，n 次方程应该有 n 个根（包括重根），其中正实数根才可能是项目的内部收益率，而负根无经济意义。如果只有一个正实数根，则它应该是该项目的内部收益率；如果有多个正实数根，则需经过检验符合内部收益率经济含义的根才是项目的内部收益率。

根据 n 次多项式笛卡儿符号规则，系数为实数的 n 次多项式的正实数根的个数，不超过其系数数列符号变更的次数。因此，内部收益率的解也一定不超过现金流量数列 F_0，F_1，F_2，…，F_n 的符号变更次数。这样就可能出现如表 5-8 所示的情况：无根、负根和多根。这将影响内部收益率作为判据使用，因此有必要进行讨论。

表 5-8　常规投资方案净现值方程解表　　（单位：万元）

年末	方案							
	A	B	C*	D*	E*	F	G	H
0	+1000	-1000	-1000	-1000	-500	+500	+500	-2000
1	+100	-500	+100	0	+200	-200	+400	+9200
2	+100	-400	+500	+500	+200	-200	-1000	-13700
3	+400	-100	+200	0	0	0	+1000	+6600
4	+200	-500	+400	+800	0	0	+100	0
方程解	无解	无解	一个正值解	一个正值解	无正值解	无正值解	多解	10%、50%和100%

注：* 表示常规投资方案，余者为非常规投资方案。

1）常规投资方案净现值曲线，只有一个正值解，如表 5-8 中的方案 C、D。

2）非常规投资方案 H，根据上述符号规则，现金流量的符号改变三次，满足方案的解有三个，即 10%、50%和 100%，此时难以确认哪个是方案 H 的内部收益率。这是内部收益率判据的一个缺点。但在经济评价中非常规投资方案并不多见，如遇这种情况，可采用其他方法进行评价。

3）方案 A、B 的无解和方案 E、F 的无正值解的情况，在实际工作中，可凭直观加以判别。遇有这种情况，可辅以其他方法进行评价。

4）如果互比方案的年度现金流入不同，则内部收益率不能正确地反映投资方案的经济效益。例如，把 30 万元资金投入方案 A，10 年后获 150 万元；投入方案 B，寿命 10 年，每年可得 8 万元。若利率为 10%，A、B 两方案的净现值为

$$\mathrm{NPV}(10\%)_A=-30\text{ 万元}+150\text{ 万元}\times\left(\frac{P}{F},10\%,10\right)=27.83\text{ 万元}$$

$$\mathrm{NPV}(10\%)_B=-30\text{ 万元}+8\text{ 万元}\times\left(\frac{P}{A},10\%,10\right)=19.16\text{ 万元}$$

A、B 两方案的内部收益率为

$$\mathrm{NPV}_A=-30\text{ 万元}+150\text{ 万元}\times\left(\frac{P}{F},\mathrm{IRR}_A,10\right)=0\qquad \mathrm{IRR}_A=17.8\%$$

$$NPV_B=-30\text{万元}+8\text{万元}\times\left(\frac{P}{A},IRR_B,10\right)=0 \qquad IRR_B=23.4\%$$

因此，内部收益率判据的结论与净现值结论并不一致，所以内部收益率不应用于多方案比较。

内部收益率的优点是：考虑了资金时间价值以及项目在整个生命周期的经济状况；能够直接衡量项目真正的投资收益率；不需要事先确定一个基准收益率，而只需要知道基准收益率的大致范围即可。内部收益率的不足是：需要大量的与投资有关的数据，计算比较麻烦；对于具有非常规现金流量的项目来讲，其内部收益率往往不是唯一的，在某些情况下甚至是不存在的。

四、净现值与内部收益率的关系

设（CI−CO）$_t$ 为 F_t，由净现值公式得

$$NPV=\sum_{t=0}^{n}\frac{F_t}{(1+i_c)^t} \tag{5-14}$$

$$0=\sum_{t=0}^{n}\frac{F_t}{(1+IRR)^t} \tag{5-15}$$

在常规投资条件下，$F_0<0$，$F_t(t=1,2,\cdots,n)>0$，式（5-14）与式（5-15）相减得

$$\begin{aligned}NPV&=\sum_{t=0}^{n}\frac{F_t}{(1+i_c)^t}-\sum_{t=0}^{n}\frac{F_t}{(1+IRR)^t}\\&=\left(\sum_{t=1}^{n}\frac{F_t}{(1+i_c)^t}+F_0\right)-\left(\sum_{t=1}^{n}\frac{F_t}{(1+IRR)^t}+F_0\right)\\&=\sum_{t=1}^{n}\frac{F_t}{(1+i_c)^t}-\sum_{t=1}^{n}\frac{F_t}{(1+IRR)^t}\end{aligned}$$

当 $IRR=i_c$ 时，$NPV=0$；当 $IRR>i_c$ 时，$NPV>0$；当 $IRR<i_c$ 时，$NPV<0$。因此，净现值与内部收益率的评价结论完全一致。

本章小结

本章是现金流量法的第一部分，介绍了单方案评价，也就是投资方案评价的指标体系，包括投资回收期、投资收益率、净现值、净年值、净终值、净现值率，这些指标都有相应的公式和判别准则。其中，在净现值的内容中，包含净现值函数的特征和基准收益率的选择与确定；在内部收益率的内容中，包含求内部收益率的几种情况、净现值与内部收益率的关系。

复习题

1. 什么是投资回收期？如何计算？
2. 什么是投资收益率？它包括哪些指标？如何计算？
3. 什么是基准收益率？如何确定？
4. 什么是内部收益率？它有何经济意义？如何计算？

5. 某方案的现金流量如表 5-9 所示。基准收益率为 10%，试求投资回收期和投资利润率，以及投资回收后的经济效益。

表 5-9　方案现金流量　（单位：元）

年　份	现 金 流 量
0	-3000.00
1~5	791.55

6. 各方案的现金流量系列如表 5-10 所示。基准收益率为 10%，试求各方案的净现值、净年值和净终值。

表 5-10　方案现金流量　（单位：万元）

年份	方案		年份	方案	
	A	B		A	B
0	-2000	-2000	3	650	590
1	450	590	4	700	600
2	550	590	5	800	600

7. 已知现金流量如表 5-11 所示，试绘出 i 的现值 NPV(i) 函数的曲线。

表 5-11　现金流量　（单位：万元）

年　份	0	1	2	3	4
现金流量	-6000	2000	2000	2000	2000

8. 某投资方案的数据如表 5-12 所示。基准收益率为 10%，试求：

（1）现金流量图。

（2）静态投资回收期、动态投资回收期、净现值和内部收益率。

表 5-12　投资方案数据　（单位：万元）

年　份	现 金 流 量
0	-2500
1	-2000
2~10	1200

9. 建一临时仓库需 8000 元，一旦拆除即毫无价值。假定仓库每年能得净收益 1260 元，则：

（1）使用 8 年时，其投资收益率为多少？

（2）若希望得到收益率为 10%，则该仓库至少应使用多少年才值得投资？

10. 某工程的现金流量如表 5-13 所示。基准收益率为 10%，试用内部收益率法分析该方案是否可行。

表 5-13　某工程的现金流量　（单位：万元）

年　份	0	1	2	3	4	5
现金流量	-2000	300	500	500	500	1200

11. 某项目净现金流量如表 5-14 所示。若基准折现率为 12%，则：

（1）计算静态投资回收期、净现值、净现值率、净年值、内部收益率和动态投资回收期。

（2）画出累计净现金流量现值曲线。

表 5-14　某项目净现金流量　　（单位：万元）

年　份	0	1	2	3	4	5	6	7
净现金流量	-60	-80	30	40	60	60	60	60

第六章

现金流量法（二）——多方案评价

学习要点及目标

1. 掌握方案类型和方案组合。
2. 掌握计算期相同的互斥方案的比较与选择方法及判别准则。
3. 掌握最小公倍数法与年值法，了解研究期法。
4. 掌握无限寿命方案的比较与选择。
5. 掌握资金有限情况下独立方案的比较与选择。
6. 了解一般相关方案的比较与选择。

第一节　多方案评价概述

技术经济评价的一个重要方面就是多方案选优和排序，即在一个项目的规划、设计或施工过程中，从多种可以相互替代而又相互排斥的方案中，筛选出一个最优方案付诸实施；或在资源限定条件下对若干个独立的可行方案，按照它们的经济效果好坏，优先安排某些效益好的项目，保证将有限的资源用于最有利的项目上，所以也称为项目排队。其实质是对经过绝对经济效果检验的若干方案进行比较优选，因此也称为相对经济效果评价。

相对经济效果是与绝对经济效果相比较而言的，它舍弃了方案的相同部分，只计算、比较不同部分的经济效果。方案比较是寻求合理的技术方案的必要手段，也是建设项目经济评价的重要组成部分。在建设项目可行性研究过程中，各项重要的经济和技术决策存在着生产规模、产品结构、生产工艺、主要设备选择等多个不同方案。假如这些方案在技术上都是可行的，经济上也是合理的，那么只有通过方案的比较，才能鉴别各方案的优劣，从中选择出最优方案，为项目的决策提供可靠的依据，把有限的资金、物力和人力资源配置到经济效益最好的项目上去，从而最大限度地提高资源的利用率。

第二节 方案类型和方案组合

根据性质的不同，技术方案一般可分为三种类型：互斥方案、独立方案和相关方案。

一、互斥方案

互斥方案即在一组方案中，采纳其中一个方案，便不能再采纳其他方案。例如，某公司计划购买一台塔吊，市场上有同类型产品的三个厂家可供选择，只能购买其中一种，不能同时选购各厂家的产品，这就是互斥方案。互斥方案的效果不能叠加。

二、独立方案

独立方案即方案之间不具有排他性，在一组方案中，采纳某一方案不会影响采纳其他方案。例如，公司打算购买一台塔吊、一台推土机和一辆汽车，在没有资金额限制的情况下，购买其中一台设备并不影响购买其他两种设备，这就是独立方案。独立方案的效果可以叠加。

三、相关方案

相关方案即拒绝或接受某一方案，会显著改变其他方案的现金流量或影响其他方案的拒绝或接受。例如，厂内铁路货站的建设是以铁路专线建设为前提的。

投资方案实质上是由若干个投资建议组成的一种投资机会。投资建议不同于投资方案，它只是一种投资的可能性。方案组合就是列出由投资建议组成的所有可能方案组，这样组成的方案在经济上都是互不相容的互斥方案，然后再根据约束条件进行方案的选择。现举例加以说明。

【例 6-1】 有三个建议方案（表 6-1），可组成多少互斥方案？

表 6-1 三个建议方案 （单位：万元）

建议方案	初始投资
A	1.2
B	1.0
C	1.7

解：用 A、B、C 组成所有的互斥方案，第一次每取一个，可组成三个互斥方案，第二次每取两个，以此类推，其结果如表 6-2 所示，包括不投资建议方案，一共有八个互斥方案。采用这种方法组合方案，如果有 n 个建议方案，则可组成 2^n 个互斥方案。

表 6-2 组合方案 （单位：万元）

组号	方案组合	组合投资	组号	方案组合	组合投资
1	0	0	5	AB	2.2
2	A	1.2	6	AC	2.9
3	B	1.0	7	BC	2.7
4	C	1.7	8	ABC	3.9

现在可用上面的例子，讨论约束条件如何影响方案组合的数目。

1）假定投资预算为2.8万元，超过这个限额的方案组合AC和ABC将被排除。

2）若是受到互斥条件的约束，假如B和C为相互排斥的方案，投资限额仍为2.8万元，由于B和C是相互排斥的，这就否定了同时包含BC的方案组合，因而可行组合只有B、A、C和AB四个。

3）此外，相关方案也会减少方案组合的数目。如B从属于A，即B要实现A也一定要实现；A实现B可以不实现，就是说A可以没有B而单独存在。这个约束条件要求从可行组合中排除B或所有包括B而无A的组合，这样应排除B和有B而无A的BC组合，于是可行组合只剩下A、C及AB。

当然，还可以用其他约束条件来反映更现实的情况，但上述三点足以说明这类约束条件的作用，即减少可行方案组合的数目，然后便可从剩下的互斥方案中选择效益最好的方案。

与单方案评价相比，多方案的比选要复杂得多，所涉及的影响因素、评价方法以及要考虑的问题都要多得多，归纳起来主要有以下四个方面：

（1）备选方案的筛选　剔除不可行的方案，因为不可行的方案是没有资格参加方案比选的。

（2）进行方案比选时所考虑的因素　多方案比选可按方案的全部因素计算多个方案的全部经济效益与费用，进行全面的分析对比；也可仅就各个方案的不同因素计算其相对经济效益和费用，进行局部的分析对比。另外，还要注意各个方案间的可比性，要遵循效益与费用计算口径相一致的原则。

（3）各个方案的结构类型　对于不同结构类型的方案比较，要选用不同的比较方法和评价指标。考察的结构类型所涉及的因素有方案的计算期是否相同、方案所需的资金来源是否有限制、方案的投资额是否相差过大等。

（4）备选方案之间的关系　备选方案之间的关系不同，决定了所用的评价方法也会有所不同。方案之间的关系如前所述，即互斥关系、独立关系和相关关系。

第三节　互斥方案的比较与选择

互斥方案是指诸方案之间存在着互不相容、互相排斥的关系，在多个方案中只能选择一个方案。互斥方案的选择一般先以绝对经济效益方法筛选方案，然后以相对经济效益方法优选方案。但是无论如何，参加比较的方案，不论是生命周期相等，还是生命周期不等，不论使用何种评价指标，都必须满足方案间具有可比性的要求。

一、计算期相同的互斥方案的比较与选择

计算期相同互斥方案的评价选择可采用差额内部收益率、差额净现值、净现值和最小费用法判据。

（一）用差额内部收益率选择方案

【例 6-2】　有互斥方案 A 和 B，基准收益率为 15%，求得它们的内部收益率和净现值分别列在表 6-3 中。

表 6-3　内部收益率和净现值

方案	初始投资（元）	年现金流入（元）	寿命（年）	净现值（元）	内部收益率
A	-5000	1400	10	2026.3	25%
B	-10000	2500	10	2547.0	21.9%

解：表 6-3 的结果表明，方案 A 的内部收益率较高，但净现值较低；而方案 B 的内部收益率较低，但净现值较高。如果方案 A、B 为无约束条件下的两个独立方案，不论采用内部收益率或是净现值判据，方案 A、B 都是可以接受的。如果方案 A、B 为两个互斥方案，那就需要进行排队。遇到这种情况，要先求得两个方案的差额内部收益率，即

$$\text{NPV}=-(10000\text{ 元}-5000\text{ 元})+(2500\text{ 元}-1400\text{ 元})\left(\frac{P}{A},i,10\right)=0$$

解得差额内部收益率为 17.6%，其含义是方案 B 比方案 A 多用掉的投资（10000−5000）元=5000 元的利率，即差额收益率 $\Delta i'$。现将两个方案的现值函数曲线画出（图 6-1），$\Delta i'$ 为交点 O 的折现率。

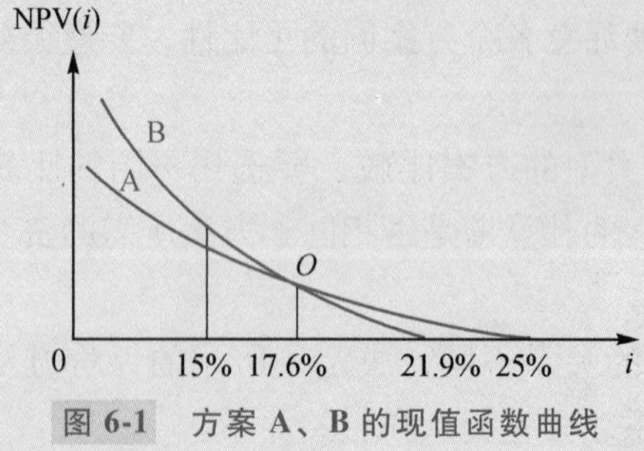

图 6-1　方案 A、B 的现值函数曲线

视频讲解：
差额内部收益率

由图 6-1 可知，两个方案按内部收益率排序，其结果是固定不变的，因为 $i'_A=25\%$ 总是大于 $i'_B=21.9\%$；如果按净现值排队，其结果就不一定了，因为净现值的大小取决于基准收益（或设定的基准收益率）。

例 6-2 给定的基准收益率为 15%，小于 O 点的折现率 $\Delta i'=17.6\%$，即基准收益率在 $\Delta i'$ 的左侧，所以方案 B 优于方案 A；若给定的基准收益率大于 $\Delta i'$，即在 $\Delta i'$ 右侧，则方案 A 优于方案 B。于是可以得出结论：当 $i_c<\Delta i'$ 时，投资额大的方案 B 优于方案 A；当 $i_c>\Delta i'$ 时，投资额小的方案 A 优于方案 B。所以两个方案选优，必须计算差额收益率 $\Delta i'$。按图 6-1 所示，$\Delta i'$ 可由下列公式求得

$$\text{NPV}(i)_B-\text{NPV}(i)_A=0$$
$$\text{NPV}(i)_B=\text{NPV}(i)_A \tag{6-1}$$

或

$$NAV(i)_B - NAV(i)_A = 0$$
$$NAV(i)_B = NAV(i)_A \tag{6-2}$$

采用上述公式计算时，务必使初始投资差额为负值，以便差额现金流量系列符合常规投资形式。为此，在两个或多个方案排序时，先把方案按投资递增顺序排列起来，依次对比，进行逐个淘汰，最后选出最优方案。现举例说明互斥方案的比选步骤。

【例 6-3】 三个互斥方案如表 6-4 所示。设基准收益率为 15%，试用差额内部收益率法选择最优方案。

解：用差额内部收益率指标选择互斥方案的程序如下：

1）按初始投资递增顺序排列如表 6-4 所示。A_0 为不投资方案，即维持现状，这也相当于一种投资方案。

表 6-4　三个互斥方案

方案	初始投资（元）	年现金流入（元）	寿命（年）	方案	初始投资（元）	年现金流入（元）	寿命（年）
A_0	0	0	0	A_2	-16000	3800	10
A_1	-10000	2800	10	A_3	-20000	5000	10

2）选择初始投资最小的方案 A_0 为暂时最优方案，作为比较的基准。

3）把暂时最优方案 A_0 与下一最优方案 A_1 进行比较，计算它们的现金流量之差，并求出差额内部收益率 $\Delta i'_{A_1-A_0}$。若差额内部收益率 $\Delta i'_{A_1-A_0}$<基准收益率，则放弃方案 A_1，仍以原来的暂时最优方案 A_0 同第二个方案 A_2 比较；若差额收益率 $\Delta i'_{A_1-A_0}$>基准收益率，即方案 A_1 通过绝对经济效果评价，此时排除原暂时最优方案 A_0，以方案 A_1 为新的暂时最优方案。按这样的步骤，依次进行比较。现在计算 $\Delta i'_{A_1-A_0}$，计算公式为

$$NPV(i)_{A_1-A_0} = -10000\text{ 元} + 2800\text{ 元} \times (P/A, i, 10) = 0$$
$$\Delta i'_{A_1-A_0} = 25\%$$

因 $\Delta i'_{A_1-A_0} = 25\% > 15\%$，所以淘汰方案 A_0，方案 A_1 为暂时最优方案。

4）重复上述的步骤，把方案 A_1 与下一个初始投资较高的方案 A_2 比较，计算期 $\Delta i'_{A_2-A_1}$

$$NPV(i)_{A_2-A_1} = -6000\text{ 元} + 1000\text{ 元} \times (P/A, i, 10) = 0$$
$$\Delta i'_{A_2-A_1} = 10.5\%$$

因 $\Delta i'_{A_2-A_1} = 10.5\% < 15\%$，所以淘汰方案 A_2，仍以方案 A_1 为暂时最优方案进行比较，求 $\Delta i'_{A_3-A_1}$

$$NPV(i)_{A_3-A_1} = -10000\text{ 元} + 2200\text{ 元} \times (P/A, i, 10) = 0$$
$$\Delta i'_{A_3\ A_1} = 17.6\%$$

因 $\Delta i'_{A_3-A_1} = 17.6\% > 15\%$，所以方案 A_3 优于方案 A_1，即 A_3 是三个方案中的最优方案。

若相互比较，第一步不设“不投资方案”，可把初始投资最低方案的内部收益率与基准收益率相比。当各互比方案只有经营费用不同，销售收入相同时，进行方案比较时可把两个方案的经营费用节约额视为“收入”。在这种情况下，可直接把初始投资最低的方案列为暂时最优方案，再按上述程序进行比较，也可得到相同的结论。

（二）用差额净现值和净现值选择方案

互斥方案评价除了按差额收益率优选以外，还可以采用差额净现值（ΔNPV）和净现值指标进行比较。采用这两个判据比较互斥方案，首先要确定基准收益率，才能对增额投资是否值得投资做出正确判断。

【例 6-4】 仍用例 6-3 的数据，采用差额净现值进行方案选优。

解：用差额净现值指标比较互斥方案的第一、第二两个步骤与采用差额收益率比较时相同；然后计算现金流量的差额净现值（ΔNPV）。

1）方案 A_0 和 A_1 的现金流量差额净现值为

$$NPV(15\%)_{A_1-A_0}=-10000\text{元}+2800\text{元}\times\left(\frac{P}{A},15\%,10\right)=4052.64\text{元}>0$$

结果说明初始投资大的方案 A_1 优于 A_0，所以淘汰 A_0，以 A_1 为暂时最优方案。若 NPV<0，则以 A_0 为暂时最优方案不变，放弃方案 A_1，让方案 A_2 参加比较。

2）反复进行上述步骤，即

$$NPV(15\%)_{A_2-A_1}=-6000\text{元}+1000\text{元}\times\left(\frac{P}{A},15\%,10\right)=-981.20\text{元}<0$$

所以放弃方案 A_2，仍以方案 A_1 为暂时最优方案，与 A_3 进行比较，即

$$NPV(15\%)_{A_3-A_1}=-10000\text{元}+2200\text{元}\times\left(\frac{P}{A},15\%,10\right)=1041.36\text{元}>0$$

根据上面的计算，A_3 为三个方案中的最优方案。

【例 6-5】 仍用例 6-3 的数据，用净现值判据选择最优方案。

解：

$$NPV(15\%)_{A_0}=0$$

$$NPV(15\%)_{A_1}=-10000\text{元}+2800\text{元}\times\left(\frac{P}{A},15\%,10\right)=4052.64\text{元}$$

$$NPV(15\%)_{A_2}=-16000\text{元}+3800\text{元}\times\left(\frac{P}{A},15\%,10\right)=3071.44\text{元}$$

$$NPV(15\%)_{A_3}=-20000\text{元}+5000\text{元}\times\left(\frac{P}{A},15\%,10\right)=5094.00\text{元}$$

计算结果表明，A_3 仍是最优方案。

从例 6-4 和例 6-5 的结果可以看出，按差额净现值比较的结果同直接用净现值比较的结果完全一致，以公式表示，即

$$NPV(i)_B - NPV(i)_A = NPV(i)_{B-A} \tag{6-3}$$

证明：按净现值公式，设 $(CI-CO)_t$ 为 F_t，则

$$NPV(i_c)_j = \sum_{t=0}^{n} F_{jt}(1+i)^{-t}$$

$$\begin{aligned} NPV(i)_B - NPV(i)_A &= \sum_{t=0}^{n} F_{Bi}(1+i)^{-t} - \sum_{t=0}^{n} F_{Ai}(1+i)^{-t} \\ &= F_{B0} - F_{A0} + F_{B1}(1+i)^{-1} + \cdots + F_{Bn}(1+i)^{-n} - F_{A1}(1+i)^{-1} - \cdots - F_{An}(1+i)^{-n} \\ &= F_{(B-A)0} + F_{(B-A)1}(1+i)^{-1} + \cdots + F_{(B-A)n}(1+i)^{-n} \\ &= \sum_{t=0}^{n} F_{(B-A)}(1+i)^{-t} = NPV(i)_{B-A} \end{aligned}$$

根据净现值、净年值和净终值的一致性，式（6-3）也可表示为

$$NAV(i)_B - NAV(i)_A = NAV(i)_{B-A}$$

$$NFV(i)_B - NFV(i)_A = NFV(i)_{B-A}$$

由此可见，采用差额收益率、差额净现值和净现值判据进行方案选优是等效的，结果也是一致的，如表 6-5 所示。

表 6-5　方案选优结果　（单位：元）

方案	初始投资	年净收益	方案对比	差额投资	差额收益	$\Delta i'$	ΔNPV	NPV	结论
A_0	0	0	0	0	0	0	0	0	放弃 A_0
A_1	-10000	2800	A_1-A_0	-10000	2800	25%	4052.64	4052.64	采纳 A_1
A_2	-16000	3800	A_2-A_1	-6000	1000	10.5%	-981.20	3071.44	放弃 A_2
A_3	-20000	5000	A_3-A_1	-10000	2200	17.6%	1041.36	5094.00	采纳 A_3

（三）最小费用法

在工程经济中经常会遇到这样一类问题：两个或多个互斥方案产出的效果相同或基本相同，但却难以进行具体估算。比如一些环保、国防、教育等项目，所产生的效益无法或者很难用货币直接计量，这样由于得不到其现金流量情况，也就无法采用诸如净现值法、差额内部收益率法等方法来对此类项目进行经济评价。在这种情况下，只能假定各方案的收益是相等的，对各方案的费用进行比较，根据效益极大化目标的要求以及费用较小的项目比费用较大的项目更为可取的原则来选择最佳方案，这种方法称为最小费用法。最小费用法包括费用现值比较法和费用年值比较法。

（1）费用现值（Present Cost，PC）比较法　费用现值比较法实际上是净现值法的一个特例。费用现值的一个含义，是指利用此方法所计算出的净现值只包括费用部分。由于无法估算各个方案的收益情况，只计算各备选方案的费用现值（PC）并进行对比，以费用现值较低的方案为最佳。其计算公式为

$$PC = \sum_{t=0}^{n} CO_t(1+i_c)^{-t} = \sum_{t=0}^{n} CO_t\left(\frac{P}{F}, i_c, t\right) \tag{6-4}$$

【例6-6】　某项目有A、B两种不同的工艺设计方案，均能满足同样的生产技术需要，其有关费用支出如表6-6所示。试用费用现值比较法选择最佳方案，已知 $i_c=10\%$。

表6-6　方案选优结果A、B两方案费用支出

方案	投资（第1年年末）（万元）	年经营成本（第2年~第10年年末）（万元）	寿命（年）
A	750	280	10
B	900	245	10

解：根据费用现值的计算公式，可分别计算出A、B两方案的费用现值为

$$PC_A = 750\text{万元}\times\left(\frac{P}{F},10\%,1\right)+280\text{万元}\times\left(\frac{P}{A},10\%,9\right)\left(\frac{P}{F},10\%,1\right)$$

$$=750\text{万元}\times0.9091+280\text{万元}\times5.7590\times0.9091=2147.77\text{万元}$$

$$PC_B = 900\text{万元}\times\left(\frac{P}{F},10\%,1\right)+245\text{万元}\times\left(\frac{P}{A},10\%,9\right)\left(\frac{P}{F},10\%,1\right)$$

$$=900\text{万元}\times0.9091+245\text{万元}\times5.7590\times0.9091=2100.89\text{万元}$$

由于 $PC_A>PC_B$，所以方案B为最佳方案。

（2）费用年值（Annual Cost，AC）比较法　费用年值比较法是通过计算各备选方案的年等额费用并进行比较，以年费用较低的方案为最佳方案的一种方法。其计算公式为

$$AC=\sum_{t=0}^{n}CO_t\left(\frac{P}{F},i_c,t\right)\left(\frac{A}{P},i_c,n\right) \tag{6-5}$$

【例6-7】　根据例6-6的资料，试用费用年值比较法选择最佳方案。

解：根据式（6-5）可计算出A、B两方案的等额年费用为

$$AC_A=2147.77\text{万元}\times\left(\frac{A}{P},10\%,10\right)=2147.77\text{万元}\times0.1627=349.44\text{万元}$$

$$AC_B=2100.89\text{万元}\times\left(\frac{A}{P},10\%,10\right)=2100.89\text{万元}\times0.1627=341.81\text{万元}$$

由于 $AC_A>AC_B$，所以方案B为最佳方案。

采用费用年值比较法与费用现值比较法对方案进行比选的结论是完全一致的。因为实际上PC和AC之间可以很容易地进行转换，即

$$PC=AC\left(\frac{P}{A},i,n\right)$$

或

$$AC=PC\left(\frac{A}{P},i,n\right)$$

所以，根据最小费用的选择原则，两种方案的计算结果是一致的。因此在实际应用中，对于效益相同或基本相同但又难以具体估算的互斥方案进行比选时，若方案的生命周期相

同，则任意选择其中的一种方法即可；若方案的生命周期不同，则一般适用费用年值比较法。

二、计算期不同的互斥方案的比较与选择

对于互斥方案来讲，如果其生命周期不相同，那么就不能直接采用净现值法等评价方法来对方案进行比选，因为此时生命周期长的净现值与生命周期短的净现值不具有可比性。因此，为了满足时间上可比的要求，就需要对各备选方案的计算期和计算公式进行适当的处理，使各方案在相同的条件下进行比较，才能得出合理的结论。

为满足时间可比条件而进行处理的方法很多，常用的有最小公倍数法、净年值法和研究期法等。

（一）最小公倍数法

视频讲解：最小公倍数法

用净现值判据比较生命周期不同的方案，计算期应取互比方案寿命的最小公倍数，以便在相同年限内进行比较，并假定每个方案生命周期终了，仍以同样方案继续投资，每一次投资的投资额、销售年现金流入，最后的固定资产的净残值都应如实绘入现金流量图中。

【例 6-8】 某公司拟从现有的两部施工机械中选择一部用于施工，设利率为 15%，现有设备数据如表 6-7 所示，试进行设备选择。

表 6-7　现有设备数据

设备	投资（元）	年现金流入（元）	年经营费用（元）	净残值（元）	寿命（年）
A	11000	7000	3500	1000	6
B	18000	7000	3100	2000	9

解：由于两部设备生命周期不同，它们寿命的最小公倍数为 18 年，因此可画出它们的现金流量图，如图 6-2 所示。计算公式为

$$
\begin{aligned}
NPV(15\%)_A &= -11000\text{元}-(11000\text{元}-1000\text{元})\times\left(\frac{P}{F},15\%,6\right)- \\
&\quad (11000\text{元}-1000\text{元})\times\left(\frac{P}{F},15\%,12\right)+1000\text{元}\times\left(\frac{P}{F},15\%,18\right)+ \\
&\quad (7000\text{元}-3500\text{元})\times\left(\frac{P}{A},15\%,18\right) \\
&= -11000\text{元}-10000\text{元}\times0.4323-10000\text{元}\times0.1869+1000\text{元}\times \\
&\quad 0.0808+3500\text{元}\times6.1280=4336.8\text{元}
\end{aligned}
$$

$$
\begin{aligned}
NPV(15\%)_B &= -18000\text{元}-(18000\text{元}-2000\text{元})\times\left(\frac{P}{F},15\%,9\right)+ \\
&\quad 2000\text{元}\times\left(\frac{P}{F},15\%,18\right)+(7000\text{元}-3100\text{元})\times\left(\frac{P}{A},15\%,18\right) \\
&= -18000\text{元}-16000\text{元}\times0.2843+2000\text{元}\times0.0808+3900\text{元}\times6.1280 \\
&= 1512\text{元}
\end{aligned}
$$

$$NPV(15\%)_A-NPV(15\%)_B=4336.8\text{元}-1512\text{元}=2824.8\text{元}$$

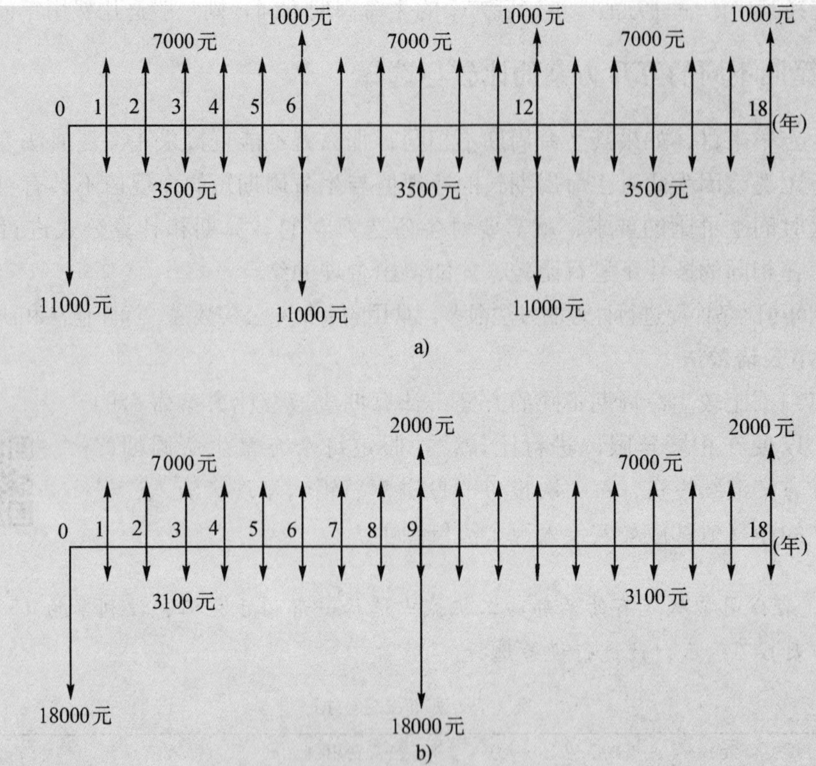

图 6-2 例 6-8 现金流量图

a) 设备 A b) 设备 B

结果表明，选择设备 A 可以多获 2824.8 元。应当指出，这种计算方法由于延长了生命周期，实际上夸大了二者的差别。

（二）净年值法

净年值法是对生命周期不相同的互斥方案进行比选时用到的一种最简明的方法。例如，用等额年值方法计算生命周期不同的方案，由于方案重复生命周期的现金流量相同，只需计算一个生命周期的年值，便可进行方案比较。仍以例 6-8 的数据为例进行计算，计算公式为

$$\begin{aligned}\mathrm{NAV}(15\%)_A &= -11000\text{ 元}\times\left(\frac{A}{P},15\%,6\right)+3500\text{ 元}+1000\text{ 元}\times\left(\frac{A}{F},15\%,6\right)\\ &= -11000\text{ 元}\times 0.2642+3500\text{ 元}+1000\text{ 元}\times 0.1142=708\text{ 元}\end{aligned}$$

$$\begin{aligned}\mathrm{NAV}(15\%)_B &= -18000\text{ 元}\times\left(\frac{A}{P},15\%,9\right)+3900\text{ 元}+2000\text{ 元}\times\left(\frac{A}{F},15\%,9\right)\\ &= -18000\text{ 元}\times 0.2096+3900\text{ 元}+2000\text{ 元}\times 0.0596=246.4\text{ 元}\end{aligned}$$

$$\mathrm{NAV}(15\%)_A-\mathrm{NAV}(15\%)_B=708\text{ 元}-246.4\text{ 元}=461.6\text{ 元}$$

结果表明，选用设备 A，18 年共多获得 461.6 元×$(P/A,15\%,18)$= 2828.7 元。这说明两种计算结果相同（因小数点后数字四舍五入，故有些许偏差）。假定方案的寿命为 n，如以 m 次周期重复更新，表示上述结论的一般公式为

$$\mathrm{NAV}_{1n}=\mathrm{NAV}_{mn}$$

证明：令方案在 m 次周期重复更新时的净现值为 NPV_K，$K=1, 2, \cdots, m$，则

第 1 个周期为 NPV_1

第 2 个周期为 $NPV_2 = NPV_1/(1+i)^n$

第 3 个周期为 $NPV_3 = NPV_1/(1+i)^{2n}$

$$\vdots$$

第 m 个周期为 $NPV_m = NPV_1/(1+i)^{(m-1)n}$

$$NPV_{总} = \sum_{K=1}^{m} NPV_K = NPV_1 \frac{1-(1+i)^{-mn}}{1-(1+i)^{-n}}$$

令整个重复更新生命周期期间的净年值为 NAV_{mn}，则

$$\begin{aligned}
NAV_{mn} &= NPV_{总} \frac{i(1+i)^{mn}}{(1+i)^{mn}-1} \\
&= NPV_1 \frac{1-(1+i)^{-mn}}{1-(1+i)^{-n}} \frac{i(1+i)^{mn}}{(1+i)^{mn}-1} \\
&= NPV_1 \frac{1-(1+i)^{-mn}}{1-(1+i)^{-n}} \frac{i}{1-(1+i)^{-mn}} \\
&= NPV_1 \frac{i}{1-(1+i)^{-n}} \\
&= NPV_1 \frac{i(1+i)^n}{(1+i)^n-1} \\
&= NAV_{1n}
\end{aligned}$$

（三）研究期法

在用最小公倍数法对互斥方案进行比选时，如果诸方案寿命的最小公倍数较大，就需对计算期较短的方案进行多次重复计算，而这与实际情况不相符合。因为技术在不断进步，一个完全相同的方案在一个较长时期内反复实施的可能性不大，因此用诸方案寿命最小公倍数法得出的方案评价结论就不太令人信服。这时可以采用一种称为“研究期法”的评价方法。

所谓研究期法，就是针对生命周期不相等的互斥方案，直接选取一个适当的分析期作为各个方案共同的计算期，通过比较各方案在该计算期内的净现值来对方案进行比选，以净现值最大的方案作为最佳方案。其中，计算期的确定要综合考虑各种因素，通常有三种做法：①取最长寿命作为共同的分析计算期；②取最短寿命作为共同的分析计算期；③取计划规定年限作为共同的分析计算期。研究期法有一个严重的缺陷，即很难对资产的残值进行精确的估算。例如，采用最短寿命时，较长寿命的方案要提前终止使用，那么未被使用的几年存在资产残值估价问题；而采用最长寿命时，较短寿命的方案要重置，重置后的后几年也不使用，这也存在重估残值的问题。这项残值不能使用按各种折旧方法计算的该期的账面价值，而应采用该期的市场价值。

三、无限寿命方案的比较与选择

一般情况下，方案的计算期都是有限的，但有些工程项目的服务年限很长或通过大修或反复更新的情况下寿命可以延长到很长，则认为能无限期地延长，也即其使用寿命无限长，

如公路、铁路、桥梁、隧道、运河、水坝等。通常经济分析对遥远的现金流量是不敏感的。例如，当利率为4%时，50年后的1元，现值仅为1角4分，而利率为8%时，其现值仅为2分。对这种永久性设施的等额年费用可以计算其资本化成本。所谓资本化成本，是指项目在无限长的计算期内等额年费用的折算现值。它用CW表示，计算公式为

$$\begin{aligned}\mathrm{CW} &= \lim_{n\to+\infty} A(P/A,i_c,n) = A\lim_{n\to+\infty}\frac{(1+i_c)^n-1}{i_c(1+i_c)^n}\\ &= A\left[\lim_{n\to+\infty}\frac{(1+i_c)^n}{i_c(1+i_c)^n} - \lim_{n\to+\infty}\frac{1}{i_c(1+i_c)^n}\right] = \frac{A}{i_c}\end{aligned} \tag{6-6}$$

式中　CW——资本化成本；

A——等额年费用；

i_c——基准折现率。

按无限期计算出来的资本化成本，相当于在一定单利情况下，每年取得永恒收入，它的现值是多少？例如，当年利率为10%时，年收入恒为210元的现值（资本化成本）是多少？也就是说，在不动用本金的情况下，年收入永远为210元，投资现值应为多少？这个问题相当于单利10%，每年的收入永远为210元，现值应是多少？其计算公式为

$$\mathrm{CW} = \frac{210\text{元}}{0.10} = 2100\text{元}$$

这就是说，如果现在向银行存入2100元，年利率为10%单利存储，今后可以无限期地每年得到210元的收入，而不动用资本。例如，一栋房屋如果年租金为20万元，在基准收益率为5%的情况下，其价值就为400万元。

【例6-9】　为修建横跨某河的大桥，有南、北两处可以选点。由于地形要求，南桥跨越幅度较大，要建吊桥，其投资为3000万元，建桥购地80万元，年维护费1.5万元，水泥桥面每10年翻修一次需5万元；北桥跨越幅度较小，可建桁架桥，预计投资1200万元，年维修费8000元，该桥每3年粉刷一次需1万元，每10年喷砂整修一次需4.5万元，购地用款1030万元。若年利率为6%，试比较两个方案何者为优。

解：根据题意，绘出现金流量图，如图6-3所示。计算公式为

$$\begin{aligned}\mathrm{NPV}(6\%)_{南} &= 3000\text{万元}+80\text{万元}+\frac{1.5\text{万元}+5\text{万元}\times\left(\dfrac{A}{F},6\%,10\right)}{6\%}\\ &= 3080\text{万元}+\frac{1.5\text{万元}+0.3795\text{万元}}{0.06} = 3111.325\text{万元}\end{aligned}$$

$$\begin{aligned}\mathrm{NPV}(6\%)_{北} &= 1200\text{万元}+1030\text{万元}+\frac{0.8\text{万元}+1\text{万元}\times\left(\dfrac{A}{F},6\%,3\right)+4.5\text{万元}\times\left(\dfrac{A}{F},6\%,10\right)}{6\%}\\ &= 2230\text{万元}+\frac{0.8\text{万元}+0.3141\text{万元}+0.3415\text{万元}}{0.06} = 2254.26\text{万元}\end{aligned}$$

$$\mathrm{NPV}(6\%)_{南} - \mathrm{NPV}(6\%)_{北} = 3111.325\text{万元} - 2254.26\text{万元} = 857.065\text{万元}$$

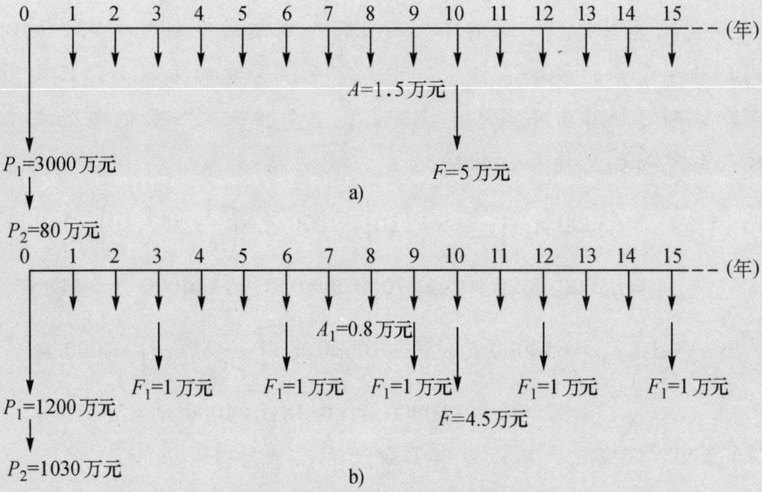

图 6-3　建桥用现金流量图

a）南桥　b）北桥

结果表明，建北桥（桁架桥）可以节省 857.065 万元，所以选建北桥方案。

【例 6-10】 有两种疏浚灌溉渠道的技术方案：一种是用挖泥机清除渠底淤泥，另一种在渠底铺设永久性混凝土板，数据如表 6-8 所示。利率为 5%，试比较两个方案的优劣。

表 6-8　两种技术方案数据　　（单位：元）

方案 A	费用	方案 B	费用
购买挖泥设备（寿命 10 年）	65000	河底混凝土板（无限寿命）	650000
挖泥设备残值	7000	年维护费	1000
挖泥作业年经营费用	22000	混凝土板维修（5 年一次）	10000
控制水草年度费用	12000		

解：绘制现金流量图，如图 6-4 所示。

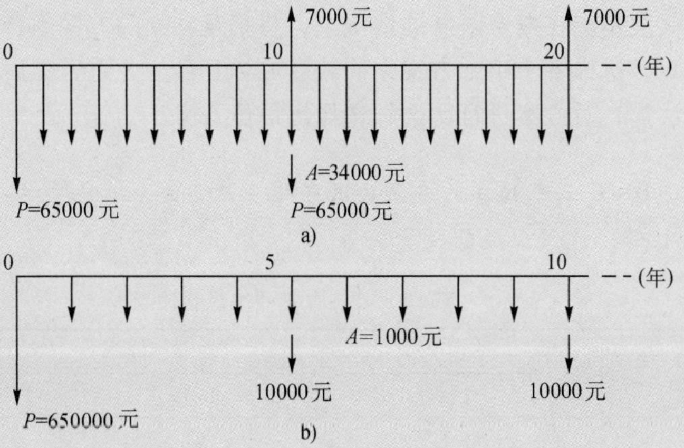

图 6-4　疏浚灌溉渠道现金流量图

a）方案 A　b）方案 B

方案 A 的现金流量图属于无限循环，而且每个周期的现金流量完全相同。因此，只需计算一个周期的年金等额成本即可。对于具有无限寿命的方案 B，只要用它的初始投资乘以上年利率，即可换算出年成本。换言之，永久性一次投资的年金成本只不过是一次投资的每年的利息而已。计算公式为

$$\mathrm{NAV}(5\%)_{\mathrm{A}}=65000\text{ 元}\times\left(\frac{A}{P},5\%,10\right)-7000\text{ 元}\times\left(\frac{A}{F},5\%,10\right)+34000\text{ 元}$$

$$=65000\text{ 元}\times0.1295-7000\text{ 元}\times0.0795+34000\text{ 元}=41861\text{ 元}$$

$$\mathrm{NAV}(5\%)_{\mathrm{B}}=650000\text{ 元}\times5\%+10000\text{ 元}\times\left(\frac{A}{F},5\%,5\right)+1000\text{ 元}$$

$$=32500\text{ 元}+10000\text{ 元}\times0.1810+1000\text{ 元}=35310\text{ 元}$$

$\mathrm{NPV}(5\%)_{\mathrm{B}}<\mathrm{NPV}(5\%)_{\mathrm{A}}$，所以方案 B 优于方案 A。

第四节　独立方案的比较与选择

一、资金不限情况下独立方案的比较与选择

当企业或投资部门有足够的资金可供使用，此时独立方案的比较与选择可以采用单个方案评价判据，即 NPV>0 或内部收益率 $i>i_c$ 时，方案可以采纳。否则，不符合这些条件的方案应该放弃。

二、资金有限情况下独立方案的比较与选择

在大多数情况下资金总是有限的，因而不能实施所有可行的方案。这时问题的实质是排列方案的优先次序，使净收益大的方案被优先采纳，以求取得最大的经济效益。

1. 独立方案互斥化法

独立方案互斥化法是指在资金限制的情况下，将相互独立的方案组合成总投资额不超过投资限额的组合方案，这样各个组合方案之间就变成了互斥的关系，然后利用互斥方案的比选方法，如净现值法等，对方案进行比选，选择出最佳方案。

【例 6-11】 有 A、B、C 三个独立的方案，其净现金流量如表 6-9 所示。已知总投资限额为 800 万元，$i_c=10\%$，试做出最佳投资决策。

表 6-9　A、B、C 三方案的净现金流量　　（单位：万元）

方　案	年　份		
	1	2~10	11
A	-350	62	80
B	-200	39	51
C	-420	76	97

解：首先计算三个方案的净现值。计算公式为

$$NPV_A=-350\text{万元}\times\left(\frac{P}{F},10\%,1\right)+62\text{万元}\times\left(\frac{P}{A},10\%,9\right)\left(\frac{P}{F},10\%,1\right)+80\text{万元}\times\left(\frac{P}{F},10\%,11\right)$$

$$=-350\text{万元}\times0.9091+62\text{万元}\times5.7590\times0.9091+80\text{万元}\times0.3505$$

$$=34.46\text{万元}$$

$$NPV_B=-200\text{万元}\times\left(\frac{P}{F},10\%,1\right)+39\text{万元}\times\left(\frac{P}{A},10\%,9\right)\left(\frac{P}{F},10\%,1\right)+51\text{万元}\times\left(\frac{P}{F},10\%,11\right)$$

$$=-200\text{万元}\times0.9091+39\text{万元}\times5.7590\times0.9091+51\text{万元}\times0.3505$$

$$=40.24\text{万元}$$

$$NPV_C=-420\text{万元}\times\left(\frac{P}{F},10\%,1\right)+76\text{万元}\times\left(\frac{P}{A},10\%,9\right)\left(\frac{P}{F},10\%,1\right)+97\text{万元}\times\left(\frac{P}{F},10\%,11\right)$$

$$=-420\text{万元}\times0.9091+76\text{万元}\times5.7590\times0.9091+97\text{万元}\times0.3505$$

$$=50.08\text{万元}$$

但现在由于总投资额要限制在800万元内，而A、B、C三个方案加在一起的总投资额为970万元，超过了投资限额，因而不能同时实施。

这里采用独立方案互斥化法来进行投资决策，其步骤如下：

首先，列出不超过总投资限额的所有组合投资方案，则这些组合方案之间具有互斥的关系。

其次，将各组合方案按投资额大小顺序排列，分别计算各组合方案之间的净现值，以净现值最大的组合方案为最佳方案。详细计算过程如表6-10所示。

表6-10　用净现值法比选最佳组合方案　　（单位：万元）

序　号	组合方案	总投资额	净现值	结　论
1	B	200	40.24	
2	A	350	34.46	
3	C	420	50.08	
4	AB	550	74.70	
5	BC	620	90.32	最佳
6	AC	770	84.54	

计算结果表明，方案B与方案C的组合BC为最佳投资组合方案，也即投资决策为投资方案B与C。

2. 净现值率排序法

所谓净现值率排序法，是指将净现值率大于或等于零的各个方案按净现值率的大小依次排序，并依此次序选取方案，直至所选取的方案组合的投资总额最大限度地接近或等于投资限额为止。

【例 6-12】 根据例 6-11 的资料，试利用净现值率排序法做出最佳投资决策。

解：首先计算 A、B、C 三个方案的净现值率，计算结果为

$$NPVR_A = 10.83\%$$

$$NPVR_B = 22.13\%$$

$$NPVR_C = 13.12\%$$

然后将各方案按净现值率从大到小顺序排序，结果如表 6-11 所示。

表 6-11 A、B、C 三个方案的 NPVR 排序表 （单位：万元）

方案	净现值率	投资额	累计投资额
B	22.13%	200	200
C	13.12%	420	620
A	10.83%	350	970

根据表 6-11 可知，方案的选择顺序是 B→C→A，由于资金限制为 800 万元，故最佳投资决策为方案 B 与方案 C 的组合。

在对具有资金限制的独立方案进行比选时，独立方案互斥化法和净现值率排序法各有其优劣。独立方案互斥化法的优点是在各种情况下均能保证获得最佳组合方案；缺点是在方案数目较多时，其计算比较烦琐。净现值率排序法的优点是计算简便，选择方法简明扼要；缺点是由于投资方案的不可分性，经常会出现资金没有被充分利用的情况，因而不一定能保证获得最佳组合方案。因此，在实际应用中应该综合考虑各种因素，选用适当的方法进行方案比较。

第五节 一般相关方案的比较与选择

一般相关方案是指各方案的现金流量之间相互影响，如果接受（或拒绝）某一方案就会对其他方案的现金流量产生一定的影响，进而会影响到其他方案的接受（或拒绝）。

对一般相关方案进行比选的方法很多，这里只介绍一种常用的方法——组合互斥方案法。其基本步骤如下：

1）确定方案之间的相关性，对其现金流量之间的相互影响做出准确的估计。

2）对现金流量之间具有正的影响的方案，等同于独立方案看待；对相互之间具有负的影响的方案，等同于互斥方案看待。

3）根据方案之间的关系，把方案组合成互斥的组合方案，然后按照互斥方案的评价方法对组合方案进行比选。

【例 6-13】 为了满足运输要求，有关部门分别提出要求在某两地之间建一铁路项目和（或）一公路项目。只建一个项目的净现金流量如表 6-12 所示；若两个项目都建，由于货运分流的影响，两个项目都将减少净收益，其净现金流量如表 6-13 所示。当 $i_c = 10\%$ 时，应如何决策？

表 6-12　只建一个项目的净现金流量　（单位：百万元）

方　案	年　份			
	0	1	2	3～32
铁路（A）	-200	-200	-200	100
公路（B）	-100	-100	-100	60

表 6-13　两个项目都建的净现金流量　（单位：百万元）

方　案	年　份			
	0	1	2	3～32
铁路（A）	-200	-200	-200	80
公路（B）	-100	-100	-100	35
两个项目合计（A+B）	-300	-300	-300	115

解：先将两个相关方案组合成三个互斥方案，再分别计算其净现值，结果如表 6-14 所示。

表 6-14　组合方案及其净现值表　（单位：百万元）

方　案	年　份				
	0	1	2	3～32	NPV
铁路（A）	-200	-200	-200	100	231.94
公路（B）	-100	-100	-100	60	193.87
两个项目合计（A+B）	-300	-300	-300	115	175.24

根据净现值最大的评价标准，在三个互斥方案中，$NPV_A > NPV_B > NPV_{A+B} > 0$，故方案 A 为最优可行方案。

本章小结

本章主要讲述了现金流量法的第二部分——多方案评价。在进行多方案比较与选择时，要分析各备选方案相互之间的关系，然后根据方案之间的关系选择合理的比选方法。一般按性质的不同，技术方案可分为互斥方案、独立方案和相关方案；按照计算期的不同，可分为计算期相同的方案、计算期不同的方案和无限寿命方案。各种类型的方案为了进行有效的比选，都应转化为互斥方案。

复习题

1. 不同类型的技术方案如何进行比较与选择？

2. 已知 A、B 为两个独立项目方案，其净现金流量如表 6-15 所示。若基准贴现率为 12%，试按净现值和内部收益率指标判断它们的经济性。

表 6-15　A、B 方案净现金流量　　（单位：万元）

方案	年份			
	0	1	2	3~8
A	-120	20	22	25
B	-50	10	12	15

3. 若两个互斥方案 A 和 B，其计算期分别为 4 年和 12 年。假设基准折现率为 10%，A 方案投资 500 万元，B 方案投资 1700 万元，A 方案的净现值是 98 万元，B 方案的净现值是 250 万元，则较优方案是哪个？

4. 采用设备甲和设备乙效果相同。设备甲的初始费用为 9000 元，在 6 年使用寿命结束时没有残值，年度运营费为 5000 元；设备乙的初始费用为 16000 元，在 9 年的经济寿命结束时可转卖 4000 元，年度运行费为 4000 元，折现率为 10%。项目应该采用哪个方案？

5. 已知 A、B 为两个互斥项目方案，其有关资料如表 6-16 所示。在基准收益率为 15%时，哪个方案为优？

表 6-16　A、B 方案的有关资料

方案	初始投资（万元）	年收入（万元）	年支出（万元）	经济寿命（年）
A	3000	1800	800	5
B	3650	2200	1000	10

6. 某建设项目有 A、B、C 三个互斥方案，寿命均为 10 年，基准收益率为 10%，有关数据如表 6-17 所示。哪个方案是最佳方案？

表 6-17　三个方案的有关数据

方案	投资（万元）	内部收益率	增量内部收益率
A	700	14%	
B	880	12%	$\Delta IRR_{(B-A)} = 14.5\%$
C	1090	15%	$\Delta IRR_{(C-B)} = 8.5\%$

7. 某项目互斥方案 1、2 的计算期分别为 5 年和 3 年，各自计算期内的净现金流量如表 6-18 所示（$i_c = 12\%$）。用净年值法评价，试计算哪个方案较优。

表 6-18　方案 1、2 的净现金流量　　（单位：万元）

各年年末	0	1	2	3	4	5
方案 1	-300	80	88	96	106	121
方案 2	-100	35	42	51		
现值系数（$i_c = 12\%$）	1.000	0.8929	0.7972	0.7118	0.6355	0.5674

8. 某企业可供选择的项目有三个，项目 1 和项目 2 是互斥关系，项目 3 与项目 1 和项目 2 分别是独立关系。各项目有关数据如表 6-19 所示。若基准收益率为 10%，企业应如何选择方案？

表 6-19　三个项目的有关数据

项　　目	项目 1	项目 2	项目 3
初始投资（万元）	3000	5000	6000
每年年末净收益（万元）	1300	1450	1400
估计寿命（年）	4	6	8

9. 拟建运动看台，设计部门提出两个方案：甲方案为钢筋混凝土建造，投资 35 万元，每年保养费为 2000 元；乙方案为木造，其中以泥土填实，投资 20 万元，以后每 3 年油漆一次需 1 万元，每 12 年更换座位需 4 万元，每 36 年全部木造部分拆除更新需 10 万元，其中泥土部分不变。利率为 5%，在永久使用的情况下，哪个方案更经济？

第七章 不确定性分析

学习要点及目标

1. 掌握不确性分析的基本概念。
2. 了解不确定性产生的原因及不确定性与风险的微小差别。
3. 掌握盈亏平衡分析。
4. 掌握单因素敏感性分析的方法，了解多因素敏感性分析的方法。
5. 掌握概率分析的方法。

第一节 不确定性分析的基本概念

工程项目的评价和决策人员要对工程项目进行经济评价或投资决策，就必须采用大量的数据，而被采用的数据大部分来自对工程项目未来情况的估计和预测，如投资额、利率、建设年限、建设项目的经济寿命、产量、价格、成本、收益等。这些数据在很大程度上是不确定的，原因是对工程项目估计和预测的结果可能与未来的实际情况有较大的出入，甚至有时难以估计和预测出工程项目中各种变量未来的变化情况，这就产生了对工程项目未来情况的不确定性问题。

产生不确定性问题的因素很多，这些因素发生变化，就会对建设项目方案的未来经济效果产生影响。因此，在对工程项目进行经济评价或投资决策时，应对工程项目投资方案中的各个不确定因素进行分析，对工程项目的未来情况了然于胸，并采取相应的措施。

一、不确定性分析的含义

对工程项目投资方案进行不确定性分析（Uncertainty Analysis），就是对工程项目未来将要发生的情况加以掌握，分析这些不确定因素在什么范围内变化，以及这些不确定因素的变化对方案的技术经济效果的影响程度如何，即计算和分析工程项目不确定因素的假想变动对方案技术经济效果评价的影响程度。

对工程项目不确定因素的变化进行综合分析，就可以对工程项目的技术经济效果是否可接受做出评价，提出具体的论证结果或修改方案的建议和意见，从而做出比较切合实际的方案评价或投资决策。同时，通过不确定性分析还可以预测工程项目投资方案对某些不可预见的政治与经济风险的抗冲击能力，从而说明建设项目的可靠性和稳定性，尽量弄清和减少不确定性因素对建设项目的经济效益和影响，避免投产后不能获得预期利润和收益的情况发生，避免企业出现亏损状态。因此，为了有效地减少不确定性因素对项目经济效果的影响，提高项目的风险防范能力，进而提高项目投资决策的科学性和可靠性，除了对项目进行确定性分析外，还很有必要对建设项目进行不确定性分析。

严格来讲，这里所说的不确定性分析包含两个内容：不确定性分析和风险分析。也就是说，从根本上讲，不确定性和风险是不同的。美国经济学家富兰克·奈特（Frank Knight）认为，风险是“可测定的不确定性”，而“不可测定的不确定性”才是真正意义上的不确定性。日本学者武井勋归纳出风险定义本身应具有三个基本因素：①风险与不确定性有差异；②风险是客观存在的；③风险可以被测算。在此基础上，武井勋提出了风险的定义：“风险（Risk）是在特定环境中和特定期间内自身存在的导致经济损失的变化。”因此，工程项目风险分析就是分析工程项目在其环境中和生命周期内自然存在的导致经济损失的变化；而工程项目不确定性分析就是对项目风险大小的分析，即分析工程项目在其存在的时空内自然存在的导致经济损失的变化的可能性及其变化程度。

虽然分析了不确定性分析和风险分析的区别，但是，从工程项目经济评价的实践角度来看，将两者严格区分开来的实际意义并不大。因此，一般习惯于将不确定性分析和风险分析统称为不确定性分析，并将其概括为分析和研究由于不确定因素的变化所引起的工程项目经济效益指标的变化和变化程度。

二、不确定性产生的原因

在一般情况下，产生不确定性的主要原因如下：

（1）项目数据的统计偏差　这是指由于原始统计上的误差、统计样本点的不足、公式或模型套用不合理等造成的误差。比如，工程项目固定资产投资和流动资金是项目经济评价中重要的基础数据，但在实际中，往往会由于各种原因而高估或低估了它的数额，从而影响项目经济评价的结果。

（2）通货膨胀　通货膨胀的存在会产生物价的浮动，从而会影响工程项目经济评价中所采用的价格，进而导致诸如年经营收益、年经营成本等数据与实际发生偏差。

（3）技术进步　技术进步引起新老产品和工艺的替代，这样，根据原有技术条件和生产所估计出的年经营成本、收益等指标就会与实际发生偏差。

（4）市场供求结构的变化　市场供求结构的变化会影响产品的市场供求状况，进而对某些指标值产生影响。

（5）其他外部影响因素　例如，政府政策的变化、新的法律法规的颁布、国际政治经济形势的变化等，均会对项目的经济效果产生一定的甚至难以预料的影响。

当然，还有其他一些影响因素。在工程项目经济评价中，如果想全面分析这些因素的变化对项目经济效果的影响是十分困难的。因此，在实际工作中，往往要着重分析和把握那些对工程项目影响较大的关键因素，以期取得较好的结果。

三、不确定性分析的方法和内容

不确定分析包括盈亏平衡分析、敏感性分析和概率分析三种方法，其内容各有不同。

对工程项目进行不确定性分析的方法和内容要综合考虑工程项目的类型、特点、决策者的要求、相应的人力财力以及项目对国民经济的影响程度等条件后来选择。一般来讲，盈亏平衡分析只适用于工程项目的财务评价，而敏感性分析和概率分析可以同时用于财务评价和国民经济评价。

第二节　盈亏平衡分析

工程项目的盈亏平衡分析（Breakeven Analysis）又称为损益平衡分析，它是根据项目正常生产年份的产品产量（或销售量）、变动成本、固定成本、产品价格和销售税金等数据，确定项目的盈亏平衡点（Break-Even Point，BEP），即盈利为零时的临界值，通过 BEP 分析项目的成本与收益的平衡关系的一种方法。它也是在工程项目不确定性分析中常用的一种方法。

投资项目的经济效果受到许多因素的影响，当这些因素发生变化时，可能会导致原来盈利的项目变为亏损项目。盈亏平衡分析的目的就是找出这种由盈利到亏损的临界点，据此判断项目风险的大小及项目对风险的承受能力，为投资决策提供科学依据。

盈亏平衡分析模型，按成本、销售收入与产量之间是否呈线性关系，可分为线性盈亏平衡分析和非线性盈亏平衡分析；按是否考虑时间因素，又可分为静态盈亏平衡分析和动态盈亏平衡分析。

一、盈亏平衡点及其确定

在项目盈亏平衡分析中，首先要做的就是盈亏平衡点（BEP）的确定，然后据此来分析和判断项目风险的大小。所谓盈亏平衡点，就是项目盈利与亏损的分界点。它标志着项目不盈不亏的生产经营临界水平，反映了在达到一定的生产经营水平时，该项目的收益与成本的平衡关系。盈亏平衡点通常用产量来表示，也可以用生产能力利用率、销售收入或产品单价来表示。

盈亏平衡点的确定，主要是根据其定义来进行的。

根据盈亏平衡点的定义，在盈亏平衡点处，项目处于不盈不亏的状态，也即项目的收益与成本相等。用公式表示为

$$\mathrm{TR}=\mathrm{TC} \tag{7-1}$$

式中　TR——项目的总收益；

　　　TC——项目的总成本。

由于 TR 和 TC 通常都是产品产量的函数，因此由式（7-1）即可求出项目在盈亏平衡点

处的产量 Q^*，它也可以称为盈亏平衡产量或最低经济产量。

【例 7-1】　某新建项目生产一种电子产品，根据市场预测估计每件售价为 500 元，已知该产品的单位产品变动成本为 400 元，固定成本为 150 万元，试求该项目的盈亏平衡产量。

解：根据收益、成本与产量的关系可有

$$TR = PQ = 500Q$$

$$\begin{aligned} TC &= \text{固定成本}+\text{变动成本}=\text{固定成本}+\text{单位产品变动成本}\times\text{产量} \\ &= 1500000+400Q \end{aligned}$$

设该项目的盈亏平衡产量为 Q^*，则当产量为 Q^* 时应有 TR=TC

即
$$500Q^* = 1500000+400Q^*$$

则
$$Q^* = 15000 \text{ 元}$$

盈亏平衡点反映了项目对市场变化的适应能力和抗风险能力，项目的盈亏平衡点越低，它适应市场变化的能力就越强，抗风险能力也就越强。以盈亏平衡产量为例，如果一个项目的盈亏平衡产量比较低，那么在项目投产后，只要销售少量产品就可以保本。这样，只要市场不发生很大的变化，其实际销售量就很有可能超过这个比较低的盈亏平衡产量，从而使项目产生盈利。因此，也可以说，盈亏平衡点的高低反映了项目风险性的大小。

二、线性盈亏平衡分析

视频讲解：
线性盈亏平衡分析

在企业中，一般将收益看成是产品的单价与销售量的乘积，尽管产品产量可以在相当大的范围内变动，但收益基本上是呈直线变化的。成本包括变动成本和固定成本。变动成本和产量成正比，固定成本不随产量而变化，则成本与产量也是线性关系。那么，在对项目做盈亏平衡分析时，如果项目的收益与成本均为产量的线性函数，就称为线性盈亏平衡分析。此时，产品的产量、固定成本、变动成本、销售收入、利润之间的关系如图 7-1 所示。

线性盈亏平衡分析一般是基于以下三个假设条件进行的：①产品的产量与销售量是一致的；②单位产品的价格保持不变；③成本分为变动成本与固定成本，其中变动成本与产量成正比例关系，固定成本与产量无关，保持不变。

线性盈亏平衡分析的方法一般有图解法和解析法两种。

1. 图解法

图解法即画盈亏平衡图（图 7-1），它是线性盈亏平衡分析中常用的一种方法。其基本步骤如下：

1）画出坐标图，以横轴表示产量，纵轴表示收益或成本。

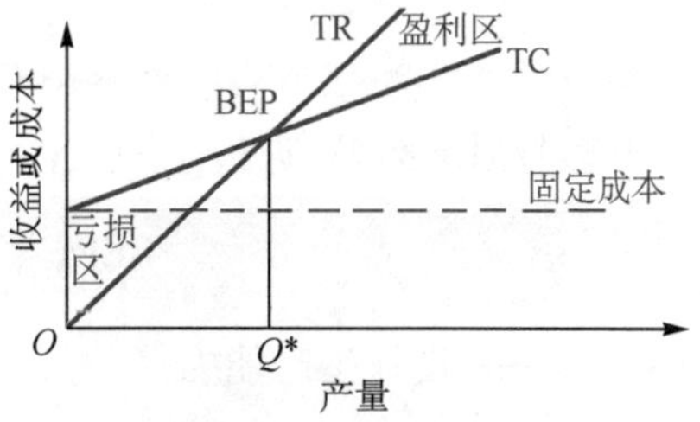

图 7-1　盈亏平衡图

2）以原点为起点，按照下面的公式求出 TR 后，在坐标图上画出收益线。计算公式为

TR=(单位产品价格-单位产品销售税金及附加)×产量

3）画出固定成本线。由于前面假定固定成本不随产量的变化而变动，因此固定成本线是一条与横轴平行的水平线。

4）以固定成本与纵轴的交点为起点，按照下面的公式求出 TC 后，在坐标图上画出成本线。计算公式为

TC=固定成本+变动成本=固定成本+单位产品变动成本×产量

5）坐标内的三条线即组成了盈亏平衡图。收益线与成本线的交点即为盈亏平衡点，盈亏平衡点对应的产量即为盈亏平衡产量 Q^*。

从盈亏平衡图可以看出，当产量水平低于盈亏平衡产量 Q^* 时，TR 线在 TC 线的下方，项目是亏损的；当产量水平高于盈亏平衡产量 Q^* 时，TR 线在 TC 线的上方，项目是盈利的。盈亏平衡点越低，达到此点的盈亏平衡产量和收益与成本也就越少，因而项目的盈利机会就越大，亏损的风险就越小。

2. 解析法

解析法是通过数学解析方法计算出盈亏平衡点的一种方法。根据盈亏平衡点的概念，当项目达到盈亏平衡状态时，其收益与成本正好相等，即

$$\mathrm{TR}=\mathrm{TC}$$

根据线性盈亏平衡分析的三个假设，有

$$\mathrm{TR}=(P-t)Q$$

式中 P——单位产品价格；

t——单位产品销售税金及附加；

Q——产品产量（销售量）。

$$\mathrm{TC}=C_\mathrm{f}+C_\mathrm{v}Q$$

式中 C_f——固定成本；

C_v——单位产品变动成本。

设盈亏平衡产量为 Q^*，则当 $Q=Q^*$ 时，有 TR=TC，即

$$(P-t)Q^*=C_\mathrm{f}+C_\mathrm{v}Q^*$$

可解得

$$Q^*=\frac{C_\mathrm{f}}{P-t-C_\mathrm{v}} \tag{7-2}$$

盈亏平衡点除经常用产量表示外，还可以用生产能力利用率、单位产品价格等指标来表示。其具体计算公式为

$$\mathrm{BEP}(\text{生产能力利用率})=\frac{Q^*}{Q_0}\times 100\% \tag{7-3}$$

式中 Q_0——设计生产能力。

$$\mathrm{BEP}(\text{单位产品价格})=\frac{C_\mathrm{f}}{Q_0}+C_\mathrm{v}+t \tag{7-4}$$

【例 7-2】 某项目设计生产能力为年产 50 万件产品，根据资料分析，估计单位产品价格为 100 元，单位产品变动成本为 80 元，固定成本为 300 万元，试用产量、生产能力利用率、单位产品价格分别表示项目的盈亏平衡点。已知该产品销售税金及附加的合并税率为 5%。

解：(1) 求 Q^* 根据题中所给条件，可有

$$t=P\times5\%=100\text{ 元/件}\times5\%=5\text{ 元/件}$$

$$\text{TR}=(P-t)Q=(100-5)Q=95Q$$

$$\text{TC}=C_f+C_vQ=3000000+80Q$$

因为 TR=TC，且 $Q=Q^*$，所以有

$$95Q^*=3000000+80Q^*$$

解得 $Q^*=200000$ 件

(2) $\text{BEP}（\text{生产能力利用率}）=\dfrac{200000\text{ 件}}{500000\text{ 件}}\times100\%=40\%$

(3) $(P-P\times5\%)\times500000\text{ 件}=3000000\text{ 元}+80\text{ 元/件}\times500000\text{ 件}$

解得 BEP(单位产品价格)= 90.53 元/件

从项目盈利及承受风险的角度出发，其 BEP（生产能力利用率）越小，BEP（单位产品价格）越低，则项目的盈利能力就越强，抗风险能力也就越强。

三、非线性盈亏平衡分析

在实际生产经营过程中，产品的销售收入与销售量之间、成本费用与产量之间，并不一定呈现线性关系。比如，当项目的产量在市场中占有较大份额时，其产量的高低可能会明显影响市场的供求关系，从而使得市场价格发生变化。又如，根据报酬递减规律，变动成本随着生产规格的不同而与产量呈非线性的关系；在生产中还有一些辅助性的生产费用（通常称为半变动成本）随着产量的变化而呈梯形分布。由于这些原因，产品的销售收入和总成本与产量之间存在着非线性关系，在这种情况下进行的盈亏平衡分析称为非线性盈亏平衡分析。

非线性盈亏分析的基本过程如下（图 7-2）。

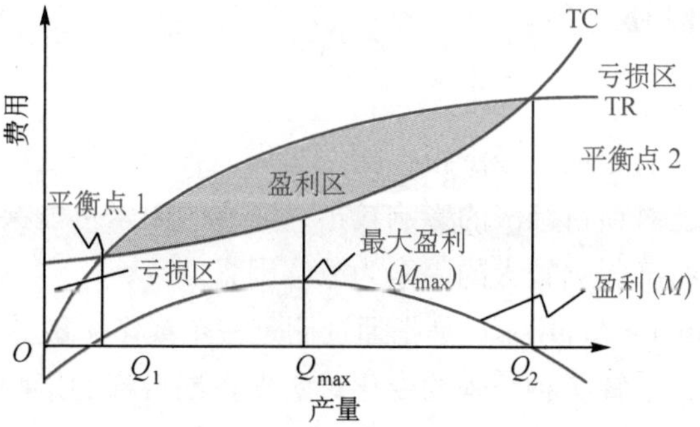

图 7-2 非线性盈亏平衡分析

在图 7-2 中，当产量 Q 小于 Q_1 或大于 Q_2 时，项目都处于亏损状态；只有当产量处于 $Q_1 \leqslant Q \leqslant Q_2$ 时，项目才处在盈利区域。因此，Q_1 和 Q_2 是项目的两个盈亏平衡点。其解法如下：

假设产品的产量等于其销售量，均为 Q，则产品的销售收益和总成本与产量的关系可表示为

$$\mathrm{TR}(Q) = a_1 Q^2 + b_1 Q + c_1$$

$$\mathrm{TC}(Q) = a_2 Q^2 + b_2 Q + c_2$$

式中　a_1，b_1，c_1，a_2，b_2，c_2——系数。

根据盈亏平衡点的定义

$$\mathrm{TR}(Q) = \mathrm{TC}(Q)$$

代入整理后得到

$$(a_1 - a_2) Q^2 + (b_1 - b_2) Q + (c_1 - c_2) = 0$$

解此一元二次方程，得到两个解分别为 Q_1 和 Q_2，也即求出了项目盈亏平衡点的产量。

另外，根据利润的表达式

$$\text{利润} = \text{收益} - \text{成本} = \mathrm{TR} - \mathrm{TC}$$

通过求上式对产量的一阶导数并令其等于零，即

$$\frac{\mathrm{d}[\mathrm{TR} - \mathrm{TC}]}{\mathrm{d}Q} = 0$$

还可以求出使得利润为最大的产量水平 $Q_{\max}$，$Q_{\max}$ 又称为最大盈利点。

盈亏平衡分析虽然能够度量项目风险的大小，但并不能提示产生项目风险的根源。比如，虽然知道降低盈亏平衡点就可以降低项目的风险，提高项目的安全性，也知道降低盈亏平衡点可采取降低固定成本的方法，但是如何降低固定成本，应该采取哪些可行的方法或通过哪些有利的途径来达到这个目的，盈亏平衡分析并没有给我们答案，还需采用其他一些方法来帮助实现这个目标。因此，在应用盈亏平衡分析时，应注意使用的场合及想要达到的目的，以便能够正确地运用这种方法。

第三节　敏感性分析

一、敏感性分析概述

1. 敏感性分析的含义

不确定因素的变化会引起项目经济指标随之变化，各个不确定因素对经济指标的影响是不一样的，有的因素可能对项目经济的影响较小，而有的因素可能会给项目经济带来大幅度变动，故称这些对项目经济影响较大的因素为敏感因素。

敏感性分析（Sensitivity Analysis）是指通过测定一个或多个敏感因素的变化所导致的决策评价指标的变化幅度，了解各种因素的变化对实现预期目标的影响程度，从而对外部条件发生不利变化的投资建设方案的承受能力做出判断。

对敏感性分析应注意以下三个方面的问题：

1）敏感性分析是针对某一个（或几个）效益指标而言来找其对应的敏感因素，即具有针对性。

2）必须有一个定性（或定量）的指标来反映敏感因素对效益指标的影响程度。

3）做出因这些因素变动对投资方案承受能力的判断。

在建设项目计算期内，不确定因素主要有产品生产成本、产量（生产负荷）、主要原材料价格、燃料或动力价格、变动成本、固定资产投资、建设周期、外汇汇率等。

敏感性分析的作用是能使决策者了解不确定因素对项目经济评价指标的影响，并使决策者对最敏感的因素或可能产生最不利变化的因素提出相应的决策和预防措施，还可启发评价者重新进行分析研究，以提高预测的可靠性，其特点是方法简单、易掌握。

2. 敏感性分析的一般步骤

（1）确定要进行敏感性分析的具体经济评价指标　这些评价指标必须根据投资项目的特点和实际需要来确定，一般选择最能反映经济效益的综合性评价指标作为分析（或）评价的对象。例如，内部收益率、投资回收期、净现值等都可以作为敏感性分析的指标。由于敏感性分析是在确定性分析的基础上进行的，因此一般不能超出确定性分析所用的指标范围另立指标。当确定性经济分析中使用的指标较多时，敏感性分析可能围绕其中一个（或若干个）最重要的指标进行。

（2）选择对评价指标有影响的不确定因素，并设定这些因素的变动范围　一般从两方面考虑：一方面是预计这些因素在可能的变化范围内，对投资效果影响较大；另一方面是这些因素发生变化的可能性较大，如项目总投资、经营成本等。

（3）计算各个不确定因素对经济评价指标的影响程度　首先固定其他因素，变动其中一个（或多个）不确定因素，并按一定的变化幅度改变其数值，然后计算这种变化对经济评价指标的影响数值，最后将其与该指标的原始数值相比较，得出该指标的变化率。用公式表示为

$$\text{变化率}(\beta)=\frac{|\text{评价指标变化幅度}|}{|\text{变化因数变化幅度}|}=\frac{|\Delta Y_j|}{|\Delta X_i|}=\frac{\left|\dfrac{Y_{j1}-Y_{j0}}{Y_{j0}}\right|}{|\Delta X_i|} \tag{7-5}$$

式中　ΔX_i——第 i 个变化量因素的变化幅度（变化率）；

Y_{j1}——第 j 个指标受变量因素变化影响后所达到的指标值；

Y_{j0}——第 j 个指标未受变量因素变化影响时的指标值；

ΔY_j——第 j 个指标受变量因素变化影响时的差额度（变化率）。

具体确定因素敏感性大小的方法有两种：一种称为相对测定法，即假定需分析的因素均从基准值开始变动，各种因素每次变动幅度相同，比较每次变动对经济指标的影响效果；另一种称为绝对测定法，即假定某特定因素向降低投资效果的方向变动，并设该因素达到可能的悲观（最坏）值，然后计算方案的经济评价指标，看其是否已达到使项目在经济上不可行的程度，如果达到使该方案在经济上不可行的程度，则表明该因素为此方案的敏感因素。

（4）绘制敏感性分析图，并对方案进行综合分析，实施控制和弥补措施　敏感性分析

结果通常汇总编制敏感性分析表。根据分析表，以某个评价指标为纵坐标，以不确定因素的变化率为横坐标作敏感分析图，来确定敏感因素。这就使决策者和项目的经营者可结合不确定因素变化的可能性和预测这些因素变化对项目带来的风险，采取相应的控制和弥补措施。

二、单因素敏感性分析

单因素敏感性分析是就单个确定因素的变动对方案经济效果影响所做的分析。它可以表示为该因素按一定百分率变化时所得到的评价指标值，也可表示为评价指标达到临界点时某一因素变化的极限变化率或弹性容量。

【例7-3】　假定某公司计划修建一个小型商品混凝土搅拌站，估计生命周期为15年，计划年初一次性投资200万元，第2年年初投产，每天生产混凝土100m^3，每年可利用250天时间，混凝土售价估计为40元/m^3，混凝土的经营成本估计为10元/m^3。估计到期时设备残值为20万元，基准贴现率为15%，试就投资额、混凝土方量和混凝土价格三个影响因素对投资方案进行敏感性分析。

解：选择净现值为敏感分析对象，计算出项目在初始条件下的净现值。

现金流量如图7-3所示。

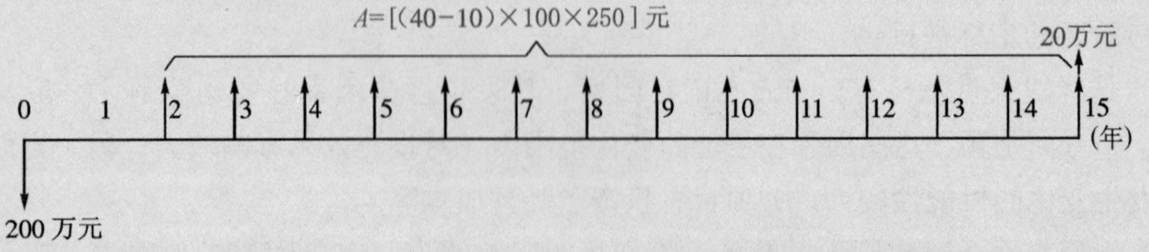

图7-3　混凝土搅拌站现金流量图

$$\begin{aligned}NPV_0 &= -200\times10^4\text{元}+100\text{m}^3/\text{天}\times250\text{天}\times(40\text{元}/\text{m}^3-10\text{元}/\text{m}^3)\times\\&\quad\left(\frac{P}{A},15\%,14\right)\left(\frac{P}{F},15\%,1\right)+20\times10^4\text{元}\times\left(\frac{P}{F},15\%,15\right)\\&=-200\times10^4\text{元}+75\times10^4\text{元}\times5.7245\times0.8696+20\times10^4\text{元}\times0.1229\\&=175.8\text{万元}\end{aligned}$$

从 NPV_0 可得出该项目的初始方案可行。

下面就投资额、混凝土方量和混凝土价格三个因素进行敏感性分析。设投资额变化率为 x；混凝土方量变化率为 y；混凝土价格变化率为 z，则项目在变动条件下的净现值用公式表示为

$$\begin{aligned}NPV &= -200\times10^4(1+x)+[100(1+y)\times250\times40(1+z)-100(1+y)\times250\times10]\times\\&\quad\left(\frac{P}{A},15\%,14\right)\left(\frac{P}{F},15\%,1\right)+20\times10^4\times\left(\frac{P}{F},15\%,15\right)\\&=-200\times10^4(1+x)+[100(1+y)\times250\times40(1+z)-100(1+y)\times250\times10]\times\\&\quad 5.7245\times0.8696+20\times10^4\times0.1229\end{aligned}$$

现在令其逐一在初始值的基础上按±10%、±20%的变化幅度变动，分别计算相应净现值的变化情况，得出结果如表 7-1 和图 7-4 所示。

表 7-1　单因素敏感性分析表　（单位：万元）

变化幅度	-20%	-10%	0	+10%	+20%	平均+1%	平均-1%
投资额	215.8	195.8	175.8	155.8	135.8	-1.14%	1.14%
混凝土价格	71.32	123.56	175.8	220.65	270.43	2.55%	-2.55%
混凝土方量	101.13	138.47	175.8	208.21	25.54	1.84%	-1.84%

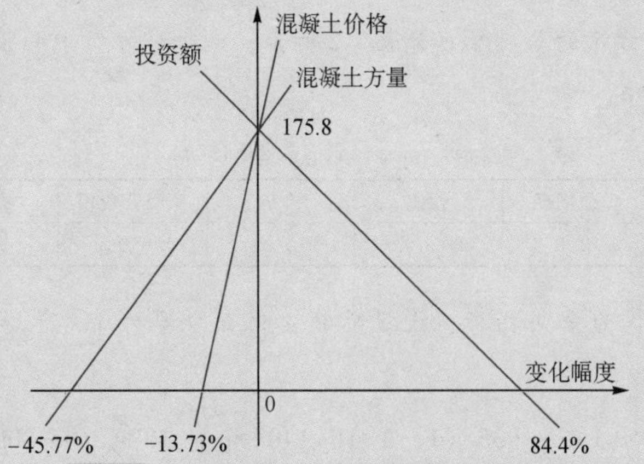

图 7-4　搅拌站敏感性分析图（单位：万元）

由表 7-1 和图 7-4 可以看出，在各个变量因素变化率相同的情况下，首先，混凝土价格的变动对 NPV 的影响最大。当其他因素均不发生变化时，混凝土价格每变化 1%，NPV 变化 2.55%；当混凝土价格下降幅度超过 13.73%，净现值将由正变为负，项目由可行变为不可行。其次，对 NPV 影响较大的因素是混凝土方量。在其他因素均不发生变化时，混凝土方量每变动 1%，NPV 将变动 1.84%。最后，对 NPV 影响较小的因素是投资额。当其他因素均不发生变化时，投资额上下浮动 1%，NPV 上下浮动 1.14%。由此可见，按净现值对各个因素的敏感程度排序依次是混凝土价格、混凝土方量、投资额。最敏感的因素是混凝土价格。这就要求决策者和经营者应对混凝土价格进行进一步更准确地测算。因为从项目的风险角度来讲，未来混凝土价格发生变化的可能性较大，就意味着这一项目的风险性较大。

三、多因素敏感性分析

在单因素敏感性分析中，当计算某个不确定因素对项目投资评价指标的影响时，是在其他影响因素均保持不变的前提下进行的，但实际中各种因素的变动可能存在着相互关联性，一个因素的变动往往会引起其他因素随之变动。如上例中的钢筋混凝土价格变化可能导致混凝十需求量的变化，投资额的变化可能导致设备残值的变化等。这时单因素敏感性分析就存在着一定的局限性，所以就应同时考虑多种因素变化的可能性，使敏感性分析更接近实际过程。这种考虑多种因素同时变化可能性的敏感性分析就是多因素敏感性分析。多因素敏感性分析要考虑被分析的各因素可能的不同变化幅度的多种组合，计算起来比单因素敏感性分析要复杂得多，一般可采用解析法和作图法相结合的方法进行分析。同时变化的因素不超过三个时，一般用作图法；当同时变化的因素超过三个时，就只能采用解析法。下面就双因素和三因素进行敏感性分析。

1. 双因素敏感性分析

双因素敏感性分析是指保持投资方案现金流量中其他的影响因素不变，每次考虑两个因素同时变化对方案效果的影响。其分析思路是首先通过单因素敏感性分析确定出两个关键因素，其次作出两个因素同时变化的分析图，最后对投资效果的影响进行分析。

【例 7-4】　某投资方案的基础数据如表 7-2 所示，试对该方案中的投资额和产品价格进行双因素敏感性分析。

表 7-2　投资方案基础数据

项目	初始投资额	生命周期	残值	价格	年经营费用	贴现率	年生产能力
数据	1200 万元	10 年	80 万元	35 元/台	140 万元	10%	10 万台

解：以净现值作为分析指标，设投资额变化百分率为 x，产品价格变化百分率为 y，则

$$\begin{aligned} NPV &= -1200\times(1+x)+[35\times(1+y)\times10-140]\times\left(\frac{P}{A},10\%,10\right)+80\left(\frac{P}{F},10\%,10\right) \\ &= -1200-1200x+(350+350y-140)\times6.1446+80\times0.3855 \\ &= 121.21-1200x+2150.61y \end{aligned}$$

取 NPV 的临界值，即令 NPV = 0，则

$$1200x = 121.21+2150.61y$$

$$x = 0.101+1.79y \text{（实际是一条线性函数）}$$

取 x 和 y 两因素的变动量均为 ±10% 和 ±20% 作图，得到如图 7-5 所示的双因素敏感性分析图。

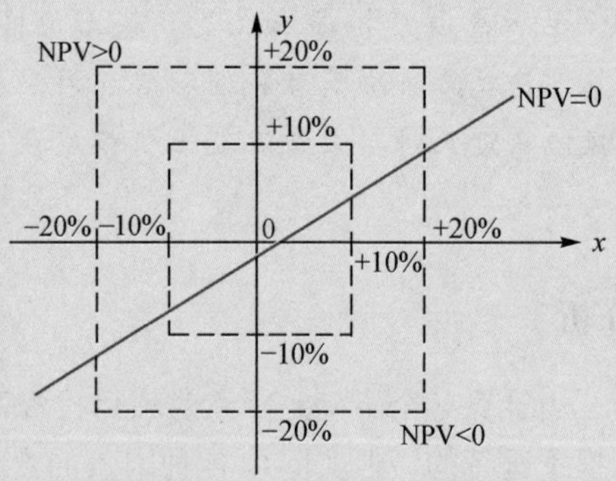

图 7-5　双因素敏感性分析图

从图 7-5 可以看出，$x = 0.101+1.79y$ 为 NPV = 0 临界线，当投资额与价格同时变动时，所影响的 NPV 值落在直线的右上方区域，投资方案可行；若落在临界线右下方的区域，表示 NPV<0，投资方案不可行；若落在临界线上，NPV = 0，方案勉强可行。还可

看出，在各个正方形内净现值小于0的面积所占整个正方形面积的比例反映了因素在此范围内变动时方案风险的大小。例如，在±10%的区域内，净现值小于0的面积约占整个正方形面积的20%，这就表明当投资额和价格在±10%的范围内同时变化时，方案盈利的可能性为80%，出现亏损的可能性为20%。

2. 其他多因素敏感性分析

当同时变化的因素很多时，构成的状态组合数目就多，这给计算带来很多麻烦。所以在这里就三个因素同时变化时进行敏感性分析。对多个因素进行敏感性分析一般采用降维的方法进行。所谓降维，就是把几个因素中的某一个因素依次取定值，来求其他因素相对应这些定值的临界线。

【例7-5】　根据例7-4的数据，该投资方案的投资额、产品价格和年经营费用三个因素同时变化对NPV进行敏感性分析。

解：设投资额变化率为 x，产品价格变化率为 y，产品年经营费用变化率为 z，则净现值表示为

$$NPV=-1200(1+x)+[35(1+y)\times10-140(1+z)]\times\left(\frac{P}{A},10\%,10\right)+80\left(\frac{P}{F},10\%,10\right)$$

分别取 z 为10%、20%、5%，并令 $NPV(z)=0$，按照上例的双因素变化进行计算，可得临界线为

$$NPV(z=5\%)=-1200x+2150.61y+78.19=0$$

$$y_5=0.558x-0.036$$

$$NPV(z=10\%)=-1200x+2150.61y+35.18=0$$

$$y_{10}=0.558x-0.016$$

$$NPV(z=20\%)=-1200x+2150.61y+50.84=0$$

$$y_{20}=0.558x+0.024$$

作出初始投资额、产品价格、年经营费用三因素同时变化的敏感性分析图，如图7-6所示。

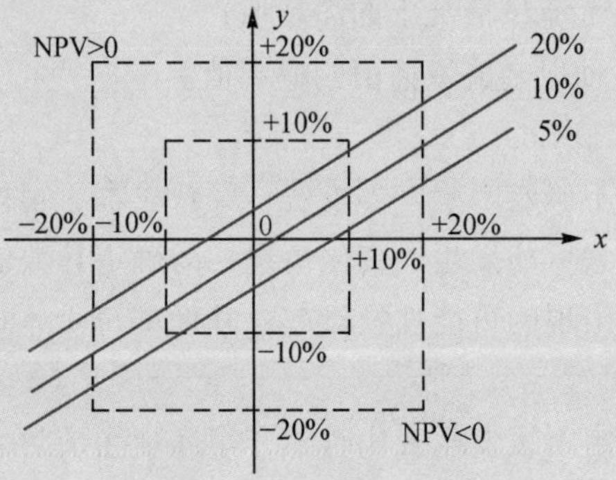

图7-6　三因素敏感性分析图

读者可试就投资额或产品价格确定几个定值，来分析三因素同时变化的敏感性。

第四节 概率分析

视频讲解：
概率分析

敏感性分析可指出项目评价指标对各不确定因素的敏感程度，找出敏感因素，但不能说明不确定因素发生变动情况的可能性大小，没有考虑不确定因素在未来发生的概率。因而如需进一步指明不确定因素的变化对项目经济评价指标的影响产生的可能性大小，敏感性分析便无能为力，这就需要借助概率分析。

概率分析（Probabilistic Analysis）又称风险分析，是利用概率研究和预测不确定因素对项目经济评价指标影响的一种定量分析法。其目的在于确定影响方案投资效果的关键因素及其可能变动的范围，并确定关键因素在此变动范围内的概率，然后计算经济评价指标的期望值及评价指标可行时的累计概率。概率分析法很多，常用的方法是计算项目净现值的期望值及净现值大于或等于零的累计概率。

以净现值指标的分析为例，设某方案的生命周期为 n 年，在各种不确定因素综合影响下，该方案的净现金流量序列呈 k 种状态，于是在第 j 种状态下，方案的净现值为

$$\mathrm{NPV}^{(j)}=\sum_{t=0}^{n}Y_t^{(j)}(1+i_0)^{-t} \tag{7-6}$$

其中

$$Y_t^{(j)}=\{Y_t \mid t=0,1,2,\cdots,n\},\quad j=1,2,\cdots,k \tag{7-7}$$

式中 Y_t——第 t 年的净现金流量；

k——自然数，其值为各个输入变量能取值的个数的连乘积。

假定 j 种状态发生概率是已知的，或可计算、预测的，且有 $\sum_{j=1}^{k}P_j=1$，于是方案净现值的期望值计算公式为

$$E(\mathrm{NPV})=\sum_{j=1}^{k}\mathrm{NPV}^{(j)}P_j \tag{7-8}$$

式中 $E(\mathrm{NPV})$——NPV 的期望值；

$\mathrm{NPV}^{(j)}$——各种现金流量情况下的净现值；

P_j——对应各种现金流量情况的概率值。

概率分析的一般计算步骤是：

1）列出各种应考虑的不确定因素，如投资、经营成本、销售价格等。

2）设想各种不确定因素可能发生的变化情况，即确定其数值发生变化个数。

3）分别确定各种情况出现的可能性及概率，并保证每个不确定因素可能发生情况的概率之和等于 1。

4）分别求出各种不确定因素发生变化时，方案净现金流量各状态发生的概率和相应状态下的净现值（NPV），然后求出净现值的期望值。

5）求出净现值大于或等于零的累计概率。

6）对概率分析结果做出说明。

【例 7-6】　某房地产开发项目的现金流量如表 7-3 所示；根据预测和经验判断，开发成本、租售收入（两者相互独立）可能发生的变化及其概率如表 7-4 所示。试对此项目进行概率分析，并求净现值大于或等于 0 的概率，取基准折现率为 12%。

表 7-3　现金流量　（单位：万元）

年　份	1	2	3	4	5
租售收入	1600	6400	8800	8800	8200
开发成本	4500	5900	6900	1800	200
其他支出				2500	3000
净现金流量	-2900	500	1900	4500	5000

表 7-4　因素变动及概率

变化幅度	-20%	0	+20%
租售收入	0.3	0.6	0.1
开发成本	0.1	0.4	0.5

解：参照以下步骤进行分析和计算：

1）欲分析的不确定因素为开发成本和租售收入。

2）这两个不确定因素可能发生的变化及其概率如表 7-4 所示。

3）利用概率树图列出本项目净现金流量序列的全部可能状态，共九种状态，如图 7-7 所示。

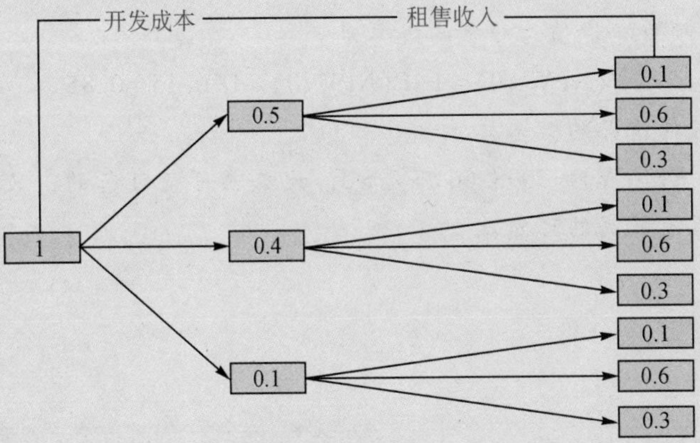

图 7-7　概率树图

4）分别计算项目净现金流量序列各状态的概率 $P_j(j=1,2,\cdots,9)$，即

$$P_1=0.5\times0.1=0.05$$

$$P_2=0.5\times0.6=0.30$$

其余类推，结果如表 7-5 所示。

5）分别计算各个状态下的项目净现值 $\mathrm{NPV}^{(j)}(j=1,2,\cdots,9)$，即

$$NPV^{(1)}=\sum_{t=1}^{5}(CI_t-CO_t)^{(1)}(1+12\%)^{-t}=7733.2\text{ 万元}$$

$$NPV^{(2)}=\sum_{t=1}^{5}(CI_t-CO_t)^{(2)}(1+12\%)^{-t}=2106.3\text{ 万元}$$

其余类推，结果如表7-5所示。

表7-5 净现值表

j	P_j	$NPV^{(j)}$（万元）	$NPV^{(j)}P_j$（万元）
1	0.05	7733.2	386.66
2	0.30	2106.3	631.89
3	0.15	-3054.7	-458.21
4	0.04	10602.7	424.11
5	0.24	5441.7	1306.01
6	0.12	280.8	33.70
7	0.01	13938.1	139.38
8	0.06	8777.2	526.63
9	0.03	3616.2	108.49
合计	1.00	49441.5	3098.66

6）计算加权净现值 $NPV^{(j)}P_j(j=1,2,\cdots,9)$，结果如表7-5所示。然后依式（7-8）求得项目净现值的期望值 $E(NPV)=3098.66$ 万元。

7）由此算得项目净现值为非负的概率为

$$P(NPV\geqslant 0)=1-P(NPV<0)=1-0.15=0.85$$

同理可计算任何情况的概率。

8）结论：因 $E(NPV)=3098.66$ 万元>0，故本项目是可行的；又因 $P(NPV\geqslant 0)=0.85$，说明项目具有较高的可靠性。

本章小结

本章首先阐述了不确性分析的含义和产生的原因，然后介绍了盈亏平衡分析、敏感性分析和概率分析。盈亏平衡分析包括线性盈亏平衡和非线性盈亏平衡，其中用到了固定成本与变动成本知识，主要分析量本利的关系，盈亏平衡点产量越小，风险越低。敏感性分析是为了找到敏感因素，从而在未来项目运营中重点注意敏感因素，降低风险。概率分析是对某一因素发生的概率的判断，发生的概率越小，风险越低。

复习题

1. 什么是不确定性分析？为什么要对建设项目进行不确定性分析？

2. 某建设项目拟定产品销售单价为 6.5 元，生产能力为 2000000 单位，单位生产成本中变动成本为 3.5 元，总固定成本为 3280000 元。试用产量、销售收入、生产能力利用率表示盈亏平衡点，并求出具体数值。

3. 拟兴建某项目，由于采用机械化程度的不同有三种方案可供选择。参数如表 7-6 所示，试进行方案比较。

表 7-6　各方案参数

方　　案	A	B	C
产品变动成本（元/件）	80	40	20
产品固定成本（元）	1500	3000	6000

4. 某制造厂生产产品需购买 X、Y、Z 中任一设备，价格均为 10 万元。设备的运转成本和生产能力如表 7-7 所示。产品的销售价格为 1.30 元/个，该厂预计开始时每年销售 100000 个，在 5 年内直线升到 130000。根据上述数据，分析应购买哪种设备？

表 7-7　设备的运转成本和生产能力

设备种类	设备 X	设备 Y	设备 Z
年固定成本（元）	40000	70000	90000
单位变动成本（元）	0.59	0.20	0.05
设备生产能力（元）	150000	150000	200000

5. 在第 4 题中，若设备 X 的单位变动成本降低 10%，设备 Z 增加 10%，再选择设备。

6. 某化工项目现金流量如表 7-8 所示。表中的数据均为预测估计值，估计产品销售收入、经营成本和固定资产投资三个因素可能在 20%的范围内变化。$i_c = 15\%$（基准收益率）。试对上述不确定因素分别进行单因素敏感性分析。

表 7-8　现金流量表　　（单位：万元）

项　目	年　份		
	1	2~9	10
现金流入			
1. 产品销售收入		1000×8	1000
2. 固定资产残值			32
3. 流动资金回收			200
现金流出			
1. 固定资产投资	800		
2. 流动资金	200		
3. 经营成本		600×8	600
其中固定成本		130×8	130
变动成本		470×8	470
4. 销售税金及附加		110×8	100

7. 某项目的总投资为 200 万元，年经营成本为 36 万元，年销售收入为 90 万元，项目生命周期为 10

年，基准折现率为 10%。

（1）试找出敏感性因素。对总投资、年销售收入、年经营成本进行单因素敏感性分析。

（2）试就投资与年销售收入同时变动进行敏感性分析。

8. 某投资项目其主要经济参数的估计值为：初始投资 1500 万元，寿命为 20 年，残值为 0，年收入为 350 万元，年支出为 100 万元，投资收益率为 15%。试分析初始投资、年收入与寿命三参数同时变化时对净现值的敏感性。

9. 某项目需投资 25 万元，建设期为 1 年。根据预测，项目生产期的每年收入为 5 万元、10 万元和 12.5 万元的概率分别为 0.3、0.5 和 0.2，在每一收入水平下生产期为 2 年、3 年、4 年和 5 年的概率分别为 0.2、0.2、0.5 和 0.1。按折现率为 10% 计算，试进行概率分析。

第八章 建设项目可行性研究与经济评价

学习要点及目标

1. 掌握可行性研究的概念。
2. 了解可行性研究的阶段、主要内容和工作程序。
3. 掌握可行性研究报告的编制。
4. 了解厂址选择。
5. 掌握建设项目财务评价方法。
6. 了解建设项目经济评价。
7. 了解建设项目环境评价。

第一节　可行性研究概述

一、可行性研究的发展和必要性

工程项目可行性研究是一项根据国民经济长期发展规划、地区发展规划和行业发展规划的要求，对拟建工程项目在技术、工程和经济上是否合理可行，进行全面分析、系统论证、多方案比较和综合评价，为编制和审批设计任务书提供可靠依据的工作。

根据原国家计委发布的《关于建设项目进行可行性研究的试行管理办法》计资〔1983〕116 号的规定，可行性研究是建设前期工作的主要内容，是基本建设程序的重要组成部分。

利用外资的项目、技术引进和设备进口项目，大型工业交通项目（包括重大技术改造项目）都应进行可行性研究。除了主体工程外，凡属总体设计内的配套工程，如供电、供水、铁路及公路专线、职工住宅等，也都要作为一个整体进行考核和评价。

国外开展可行性研究工作较早。20 世纪 30 年代，美国为开发田纳西河流域首次采用了可行性研究的方法。以后通过不断充实和完善，至 20 世纪 60 年代，可行性研究已发展成为一种系统地进行投资前研究的科学方法，并为许多国家所广泛采用。

我国在第一个五年计划期间，曾对一些重大工程建设项目进行过技术经济分析。虽然技术经济分析在内容上还不够详细深入，但由于当时我国工业刚刚兴起，经济情况还不十分复杂，所以这种技术经济分析仍起了一定的作用。“一五”计划期间建设的项目，基本上做到了建设周期短、工程质量好、投产快、效益高，取得了较好的经济效果。但是，当时的技术经济分析是在项目已经确定、计划任务书已经下达之后在设计工作过程中进行的，而不是在投资前时期进行的，因此在项目该不该上马的问题上有一定的盲目性。党的十一届三中全会后，发现我国20世纪70年代建设的一批项目经济效果都不好，原因主要是由于片面强调需要，在技术尚不成熟的条件下，仓促拍板、成批上马；也有一些重大建设项目，应当说在设计、安装和施工上都是成功的，但在项目建成后，由于其他配套生产能力不匹配，迟迟不能发挥生产能力，以致长期经济效益很差。追溯原因可以发现，根本问题在于决策前对投资的可行性研究不足，没有进行经济评价，特别是没有进行国民经济评价，因而很难避免决策的失误和损失。

中华人民共和国成立70多年的实践证明，社会主义现代化建设中的许多问题，单从自然科学、工程技术的角度或者单从社会科学的角度来考虑是得不到正确解决的。一个工程项目是否成立，不仅要看技术上是否先进适用，还要看市场和资源是否落实，建设是否有保证。此外，更要看它在经济上是否有益。不仅要看工程项目本身的有无效益和效益大小，更要看它对整个国民经济有无贡献和贡献大小。这就必须做好建设项目的可行性研究工作。我国的三峡水利枢纽工程，是迄今为止世界上规模最大、综合效益最广泛的水利枢纽工程，实现了中华民族的百年梦想。如此伟大的工程在建设前对技术、经济、环境、军事等各方面都进行了详尽的可行性论证，堪称建设项目可行性研究的典范。

视频讲解：
三峡大坝
混凝土芯样

二、可行性研究的概念

可行性研究（Feasibility Study）是在工程项目规划阶段所做的考察和鉴定，要对拟建的项目进行全面的、综合的技术经济调查研究和系统分析，通过技术经济的分析论证，得出是放弃这个项目（不可行）或实施这个项目（可行）结论的一门综合性学科。从项目的考察和规划来说，所谓可行性，主要包括项目在技术上的先进性、适用性和经济上的合理性、盈利性，即包括在技术上和经济上能否成功两个方面。

由此可见，可行性研究是一门横跨自然科学、工程技术和经济管理等多学科的新兴综合性应用科学。其研究对象是项目投资决策中的技术经济问题；研究目的是揭示客观规律，提供科学手段，减少决策失误风险，有效利用有限资源，以获取尽可能高的投资综合效益。一项成功的可行性研究，应当可以明确地回答拟议项目是否应该投资，如何投资，并在多种可能的方案中推荐最佳选择。正因为如此，可行性研究才成为投资前时期工作中成败攸关的重要步骤。

三、可行性研究的目的和作用

（一）可行性研究的目的

可行性研究的目的受社会制度和生产资料所有制的制约。

在资本主义社会，生产资料由资本家占有，资本家建设工程的目的是获得高额利润。投资者为了避免盲目性，避开投资的风险，在竞争中获得利润，就在进行资本转移和投资时，认真进行决策，多方面做好预测和估算，论证进行某工程项目的投资是否有利。其目的可以概括为对投资项目进行全面的调查分析，以进行投资决策，获得最大利润。

社会主义社会实行生产资料公有制，进行工程项目建设的目的是满足人民群众日益增长的物质文化生活的需要，而不是单纯为获利。但在项目的建设中，要注重投资效果。因而进行可行性研究的目的是论证投资是否会给社会带来更大的经济效果和社会效果，力求用较少的人力、物力、财力的耗费取得较大的经济效果和社会效果。

（二）可行性研究的作用

可行性研究的作用主要体现在以下几个方面：

1. 确立合理的投资方向、投资规模与投资结构

国家和地区的经济发展、社会进步离不开投资建设，有投入才会有产出。而任何投资决定，都是基于对未来收益（效益）的预期做出的。在进行投资决策时，要依据历史的和当前的、直接的和间接的各种相关资料，分析、判断出今后可能的结果，从而决定是否投资、投资多少以及投资的组成。这项工作是决策的核心内容，也就是可行性研究。在研究工作完成后，人们可以清楚地看到，对于拟建项目在投资方向、投资规模和投资结构上，究竟采用何种方案为好。

2. 客观综合地考虑经济效益、社会效益和环境效益

一个投资项目，尤其是大中型项目的实施，必然会对所在地区的经济、社会和生态环境等方面造成影响。这些影响可能是积极的，也可能是消极的；可能是相容的，也可能是对立的；可能是即时的，也可能是潜在的……各种情况都有可能发生。仅考虑其中的一个或几个部分是不够的，否则，有可能不但达不到投资者预期的结果，反而会造成某种损失或灾难。而可行性研究正是要把决策的层面从狭隘的企业角度扩展到社会角度，从单纯的经济利益扩展到社会效益和环境效益，使决策更全面、更符合公众的根本利益。在现实生活中，有百利而无一弊的投资行为实在是凤毛麟角，绝大多数建设项目都会在经济、社会、环境等诸多因素的某个方面带来某种负面影响，忽视这种影响或任意夸大与缩小它，都有可能导致项目失败。可行性研究的重要作用，就在于避免以偏概全、顾此失彼。越是大型项目，越应慎之又慎。例如举世瞩目的三峡水利枢纽工程，之所以论证了几十年，也争论了几十年，就在于它不仅有蓄能发电、防洪减灾、清障通航等巨大利益，也有造成百万移民、改变生态环境、淹没一些重要景观和文物古迹，以及阻断水生生物生存繁衍的自然通道等不利影响。而正反两方面的因素孰轻孰重，的确不是一个简单问题，有些甚至不是现在可以回答的。可见，可行性研究也是一项十分艰巨繁杂的系统工程。

3. 为向金融机构和社会筹集资金提供依据

世界银行等国际金融组织和我国的商业银行等金融机构，都明确要求建设项目在申请贷款时，必须先行提交该项目的可行性研究报告。银行将对该报告进行仔细审验，以确认该项目是否具有偿还贷款能力，银行是否承受了过大的风险等。只有从可行性研究报告的评估中得出比较乐观的结论，银行才会提供信贷。

同样，建设项目在以发行债券、股票等方式向社会筹集资金时，也必须履行同样的手续，向有关证券监督管理部门提交项目可行性研究报告并获得审查通过。

4. 为编制设计文件和进行建设工作提供依据

我国基本建设程序规定，在项目可行性研究通过后，才能着手编制有关设计文件；而设计工作又应该在可行性研究报告提出的建设选址、建设规模、工艺流程、设备选型、总图布置、投资规模等各方面原则性框架的基础上进行，即在可行性研究报告的指导下，编制初步设计和设计概算、技术设计和修正概算、施工图设计和施工图预算、施工进度计划和施工设计方案等一系列文件。

此外，环境保护是可行性研究的重要内容之一。环境保护管理部门通过审查可行性研究报告，据以分析拟建项目对环境的影响是否符合国家标准，并决定是否准许进行建设，而城市规划管理部门在核发建设用地规划许可证和建设工程规划许可证前，一般也要求建设单位提交可行性研究报告以供审验。

5. 为签订与项目有关的合同、协议等经济文件提供依据

可行性研究报告是进行工程招标投标，拟订招标文件和标书、标底，签订工程承发包合同，以及签订相关设备订货合同、原材料供应合同、产品销售合同等经济文件的重要依据。上述文件的基本原则和主要内容（如建设规模、投资数额、产品结构等），都已在可行性研究阶段得以研究和确定。

四、可行性研究的范围和一般要求

（一）可行性研究的适用范围

可行性研究的运用领域极其广泛，一般包括新建、扩建和改建的工业项目、大型民用建筑工程（如旅馆、商业中心、住宅区等）、交通运输中的建设项目（如公路、桥梁、港口、铁路、机场等），还包括科学技术中的研究项目、地区开发项目、资源综合利用项目，以及技术措施、技术政策的制定、运用等项目。工业、交通等工程项目大量而经常进行可行性研究。

（二）可行性研究的一般要求

工程项目的可行性研究要求对项目做全面的调查研究。调查研究的深度和广度要求能判断是放弃或是对项目继续研究并支付费用，直到得出项目是“可行”或是“不可行”的最后结论。

研究的结果一般要求能回答以下六个方面的问题：①What（投资什么项目）；②Why（投资该项目的目的，即为什么要投资该项目）；③When（何时投资）；④Where（项目建在何处）；⑤Who（由谁来承担）；⑥How（如何进行）。要准确回答上述六个方面的问题，就必须深入调查研究，收集相关数据，综合运用工程方面的知识和经济学科的理论，对研究对象从技术和经济两方面综合论证，做出向投资者推荐的技术经济均较佳的方案。

五、可行性研究的依据

对一个拟建项目进行可行性研究，必须在国家有关的规划、政策、法规的指导下完成，同时还要有相应的各种技术资料。可行性研究工作的主要依据有：

1）国家有关的发展规划、计划文件，包括对该行业的鼓励、特许、限制、禁止等有关规定。

2）项目主管部门对该项目建设要求请示的批复。

3）项目建议书及其审批文件。

4）项目承办单位委托进行可行性研究的合同或协议。

5）企业的初步选址报告。

6）拟建地区的环境现状资料。

7）试验试制报告。在进行可行性研究前，对某些需要经过试验的问题，应由项目承办单位委托有关单位进行试验和测试，并将其结果作为可行性研究的依据。

8）项目承办单位与有关方面取得的协议，如投资、原料供应、建设用地、运输等方面的初步协议。

9）国家和地区关于工业建设的法令、法规，如“三废”排放标准、土地法规、劳动保护条例等。

10）国家有关经济法规、规定，如中外合资企业法律，以及税收、外资、贷款等规定。

11）国家关于建设方面的标准、规范、定额资料。

12）市场调查报告。

13）主要工艺和装置的技术资料。

14）项目所在地的自然、社会、经济方面的有关资料。

第二节　可行性研究的阶段、主要内容和工作程序

一、可行性研究的阶段划分

可行性研究是投资前时期的主要工作内容，它一般包括以下几项工作，并相应形成几个工作阶段，也称为可行性研究的几种类型。一般来说，可行性研究有三种类型，即投资机会研究（也称为投资机会鉴定）、初步可行性研究和详细可行性研究（也称为最终可行性研究）。但有时将投资评价报告从可行性研究中独立出来，或者必要时增加辅助研究，这时可行性研究就有四种类型，或者说可行性研究工作就分为以下四个阶段。

（一）投资机会研究

这个阶段工作的主要目的是通过调查研究，了解有哪些可能投资的机会，并提出建设项目最优投资方向的建议。在发展中国家和处于工业发展初期的国家，选定投资项目或寻找最有利的投资机会是一个比较复杂的问题。现在这种工作一般多由国有和私有企业或其主管部门来承担，但政府和公共机构在选定投资项目工作中也负有一定的责任。

我国在实行计划经济时期，由于计划机构可以提供相当详细的各种经济指标，并制定出各部门的优先顺序，因此，项目初选是比较容易的。现在我国实行社会主义市场经济，计划机构不可能再做那么具体的工作（也不宜再做），但国家发展改革委仍制订和发布产业政策

和经济、社会、科技发展长期规划和年度计划，仍可以引导投资方向。

在联合国工业发展组织为发展中国家所编写的《工业可行性研究报告编写手册》一书中，将投资机会研究分为两种，即一般机会研究和特定项目的机会研究。究竟进行一般机会研究，还是进行特定项目的机会研究，或者是两种研究同时开展，要根据建设项目的特点和具体情况而确定。

1. 一般机会研究

进行一般机会研究的目的是为投资者指明具体的投资建议。这类研究的方式有以下三种：

（1）地区研究　地区研究的目的是通过研究选定一个特定地区（如某一个省、自治区、直辖市，或其中的某一个市县，或某沿海发达地区或落后地区，或某个铁路枢纽地区或一个港口的供应地区等）论证其投资机会的可能性。

（2）分部门研究　这项研究是要选定在一个特定部门（如在食品加工部门、机械制造部门、建筑工程部门）中的投资机会。

（3）以资源为基础的研究　这项研究根据各种自然资源，工业、农业产品的综合利用情况，以及人力资源的使用情况等各方面资源因素，进行综合研究分析，从而寻找投资机会。

2. 特定项目的机会研究

特定项目的机会研究一般是在一般机会研究完成并通过之后才进行的，这样可以避免不必要的损失和浪费。特定项目的机会研究应在已选定投资机会的基础上，形成具体的投资项目建议，并提出若干项目设想的技术方案。为了刺激投资者进一步参与投资可行性论证的积极性，在特定项目的机会研究中，必须包括一些基本资料和数据，以便于可能的投资者考虑该项投资是否具有足够的吸引力。

在机会研究阶段，在分析研究项目的投资机会时，必须考虑掌握以下情况：

1）自然资源的条件。例如，用于木材加工工业的用材林的数量、质量和获得的可能性；又如，作为农产品加工工业基础的现有农业的情况及供给能力。

2）项目产品在国内外市场上的需求量及前景预测。这包括对某些由于人口增加或购买力增长而有发展潜力的消费品以及某些新产品的需求量。

3）用项目产品代替进口产品的可能性。必须分析了解该项目产品的目前进口量，并确定可代替进口商品的范围。

4）该建设项目在国民经济发展中与现有地区工业布局的关系。

5）国内宏观经济形势和一般的投资趋势。

6）在发展水平、资本、劳动力、自然资源和经济背景等方面与我国相类似的其他国家里，项目获得成功的经验和实例。

7）项目建设的范围、内容、规模和未来发展的设想。

8）该建设项目与国内其他各工业部门之间的相互关系和影响。

9）对该项目生产的产品品种类型进行研究，并分析其综合利用的途径。

10）项目建设的资金条件，包括资金筹集方式、贷款利率等。

11）对该项目的经济和财务等方面的情况进行初步研究，包括各生产要素的成本及其来源情况。

12）政府对该类项目发展的有关政策法令。

投资机会研究这一阶段的工作是比较粗略的，主要依靠以往工作中所遇到的相类似工程项目的数据，例如性质相同、规模类似的建设项目的投资、成本等扩大指标和数据，进行笼统的估计，而不是详细计算。通过这一个阶段的工作要确定有无必要进行下一步的初步可行性研究，并为其提出有投资可能性的明确论据。

（二）初步可行性研究

初步可行性研究是在投资机会研究完成并被肯定之后才得以进行的。由于进行详细可行性研究需要耗费大量的时间和费用，对于一些较为复杂的工程项目更是如此。因此，为了节省时间和费用，在详细可行性研究之前应先进行初步可行性研究，以便进一步落实投资机会的可能性。如果在初步可行性研究阶段发现投资机会不可行，则可及早放弃，以免耗费更多的时间和费用。通过初步可行性研究，需要确定以下问题：

1）投资机会是否确实可行？是否像在机会研究中提出的确有前景？在初步可行性研究阶段所详尽阐述的资料基础上，能否直接做出投资决定？

2）在详细可行性研究阶段，重点应研究哪些问题？有无必要对某些问题进行专门研究或辅助研究？例如市场调查、实验室实验、中间试验等。

3）项目范围和未来效益是否值得通过可行性研究进行详尽分析？

4）已掌握的资料是否足以证明这个项目不可行，或者对某个投资者或投资集团缺乏足够的吸引力？

初步可行性研究是机会研究和详细可行性研究的中间环节，它与详细可行性研究有着相同的结构。它们三者之间的主要差别在于所掌握资料的详尽程度和论证结论的准确程度。在初步可行性研究阶段，需要对技术方案的以下问题做粗略审查和研究：

1）确定市场需求情况和销售能力，确定项目的生产规模。

2）各种生产要素的投入需求。

3）厂址选择。

4）项目设计，包括工艺、设备以及土建工程。

5）基础、公用设施是否落实，技术和设备供应有无保证。

6）职工来源。

7）项目进度。

8）财务状况，如投资费用、资金如何筹措，生产成本，盈利情况等。

机会研究是要确定投资的可能性，而初步可行性研究是要将一些效益不高的项目筛选掉，剩下更有把握的方案继续进行下一步研究。当部门或资源机会研究具有足够的项目数据，可以决定直接进入详细可行性研究阶段或者中止研究时，初步可行性研究也可省略。但对于一些大型项目或者比较复杂的工程项目，技术经济方面的结论不可能轻易得出，一般都需要经过初步可行性研究阶段。

在初步可行性研究阶段，对于投资费用和生产成本的主要组成部分，不能仅依靠厂商的报价单来估计，而需要通过一些简便的方法加以估算。例如，若要确定流动资金，可对某一时期经营中的现金流出量（包括原材料、人工费、管理费、公用设施费、维护修理费、备件库存费等）进行估算，这一时期应相当于流动资金在其中周转的生产周期。按我国的情况，一般把这个时期定为4~6个月。例如，若全年现金总流量为2000万元，则流动资金的需要量可定为700万~1000万元。又如，海外运费、保险费、清算和手续费以及国内的运费可采用占离岸价格的百分比来估算。若按占离岸价的8%来计算，则其中海外运输费占5%，保险费占0.75%，清算和手续费占1%，国内运输费占1.25%。再如，各种成套装置和设备的安装费则可根据占成套装置和设备交货价格的百分比进行估算，由于成套装置和机器的性能各不相同，其所占百分比也不相同，而且往往有很大的差别。

（三）辅助研究

辅助研究也称为功能性研究或专门研究。对于某些特殊或大规模投资的建设项目的某些重要而复杂的关键方面，有时有必要进行一些辅助性的研究，或者针对关键性问题进行专门的研究，其主要目的是减轻详细可行性研究阶段的工作量。

辅助研究通常围绕以下几个方面进行：

1）通过市场研究，预测对拟生产的产品的需求情况以及产品对市场的渗透能力。对于涉外项目，还应对国际市场情况加以调查分析。

2）研究项目所需的基本原材料、燃料、动力等投入要素的来源情况、价格情况，以及它们将来的变化趋势。

3）研究建厂地区，分析厂址选择是否合理，特别是对于运输量较大的建设项目，如钢铁、炼油、建材厂等，更需要考虑合适的厂址，尽可能节省运输费用。

4）通过实验室和中间试验，对所选定的原材料进行化验分析，检验其是否符合项目生产工艺的要求，并需调查了解这些原材料是否有稳定的供应渠道。

5）设备选择研究。当所建项目的生产工艺复杂，需要的设备种类很多，项目构成和项目的经济性在很大程度上又取决于设备的类型，甚至项目的生产率也直接受到所选设备的影响时，就必须对各种不同的设备来源、设备的技术性能、设备价格、日常的操作费用等各方面有关问题进行研究。当所选设备涉及许多供应来源而且价格悬殊时，也必须认真进行设备选择研究工作，以便为下一步的可行性研究提供依据。

6）规模经济分析。规模经济分析应结合项目所选择的工艺技术路线进行，而在分析时可仅限于规模的经济性，而不必涉及复杂的生产工艺。规模经济分析的主要目的是考虑到可供选择的工艺、市场趋势、投资费用、生产成本和产品价格等因素，计算项目的不同生产能力，并选择经济效益最好的、适当的生产规模，以取得良好的项目经济效益，并为制订和选择技术方案打下基础。

一般来说，辅助研究在详细可行性研究之前进行。但当辅助研究过于复杂，不便于作为详细可行性研究的一部分而按顺序进行时，也可以与详细可行性研究同时进行。辅助研究的内容摘要构成详细可行性研究的一个组成部分，并可减轻详细可行性研究的工作量。

由于辅助研究的目的是减少详细可行性研究阶段的工作量，减少详细可行性研究的大量费用，节约开支，因此，辅助研究的费用应与详细可行性研究的费用结合起来考虑。

（四）详细可行性研究

详细可行性研究也称为最终可行性研究。只有在项目通过初步可行性研究并有足够的依据可获得成功时，才能转入项目的详细可行性研究阶段，以便在初步可行性研究的基础上进一步开展工作。详细可行性研究是一个关键步骤。在这一研究阶段，要求对工程项目进行深入的技术经济论证。论证项目的生产规划、建厂地区、厂址选择、生产工艺、设备、电气、厂房、机械、车间划分、土建工程、投资总额、建设时间进行多方案的分析比较，以使生产组织合理，投资费用和生产成本降到最低程度。如果所取得的最终数据表明项目不可行，则应考虑调整生产规划和生产工艺，修改参数，重新考虑原材料等投入物，力求提出安排合理的可行项目，并将逐步改进过程在可行性研究中加以描述。总之，这是一个互相关联、互为因果、反复研究的过程。如果在审查全部技术方案之后项目仍不可行，则应在文件中加以陈述并论证。

可行性研究各个阶段的研究深度不同，所花费的时间和费用也不同。一般来说，机会研究需用1个月左右的时间，研究费用占项目总投资的0.2%~1.0%；初步可行性研究需要1~3个月的时间，研究费用占项目总投资的0.25%~1.25%；详细可行性研究需要3~6个月的时间，大项目的研究费用占项目总投资的0.8%~1.0%，小项目占1.0%~3.0%。

二、可行性研究的主要内容

可行性研究的内容十分广泛，概括起来一般包括以下主要内容：项目背景和历史；市场调查和工厂生产能力；原材料、燃料、动力等物资和投入；建厂地区和厂址选择；工程项目设计；工厂组织机构和管理费用；劳动力来源及培训；建设进度；生产成本估算；环境影响评价；财务评价；国民经济评价、社会评价、风险分析、研究结论与建议等。以上内容对一般项目来说都应包括，对于不同项目又各有侧重点。

（一）项目背景和历史

这一项主要介绍该项目与其他经济部门的关系，以及对工业发展的影响，说明项目成立的必要性。具体包括以下几点：

1. 项目背景

介绍该项目的设想与打算；列出与项目有关的各项主要参数，作为编制可行性研究报告时的指导原则，如产品和产品组合、工厂生产能力和厂区、产品的市场情况和原材料来源、建设进度等；概述经济、工业、财政、社会及其他有关政策；说明该项目的地位，如国际的、区域的、国家的、地区的或者地方的等各种级别；说明该项目对国家经济部门及有关经济方面的影响等。

2. 项目历史

在这一项里需要列出在该项目的历史上发生过的重大事件、发生日期及当时的情况；叙述已经进行过哪些调查研究，写明调查题目、作者和完成日期，以及从调查研究中得出的并拟在可行性研究中采用的某些结论和决定。

3. 项目主办人或发起人

这一项应说明项目主办人或发起人的姓名、住址，是否有可能为项目提供资金，以及他们在项目中所起的作用等。

（二）市场调查和工厂生产能力

市场实际需求状况和工厂生产能力是可行性研究中首先需要进行调查研究的问题。只有对当前市场进行详细的调查，掌握需求的大小和具体要求，才能估算出某种特定产品进入市场的可能性和占有程度。同时，考虑该项目的生产能力、所采用的工艺、生产规划和摊销策略，并对销售收入做出规划。其主要内容包括：

1. 需求和市场情况调查与预测

这部分的主要任务是了解产品在当前和今后市场上的需求情况，为确定拟建工厂的生产规模提供依据。市场调查方法包括典型调查、对过去统计资料进行分析和对今后需要的变化情况进行预测。通过调查，应该提出当前市场对该种产品的需求情况和结构，在该项目经济生命周期内市场需求变化的预测，并说明该种产品在市场上的竞争能力。因为项目的生存力在很大程度上取决于市场需求和该产品对市场的渗透能力。

2. 产品的销售预测和推销规划

在对市场需求分析的基础上，进行销售和销售收入的预测，是可行性研究中的又一个重要内容。因为判断工程项目是否可行，在很大程度上取决于产品的销售情况及其收入。对于销售额和销售收入的估算，仅对市场和需求数据进行详细分析是不够的，还需要考虑工厂生产能力、生产工艺、技术水平、生产计划和销售策略等一系列因素，因此，这是一个反复计算的过程。销售收入的最终确定，只有在确定了生产工艺和工厂生产能力之后才有可能。

对于一些短线产品的建设项目，其产品实际需求超过了生产能力，这时虽然也要进行某些推销活动，但毕竟阻力很小，其销售量常常可以与工厂的产品产量基本相等，对于生产企业来说，产品定价也处于有利的地位；相反，对于某些长线产品或有替代品的产品，市场竞争激烈、需求弹性较大，情况就比较复杂，这时就必须很好地研究市场，并制定适当的销售策略，其主要内容包括产品定价、推销策略和措施、销售组织和必需的销售费用等。

3. 确定生产能力和制订生产计划

在对不同阶段的销售情况进行预测之后，就应着手制订详细的生产计划，也就是对在一定时期内所要达到的产量水平加以确定。这一生产水平的高低，主要取决于生产能力的大小及其发挥程度。在一般情况下，生产初期大多数项目都不可能达到设计能力，而是在项目投产后逐年增加。这与多方面的因素有关系，一般在 3~5 年后才能达到规定的设计能力。

（三）原材料、燃料、动力等物资和投入

由于工业生产的过程是在原材料投入之后，经过加工，转变为产品、副产品和废料的过程，因此，在可行性研究中对各种需要投入的物料，包括各种原料，必须进行详细的调查研究。选择原材料和投入的根据是需求分析以及与需求分析有关的生产计划和工厂生产能力。

（四）建厂地区和厂址选择

在对市场需求、项目的生产能力、生产计划和投入需要等做出估算以后，必须确定适于该项目建设的厂址。也就是通过对该项目建设经营与厂址周围环境相互影响的研究，进行厂址选择。厂址选择包括选择项目的坐落地点和确定具体厂址两项内容。选择地点是在相当广阔的地理区域内进行考察选定。例如，在全国范围内、在一个地区或省或某段河岸等范围内

选择适宜的区域，然后在已选定的区域内考虑几个可供选择的厂址。

（五）工程项目设计

在工程项目设计阶段，首先应确定项目范围。项目范围所包含的不仅限于厂区，而且包括原材料供应、产品销售和提供辅助基础结构所需的全部其他活动的范围。在项目范围内，在已经确定的生产能力的基础上，完成项目设计的所有内容，包括选定项目的生产工艺，选定机械设备类型，确定厂房、辅助构筑物和厂房基础的结构，以及土建工程方案等，并计算所需要的费用。

（六）工厂组织机构和管理费用

工厂组织机构规划与上面所谈到的项目设计密切相关，因此，应该在一系列分析计算工作中同时反复进行。车间是工厂组织机构的主要内容，其规模大小，为适应生产需要进行的分类，车间的附属机构，以及管理、服务和销售单位的数目，大小规模和机构体制，都取决于项目的生产能力和工程技术。

在工厂组织机构确定以后，可以进行企业管理费用的计算工作。对于某些项目，企业管理费用在很大程度上决定了企业的盈利率。因此，对于新建设项目，其组织机构的规划必须考虑到有关工厂生产、行政和销售以及分销服务业务的企业管理费用。为了便于计算分析，可将生产过程按有关职能进行分类。这种做法也适用于服务、行政和销售等方面的管理费用情况。

企业管理费用主要包括以下几个部分，即工厂管理费用、行政管理费用、折旧费和财务费用。

1. 工厂管理费用

工厂管理费用通常是按照材料和人工费用的总投入的百分比计算的。这种计算方法虽然简单、节省时间，但在大多数情况下都是不够准确的。工厂管理费用的项目构成一般有以下几项：

1）非生产人员的工资。

2）辅助材料费。

3）办公用品费用。

4）水、电、煤气、蒸汽等公用设施费用。

5）合同中规定的修理保养费。

6）排污物处理费。

2. 行政管理费用

行政管理费用在一般情况下包括在工厂管理费用中一并计算，只有在行政管理费用具有十分重要的意义时才单独计算。构成行政管理费用的典型项目有以下几项：

1）包括各种津贴和社会保险在内的工资。

2）办公用品费。

3）公用设施和通信费用。

4）设计费和差旅费。

5）福利费。

6）保险和税金（财产）。

3. 折旧费

折旧费通常包括在工厂管理费用中一并计算。但由于在资金的现金流量分析中不包括折旧费，因此也可以单独进行计算。折旧费应该根据固定资产原值，按照规定并批准的方法和比率进行计算。

4. 财务费用

例如，定期贷款的利息等财务费用常常作为企业行政管理费用的一部分加以处理。在对企业管理费用进行预测时，需要考虑到通货膨胀这一因素。由于企业管理费用是由许多项目组成的，如果逐项计算其增长额就相当烦琐，这时，可采取从总体上进行估算的做法，即估算出企业管理费用的综合通货膨胀率的数值。

（七）劳动力来源及培训

在确定了工厂的生产能力和所采用的生产工艺之后，就需要对该项目所需的各种管理人员和工人做出规划，确定他们的级别和数量，并列出培训方案。

在确定工人投入的数量和技能等级时，应以项目的生产能力和工艺流程作为考虑基础；在确定职员的数量和技能等级时，则要以企业机构设置的具体情况作为依据。在进行人员规划时，还必须考虑到以下因素：

1）对人力需求情况进行全面估计，特别是项目所在地区的人力需求情况。

2）根据该项目所选择的技术和工艺特点的要求，对在国内或本地区可以得到的人力和专业技术人员的可能性做出估计。

3）对所需人力的估计，在投产前时期和生产时期是应有区别的。在投产前时期，需先招聘经理人员、工程技术负责人和机器操作人员，对这些人员进行培训，由他们进行工程施工和设备安装的管理工作；在生产时期，则应按职别和技术水平的需要，按部门来规划人力需求。

（八）建设进度

项目建设期包括从决定投资到开始正常生产这段时期。在这段时期中，有同各方进行谈判、签订合同、工程项目设计、建筑施工、试运转和投入生产等几个阶段。

建设期的长短对建设项目的盈利高低有着至关重要的影响。因此，应该合理地安排建设进度，进行科学的项目建设计划编制工作，以便在项目投产前后能筹措到足够的资金，以保证项目的顺利实施。

（九）生产成本估算

在考虑项目是否值得兴建时，除了投资大小等因素，还必须对该项目建设方案的生产成本进行预测。以前许多建设项目的计划任务书或扩初设计里常常忽视这部分内容，因此，常常导致项目建成后难以维持生产，甚至长期亏损。

（十）环境影响评价

环境影响评价是在确定场址方案和技术方案时，调查研究环境条件，识别和分析拟建项目影响环境的因素，研究提出治理和保护环境的措施，比选和优化环境保护方案。

项目环境影响评价应符合国家环境保护法律、法规和环境功能规划的要求，坚持污染物排放总量控制和达标排放的要求，坚持环境治理措施与项目主体工程同时设计、同时施工、同时投产使用，力求环境效益与经济效益相统一，并注重资源的综合利用。

（1）环境条件调查　其主要内容有项目所在地的大气、水体、地貌、土壤等自然环境状况，森林、草地、湿地、动物栖息、水土保持等生态环境状况，居民生活、文化教育、卫生、风俗习惯等社会环境状况，以及周边地区名胜古迹、风景区、自然保护区等特殊环境状况。

（2）影响环境因素分析　这主要是分析项目建设过程中破坏环境，生产运营过程中污染环境，导致环境质量恶化的主要因素。该分析分为两个方面：一是污染环境因素分析，即分析生产运营过程中产生的各种污染源，计算排放污染物数量及其对环境的污染程度；二是破坏环境因素分析，即分析项目建设施工和生产运营中对环境可能造成破坏的因素，并预测其破坏程度。

（3）环境保护措施　在分析环境影响因素及其影响程度的基础上，按照国家有关环境保护法律、法规的要求，研究提出治理方案。治理方案应根据项目的污染源和排放污染物的性质，采用不同的治理措施。例如，废弃物可采用冷凝、吸附、燃烧或催化转化等方法，废水可采用物理法、化学法、物理化学法、生物法等方法。在可行性研究中，应在环境治理方案中列出所需的设施、设备和投资。对环境治理的各种方案（包括局部方案和总体方案），要从技术水平、治理效果、管理及监测方式、环境效益等方面进行技术经济比较，做出综合评价，并提出推荐方案。

（十一）财务评价

财务评价是在国家现行财税制度和市场价格体系下，从项目微观角度分析预测项目的财务效益与费用，计算财务评价指标，考察拟建项目的盈利能力和偿债能力，从而判断项目投资在财务上的可行性和合理性。

财务评价的内容、步骤等详见本章第四节。

（十二）国民经济评价

国民经济评价是按合理配置资源的原则，采用影子价格、社会折现率等国民经济评价参数，从国民经济宏观角度考察项目所耗费的社会资源和对社会的贡献，从而判断项目投资的经济合理性和宏观可行性。

国民经济评价的内容、步骤等详见本章第五节。

（十三）社会评价

社会评价是分析拟建项目对当地社会的影响和当地社会对项目的适应性和可接受程度，从而判断项目的社会可行性。

（十四）风险分析

风险分析是在市场预测、方案设计、财务评价和社会评价等论证中已进行的初步风险分析的基础上，进一步识别拟建项目在建设和运营中潜在的主要风险因素，揭示风险来源，判别风险程度，提出规避风险对策，为决策提供依据。

（十五）研究结论与建议

在上述各项研究论证的基础上，择优提出推荐方案，并对推荐方案的主要内容和论证结果进行总体描述。在肯定推荐方案优点的同时，还应指出可能存在的问题和可能遇到的主要风险，并得出项目及其推荐方案是否可行的明确结论。

对于未被推荐的一些重大比选方案，也要阐述方案的主要内容、优缺点和未被推荐的原因，以便决策者从多方面进行思考并做出决策。

三、可行性研究的工作程序

根据我国现行的基本建设程序和1983年国家计委颁发的《建设项目进行可行性研究的试行管理办法》(计资〔1983〕116号)，我国开展可行性研究一般应经历以下工作程序：

1. 投资建设单位提出项目建议书

投资者根据国家经济发展的长远规划和行业、地区规划，经济建设的方针，技术经济政策和建设任务，结合资源条件、市场情况，在调查研究、收集资料、踏勘建设地点、初步分析投资效果的基础上，提出需要进行可行性研究的项目建议书。

2. 下达或委托进行可行性研究工作

各级主管部门及计划部门对有关项目建议书进行汇总、平衡，当项目建议书被审定批准后，即可下达或委托有相应资质条件和研究能力的设计、咨询单位进行可行性研究工作。

3. 承接单位开展可行性研究工作

设计、咨询单位在承接任务后，一般按以下步骤开展可行性研究工作：

(1) 组建研究小组，制订研究计划　首先要掌握项目建议书的精神和立项背景资料，了解投资者的意图和要求，明确研究目的及内容，在此基础上组建研究小组，小组成员应包括多方面的专家，如有关的技术工艺、工程设计、市场营销、经济分析和政策法规等方面的专业人士，以保证研究工作全面、细致、有针对性。

(2) 调查研究，收集资料　研究小组要查阅、收集与项目相关的社会、经济、自然、工程等基础材料，拟定调查提纲，然后进行实地踏勘和调查，必要时开展若干专题调查、试验和研究，对某些重要问题进行更深入、详细的分析论证。调查研究主要从资源和市场两方面入手，最后整理所收集的各项资料。

(3) 方案设计和优选　在收集到的相关材料、图样、数据的基础上，设计几种可能的技术方案和建设方案；同投资者一起确定方案选择的原则和标准，从若干方案中筛选出综合评价较优的方案，论证项目在技术上的可行性。

(4) 社会经济分析和评价　选定与项目有关的经济评价、社会评价基础数据和定额标准、参数，对拟建方案进行详细的财务预测、财务评价、国民经济评价、社会效益评价与环境影响评价，研究论证项目在经济上的合理性、财务上的盈利性和环境上的可行性。

(5) 编制可行性研究报告　在以上调查、研究、分析、论证的基础上，编制全面的可行性研究报告，提出结论性意见和重大措施建议，为投资决策提供依据。

4. 组织对可行性研究报告进行评审

重点是对可行性研究报告的编制依据、主要技术与经济参数、方案思路，及其与现行政策、法规、规划有无违背、冲突之处等方面进行审核。评审委员会应有各方面的专家参加，以保证评审的客观公正性和科学性。

第三节　可行性研究报告

一、可行性研究报告的编制阶段

可行性研究从资料调查、理论推导到得出结论有一定的程序。一般说来，可行性研究报告的编制要经过以下几个阶段：

（1）准备阶段　报告编制人员要熟悉所调查的全部内容，熟悉编制可行性研究报告的要领、应采用的分析方法、替代方案、各项技术经济指标的内容等，要把已调查的数据资料协调、充实起来，在脑海里形成一个整体，把各方面情况有机地联系起来。可行性研究的项目负责人应全面负责，而每个成员要充分协调要调查的内容。同时，要掌握结构方面的设计要达到怎样的深度，如何进行成本预测，以及要调查什么内容，如何调查等。各小组的负责人要写出小组的调查研究报告，小组报告要有整体性，收集的资料数据要准确、有效。

（2）调查作业阶段　调查工作要着重于现场调查，把重点放在野外调查上，对涉及该工程项目的影响因素尽可能做全面的调查。各小组在调查后，要在较短时间内写出分项调查报告。报告要简洁明了。

（3）资料分析阶段　要根据调查报告中的资料数据进行具体的分析计算，用具体数字引出结论意见，数字、文章一定要与分析有关，将不必要的资料数据一律舍弃；对项目有关的内容都要涉及，不明确的资料数据绝不能马虎草率，应弄清楚；项目评价部分要认真、详细地分析，结论应当有理有据并经得起评论。对资料收集、分析不够充分的地方，应当指明，不要含糊；在没有资料的情况下，要尽量避免引用其他地区或项目的资料，要尽可能获得与本地区或本项目有关的实际调查资料。

（4）执笔阶段　报告应力求简洁，使读者只看正文部分便明了其中的内容，而不是必须看完全部资料才能理解。在编写报告时，每小节内容要统一，不同的内容不要放在同一小节内，每一节的篇幅不要太长。引用外部资料时，要注明资料来源。在表现手法上要简明扼要。报告中不要只记录计算结果，而要给出结论并使人明白得出该结论的全过程及依据。一旦得出结论，就必须明确是正确的或错误的，不能含糊其辞。

（5）编辑阶段　由于大的工程项目涉及的因素多、内容复杂，其报告的内容也多，一般不可能由一人执笔，而是分部分由各专题组完成。在这种情况下，要使研究报告具有整体性、条理性，就要对各部分报告进行编辑，使之成为一篇整体的文章。一般说来，正文与调查资料要分开编册（调查资料可作为附录编册）；风险分析和敏感性分析并非附带的内容，应当放在正文中；图表要准确，要尽可能利用地形图，使未到过现场的人也能对文中的地名对上号；有照片的，也可以作为附件收入。

（6）完成阶段　报告经过编辑后形成了一个整体，经过最后检查校对后，就基本完成了。对有争议的问题，应尽量达成一致；对需要重新调查的问题，要写明调查的内容、调查的方法等；对需要补充调查的资料，也应提出，以便尽快调查，把缺少的内容补充完整。报告完成后，应征求参与可行性研究的人员的意见，以便对不尽完善的地方做出修改。

二、可行性研究报告的格式

可行性研究报告的格式随研究的对象不同而有所差别，难以千篇一律地硬性规定，但大体上都为以下基本格式：

1. 可行性研究报告的正文

（1）总论　对项目情况、可行性研究情况及研究结论等最主要的内容进行简明扼要的介绍，实际上是整个可行性研究报告的浓缩与综述。这部分内容包括：

1）项目名称、建设地点、建设单位。

2）项目来源及提出的背景。

3）建设的必要性。

4）研究单位、研究依据及工作过程。

5）项目概貌及主要研究结论。

（2）市场需求预测与建设规模　在对与项目相关的国内与国外、现实与潜在的市场进行广泛深入调查研究的基础上，对项目产出物的市场前景进行量化预测，并由此确定项目的合适建设规模。这部分内容包括：

1）相关市场调查与分析。

2）市场前景预测。

3）建设规模。

（3）建设条件与选址　对目前具备的或可能获得的各种内外部建设条件和环境进行分析，并对可能的几个建设地点进行综合考察和比较，确定最终选址。这部分内容包括：

1）资源、原材料、辅助材料及能源的供应。

2）外部协作条件。

3）相关地区的社会经济发展与投资环境。

4）备选地址的综合分析及选址说明。

（4）工程技术方案　对项目的工艺技术流程、场区规划与建筑设计、设备选型等技术方案提出建设意见，作为指导投资估算、效益评估等的依据。这部分内容包括：

1）项目组成及建设范围。

2）工艺技术流程设计方案。

3）主要设备选型。

4）场区规划、总平面布置、建设运输方案。

5）土建工程和辅助、附属设施工程方案。

6）主要建筑设计方案要点。

7）抗震及人防。

（5）环境保护与劳动安全　对项目的环境影响、污染源及其危害进行分析，提出污染防止和治理的设计方案，并论证项目运营中的劳动卫生与安全条件和必要防护措施。这部分内容包括：

1）主要污染源与污染物。

2）污染综合治理与废物利用。

3）环境影响评价。

4）劳动卫生与劳动安全。

5）消防。

（6）企业组织与人员培训　对项目建成运营后的企业组织机构方案，以及管理人员、生产技术人员等的配备和培训提出意见。这部分内容包括：

1）企业组织机构。

2）劳动定员和来源。

3）岗位要求与人员培训。

（7）实施计划与建设进度　对项目实施中的各项工作和工程建设的周期、内容与进度做出安排。这部分内容包括：

1）项目实施计划。

2）建设进度安排。

（8）投资估算与资金规划　对项目的固定资产投资额和流动资金需求量进行测算，并提出资金规划，包括资金来源及比例、使用计划、还款时间及方式等。这部分内容包括：

1）固定资产投资估算。

2）流动资金估算。

3）资金规划方案。

（9）经济效益与社会效益评价　在对项目投产后计算期内各年的经营成本、销售收入等现金流量预测的基础上，进行财务评价、国民经济评价和社会评价。这是可行性研究报告的重点，决定着项目的取舍。这部分内容包括：

1）销售收入与销售税金。

2）经营成本与固定资产折旧。

3）利润分配与借款还本付息。

4）财务评价。

5）国民经济评价。

6）不确定性分析。

7）社会评价。

（10）结论与建议　对上述各部分内容进行总结，得出研究结论，并就项目存在的问题、改进的办法和建设运营中的重大问题提出意见和建议。这部分内容包括：

1）研究结论。

2）项目存在的问题及建议。

2. 可行性研究报告的附件

（1）研究工作的依据性文件　这些文件是开展研究和提出主要观点的依据，这部分内容包括：

1）项目建议书。

2）初步可行性研究报告。

3）各类批文及协议。

4）市场调查报告和技术资料汇编。

5）其他有关文件。

（2）项目建设的基础性文件　这些文件是项目成立和实施建设的基础，包括以下内容：

1）建设地址选择报告书。

2）资源勘探报告书。

3）贷款意向书。

4）环境影响报告书。

（3）可行性研究报告附图　这些附图有助于直观地表达报告的内容，是报告的有机组成部分，这部分内容包括：

1）区域位置图。

2）现状地形图。

3）总平面布置图。

4）工艺流程简图。

5）其他有关图样。

（4）可行性研究报告基本报表　这些报表是项目经济评价的工具和手段，能清晰明确地反映其经济效果，这部分内容包括：

1）现金流量表。

2）利润表。

3）资金来源及运用表。

4）资产负债表。

5）外汇平衡表。

6）国民经济效益费用流量表。

（5）可行性研究报告辅助报表　这些报表是基本报表的扩展和说明，同样是报告的有机组成部分，这部分内容包括：

1）固定资产投资估算表。

2）流动资金估算表。

3）投资计划及资金筹措表。

4）借款还本付息估算表。

5）产品销售收入和销售税金估算表。

6）总成本费用估算表。

7）固定资产折旧费估算表。

8）无形资产及递延资产摊销估算表。

9）主要产出物和投入物使用价格依据表。

10）单位产品生产成本估算表。

11）经济外汇流量表。

12）国民经济评价投资调整计算表。

13）国民经济评价销售收入调整计算表。

14）国民经济评价经营费用调整计算表。

15）出口（替代进口）产品国内资源流量表。

第四节 建设项目财务分析

一、财务分析概述

（一）财务分析的概念及作用

1. 财务分析的概念

财务分析是根据国家现行财税制度和价格体系，在财务效益与费用的估算以及编制财务辅助报表的基础上，分析、计算项目直接发生的财务效益和费用，编制财务报表，计算财务分析指标，考察项目盈利能力、清偿能力以及外汇平衡等财务状况，据以判别项目的财务可行性。财务分析是建设项目经济评价中的微观层次，它主要从微观投资主体的角度分析项目可以给投资主体带来的效益以及投资风险。作为市场经济微观主体的企业进行投资时，一般都要进行项目财务分析。

2. 财务分析的作用

1）考察项目的财务盈利能力。

2）用于制订适宜的资金规划。

3）为协调企业利益与国家利益提供依据。

4）为中外合资项目提供双方合作的基础。

（二）财务分析的程序

财务分析是在项目市场研究、生产条件及技术研究的基础上进行的。它主要通过有关的基础数据，编制财务报表，计算分析相关经济评价指标，得出评价结论。其程序大致如下：

1）选取财务分析的基础数据与参数。

2）估算各期现金流量。

3）编制基本财务报表。

4）计算财务分析指标，进行盈利能力和偿债能力分析。

5）进行不确定性分析。

6）得出评价结论。

二、融资前财务分析

项目决策可分为投资决策和融资决策两个层次。投资决策重在考察项目净现金流的价值是否大于其投资成本；融资决策重在考察资金筹措方案能否满足要求。严格意义上说，投资决策在先，融资决策在后。根据不同决策的需要，财务分析可分为融资前财务分析和融资后财务分析。

一般宜先进行融资前财务分析。融资前财务分析是指在考虑融资方案前就可以开始进行的财务分析，即在不考虑债务融资条件下进行的财务分析。在融资前财务分析结论满足要求的情况下，初步设定融资方案，再进行融资后财务分析。融资前只进行盈利能力分析，并以投资现金流量分析为主要手段。

融资前项目投资现金流量分析，是从项目投资总获利能力的角度，考察项目方案设计的合理性，以动态分析（折现现金流量分析）为主、静态分析（非折现现金流量分析）为辅。根据需要，可从所得税前和（或）所得税后两个角度进行考察，选择计算所得税前指标或所得税后指标。

计算所得税前指标的融资前财务分析（所得税前分析）是从息前税前角度进行的分析；计算所得税后指标的融资前财务分析（所得税后分析）是从息前税后角度进行的分析。

（一）正确识别选用现金流量

进行现金流量分析应正确识别和选用现金流量，包括现金流入和现金流出。融资前财务分析的现金流量应与融资方案无关。从该原则出发，融资前项目投资现金流量分析的现金流量主要包括建设投资、营业收入、经营成本、流动资金、营业税金及附加和所得税。

为了体现与融资方案无关的要求，各项现金流量的估算中都需要剔除利息的影响。例如，采用不含利息的经营成本作为现金流出，而不是总成本费用；在流动资金估算、经营成本中的修理费和其他费用估算过程中应注意避免利息的影响等。

所得税前和所得税后分析的现金流入完全相同，但现金流出略有不同，所得税前分析不将所得税作为现金流出，所得税后分析视所得税为现金流出。

（二）项目投资现金流量表的编制

融资前动态分析主要考虑整个计算期内的现金流入和现金流出，编制项目投资现金流量表，如表 8-1 所示。

表 8-1　项目投资现金流量表　　（单位：万元）

序　号	项　目	合　计	计算期					
			1	2	3	4	…	*n*
1	现金流入							
1.1	营业收入							
1.2	补贴收入							
1.3	销项税额							
1.4	回收固定资产余值							
1.5	回收流动资金							
2	现金流出							
2.1	建设投资							
2.2	流动资金							
2.3	经营成本							
2.4	进项税额							
2.5	应纳增值税							
2.6	营业中税金及附加							

（续）

序号	项目	合计	计算期					
			1	2	3	4	…	n
2.7	维持运营投资							
3	所得税前净现金流量（1-2）							
4	累计所得税前净现金流量							
5	调整所得税							
6	所得税后净现金流量（3-5）							
7	累计所得税后净现金流量							

计算指标：项目投资财务内部收益率（所得税前）：（%）
项目投资财务内部收益率（所得税后）：（%）
项目投资财务净现值（所得税前）（i_c=%）（万元）
项目投资财务净现值（所得税后）（i_c=%）（万元）
项目投资回收期（所得税前）（年）
项目投资回收期（所得税后）（年）

1）现金流入主要是营业收入，还可能包括补贴收入，在计算期最后一年，还包括回收固定资产余值及回收流动资金。营业收入的各年数据取自营业收入和营业中税金及附加估算表。固定资产余值回收额为固定资产折旧费估算表中最后一年的固定资产期末净值，流动资金回收额为项目正常生产年份流动资金的占用额。

2）现金流出主要包括建设投资、流动资金、经营成本、营业税金及附加。建设投资和流动资金的数额取自项目总投资使用计划与资金筹措表；流动资金为各年流动资金增加额；经营成本取自总成本费用估算表；营业税金及附加包括消费税、资源税、城市维护建设税和教育费附加，它们取自营业收入、营业税金及附加和增值税估算表。尤其需要注意的是，项目投资现金流量表中的“所得税”应根据息税前利润（EBIT）乘以所得税税率计算，称为“调整所得税”。原则上，息税前利润的计算应完全不受融资方案变动的影响，即不受利息多少的影响，包括建设期利息对折旧的影响（因为折旧的变化会对利润总额产生影响，进而影响息税前利润）。但如此将会出现两个折旧和两个息税前利润（用于计算融资前所得税的息税前利润和利润表中的息税前利润）。为简化起见，当建设期利息占总投资比例不是很大时，也可按利润表中的息税前利润计算调整所得税。

3）项目计算期各年的净现金流量为各年现金流入量减去对应年份的现金流出量；各年累计净现金流量为本年及以前各年净现金流量之和。

4）按所得税前的净现金流量计算的相关指标，即所得税前指标，是投资盈利能力的完整体现，用以考察由项目方案设计本身所决定的财务盈利能力。它不受融资方案和所得税政策变化的影响，仅仅体现项目方案本身的合理性。所得税前指标可以作为初步投资决策的主要指标，用于考察项目是否基本可行，并值得为之融资。所谓“初步”是相对而言的，意指根据该指标投资者可以做出项目实施后能实现投资目标的判断，此后再通过融资方案的比选分析，有了较为满意的融资方案后，投资者才能决定最终出资。所得税前指标应该受到项目有关各方（项目发起人、项目业主、项目投资人、银行和政府管理部门）的广泛关注。所得税前指标还特别适用于建设方案设计中的方案比选。

三、融资后财务分析

在融资前财务分析结果可以接受的前提下，可以开始考虑融资方案，进行融资后财务分析。融资后财务分析包括项目的盈利能力分析、偿债能力分析以及财务生存能力分析，进而判断项目方案在融资条件下的合理性。融资后财务分析是比选融资方案、进行融资决策和投资者最终决定性研究报告完成之后的进一步深化分析。完成融资后财务分析才能完成最终融资决策。

（一）融资后的盈利能力分析

融资后的盈利能力分析包括动态分析（折现现金流量分析）和静态分析（非折现现金流量分析）。

1. 动态分析

动态分析是通过编制财务现金流量表，根据资金时间价值原理，计算财务内部收益率、财务净现值等指标，从而分析项目的获利能力。融资后的动态分析可分为下列两个层次：

（1）项目资本金现金流量分析　在市场经济条件下，对项目整体获利能力有所判断的基础上，项目资本金盈利能力指标是投资者最终决定是否投资的最重要的指标，也是比较和取舍融资方案的重要依据。

项目资本金现金流量分析，应在拟定的融资方案下，从项目资本金出资者整体的角度，确定其现金流入和现金流出，编制项目资本金现金流量表，如表8-2所示。

表8-2　项目资本金现金流量表　（单位：万元）

序　号	项　目	合　计	计算期					
			1	2	3	4	…	n
1	现金流入							
1.1	营业收入							
1.2	补贴收入							
1.3	销项税额							
1.4	回收固定资产余值							
1.5	回收流动资金							
2	现金流出							
2.1	项目资本金							
2.2	借款本金偿还							
2.3	借款利息支付							
2.4	经营成本							
2.5	进项税额							
2.6	应纳增值税							
2.7	营业中税金及附加							

（续）

序　　号	项　　目	合　　计	计算期					
			1	2	3	4	…	n
2.8	所得税							
2.9	维持运营投资							
3	净现金流量（1-2）							
计算指标：资本金内部收益率（%）								

1）现金流入各项的数据来源与全部投资现金流量表相同。

2）现金流出项目包括项目资本金、借款本金偿还、借款利息支付、经营成本及营业税金及附加等。其中，项目资本金取自项目总投资计划与资金筹措表中资金筹措项下的自有资金分项。借款本金偿还由两部分组成：一部分为借款还本付息计划表中的本年还本额；另一部分为流动资金借款本金偿还，一般发生在计算期最后一年。借款利息支付数额来自总成本费用估算表中的利息支出项。现金流出中的其他各项与全部投资现金流量表中相同。

3）项目计算期各年的净现金流量为各年现金流入量减去对应年份的现金流出量。

项目资本金现金流量表将各年投入项目的项目资本金作为现金流出，各年交付的所得税和还本付息也作为现金流出。因此，其净现金流量就包容了企业在缴税和还本付息之后所剩余的收益（含投资者应分得的利润），即企业的净收益，又是投资者的权益性收益。那么根据这种净现金流量计算得到的资本金内部收益率指标应该能反映从投资者整体角度考察盈利能力的要求，也就是从企业角度对盈利能力进行判断的要求。因为企业只是一个经营实体，而所有权是属于全部投资者的。

（2）投资各方现金流量分析　对于某些项目，为了考察投资各方的具体收益，还应从投资各方实际收入和支出的角度，确定其现金流入和现金流出。分别编制投资各方现金流量表（表 8-3），计算投资各方的内部收益率指标。

表 8-3　投资各方现金流量表　　（单位：万元）

序　　号	项　　目	合　　计	计算期					
			1	2	3	4	…	n
1	现金流入							
1.1	实分利润							
1.2	资产处置收益分配							
1.3	租赁费收入							
1.4	技术转让或使用收入							
1.5	销项税额							
1.6	其他现金流入							
2	现金流出							
2.1	实缴资本							
2.2	租赁资产支出							

（续）

序 号	项 目	合 计	计算期					
			1	2	3	4	…	n
2.3	进项税额							
2.4	应纳增值税							
2.5	其他现金流出							
3	净现金流量（1-2）							
计算指标：投资各方财务内部收益率（%）								

投资各方现金流量表中的现金流入是指出资方因该项目的实施将实际获得的各种收入；现金流出是指出资方因该项目的实施将实际投入的各种支出。表中各项应注意的问题包括：

1）实分利润是指投资者由项目获取的利润。

2）资产处置收益分配是指对有明确合营期限或合资期限的项目，在期满时对资产余值按股比或约定比例的分配。

3）租赁费收入是指出资方将自己的资产租赁给项目使用所获得的收入，此时应将资产价值作为现金流出，列为租赁资产支出科目。

4）技术转让或使用收入是指出资方将专利或专有技术转让或允许该项目使用所获得的收入。

2. 静态分析

除了进行现金流量分析，还可以根据项目具体情况进行静态分析，即非折现盈利能力分析，选择计算一些静态指标。静态分析编制的报表是利润和利润分配表。利润和利润分配表中的损益栏目反映项目计算期内各年的营业收入、总成本费用支出、利润总额情况，利润分配栏目反映所得税及税后利润的分配情况，如表8-4所示。

表8-4 利润和利润分配表 （单位：万元）

序 号	项 目	合 计	计算期					
			1	2	3	4	…	n
1	营业收入							
2	营业中税金及附加							
3	总成本费用							
4	补贴收入							
5	利润总额（1-2-3+4）							
6	弥补以前年度亏损							
7	应纳税所得额（5-6）							
8	所得税							
9	净利润（5-8）							
10	期初未分配利润							
11	可供分配的利润（9+10）							

（续）

序　号	项　目	合　计	计算期					
			1	2	3	4	…	n
12	提取法定盈余公积金							
13	可供投资者分配的利润（11−12）							
14	应付优先股股利							
15	提取任意盈余公积金							
16	应付普通股股利（13−14−15）							
17	各投资方利润分配							
	其中：××方							
	××方							
18	未分配利润（13−14−15−17）							
19	息税前利润（利润总额+利息支出）							
20	息税折旧摊销前利润（息税前利润+折旧+摊销）							

可供投资者分配的利润根据投资方或股东的意见，在任意盈余公积金、应付利润和未分配利润之间进行分配。其中，应付利润为向投资者分配的利润或向股东支付的股利；未分配利润主要是指用于偿还固定资产投资借款及弥补以前年度亏损的可供分配利润。

（二）融资后偿债能力分析

1. 借款偿还期的估算

对筹措了债务资金的项目，偿债能力考察项目按期偿还借款的能力。根据借款还本付息计划表、利润和利润分配表与总成本费用估算表的有关数据，通过计算利息备付率、偿债备付率指标，判断项目的偿债能力。如果能够得知或根据经验设定所要求的借款偿还期，可以直接计算利息备付率、偿债备付率指标；如果难以设定借款偿还期，也可以先大致估算出借款偿还期，再采用适宜的方法计算出每年需要还本和付息的金额，代入公式计算利息备付率、偿债备付率指标。需要估算借款偿还期时，计算公式为

$$\text{借款偿还期}=\text{借款偿还后开始出现盈余的年份}-\text{开始借款的年份}+\frac{\text{当年借款}}{\text{当年可用于还款的资金额}} \tag{8-1}$$

需要注意的是，该借款偿还期只是为估算利息备付率和偿债备付率指标所用，不应与利息备付率和偿债备付率指标并列。

2. 资产负债表的编制

资产负债表通常按企业范围编制。企业资产负债表是国际上通用的财务报表，表中数据可由其他报表直接引入或经适当计算后列入，以反映企业某一特定日期的财务状况。编制过程中资产负债表的科目可以适当简化，反映各年年末的财务状况，如表 8-5 所示。

表 8-5 资产负债表 （单位：万元）

序号	项目	合计	计算期					
			1	2	3	4	…	*n*
1	资产							
1.1	流动资产总额							
1.1.1	货币资金							
1.1.2	应收账款							
1.1.3	预付账款							
1.1.4	存货							
1.1.5	其他							
1.2	在建工程							
1.3	固定资产净值							
1.4	无形及其他资产净值							
2	负债及所有者权益（2.4+2.5）							
2.1	流动负债总额							
2.1.1	短期借款							
2.1.2	应付账款							
2.1.3	预收账款							
2.1.4	其他							
2.2	建设投资借款							
2.3	流动资金借款							
2.4	负债小计（2.1+2.2+2.3）							
2.5	所有者权益							
2.5.1	资本金							
2.5.2	资本公积金							
2.5.3	累计盈余公积金							
2.5.4	累计未分配利润							
计算指标：资产负债率（%）								

资产由流动资产、在建工程、固定资产净值、无形及其他资产净值四项组成。

1）流动资产为货币资金、应收账款、预付账款、存货与其他之和。其中，应收账款、预付账款和存货三项数据来自流动资金估算表；货币资金数据则取自财务计划现金流量表的累计资金盈余与流动资金估算表中的现金项之和。

2）在建工程是指建设投资和建设期利息的年累计额。

3）固定资产净值和无形及其他资产净值分别从固定资产折旧费估算表与无形资产和其他资产摊销估算表取得。

负债包括流动负债、建设投资借款和流动资金借款。其中，流动负债中的应付账款、预付账款数据可由流动资金估算表直接取得；后两项需要根据财务计划现金流量表中的对应项及相应的本金偿还项进行计算。

所有者权益包括资本金、资本公积金、累计盈余公积金及累计未分配利润。其中，累计未分配利润可直接来自利润和利润分配表；累计盈余公积金可由利润和利润分配表中的盈余公积金项计算各年份的累计值，但应根据是否用盈余公积金弥补亏损或转增资本金的情况进行相应调整；资本金为项目投资中的累计自有资金（扣除资本溢价），当存在由资本公积金或盈余公积金转增资本金的情况时应进行相应调整；资本公积金为累计资本溢价及赠款，转增资本金时进行相应调整。

资产负债表满足等式

$$资产=负债+所有者权益$$

（三）财务生存能力分析

财务生存能力旨在分析考察项目（企业）在整个计算期内的资金充裕程度，分析财务可持续性。判断项目在财务上的生存能力，应根据财务计划现金流量表进行。

财务计划现金流量表是国际上通用的财务报表，用于反映计算期内各年的投资活动、融资活动和经营活动所产生的现金流入、现金流出和净现金流量，分析项目是否有足够的净现金流量维持正常运营，是展示财务状况的重要财务报表。为此，财务生存能力分析也称资金平衡分析。财务计划现金流量表如表 8-6 所示，其中绝大部分数据可来自其他表格。

表 8-6　财务计划现金流量表　　（单位：万元）

序　号	项　目	合　计	计算期					
			1	2	3	4	…	n
1	经营活动净现金流量（1.1-1.2）							
1.1	现金流入							
1.1.1	营业收入							
1.1.2	增值税销项税额							
1.1.3	补贴收入							
1.1.4	其他收入							
1.2	现金流出							
1.2.1	经营成本							
1.2.2	增值税进项税额							
1.2.3	营业中税金及附加							
1.2.4	增值税							
1.2.5	所得税							
1.2.6	其他流出							
2	投资活动净现金流量（2.1-2.2）							
2.1	现金流入							
2.2	现金流出							
2.2.1	建设投资							
2.2.2	维持运营投资							

（续）

序　号	项　目	合　计	计算期					
			1	2	3	4	…	n
2.2.3	流动资金							
2.2.4	其他流出							
3	筹资活动净现金流量（3.1-3.2）							
3.1	现金流入							
3.1.1	项目资本金投入							
3.1.2	建设投资借款							
3.1.3	流动资金借款							
3.1.4	债券							
3.1.5	短期借款							
3.1.6	其他流入							
3.2	现金流出							
3.2.1	各种利息支出							
3.2.2	偿还债务本金							
3.2.3	应付利润（股利分配）							
3.2.4	其他流出							
4	净现金流量（1+2+3）							
5	累计盈余资金							

财务生存能力分析应结合偿债能力分析进行。项目的财务生存能力分析可通过以下相辅相成的两个方面进行：

1. 分析是否有足够的净现金流量维持正常运营

1）在项目（企业）运营期间，只有能够从各项经济活动中得到足够的净现金流量，项目才能持续生存。财务生存能力分析中，应根据财务计划现金流量表，考察项目计算期内各年的投资活动、融资活动和经营活动所产生的各项现金流入和流出，计算净现金流量和累计盈余资金，分析项目是否有足够的净现金流量维持正常运营。

2）拥有足够的经营净现金流量是财务上可持续的基本条件，特别是在运营初期。一个项目具有较大的经营净现金流量，说明项目方案比较合理，实现自身资金平衡的可能性大，不会过分依赖短期融资来维持运营；反之，一个项目不能产生足够的经营净现金流量，说明项目方案缺乏合理性，实现自身资金平衡的可能性小，有可能要靠短期融资来维持运营，有些项目可能需要政府补助来维持运营。

3）通常运营期前期的还本付息负担较重，故应特别注重运营期前期的财务生存能力分析。如果安排的还款期过短，致使还本付息负担过重，导致为维持资金平衡必须筹措的短期借款过多，可以设法调整还款期，甚至寻求更有利的融资方案，减轻各年还款负担。所以，财务生存能力分析应结合偿债能力分析进行。特别提及一点，借款利息偿还与借款本金偿还虽然都是现金流出，但不能混淆：借款利息属于运营期各年的财务费用，先进行偿还，借款本金偿还是在企业缴纳完所得税后，根据偿债能力决定偿还的金额，这种缴纳完所得税后再偿还本金的制度，称为税后还贷。在会计制度中，也曾出现过在缴纳所得税前偿还借款本金的情况，称为税前还贷。税前还贷是具有减税效应的。

2. 各年累计盈余资金不出现负债是财务可持续的必要条件

各年累计盈余资金不出现负债是财务可持续的必要条件。在整个运营期间，允许个别年份的净现金流量出现负值，但不能允许任一年份的累计盈余资金出现负值。一旦出现负值时，应适时进行短期融资，该短期融资应体现在财务计划现金流量表中，同时短期融资的利息也应纳入成本费用和其后的计算。较大或较频繁的短期融资，有可能导致以后的累计盈余资金无法实现正值，致使项目难以持续运营。

四、财务评价指标体系与方法

建设项目财务评价方法是与财务评价的目的和内容相联系的。财务评价的主要内容包括盈利能力评价和清偿能力评价。财务评价方法有以现金流量表与利润和利润分配表为基础的动态获利性评价和静态获利性评价、以资产负债表为基础的财务比率分析、以借款还本付息计划表和财务计划现金流量表为基础的偿债能力分析和财务生存能力分析等。

（一）建设项目财务评价指标体系

建设项目财务评价指标体系是按照财务评价的内容建立起来的，同时也与编制的财务评价报表密切相关。建设项目财务评价内容、基本报表、评价指标之间的关系如表 8-7 所示。

表 8-7　财务评价指标体系

评价内容	基本报表		评价指标	
			静态指标	动态指标
盈利能力分析	融资前财务分析	项目投资现金流量表	项目投资回收期	项目投资财务内部收益率 项目投资财务净现值
	融资后财务分析	项目资本金现金流量表		项目资本金财务内部收益率
		投资各方现金流量表		投资各方财务内部收益率
		利润和利润分配表	总投资收益率 项目资本金净利润率	
偿债能力分析	借款还本付息计划表		偿债备付率 利息备付率	
	资产负债表		资产负债率 流动比率 速动比率	
财务生存能力分析	财务计划现金流量表		累计盈余资金	
外汇平衡分析	财务外汇平衡表			

（续）

评价内容	基本报表	评价指标	
		静态指标	动态指标
不确定性分析	盈亏平衡分析	盈亏平衡产量 盈亏平衡生产能力利用率	
	敏感性分析	灵敏度 不确定因素的临界值	
风险分析	概率分析	FNPV≥0的累计概率	
		定性分析	

（二）建设项目财务评价方法

1. 财务盈利能力评价

财务盈利能力评价主要考察投资项目投资的盈利水平，是在编制项目投资现金流量表、项目资本金现金流量表、利润和利润分配表等财务报表的基础上，计算财务净现值、财务内部收益率、投资回收期、总投资收益率和项目资本金净利润率等指标。

（1）财务净现值（FNPV）　财务净现值是指把项目计算期内各年的财务净现金流量，按照一个设定的标准折现率（基准收益率）折算到建设期初（项目计算期第1年年初）的现值之和。财务净现值是考察项目在其计算期内盈利能力的主要动态评价指标。其计算公式为

$$FNPV=\sum_{t=0}^{n}(CI-CO)_t(1+i_c)^{-t} \tag{8-2}$$

式中　FNPV——财务净现值；

CI——现金流入；

CO——现金流出；

n——项目计算期；

i_c——设定的折现率（同基准收益率）。

项目财务净现值是考察项目盈利能力的绝对量指标，它反映项目在满足按设定折现率要求的盈利之外所能获得的超额盈利的现值。如果项目财务净现值等于或大于零，表明项目的盈利能力达到目的或超过所要求的盈利水平，即项目财务上可行。

（2）财务内部收益率（FIRR）　财务内部收益率是指项目在整个计算期内各年财务净现金流量的现值之和等于零时的折现率，也就是使项目的财务净现值等于零时的折现率。其计算公式为

$$\sum_{t=0}^{n}(CI-CO)_t(1+FIRR)^{-t}=0 \tag{8-3}$$

财务内部收益率是反映项目实际收益率的一个动态指标，该指标越大越好。一般情况下，财务内部收益率大于或等于基准收益率时，项目可行。项目财务内部收益率一般通过计算机软件中配置的财务函数计算，若需要手工计算，可根据财务现金流量表中的净现金流量，采用试算内插法计算。将求得的财务内部收益率与设定的判别基准 i_c 进行比较，当

FIRR$\geqslant i_c$ 时，即认为项目的盈利性能够满足要求。其计算公式为

$$FIRR = i_1 + \frac{FNPV_1}{FNPV_1 - FNPV_2}(i_2 - i_1) \tag{8-4}$$

根据投资各方现金流量表也可以计算内部收益率指标，即投资各方财务内部收益率。不过应注意的是，投资各方财务内部收益率实际上是一个相对次要的指标。在普遍按股本比例分配利润和分担亏损和风险的原则下，投资各方的利益是均等的。只有投资者中的各方有股权之外的不对等的利益分配时，投资各方的利益才会有差异。比如，其中一方有技术转让方面的收益，或一方有租赁设施的收益，或一方有土地使用权方面的收益时，需要计算投资各方财务内部收益率。对于投资各方财务内部收益率来说，其可接受的最低收益率只能由各方投资者自己确定，因为不同投资者的资本实力和风险承受能力有很大差异，且出于某些原因，可能会对不同项目有不同的收益水平要求。

（3）投资回收期　投资回收期按照是否考虑资金时间价值可以分为静态投资回收期和动态投资回收期。

1）静态投资回收期。静态投资回收期是指以项目每年的净收益回收项目全部投资所需要的时间，是考察项目财务上投资回收能力的重要指标。这里所说的全部投资既包括建设投资，又包括流动资金投资。项目每年的净收益是指税后利润加折旧。静态投资回收期的计算公式为

$$\sum_{t=0}^{P_t}(CI - CO)_t = 0 \tag{8-5}$$

式中　P_t——静态投资回收期。

如果项目建成投产后各年的净收益不相同，则静态投资回收期可根据累计净现金流量用内插法求得。其计算公式为

$$P_t = \text{累计净现金流量开始出现正值的年份} - 1 + \frac{\text{上一年累计现金流量的绝对值}}{\text{当年净现金流量}} \tag{8-6}$$

当静态投资回收期小于或等于基准投资回收期时，项目可行。

2）动态投资回收期。动态投资回收期是指在考虑了资金时间价值的情况下，以项目每年的净收益回收项目全部投资所需要的时间。这个指标主要是为了克服静态投资回收期指标没有考虑资金时间价值的缺点而提出的。动态投资回收期的计算公式为

$$\sum_{t=0}^{P_t'}(CI - CO)_t(1+i_c)^{-t} = 0 \tag{8-7}$$

式中　P_t'——动态投资回收期。

与 P_t 类似，P_t' 也可以用内插法求出。其计算公式为

$$P_t' = \text{累计净现金流量现值开始出现正值的年份} - 1 + \frac{\text{上一年累计净现金流量现值的绝对值}}{\text{当年净现金流量现值}} \tag{8-8}$$

动态投资回收期是在考虑了项目合理收益的基础上收回投资的时间。只要在项目生命周期结束之前能够收回投资，就表示项目已经获得了合理的收益。因此，只要动态投资回收期

不大于项目生命周期，项目就可行。

（4）总投资收益率（ROI） 总投资收益率是指项目达到设计能力后正常年份的年息税前利润或营运期内年平均息税前利润（EBIT）与项目总投资（TI）的比率。其计算公式为

$$ROI=\frac{EBIT}{TI}\times 100\% \tag{8-9}$$

总投资收益率高于同行业的收益率参考值，表明用总投资收益率表示的盈利能力满足要求。

（5）项目资本金净利润率（ROE） 项目资本金净利润率是指项目达到设计能力后正常年份的年净利润或运营期内平均净利润（NP）与项目资本金（EC）的比率。其计算公式为

$$ROE=\frac{NP}{EC}\times 100\% \tag{8-10}$$

项目资本金净利润率高于同行业的净利润率参考值，表明用项目资本金净利润率表示的盈利能力满足要求。

2. 偿债能力评价

投资项目的资金构成一般可分为借入资金和自有资金。自有资金可长期使用，而借入资金必须按期偿还。项目的投资者自然关心项目的偿债能力，而借入资金的所有者——债权人也非常关心贷出资金能否按期收回本金。因此，偿债能力分析是财务分析中的一项重要内容。

（1）利息备付率（ICR） 利息备付率是指项目在借款偿还期内的息税前利润（EBIT）与应付利息（PI）的比值。它从付息资金来源的充裕性角度反映项目偿付债务利息的保障程度。利息备付率的含义和计算公式均与财政部对企业绩效评价的“已获利息倍数”指标相同，用于支付利息的息税前利润等于利润总额和当期应付利息之和，当期应付利息是指计入总成本费用的全部利息。利息备付率的计算公式为

$$ICR=\frac{EBIT}{PI} \tag{8-11}$$

利息备付率应分年计算。对于正常经营的企业，利息备付率应当大于1，并结合债权人的要求确定。利息备付率越高，表明利息偿付的保障程度越高，偿债风险越小。

（2）偿债备付率（DSCR） 偿债备付率是指项目在借款偿还期内，各年可用于还本付息的资金（$EBITDA-T_{AX}$）与当期应还本付息金额（PD）的比值。它表示可用于还本付息的资金偿还借款本息的保障程度。其计算公式为

$$DSCR=\frac{EBITDA-T_{AX}}{PD} \tag{8-12}$$

式中 EBITDA——息税前利润加折旧和摊销；

T_{AX}——企业所得税。

偿债备付率可以按年计算，也可以按整个借款期计算。偿债备付率表示可用于还本付息的资金偿还借款本息的保证倍率，正常情况下应大于1，并结合债权人的要求确定。

（3）资产负债率 资产负债率是反映项目各年所面临的财务风险程度及偿债能力的指标。其计算公式为

$$资产负债率=\frac{负债合计}{资产合计}\times 100\% \tag{8-13}$$

资产负债率表示企业总资产中有多少是通过负债得来的，是评价企业负债水平的综合指标。适度的资产负债率既能表明企业投资人、债权人的风险较小，又能表明企业经营安全、稳健、有效，具有较强的融资能力。国际上公认的较好的资产负债率指标是60%。但是，难以简单地用资产负债率的高或低来进行判断，因为过高的资产负债率表明企业财务风险太大，而过低的资产负债率则表明企业对财务杠杆利用不够。实践表明，行业间的资产负债率差异也较大。实际分析时应结合国家总体经济运行状况、行业发展趋势、企业所处竞争环境的具体条件进行判定。

（4）流动比率　流动比率是反映项目各年偿付流动负债能力的指标。其计算公式为

$$流动比率=\frac{流动资产总额}{流动负债总额}\times 100\% \tag{8-14}$$

流动比率衡量企业资金流动性的大小，考虑流动资产规模与负债规模之间的关系，判断企业短期债务到期前可以转化为现金用于偿还流动负债的能力。该指标越高，说明偿还流动负债的能力越强；但该指标过高，说明企业资金利用效率低，对企业的运营也不利。国际公认的标准是200%。但行业间流动比率会有很大差异，一般来说，若行业生产周期较长，流动比率就应该相对提高；反之，就可以相对降低。

（5）速动比率　速动比率是反映项目各年快速偿付流动负债能力的指标。其计算公式为

$$速动比率=\frac{流动资产总额-存货}{流动负债总额}\times 100\% \tag{8-15}$$

速动比率指标是对流动比率指标的补充，是将流动比率指标计算公式的分子剔除了流动资产中变现力最差的存货后，计算企业实际的短期债务偿还能力，相较流动比率更为准确。该指标越高，说明偿还流动负债的能力越强；与流动比率一样，该指标过高，说明企业资金利用效率低，对企业的运营也不利。国际公认的标准比率为100%。同样，该指标在行业间也有较大差异，实践中应结合行业特点分析判断。

在项目评价过程中，可行性研究人员应该综合考察以上的盈利能力和偿债能力分析指标，分析项目的财务运营能力能否满足预期的要求和规定的标准要求，从而评价项目的财务可行性。

第五节　建设项目经济评价

建设项目经济评价即指项目经济费用效益分析，是按合理配置资源的原则，采用影子价格、影子汇率、社会折现率等经济评价参数，分析项目投资的经济效益和对社会福利所做出的贡献，评价项目的经济合理性。对于财务现金流量不能全面、真实地反映其经济价值，需要进行经济费用效益分析的项目，应将经济费用效益分析的结论作为项目决策的主要依据之一。

一、经济费用效益分析的项目范围

经济费用效益分析的理论基础是新古典经济学有关资源优化配置的理论。从经济学的角度来看，经济活动的目的是合理配置稀缺经济资源，将其用于生产产品和提供服务，以尽可能地满足社会需要。当经济体系功能发挥正常、社会消费的价值达到最大时，就认为取得了“经济效益”。

（一）经济费用效益分析与财务分析的区别

1. 分析的角度与基本出发点不同

与传统的国民经济评价从国家的角度考察项目不完全相同的是，经济费用效益分析更关注从利益群体各方的角度来分析项目，解决项目可持续发展的问题；财务分析是站在项目的层次，从项目的投资者、债权人、经营者的角度，分析项目在财务上能够生存的可能性，分析各方的实际收益和损失，分析投资或贷款的风险及收益。

2. 项目的费用和效益的含义及范围划分不同

经济费用效益分析是对项目所涉及的所有成员或群体的费用和效益做全面分析，考察项目所消耗的有用社会资源和对社会提供的有用产品，不仅考虑直接的费用和效益，还要考虑间接的费用和效益，对某些转移支付项目，如流转税等，应视情况判断是否计入费用和效益；财务分析是根据项目直接发生的财务收支，计算项目的直接费用和效益。

3. 所使用的价格体系不同

经济费用效益分析使用影子价格体系；财务分析使用预测的财务收支价格。

4. 分析的内容不同

经济费用效益分析通常只有盈利能力分析，没有偿债能力分析；而财务分析通常包括盈利能力分析、偿债能力分析和财务生存能力分析等。

（二）需要进行经济费用效益分析的项目类别

在现实经济中，由于市场本身的原因及政府不恰当的干预，都可能导致市场配置资源的失灵，市场价格难以反映建设项目的真实经济价值，客观上需要通过经济费用效益分析来反映建设项目的真实经济价值，判断投资的经济合理性，为投资决策提供依据。因此，当某类项目依靠市场无法进行资源合理配置时，就需要进行经济费用效益分析。

需要进行经济费用效益分析的项目判别准则为：

1）自然垄断项目。对于电力、电信、交通运输等行业的项目，存在着规模效益递增的产业特征，企业一般不会按照帕累托最优规则进行运作，从而导致市场配置资源失效。

2）公共产品项目。项目提供的产品或服务在同一时间内可以被共同消费，具有“消费的非排他性”（未花钱购买公共产品的人不能被排除在此产品或服务的消费之外）和“消费的非竞争性”（一人消费一种公共产品并不以牺牲其他人的消费为代价）特征。由于市场价格机制只有通过将那些不愿意付费的消费者排除在该物品的消费之外才能得以有效运作，因此市场机制对公共产品项目的资源配置失灵。

3）具有明显外部效果的项目。外部效果是指一个个体或厂商的行为对另一个个体或厂商产生了影响，而该影响的行为主体又没有负相应的责任或没有获得应有报酬的现象。产生外部效果的行为主体由于不受预算约束，因此常常不考虑外部效果承受者的损益情况。这样，这类行为主体在其行为过程中常常会低效率甚至无效率地使用资源，造成消费者剩余与生产者剩余的损失及市场失灵。

4）对于涉及国家控制的战略性资源开发及涉及国家经济安全的项目，往往具有公共性、外部效果等综合特征，不能完全依靠市场配置资源。

5）政府对经济活动的干预，如果干扰了正常的经济活动效率，也是导致市场失灵的重要因素。

从投资管理角度来看，现阶段需要进行经济费用效益分析的项目可以分为以下几类：

1）政府预算内投资（包括国债资金）的关系国家安全、国土开发和市场不能有效配置资源的公益性项目和公共基础设施建设项目、保护和改善生态环境项目、重大战略性资源开发项目。

2）政府各类专项建设基金投资的交通运输、农林水利等基础设施、基础产业建设项目。

3）利用国际金融组织和外国政府贷款，需要政府主权信用担保的建设项目。

4）法律、法规规定的其他政府性资金投资的建设项目。

5）企业投资建设的涉及国家经济安全，影响环境资源、公共利益，可能出现垄断，涉及整体布局等公共性问题，需要政府核准的建设项目。

二、建设项目的经济费用效益识别

（一）建设项目经济费用和经济效益的内容和范围

1. 经济费用

项目的经济费用是指项目耗用社会经济资源的经济价值，即按经济学原理估算出的被耗用经济资源的经济价值。

项目经济费用包括三个层次的内容，即项目实体直接承担的费用、受项目影响的利益群体支付的费用以及整个社会承担的环境费用。其中第二、三项一般称为间接费用，但更多地被称为外部效果。

2. 经济效益

项目的经济效益是指项目为社会创造的社会福利的经济价值，即按经济学原理估算出的社会福利的经济价值。

与经济费用相同，项目经济效益也包括三个层次的内容，即项目实体直接获得的效益、受项目影响的利益群体获得的效益以及项目可能产生的环境效益。

（二）经济费用效益识别的一般原则

1. 遵循有无对比的原则

项目经济费用效益分析应建立在增量效益和增量费用识别和计算的基础之上，不应考虑沉没成本和已实现的效益。应按照“有无对比”增量分析的原则，通过将项目的实施效果与无项目情况下可能发生的情况进行对比分析，作为计算机会成本或增量效益的依据。

2. 对项目所涉及的所有成员及群体的费用和效益做全面分析

经济费用效益分析应全面分析项目投资及运营活动耗用资源的真实价值，以及项目为社会成员福利的实际增加所做出的贡献。具体分析以下内容：

1）分析体现在项目实体本身的直接费用和效益，以及项目引起的其他组织、机构或个人发生的各种外部费用和效益。

2）分析项目的近期影响，以及项目可能带来的中、远期影响。

3）分析与项目主要目标直接联系的直接费用和效益，以及各种间接费用和效益。

4）分析具有物质载体的有形费用和效益，以及各种无形费用和效益。

3. 正确识别和计算正面和负面的外部效果

在经济费用和效益识别时，应考虑项目投资可能产生的其他关联效应，并对项目外部效果的识别是否适当进行评估，防止漏算或重复计算。对于项目的投入或产出可能产生的第二级乘数波及效应，在经济费用效益分析中不予考虑。

4. 合理确定效益和费用的空间范围和时间跨度

经济费用效益识别应以本国居民作为分析对象，应重点分析对本国公民新增的费用和效益。项目对本国以外的社会群体所产生的效果，应进行单独陈述。

经济费用效益识别的时间跨度应足以包含项目所产生的全部重要费用和效益，而不应仅根据有关财务核算规定确定。例如，财务分析的计算期可根据投资各方的合作期进行计算，而经济费用效益分析不受此限制。

5. 根据不同情况区别对待和调整转移支付

项目的有些财务收入和支出，从社会角度来看，并没有造成资源的实际增加或减少，从而称为经济费用效益分析中的转移支付。转移支付代表购买力的转移行为，接受转移支付的一方所获得的效益与付出方所产生的费用相等，转移支付行为本身没有导致新增资源的发生。因此，在经济费用效益分析中，税赋、补贴、借款和利息等均属于转移支付。但是，一些税收和补贴可能会影响市场价格水平，导致包括税收和补贴的财务价格可能并不反映真实的经济成本和效益。在进行经济费用效益分析时，转移支付的处理应区别对待：

1）剔除企业所得税或补贴对财务价格的影响。

2）一些税收、补贴或罚款往往是用于校正项目外部效果的一种重要手段，这类转移支付不可剔除，可以用于计算外部效果。

3）对项目投入与产出中的流转税应具体问题具体处理：①对于产出品，增加供给满足国内市场供应的，流转税不应剔除；顶替原有市场供应的，应剔除流转税。②对于投入品，用新增供应来满足项目的，应剔除流转税；挤占原有用户需求来满足项目的，流转税不应剔除。③在不能判别产出或投入是增加供给还是挤占（替代）原有供给的情况下，可简化处理：产出品不剔除实际缴纳的流转税，投入品剔除实际缴纳的流转税。

三、建设项目经济费用和经济效益的计算

项目投资所造成的经济费用和经济效益的计算，应在利益相关者分析的基础上，研究在特定的社会经济背景下相关利益主体获得的收益及付出的代价，计算项目相关的费用和效益。

（一）建设项目经济费用和经济效益的计算原则

1. 支付意愿原则

项目产出物的正面效果的计算遵循支付意愿原则，用于分析社会成员为项目所产出的效益愿意支付的价值。

2. 受偿意愿原则

项目产出物的负面效果的计算遵循受偿意愿原则，用于分析社会成员为接受这种不利影响所得到补偿的价值。

3. 机会成本原则

项目投入的经济费用的计算应遵循机会成本原则，用于分析项目所占用的所有资源的机会成本。机会成本应按资源的其他最有效利用所产生的效益进行计算。

4. 实际价值计算原则

项目经济费用效益分析应对所有费用和效益采用反映资源真实价值的实际价格进行计算，不考虑通货膨胀因素的影响，但应考虑相对价格变动。

在费用和效益货币化过程中，用于估算其经济价值的价格应为影子价格。对于已经有市场价格的货物（或服务），不管该市场价格是否反映经济价值，代表其经济价值的价格称为影子价格，形象地说是指在日光下原有“价格杠杆”的“影子”；对于没有市场价格的产品，代表其经济价值的价格要根据特定环境、利用特定方法进行估算。影子价格的测算在建设项目的经济费用效益分析中占有重要地位。

（二）具有市场价格的货物（或服务）的影子价格计算

若该货物或服务处于竞争性市场环境中，市场价格能够反映支付意愿或机会成本，应采用市场价格作为计算项目投入物或产出物影子价格的依据。考虑到我国仍然是发展中国家，整个经济体系还没有完成工业化过程，国际市场和国内市场的完全融合仍然需要一定时间等具体情况，将投入物和产出物区分为外贸货物和非外贸货物，并采用不同的思路确定其影子价格。

1. 可外贸货物

可外贸货物投入或产出的影子价格应基于口岸价格进行计算，以反映其价格取值具有的国际竞争力。其计算公式为

$$\text{出口产出的影子价格(出厂价)} = \text{离岸价(FOB)} \times \text{影子汇率} - \text{出口费用}$$

$$\text{进口投入的影子价格(到厂价)} = \text{到岸价(CIF)} \times \text{影子汇率} + \text{进口费用}$$

2. 非外贸货物

非外贸货物投入或产出的影子价格应根据下列要求计算：

1）如果项目处于竞争性市场环境中，应采用市场价格作为计算项目投入或产出的影子价格的依据。

2）如果项目的投入或产出的规模很大，项目的实施将足以影响其市场价格，导致“有项目”和“无项目”两种情况下市场价格不一致，则在项目经济费用效益分析中，取二者的平均值作为计算影子价格的依据。

（三）不具有市场价格的货物（或服务）的影子价格计算

如果项目的产出效果不具有市场价格，或市场价格难以真实反映其经济价值时，应遵循

消费者支付意愿和（或）受偿意愿的原则，按下列方法计算其影子价格：

1. 显示偏好法

按照消费者支付意愿原则，通过其他相关市场价格信号，按照“显示偏好”的方法，寻找揭示这些影响的隐含价值，对其效果进行间接估算。例如，项目的外部效果导致关联对象产出水平或成本费用的变动，通过对这些变动进行客观量化分析，作为对项目外部效果进行量化的依据。

2. 陈述偏好法

根据意愿调查评估法，按照“陈述偏好”的方法进行间接估算。一般通过对被评估者的直接调查，直接评价对象的支付意愿或受偿意愿，从中推断出项目造成的有关外部影响的影子价格。应注意调查评估中可能出现的以下偏差：

1）调查对象相信他们的回答能影响决策，从而实际支付的私人成本低于正常条件下的预期值时，调查结果可能产生的策略性偏差。

2）调查者对各种备选方案介绍得不完全或使人误解时，调查结果可能产生的资料性偏差。

3）问卷假设的收款或付款方式不当时，调查结果可能产生的手段性偏差。

4）调查对象长期免费享受环境和生态资源等而形成的“免费搭车”心理，导致调查对象将这种享受看作是天赋权利而反对为此付款，从而导致调查结果的假想性偏差。

（四）特殊投入物的影子价格

1. 劳动力的影子价格——影子工资

项目因使用劳动力所支付的工资，是项目实施所付出的代价。劳动力的影子工资等于劳动力机会成本与因劳动力转移而引起的新增资源消耗之和。

2. 土地的影子价格

土地是一种重要的资源，项目占用的土地无论是否支付费用，均应计算其影子价格。项目所占用的农业、林业、牧业、渔业及其他生产性用地，其影子价格应按照其未来对社会可提供的消费产品的支付意愿及因改变土地用途而发生的新增资源消耗进行计算；项目所占用的住宅、休闲用地等非生产性用地，市场完善的，应根据市场交易价格估算其影子价格；无市场交易价格或市场机制不完善的，应根据支付意愿价格估算其影子价格。

3. 自然资源的影子价格

项目投入的自然资源，无论在财务上是否付费，在经济费用效益分析中都必须测算其经济费用。不可再生自然资源的影子价格应按资源的机会成本计算；可再生资源的影子价格应按资源的再生费用计算。

四、建设项目经济费用效益分析的指标

项目经济费用与经济效益估算出来后，可编制经济费用效益流量表，计算经济净现值、经济内部收益率与经济效益费用比等经济费用效益分析指标。

（一）经济费用效益流量表的编制方法

经济费用效益流量表的编制可以在项目投资现金流量表的基础上，按照经济费用效益识

别和计算的原则和方法直接进行；也可以在财务分析的基础上，将财务现金流量转化为反映真正资源变动状况的经济费用效益流量。具体形式如表 8-8 所示。

表 8-8　项目投资经济费用效益流量表

序　号	项　目	合　计	计算期					
			1	2	3	4	…	n
1	效益流量							
1.1	项目直接效益							
1.2	资产余值回收							
1.3	项目间接效益							
2	费用流量							
2.1	建设投资							
2.2	维持运营投资							
2.3	流动资金							
2.4	经营费用							
2.5	项目间接费用							
3	净效益流量（1-2）							
4	累计所得税前净现金流量							
5	调整所得税							
6	所得税后净现金流量（3-5）							
7	累计所得税后净现金流量							

计算指标：

经济内部收益率（%）

经济净现值（i_s）（%）

1. 直接经济费用效益流量的识别和计算

1）对于项目的各种投入物，应按照机会成本原则计算其经济价值。

2）识别项目产出物可能带来的各种影响效果。

3）对于具有市场价格的产出物，应以市场价格为基础计算其经济价值。

4）对于没有市场价格的产出效果，应按照支付意愿和（或）受偿意愿的原则计算其经济价值。

5）对于难以进行货币量化的产出效果，应尽可能地采用其他量纲进行量化。实在难以量化的，进行定性描述，以全面反映项目的产出效果。

2. 在财务分析的基础上进行经济费用效益流量的识别和计算

1）剔除财务现金流量表中的通货膨胀因素，得到以实价表示的财务现金流量。

2）剔除运营期财务现金流量中不反映真实资源流量变动情况的转移支付因素。

3）用影子价格或影子汇率调整建设投资各项组成，并提出其费用中的转移支付项目。

4）调整流量资金，将流动资产和流动负债中不反映实际资源耗费的有关现金、应收、应付、预收、预付款，从流动资金中剔除。

5）调整经营费用，用影子价格调整主要原材料、燃料及动力费用、工资及福利费等。

6）调整营业收入，对于具有市场价格的产出物，以市场价格为基础计算其影子价格；对于没有市场价格的产出效果，以支付意愿和（或）受偿意愿的原则计算其影子价格。

7）对于可货币化的外部效果，应将货币化的外部效果计入经济费用效益流量；对于难以进行货币化的外部效果，应尽可能地采用其他量纲进行量化，难以量化的，进行定性描述，以全面反映项目的产出效果。

（二）经济费用效益分析主要指标

1. 经济净现值

经济净现值（ENPV）是项目按照社会折现率将计算期内各年的经济净效益流量折现到建设期初的现值之和，是经济费用效益分析的主要评价指标。其计算公式为

$$\mathrm{ENPV}=\sum_{t=1}^{n}(B-C)_t(1+i_s)^{-t} \tag{8-16}$$

式中 B——经济效益流量；

C——经济费用流量；

$(B-C)_t$——第 t 期经济净效益流量；

n——项目计算期；

i_s——社会折现率。

社会折现率是用以衡量资金时间经济价值的重要参数，代表资金占用的机会成本，并且用作不同年份之间资金价值折算的折现率。社会折现率应根据经济发展的实际情况、投资效益水平、资金供求状况、资金机会成本、社会成员的费用效益时间偏好以及国家宏观目标取向等因素进行综合分析测定。

在经济费用效益分析中，如果经济净现值等于或大于零，说明项目可以达到社会折现率要求的效率水平，认为该项目从经济资源配置的角度可以被接受。

2. 经济内部收益率

经济内部收益率（EIRR）是项目在计算期内经济净效益流量的现值累计等于零时的折现率，是经济费用效益分析的辅助评价指标。其计算公式为

$$\sum_{t=1}^{n}(B-C)_t(1+\mathrm{EIRR})^{-t}=0 \tag{8-17}$$

式中 B——经济效益流量；

C——经济费用流量；

$(B-C)_t$——第 t 期经济净效益流量；

n——项目计算期；

EIRR——经济内部收益率。

如果经济内部收益率等于或者大于社会折现率，表明项目资源配置的经济效益达到了可以被接受的水平。

3. 效益费用比

效益费用比（R_{BC}）是项目在计算期内效益流量的现值与费用流量的现值的比率，是经

济费用效益分析的辅助评价指标。其计算公式为

$$R_{BC}=\frac{\sum_{t=1}^{n}B_t(1+i_s)^{-t}}{\sum_{t=1}^{n}C_t(1+i_s)^{-t}} \tag{8-18}$$

式中　R_{BC}——效益费用比；

B_t——经济效益流量；

C_t——经济费用流量。

如果效益费用比大于1，表明项目资源配置的经济效益达到了可以被接受的水平。

第六节　建设项目环境评价

一、建设项目对环境的影响

任何建设项目总是处在一定的环境之中。在这里，环境的概念包含一切有生命的物体，以及它们生存于其中的自然环境。环境既是一切生物生存发展的物质载体，又是其生存发展的制约条件。自从地球上有了人类活动以来，环境问题便如影随形。尤其是在大规模的工业化与城市化浪潮之下，各种环境问题更是层出不穷，人们不得不为自己对环境的鲁莽行为和对资源无节制的欲望付出十分沉重的代价。如今，人类终于认识到，环境问题是超越国界与意识形态的世界性问题，只有各国政府、国际社会和全体人民一起行动起来，才能把地球从环境灾难中拯救出来。因此，人类共同的行为准则就是坚定不渝地奉行“可持续发展”（Sustainable Development）战略。这条原则要贯彻到一切生产与生活活动之中，投资项目建设也不例外。

1. 项目对环境影响的形式

项目对环境的影响是指项目的开发建设活动所引起的原有环境条件的改变和新的环境条件的形成。环境影响的形式可以从不同的角度进行划分：

（1）按项目实施阶段划分　可以分成原发性影响和继发性影响。前者是指项目开发活动引起的直接后果；后者是指由直接后果引起的其他后果。例如，砍伐森林造成植被破坏，是原发性影响；植被破坏引起水土流失、诱发泥石流，是继发性影响。

（2）按影响存在时间划分　可以分成短期影响和长期影响。前者是指项目开发活动引起的即时直接后果；后者是指在较长时间持续存在的后果。例如，工厂排放有毒废水导致河流中的水生生物死亡，是短期影响；用受污染的河水灌溉农田，导致有毒物质在土壤中蓄积并进入农作物中，最终被人食用而损害人的健康，则是长期影响。

（3）按环境复原程度划分　可以分成可恢复性影响和不可恢复性影响。前者是指项目开发活动引起的环境变化经过一定的培育工作，可以全部或大部复原；后者是指这种环境变化为永久性的、不可恢复的。例如，毁林开荒后可以退耕还林，是可恢复性影响；但毁林若造成某些特有物种灭绝，则为不可恢复性影响。

2. 项目对环境影响的表现

建设项目对环境的影响（主要是指不利影响）表现为以下三个方面：

（1）环境污染　环境污染是指人类在生产和生活活动中排放的废物，超过了环境的净化能力所允许的最高限量，从而使环境质量下降。环境污染的类型主要有：

1）大气污染，如粉尘、有毒有害气体的排放。

2）水体污染，如地表水、地下水受废液和固体废弃物污染，使水质改变。

3）固体废弃物污染，如堆放、处理固体废弃物的方式、地点不当，易使大气、土壤、水体遭受污染。

4）噪声污染，如工业生产、建筑施工、交通都可产生噪声，从而对人体健康形成危害。

5）其他污染，如振动、辐射以及光化学污染等多种形式。

（2）资源破坏　资源破坏即由于项目开发活动使各种自然资源遭受破坏。其主要表现有：

1）植被和野生生物资源破坏，如森林、湿地、草场消失，野生生物栖息地被破坏导致种群数量减少、品质退化乃至物种灭绝。

2）水资源破坏，如地表水径流量减少、枯竭，地下水水位下降。

3）土地资源破坏，如土壤沙化、盐碱化，耕地退化、荒漠化或无法耕作，土地沉陷或抛荒等。

4）矿藏资源破坏，如由于开发建设不当，使现有的或潜在的矿藏资源无法开采或低效利用。

5）自然景观资源破坏，尤其是在风景名胜区、自然保护区、旅游度假区和其他具有重要景观价值的区域内部或周边敏感区进行不适当的建设活动，会使景观的美学价值降低甚至丧失。

（3）自然灾害　自然灾害即由于项目开发活动导致或诱发各种自然灾害。其主要表现有：

1）水土流失、土壤沙化和大面积荒漠化。

2）山体滑坡、泥石流。

3）诱发洪水。

4）诱发地震。

5）传播和扩散有害细菌、病毒及其他病虫害。

上述三大类的环境影响往往不是孤立地出现的。这是因为自然环境与生态系统本身是一个紧密联系的有机体，其中的任一环节遭到扰动，都会波及其他部分，使受影响的区域和对象渐次扩散，最终可能演变成一场环境公害和生态灾难。因此，对投资项目进行环境影响评价，做到防患于未然是十分必要的。

二、环境评价的概念与内容

正因为环境状况的严重恶化已成为全球性问题，在建设项目中实施有关环境评价和环境保护的制度已成为社会普遍认可的一项必要措施。

1. 环境评价的概念与相关制度

所谓建设项目的环境评价，又称环境影响评价，是指对规划和建设项目实施后可能造成的环境影响进行分析、预测和评估，提出预防或者减轻不良环境影响的对策和措施，进行跟踪监测的方法与制度。

为了实施可持续发展战略，预防因规划和建设项目实施后对环境造成不良影响，促进经济、社会和环境协调发展，国家制定了法律制度，要求在建设项目进行可行性研究过程中，要对建设项目进行环境影响评价，主要有以下法律规定：

国务院有关部门、设区的市级以上地方人民政府及其有关部门，对其组织编制的土地利用的有关规划，区域、流域、海域的建设、开发利用规划，应当在规划编制过程中组织进行环境影响评价，编写该规划有关环境影响的篇章或者说明。未编写有关环境影响的篇章或者说明的规划草案，审批机关不予审批。

国家根据建设项目对环境的影响程度，对建设项目的环境影响评价实行分类管理：可能造成重大环境影响的建设项目，应当编制环境影响报告书，对产生的环境影响进行全面评价；可能造成轻度环境影响的建设项目，应当编制环境影响报告表，对产生的环境影响进行分析或者专项评价；对于环境影响很小、不需要进行环境影响评价的建设项目，应当填报环境影响登记表。

上述规定极大地推动了我国在建设项目中正式开展环境评价工作。

建设项目的环境影响评价文件未依法律经审批部门审查或者审查后未予批准的，建设单位不得开工建设。

2. 环境评价的原则

环境评价是一项关系国计民生和长远发展的重要工作，必须慎重对待、认真处理。在工作中应把握以下几项原则：

（1）规范化、法制化原则　环境评价不是可有可无、无关紧要的多余之举，它对于建设项目具有“一票否决权”，即环境影响评价未通过的项目，哪怕经济效益再好，也坚决不能上马。从评价的对象、内容、格式、承接单位资质到审批程序，国家都以立法（行政法规）的手段予以规范。因此，在这个问题上绝无讨价还价、“酌情变通”的余地，否则就是违法行为。

（2）科学性、综合性原则　正因为环境评价关系项目的命运，必须以实事求是的科学精神，客观、公正、全面地分析项目对环境影响，以及环境变化给人类社会带来的益处或危害，按照自然规律和经济规律制定相应对策。在评价工作中，它需要预测大气、水质、生物、土壤等各环境要素的物理、化学和生物学变化，并应用经济学、社会学知识进行评价，因此是一项综合性很强的工作。

（3）坚持“三同时”原则　一切新建或改扩建项日的防止和治理污染及其他公害的设施，必须与主体工程同时设计、同时施工、同时投产使用，绝不可预留缺口、事后弥补。这样，在项目建议书和可行性研究阶段，就必须完成环境影响报告书或环境影响报告表，以及相关环境保护的论述。

(4) 综合利用、化害为利、达标排放原则 即采取新技术、新工艺，对废物进行综合利用处理，化害为利、变废为宝，既节约资源，又减少排放，且符合国家环境要求和排放标准。

3. 环境评价的内容

根据建设项目对环境影响的程度，编制环境影响报告书、报告表或填报环境影响登记表，以环境影响报告书为例，应当包括下列内容：

(1) 建设项目概况 包括项目的名称、性质、规模、产品方案、生产工艺水平等。

(2) 建设项目周围环境现状 包括自然环境状况调查、社会环境状况调查。

(3) 建设项目对环境可能造成影响的分析、预测和评价 包括大气环境影响、地表水环境影响、地下水环境影响、噪声环境影响、生态环境影响五个方面的分析、预测与评价。

(4) 建设项目环境保护措施及其技术、经济论证 包括大气污染防治、废水治理、废渣处理、绿化措施等。

(5) 建设项目对环境影响的经济损益分析 从社会效益、经济效益和环境效益三方面对项目建设的环境影响经济损益进行定量或定性分析，从而分析项目建设的可行性。

(6) 对建设项目实施环境监测的建议 提出项目建成运营后，环境管理计划、环境管理机构的设备和人员配置、环境监测规划等。

(7) 环境影响评价的结论 提出项目建设是否可行的建议。

本章小结

本章阐述了建设项目的可行性研究与经济评价，是运用前几章的基础知识与内容对建设项目进行评价的一种实操技术，同时又有其特殊的内容。在财务评价中，需要掌握各种财务报表，同时了解经济评价与环境评价。

复习题

1. 什么是可行性研究？可行性研究的主要内容有哪些？
2. 可行性研究的工作程序和可行性研究报告的基本格式是什么？
3. 为什么要对建设项目进行经济评价？其主要内容有哪些？
4. 简述建设项目财务评价的指标与方法。
5. 建设项目的财务评价与经济评价有何异同？
6. 项目对环境的影响表现在哪些方面？
7. 进行经济费用效益分析的项目判别准则是什么？有哪些指标？

第九章

价 值 工 程

学习要点及目标

1. 掌握价值和价值工程的含义。
2. 掌握提高价值的途径。
3. 熟悉价值工程的工作程序。
4. 掌握 VE 对象选择的方法。
5. 掌握功能整理的概念及工作步骤。
6. 掌握功能评价的概念及评价方法。
7. 了解改进方案的制定与评价。

第一节　价值工程的基本原理

一、价值工程的产生和发展

价值工程（Value Engineering，VE）又称价值分析（Value Analysis，VA），是第二次世界大战以后发展起来的一种现代化的科学管理技术，是一种新的技术经济分析方法。它们都是通过产品的功能分析以达到节约资源和降低成本为目的的有效方法，在建筑工程领域内也被广泛采用。

价值工程起源于 20 世纪 40 年代的美国。当时称作价值分析，后来世界上的一些工业先进国家都称之为价值工程。今天 VA 和 VE 是一回事，但严格地说它们是有区别的。从产品投产到制造，进行价值活动分析，即事后分析，称价值分析；从科研、设计、生产、准备到试制新产品的生产过程之前，进行价值活动分析，即事前分析，称价值工程。

1947 年，美国通用电气公司（GE）的设计工程师迈尔斯（L. D. Miles）主持采购部门的工作，当时敷设仓库用的石棉板缺乏，专家会议认为可以使用代用品，从而引起了对产品功能的研究。于是，迈尔斯开始考虑这种材料的功能是什么，能否使用代用材料，能否在现有人力、物力资源条件下或通过其他途径来获得同样的功能。这样，他从研究代用材料开始，逐步总结出在保证同样功能的前提下降低成本的一套较完整的科学方法，即今天的价值工程方法。推行价值分析经济效果显著，引起了美国各部门的注意。1955年，空军在物资器材供应和制造技术方面采用价值分析；1956年，扩大到民间的造船业；据统计，1964年—1972年，美国国防部由于推行价值分析所节约的金额在10亿美元以上。

近年来，世界各工业国迅速推广价值工程方法。1955年，日本引进了价值工程，并于1960年大量推行。开始时以重型电机、汽车等行业为中心推行，到20世纪70年代，价值工程的应用已扩展到钢铁、设备制造等产业部门。1968年，价值工程被引进日本建设业，并在造船、汽车和机械等行业中应用。

我国自1979年引进价值工程以来，就非常重视其推广及应用，有些企业开始实践并取得了显著的经济效果。

价值工程更适宜于量大产品或功能产品的管理上，如大量的住宅。近年来世界各先进国家住宅功能项目的开发和成本信息现代体系的建立，都有利于价值工程方法在建设业中的应用。

价值工程开始于材料的采购和代用品的研究，继而扩展到产品的研究和设计，零部件的生产和改进、工具及装备的改进等方面，后来又发展到改进工作方法、作业程序、管理体系等领域。总之，凡是有功能要求和需要付出代价的地方，都可以用这种方法进行分析。

在产品方面，应用价值分析的重点是在开发和设计阶段。但新产品的设计并不是经常进行的，因此大量的工作是对现有产品进行分析和改进。

二、价值工程的实质和定义

1. 价值的概念

价值工程中价值的概念不同于政治经济学中有关价值的概念。在这里，价值是作为“评价事物（产品或作业）的有益程度的尺度”提出来的。价值高，说明有益程度高；价值低，则说明益处不大。例如，有两种功能完全相同的产品，但价格不同，从价值工程的观点看，价格低的物品价值就高，价格高的物品价值就低。

价值工程中的“价值”可表示为

$$V=\frac{\text{功能}(F)}{\text{成本}(C)}$$

式中 V——产品或服务的价值；

F——产品或服务的功能；

C——产品或服务的成本。

根据以上公式，提高价值可有下列几种途径，如表9-1所示。

表9-1 提高价值的途径

序 号	特 征	结 果	F	C	V
1	功能不变、成本降低	提高价值	→	↓	↑
2	功能提高、成本不变	提高价值	↑	→	↑

（续）

序　号	特　征	结　果	F	C	V
3	功能提高、成本降低	大大地提高价值	↑	↓	↑↑
4	功能大大提高、成本略有提高	适当地提高价值	↑↑	↑	↑
5	功能略有降低、成本大大减少	适当地提高价值	↓	↓↓	↑

表中所列的前四种情况是常采用的途径，第五种情况用于性能不同档次的产品。例如，为了使产品适应广大购买能力较低的对象，可以生产一些廉价档次的产品，往往也能取得很好的经济效果。

2. 价值工程的实质

价值工程是以功能为中心所进行的分析和研究。例如建筑产品，它需要具有必不可少的功能（称为基本功能），也必须花费一定的成本。为了实现基本功能，它还要有二次功能，这就是用户（或顾客）要求的功能和设计构想而产生的功能，又必须有一定的成本。进而把不需要的功能、过剩的和重复的功能从所考虑的功能中去掉，从而改变设计构想，掌握降低成本的余地。

通过功能分析，明确产品必需的功能，去掉多余的、过剩的和重复的功能，然后再把产品划分成构件逐个进行分析，从而提出方案，据此进行功能评价。

在一般的价值工程活动中，首先应按下列顺序解决七个方面的问题：

1）产品（或服务）是什么？

2）产品（或服务）是做什么的？

3）它的成本是多少？

4）它的价值怎么样？

5）是否有代用产品（或服务）？

6）它的成本是多少？

7）它能否满足要求？

其中，1）、2）两项给出了功能的定义；3）、4）两项给出了功能的评价内容；5）、6）、7）三项给出了替代方案的编制要求。

3. 价值工程的定义

价值工程是提高产品（或服务）价值的科学方法。价值工程中“工程”的含义是为实现提高价值的目标所进行的一系列分析研究活动。因此，价值工程可定义为：以最低的生命周期费用，可靠地实现产品（或服务）的必要功能，对产品的功能、成本所进行的有组织的分析研究活动。这个定义主要强调价值工程的三个主要特点：着眼于生命周期费用最低；着重于功能分析；强调有组织的活动。

（1）生命周期费用最低　生命周期可以有两种解释：一是指一个产品从设计、制造、使用一直到报废为止的寿命的整个时期，又称自然寿命期；二是指源于技术进步，原有的产品由于效率低、性能落后、经济效果低而不宜继续使用，需转让或报废的时期，又称为产品的经济寿命期，即“从用户对某种产品或服务提出需求开始，到用户满足需要为止的整个时期”。价值工程中的生命周期就是指产品的经济寿命期。生命周期费用包括生产费用（含设计费用）与使用期间所花费用的总和，如图 9-1 所示。

图中 C_1 为生产费用，C_2 为使用费用，C 为生命周期费用，它是 C_1 与 C_2 之和。在生命周期费用曲线上有一最低点 $C_{\min}$，这是追求的目标。如果产品目前的生命周期费用在 C' 处，其对应的功能水平为 P'，那么就有可能在把功能水平从 P' 提高到 P 的同时，使生命周期费用 C' 将降至 $C_{\min}$，此处功能即达到最适宜水平。

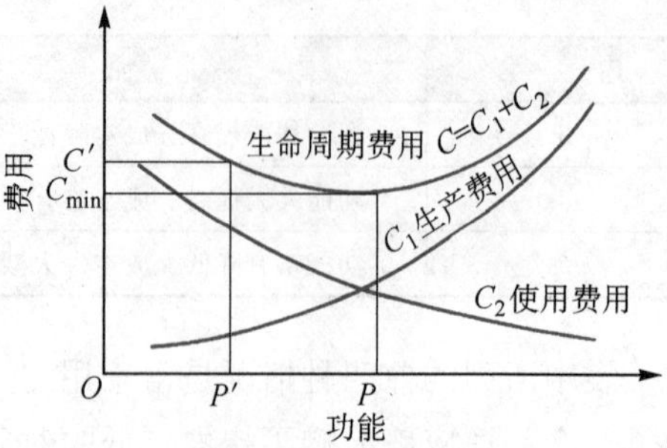

图 9-1　生命周期费用

综上所述可以看出，价值工程的着眼点是致力于降低产品的整个生命周期费用，即不仅要考虑降低生产费用，而且要尽量降低使用费用。例如建造一幢住宅，首先是节约造价，为建设者节约资金，同时也应使用户的使用费用降低。

（2）功能分析　功能分析是价值工程的核心。功能分析的目的是用最低的生命周期费用实现产品的必要功能，去掉不必要功能，提高产品的价值。人们进行建筑产品的生产，不仅是为了建造一个空间，而且应使用户充分利用建筑产品的一切功能。因此，价值工程分析首先不是分析产品的结构，而是在分析功能的基础上再分析结构。

通过功能分析，可以发现哪些功能是必要的或过剩的，从而在改进方案中，去掉不必要的功能，减少过剩的功能，补充不足的功能，使产品的功能结构更加合理。

（3）有组织的活动　“有组织的活动”是价值工程活动的重要特点之一。开展价值工程活动不是某一个人能胜任的，必须有组织、有领导地进行。参加的人员应有合理的智力结构，在每个部门都可建立这样的组织。

三、价值工程的工作程序

价值工程的整个工作过程大致可划分为三个阶段：分析、综合和评价。

为了解决问题，通常把上述一般阶段分为三个基本步骤和八个详细步骤，如表 9-2 所示。

表 9-2　价值工程的工作程序

决策的一般程序	价值工程实施程序		价值工程提问
	基本步骤	详细步骤	
分析	功能定义	收集情报	这是什么？
		功能定义	它是做什么用的？
		功能整理	
	功能评价	功能成本分析	它的成本是多少？
		功能评价选择对象范围	它的价值是多少？
综合	改进方案的制定与评价	制造	有无其他方法实现同样的功能？
评价		初步评价	新方案的成本是多少？
		具体化、调查详细评价提案	新方案能满足要求吗？

价值工程提问是严格执行价值工程步骤的指针，对这些提问，要求按顺序一一回答。以下从 VE 对象选择和信息收集，功能分析、整理和评价，以及改进方案的制定与评价三个方面加以阐述。

第二节　VE 对象选择和信息收集

一、VE 对象选择

开展价值工程活动首先要确定其对象是什么。一个企业所生产产品的品种、规格可能较多，而每种产品又由许多零部件组成。例如建筑产品，一个建筑工程可划分成若干个分部工程，每个分部工程又可划分成若干个分项工程，分项工程又划分为若干个工序。这就要求分清轻重缓急，根据一定的原则和方法来选择 VE 对象。如果 VE 对象确定得当，其工作可事半功倍；确定不当，可能劳而无功。

1. VE 对象选择的原则

VE 对象选择的原则一定要根据国家建设和企业生产经营发展的需要，考虑到提高产品价值的可能性、存在的问题与薄弱环节等。VE 对象的选择一般应考虑以下几个方面：

1）设计方面。考虑结构复杂、体大量重、材料昂贵、性能较差的产品或构配件。

2）施工生产方面。考虑产量较大、工艺复杂、原材料消耗高、成品率低的产品或构配件。

3）销售方面。考虑用户意见多、竞争能力差、未投入市场的新产品或需扩大销路的老产品等。

4）成本方面。考虑成本高于同类产品或高于功能相近产品的产品等。

2. VE 对象选择的方法

（1）ABC 分析法　ABC 分析法又称不均匀分布定律法，它是按局部成本在总成本中所占的比重从高到低进行对象选择的方法。例如，通过成本分析可以发现：占零件数 10% 左右的零件，其成本占整个产品总成本的 60%~70%，这类零件可划为 A 类；占零件数 20% 左右的零件，其成本约占总成本的 20%，这类零件可划为 B 类；占零件数 70% 左右的零件，其成本仅占总成本的 10%~20%，这类零件可划为 C 类。A 类即优先分析，其次为 B 类和 C 类（图 9-2）。

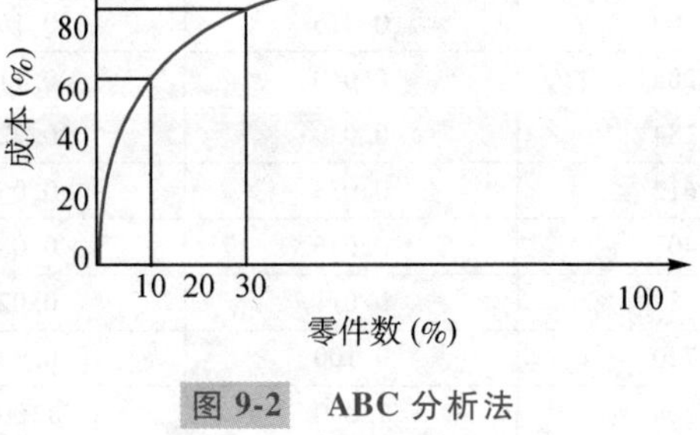

图 9-2　ABC 分析法

(2) 强制确定法　在选择 VE 对象时，有些产品或构配件，其功能重要程度相差较大，不宜以成本的高低来选择，此时可应用价值系数进行选择。强制确定法就是根据所求出的功能评价系数和成本系数计算价值系数，根据价值系数的高低选择 VE 对象的一种方法。具体做法如下：

视频讲解：
强制确定法

1) 功能评价系数。将产品或产品的构配件排列起来，一对一地进行功能重要性比较，重要的得 1 分，不重要的得 0 分，零件自身与自身相比时，规定为得 1 分，这样功能评价系数就不会有得 0 分的项目。然后对每一种产品或构配件累计得分，全部的累计得分之和为总分，每一产品或构配件的累计得分与总分之比称为该产品或构配件的功能评价系数，如表 9-3 所示。

表 9-3　一对一强制评分及功能评价系数

产品或构配件	A	B	C	D	E	F	G	H	得分累计	功能评价系数
A	1	1	1	0	1	1	1	1	7	0. 194
B	0	1	1	0	1	1	1	1	6	0. 167
C	0	0	1	0	1	1	1	0	4	0. 111
D	1	1	1	1	1	1	1	1	8	0. 222
E	0	0	0	0	1	0	1	0	2	0. 056
F	0	0	0	0	1	1	1	0	3	0. 083
G	0	0	0	0	0	0	1	0	1	0. 028
H	0	0	1	0	1	1	1	1	5	0. 139
总计									36	1. 000

2) 成本系数。每一产品或构配件的成本与全部产品或构配件的总成本之比称为成本系数（表 9-4），即

$$\text{成本系数}=\frac{\text{产品或构配件成本}}{\text{全部产品或构配件成本之和}}$$

3) 价值系数。根据价值=功能/成本的原理，功能评价系数与成本系数之比为价值系数（表 9-4），即

$$\text{价值系数}=\frac{\text{功能评价系数}}{\text{成本系数}}$$

表 9-4　成本系数、功能评价系数与价值系数

产品或构配件	成本（元）	成本系数	功能评价系数	价值系数
A	1818	0. 252	0. 194	0. 770
B	3000	0. 416	0. 167	0. 401
C	285	0. 040	0. 111	2. 775
D	284	0. 039	0. 222	5. 692
E	612	0. 085	0. 056	0. 659
F	407	0. 056	0. 083	1. 482
G	82	0. 011	0. 028	2. 545
H	720	0. 100	0. 139	1. 390
总计	7208	1. 000	1. 000	15. 714

4）VE 对象选择具体如下：

若价值系数 $V_i<1$，即功能评价系数小于成本系数，说明功能不太重要，而成本较高，应作为 VE 对象。

若 $V_i>1$，即功能评价系数大于成本系数，说明功能较重要，而成本偏低，因可能存在过剩功能，故是否作为 VE 对象，提高成本，应视情况而定。

若 $V_i=1$，说明功能和成本相适应，是比较理想的状况，则不作为 VE 对象。

（3）最合适区域法　这种方法是由日本田中教授提出的，又称田中法，是一种通过求算价值系数选择 VE 对象的方法。求算价值系数的方法可用强制确定法，而在最终选取 VE 对象时提出一个选用价值系数的最合适区域，该区域由围绕 $V=1$ 的两条曲线组成，凡价值系数落在该区域之内的点都认为是比较满意的，将价值系数落在区域之外的点作为 VE 对象。

视频讲解：
最合适区域法

最合适区域法的基本思路是：价值系数相同的对象，由于各自的成本系数和功能评价系数不同，因而对产品的实际价值产生影响的差异较大。在选择 VE 对象时，不应将价值系数相同的对象等同看待，应区别成本系数和功能评价系数绝对值的大小，分别加以控制。如表 9-5所示，A 与 B、C 与 D 的价值系数相同，但对产品价值改善的实际影响差异较大。例如，A 的价值系数提高 0.1，成本可降低 10 元；而 B 的价值系数提高 0.1，成本仅能降低 1 元。可见产品的成本和功能的影响差异是明显的。在用价值系数选择 VE 对象时，还应区别成本系数与功能评价系数的大小，分别加以控制，不允许其价值系数偏离 1 过大。

表 9-5　价值系数相同，成本系数、功能评价系数不同的情况

构配件	现实成本（元）	成本系数	功能评价系数	价值系数
A	100	0.10	0.090	0.90
B	10	0.01	0.009	0.90
C	100	0.10	0.200	2.00
D	10	0.01	0.020	2.00
⋮	⋮	⋮	⋮	⋮
合计	1000	1.00	1.000	

如图 9-3 所示，以纵坐标表示功能评价系数，横坐标表示成本系数，则价值系数 $V=1$ 的点均在与坐标轴成 45°的直线上，由两条曲线所围成的斜线区域即为“最合适区域”。凡落在区域内的点（如 C 点）被认为是合理的，可以不作为分析重点；落在区域外越远的点，则越应重点加以分析（如 A 点）。

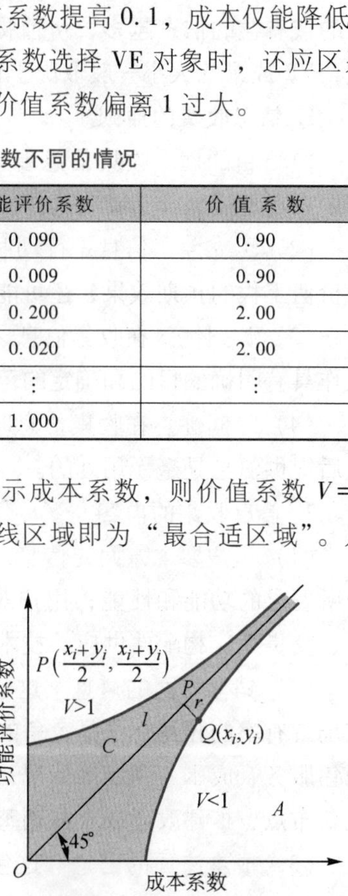

图 9-3　最合适区域图

最合适区域的确定方法如下：

设 Q 为曲线上任意一点，其坐标为 (x_i,y_i)，$QP\perp OP$，则 P 点的坐标可表示为 $\left(\frac{x_i+y_i}{2},\frac{x_i+y_i}{2}\right)$。因此

点 O、P 间的距离 $l=\sqrt{2}\left(\frac{x_i+y_i}{2}\right)=\frac{1}{\sqrt{2}}|x_i+y_i|$

$$点\ P、Q\ 间的距离\ r=\sqrt{2}\left(x_i-\frac{x_i+y_i}{2}\right)=\frac{1}{\sqrt{2}}|x_i-y_i|$$

设 $lr=b$，则

$$lr=\frac{1}{2}|x_i^2-y_i^2|=b$$

所以

$$y_i=\sqrt{x_i^2\pm 2b}$$

此公式即为“最合适区域”边缘曲线方程式。其中，b 为设定的常数，b 值越大，区域则越宽。图 9-3 的 $b=50$。区域越宽，VE 对象就可选得少一些；反之，则曲线接近标准线（$V=1$），选定的 VE 对象就多一些。在应用时，可以通过试验代入不同的 b 值，直到获得满意结果为止。

二、信息收集

在价值工程中，信息是指对现实价值工程目标有益的知识、情况和资料。价值工程的目标是提高价值，为达到或实现这一目标所做出的决策，都离不开必要的信息。一般说来，必要的或有益的信息越多，价值提高的可能性就越大，但错误的信息会导致错误的决策。因此，VE 成果的大小一般取决于信息收集的质量、数量和时间。

1. 信息收集的原则

（1）目的性　收集信息要事先明确所收集的信息是用来实现价值工程的特定目标的，不要盲目地碰到什么就收集什么，要避免无的放矢。

（2）可靠性　信息是行动和决策必不可少的依据，若信息不可靠、不准确，将严重影响价值工程的预期效果，还可能最终导致价值工程失效。

（3）计划性　在收集信息之前应预先编制计划，加强价值工程工作的计划性，使这项工作具有明确的目的和确定的范围，以便提高工作效率。

（4）时间性　在收集信息时，要注意收集近期较新的情况；此外，信息应适时，决策之后提供信息是毫无用处的。

2. 信息收集的内容

（1）用户要求方面的信息　这包括：用户使用产品的目的、使用环境、使用条件；用户所要求的功能和性能；用户对产品外观的要求，如造型、体积、色彩等；用户对产品价格、交货期、构配件供应、技术服务等方面的要求。

（2）销售方面的信息　这包括：产品产销数量的演变及目前产销情况、市场需求量及市场占有率的预测；产品竞争的情况，目前有哪些竞争厂家和产品，其产量、质量、价格、销售服务、成本、利润等情况；同类企业和同类产品的发展计划、拟增投资额、规模大小、重新布点、扩建改建或合并调整情况等。

（3）成本方面的信息　这包括：产品及构配件的定额成本、工时定额、材料消耗定额、各种费用定额；企业历年来的各种有关成本费用数据；国内外其他厂家与 VE 对象有关的成本费用资料。

（4）科学技术方面的信息　这包括：与产品有关的学术研究或科研成果、新结构、新工艺、新材料、新技术以及标准化方面的资料；产品研制设计的历史及演变、本企业产品及国内外同类产品有关的技术资料。

（5）生产及供应方面的信息　这包括：产品生产方面的信息，如生产批量、生产能力、施工方法、工艺装备、生产节拍、检验方法、废次品率、厂内运输方式等；原材料及外协或外购件种类、质量、数量、价格、材料利用率等信息；供应与协作部门的布局、生产经营情况、技术水平、价格、成本、利润等；厂外运输方式及运输经营情况。

（6）政策、法令、条例、规定方面的信息　这包括：国家和地区的技术发展，能源使用方面的政策；有关环境保护、防止公害方面的规定、法令、条例；有关劳动保护法令、条例；有关各种经济法规、有关费用和支付的政策和规定。

信息的收集不是一项简单的工作，对于应收集何种信息很难完全列举出来，但只要遵照信息收集原则，发挥主动性和灵活性，就可以做好这项工作。

第三节　功能分析、整理和评价

一、功能分析

价值工程的核心是进行功能分析。产品的功能就是指产品的用途。例如，一幢建筑物或其中一个分部分项工程，用户需要的是它的功能，也就是能在其中生活、工作、活动，满足需要的空间。建筑业生产产品，实质上是为用户提供必要功能的手段。功能分析可以搞清产品各功能之间的关系，去掉不合理的功能，调整功能间的比重，使产品的功能结构更加合理。

1. 功能定义

进行功能分析时首先要给功能下定义。功能定义就是用简单明确的语言对产品或各构配件的功能下一个确切的定义，是对 VE 对象的用途、作用或功能所做的明确表达。功能定义能够限定功能的内容，明确功能的本质，并与其他功能概念相互区别。

设计者通过功能定义可以准确掌握用户的功能要求，抓住问题的本质，扩大思考范围，打开设计思路，加深对产品功能的理解，为创造高价值的方案打下基础。此外，实现功能的最低费用是与功能水平相联系的，而功能水平的确定有赖于功能定义，通过功能定义尽量对功能做出定量表述，就可以具体确定功能水平，为功能评价打下基础。总之，功能定义的主要目的是明确功能，便于进行功能评价，从而构思方案。

为建筑产品或构配件功能下定义，必须对建筑产品或构配件的作用有深刻的认识和理解，只有这样才能将建筑产品或构配件的功能描述得确切和简明扼要。在下定义时，通常用一个动词加一个名词表述，如传递荷载、分隔空间、保温、采光等。

2. 功能分类

用户要求产品的功能是多种多样的，功能的性质不同，其重要程度就不同。一般可做如下分类：

（1）按重要程度可分为基本功能与辅助功能　基本功能就是用户为了达到其使用目的而要求产品所必不可少的功能，是产品存在的条件。若失去了基本功能，则产品或构配件就丧失了存在的价值。例如，住宅的基本功能就是居住，柱子的基本功能是承受上部荷载，内墙的基本功能是分隔空间等。基本功能可从三方面加以确定：该功能是必不可少的；它是主要的；如果它发生改变，则产品的结构或构配件与施工工艺就会随之改变。

辅助功能是设计人员为实现基本功能而在用户直接要求的功能之上附加的功能，又称为二次功能，它是为了更好地实现基本功能而存在的功能。一般在特定的技术条件下，对特定的设计方案而言，特定的辅助功能是必不可少的，但在不影响基本功能的前提下是可以改变的。例如，内墙的基本功能是分隔空间，而隔声就是一个辅助功能。辅助功能也可从三方面加以判断：该功能对基本功能的实现起辅助作用；它与基本功能相比处于从属地位；它是实现基本功能的手段。

注意，在辅助功能中往往包含着不必要功能，应通过改进设计予以消除。

（2）按用户的需要分为必要功能与不必要功能　从用户的角度出发，功能可划分为必要功能与不必要功能。对用户而言，基本功能无疑都是必要的，由于用户所要求的是产品的功能而不是产品的实体，因此只有基本功能具有较大的价值。不必要功能往往存在于辅助功能之中。辅助功能是为实现用户要求的基本功能所附加的，因而有的属于必要功能，有的属于不必要功能。

（3）按满足要求的性质分为使用功能与美观功能　对产品而言，使用功能是指产品的实际用途或使用价值。美观功能是指产品的外观、形状、色彩、艺术性等。使用功能与美观功能是通过基本功能或辅助功能实现的，区分使用功能与美观功能往往可以发现不必要功能。

视频讲解：
功能整理

二、功能整理

功能整理就是按“目的-手段”的逻辑关系把VE对象的各个组成部分的功能根据其流程关系相互连接起来，整理成功能系统图。其目的是确认真正要求的功能，发现不必要功能，确认功能定义的正确性，认识功能领域。

进行功能整理，目前常采用的是“功能分析系统技术”。其工作步骤如下：

1）明确基本功能和辅助功能。

2）明确各功能之间的相互关系。产品中各功能之间都是相互配合、相互联系的，都在为实现产品的整体功能而发挥各自的作用。因此，要明确各功能之间是并列关系还是上下位关系。

例如，住宅的基本功能是居住，为实现该项功能，住宅必须具有遮风避雨、御寒防暑、采光、通风、隔声、防潮等功能，这些功能是并列关系，都是实现居住功能的手段。因而居住是上位功能，上述并列功能是居住的下位功能，即上位功能是目的，下位功能是手段。

但上下位关系是相对的。例如，为达到居住的目的必须通风，则居住是目的，是上位功能，通风是手段，是下位功能；为达到通风的目的，必须组织自然通风，则通风又是目的，是上位功能，组织自然通风是手段，是下位功能；为达到自然通风的目的，必须提供进出风口，则组织自然通风又是目的，是上位功能，提供进出风口是手段，是下位功能；等等。相关情况如图 9-4 所示。

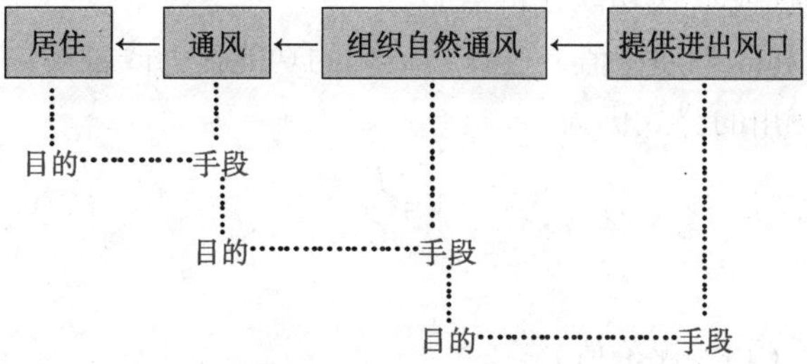

图 9-4　上、下位功能关系

3）绘制功能系统图。根据上述原理，将各功能按并列关系，上、下位功能关系以一定的顺序排列起来，即形成功能系统图。

功能系统图一般如图 9-5 所示。图中，F_0 是产品的最基本功能，即最上位功能；F_1，F_2，…，F_i 是并列关系的功能，是实现 F_0 的手段，也是 F_0 的下位功能；F_{11}，F_{12}，…，F_{1h}，F_{21}，…，F_{2j}，…，F_{i1}，…，F_{ik} 等分别是 F_1，F_2，…，F_i 的手段和下位功能。

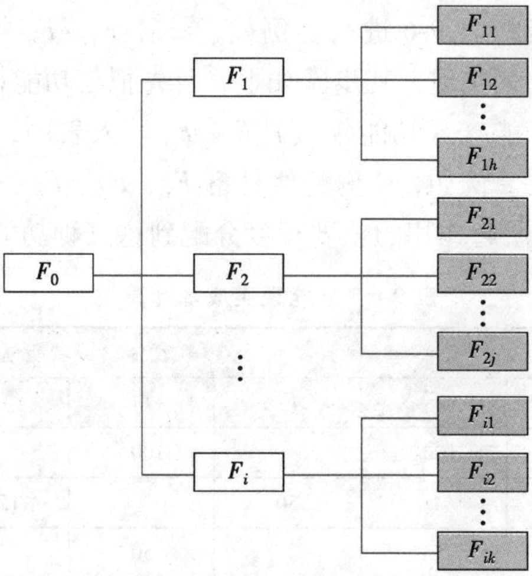

图 9-5　功能系统图

通过绘制功能系统图，可以清楚地看出每个功能在全部功能中的作用和地位，使各功能之间的相互关系系统化。价值工程的原理之一是“目的是主要的，手段是可以广泛选择的”。根据这一原理并结合功能系统图，就可以从上位功能出发，抛开原有结构，广泛设想实现这一功能的各种途径，并且便于发现不必要功能，提高价值。

三、功能评价

（一）功能评价的概念

根据价值工程的工作程序，功能分析之后就要进行功能评价。功能评价就是确定出功能的现实成本、目标成本、目标成本与现实成本的比值、现实成本与目标成本的差值这四个数据，并根据价值系数和差值来选择作为 VE 对象的功能领域。其工作程序如下：

1）计算功能的现实成本。

2）求出功能的目标成本（功能评价值）。

3）计算功能价值和改善期望值，选择价值低的功能作为改善对象。

在功能评价时所使用的公式仍为

$$V=\frac{F}{C}$$

式中　V——功能价值；

F——目标成本（功能评价值）；

C——功能现实成本。

可知式中 V、F、C 的具体含义与 VE 对象选择中价值公式中的含义有所区别。

（二）功能现实成本

根据功能评价的程序，首先要求算功能的现实成本。以前所涉及的成本都是以产品或构配件为对象进行计算的，而功能成本则不然，它是按产品或构配件的功能来计算的。在建筑产品中，一个构配件往往具有多种功能，而一种功能也往往通过几种构配件来实现。因此，求算功能的现实成本，实际上就是把构配件的成本转移分配到功能成本上去。

功能现实成本的计算可按表 9-6 进行。例如，计算 $F_1\sim F_6$ 共六种功能（或功能领域）的现实成本，由五种构配件来实现，其步骤如下：首先把与功能相对应的零部件名称及其现实成本填入表中；然后把功能（或功能领域）$F_1\sim F_6$ 填入表中；再把各构配件的现实成本逐一分摊到有关的功能上去。例如，C 构配件具备 F_1、F_3、F_6 三种功能，则将 C 构配件的 250 元成本根据实际情况及所起作用的重要程度分配到这三种功能上去。

表 9-6　功能现实成本计算表　　（单位：元）

构配件			功能（或功能领域）					
序号	名称	成本	F_1	F_2	F_3	F_4	F_5	F_6
1	A	300	100		100		100	
2	B	200		50		150		
3	C	250	50		50			150
4	D	150		100		50		
5	E	100			40		60	
合计		C	C_1	C_2	C_3	C_4	C_5	C_6
		1000	150	150	190	200	160	150

最后，把每项功能所分摊的成本加以汇总，便得出功能 $F_1\sim F_6$ 的现实成本 $C_1\sim C_6$。

（三）功能评价值（目标成本）

所谓功能评价，实际上就是评定功能的价值，即把功能的现实成本与实现这种功能的最低可能费用进行比较，根据二者的比值来判定功能价值的高低。功能评价值就是实现这种功能的最低费用，它是衡量功能价值的标准，如果它小于功能现实成本，则功能价值低；如果它与功能现实成本相等，则功能价值高。功能评价值不像功能现实成本那么容易确定，计算方法也不相同，下面着重介绍功能系数评价法。

功能系数评价法是一种按功能系数分配产品目标成本、确定功能评价值的方法。它先确定产品目标成本，然后按功能系数分配产品的目标成本，从而求出功能领域或相应构配件的目标成本。功能系数评价法有如下两类：

1. 按功能重要程度进行评价

这种方法就是根据功能的重要程度确定功能系数，再根据该系数分配产品的目标成本，求出各项功能的目标成本。在实际工作中，它又分为老产品改进设计和新产品设计两种情况。

（1）老产品改进设计　老产品在改进设计之前功能现实成本就已存在，因此可以利用功能系数和现实成本来确定功能评价值。具体可按表 9-7 进行。

表 9-7　目标成本的计算

功能领域	现实成本（元）①	功能系数 ②	重新分配成本（元）③=②×1000	功能评价值（目标成本）（元）④=min{①,③}	成本降低目标（元）⑤
F_1	150	0.23	230	150	
F_2	150	0.18	180	150	
F_3	190	0.20	200	190	
F_4	200	0.14	140	140	60
F_5	160	0.15	150	150	10
F_6	150	0.10	100	100	50
合计	1000	1.00	1000	880	120

1）首先根据功能系统图决定所评价功能的级别。例如，所要评价的功能领域为 $F_1 \sim F_6$（图 9-6）。

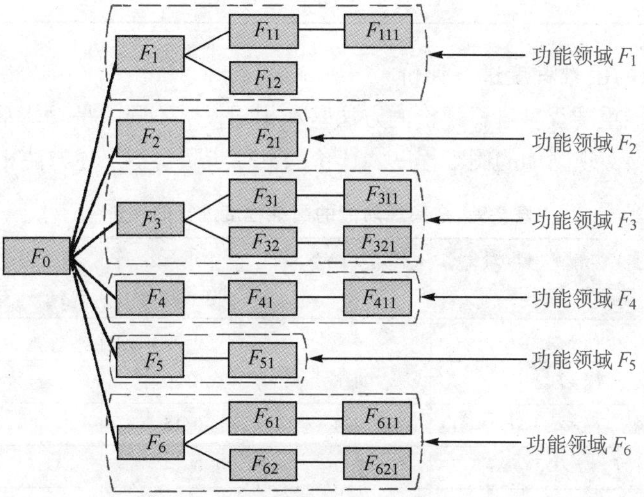

图 9-6　功能领域图

2）将功能领域 $F_1 \sim F_6$ 的现实成本及功能系数分别填入表中①②两栏。产品的现实成本为 1000 元，将它按功能系数重新分配给各功能领域，其结果见表中③栏。

3）将各功能领域的重新分配成本与现实成本进行比较。其结果可能出现如下三种情况：

① 各功能领域的重新分配成本等于现实成本，则该成本就作为功能评价值。

② 重新分配成本小于现实成本，如 F_4、F_5、F_6，则应以新分配到的成本作为功能评价值。

③ 重新分配成本大于现实成本，如 F_1、F_2、F_3 等，则要根据实际情况做出判断。首先要分析功能系数确定得是否合理，若不合理，则应先调整功能系数，然后确定功能评价值；其次应注意现实成本的投入是否过少，是否保证了必要功能的实现，如果确实用较少的成本实现了必要的功能，则应以现实成本作为功能评价值，否则，功能评价值就应超出现实成本。

4）将表 9-7 中④栏的各功能评价值汇总得 880 元，即可将之作为产品的目标成本，而各功能领域的成本降低目标也随之计算出来，见表 9-7 中的⑤栏。

（2）新产品设计　在这种情况下，产品的目标成本基本上已被大致确定，但由于新产品设计不像老产品改进设计那样可利用原始成本资料，因此，只能将新产品目标成本按功能系数进行分配，求出各功能或功能领域的功能评价值作为功能目标成本。现设产品的目标成本为 1000 元，其功能评价值的具体求法如表 9-8 所示。

表 9-8　新产品设计的目标成本确定

功能领域 ①	功能系数 ②	功能评价值（元） ③=②×1000
F_1	0.23	230
F_2	0.18	180
F_3	0.20	200
F_4	0.14	140
F_5	0.15	150
F_6	0.10	100
合计	1.00	1000

2. 按实现功能的困难程度进行评价

该方法与按功能重要程度进行评价的方法基本相同，所不同的是功能系数的确定不是以功能的重要性，而是以实现功能的困难程度。评价的具体步骤也与上述方法相同（表 9-9）。

表 9-9　按实现功能的困难程度进行的评价

功能或功能领域 ①	实现功能困难度对比 ②	暂定功能系数 ③	功能系数 ④=③/16	按功能系数分配目标成本（元） ⑤=④×1000
F_1	$F_1=F_2+\Delta F$	4.8	0.30	300
F_2	$F_2=F_3+F_4$	4.6	0.29	290
F_3	$F_3=F_4+\Delta F$	2.4	0.15	150
F_4	$F_4=F_5+F_6+\Delta F$	2.2	0.14	140
F_5	$F_5=F_6$	1.0	0.06	60
F_6	—	1.0	0.06	60
合计	—	16.0	1.00	1000

（1）求功能系数　首先将功能或功能领域按实现功能的困难程度或按成本的大小排队（成本大者排在前面）。

然后按自上而下的顺序，将相邻功能的实现困难程度进行对比，其结果填入表中②栏。对比时可能出现等于、稍大于后几项功能之和等情况，例如，$F_5=F_6$，$F_3=F_4+\Delta F$ 等，此时 ΔF 具体定多大由评判者给出，这里是 0.2。

暂定最后一项功能的功能系数为 1，自下而上按②栏的逻辑关系求出暂定功能系数填入③栏，例如，$F_3=F_4+\Delta F=2.2+0.2=2.4$ 等，再求出暂定系数之和 16.0。

最后将各暂定功能系数分别除以暂定功能系数之和，得出功能系数，填入表中④栏。例如，F_1 的功能系数为 $4.8\div16.0=0.30$。

（2）求目标成本　已知产品的目标成本为 1100 元，为了更加有效地控制成本，可留出一小部分在产品设计时灵活使用。现将 100 元预留出来为机动费用，将 1000 元作为产品的目标成本进行分配。例如，F_1 的功能系数为 0.30，则其目标成本为 1000 元×0.30＝300 元。其他见表中⑤栏。

（四）功能价值与功能改善对象的选择

求出功能现实成本和功能评价值后，根据价值公式 $V=F/C$ 便可求出功能价值，根据功能价值的高低选择功能改善对象及其先后优选顺序。功能价值 V 可能出现如下三种情况：

1）$V=1$，功能价值高，不作为功能改善对象。

2）$V<1$，功能价值低，作为功能改善对象。

3）$V>1$，情况复杂，视情况而定。

在优先选择功能改善对象时，应注意不仅要以 V 这个相对数为依据，而且应参考功能现实成本 C 和功能评价值 F 的绝对数，如表 9-10 所示。

表 9-10　功能现实成本 C 和功能评价值 F 的绝对数

功能（或功能领域）	功能现实成本 C（元）	功能评价值 F（元）	功能价值 $V=F/C$	成本降低目标（元）$C-F$	功能改善优先顺序
F_1	150	150	1.00	—	—
F_2	150	150	1.00	—	—
F_3	190	190	1.00	—	—
F_4	200	140	0.70	60	2
F_5	160	150	0.94	10	3
F_6	150	100	0.67	50	1
合计	1000	420	—	60	—

第四节　改进方案的制定与评价

在确定了目标成本后，是否得以实现还取决于能否制定出具体可行的最优方案。因此，制定改进、优化方案是十分重要的。一般说来，现行方案总有改进的余地。任何事物都不可能十全十美，所以改进是无止境的。

1. 方案创造的方法

（1）头脑风暴法 这是国外在方案创造阶段使用较多的一种方法，由美国人奥斯本（A. F. Osborn）提出。它是指自由奔放、打破常规、创造性地思考问题，并以开小组会的方式进行。参加会议的人数不宜过多，以5～6人为宜。会议应遵守以下规则：不墨守成规；不迷信权威；不互相指责；不互相批判；不怕行不通，力求彻底改进；要求在改善或结合别人意见的基础上提出设想。

（2）哥顿法 此法于1964年由美国人哥顿（Gordon）所创。其指导思想是把所要研究解决的问题适当抽象，以利于开拓思路。提出方案也是采用会议方式进行。具体目的先不说明，以免束缚大家的思想。例如，要研究“屋面排水”的方案，开始只是说出“如何把水排掉”这个问题，让大家提出方案。

（3）专家审查法（传阅会签法） 先由主管设计工程师提出书面设想（包括设想内容、技术经济效果、必要的图样资料），按一定的传递路线，由有关部门的专家传阅、审查和签署意见，最后由总工程师、总会计师综合各方面意见，决定取舍。

这种方法的好处是：初步方案由熟悉业务的人员提出，工作效率高；在传阅、审查过程中，因为已有初步方案，便于具体提出修改或提反对意见，参与审查人员不是原设计者，不存在先入为主的问题，可以不受约束地从各个角度提出意见。其缺点是：方案只有一个，不能进行比较；审查花费的时间较多；缺乏思想交流和面对面商讨。

2. 方案的具体化

在设计方案提出之后，要先进行初步分析，去掉一些明显的希望不大的方案，留下少数可行方案再进一步考虑，把方案实物化、具体化，因为有些问题是在具体化的过程中才能发现的。方案具体化的过程如图9-7所示。

3. 方案组合法

在方案具体化的基础上，从不同角度抽出各方案中比较理想的部分进行重新组合，往往可以得到新的理想方案。最低成本组合法就是把各方案实现某一功能的成本的最低部分抽出来加以组合，可能更有希望实现降低成本的意图，如表9-11所示。

表9-11 最低成本组合法

功 能	方 案				
	A	B	C	D	E
F_1	2	①	3	5	4
F_2	①	2	5	4	3
F_3	4	3	①	2	5
F_4	5	4	3	2	①

表中A、B、C、D、E为已有方案，F_1、F_2、F_3、F_4为产品应具备的功能。对各个方案按照实现某一功能所花成本的高低排出次序，成本最低者为①。例如，对实现功能F_1来说，成本最低者为B方案；对F_2来说则为A方案；同样，对F_3、F_4分别为C、E。这样，可把方案B中F_1部分和A中的F_2、C中的F_3、E中F_4抽出，重新加以组合，则可能形成一个

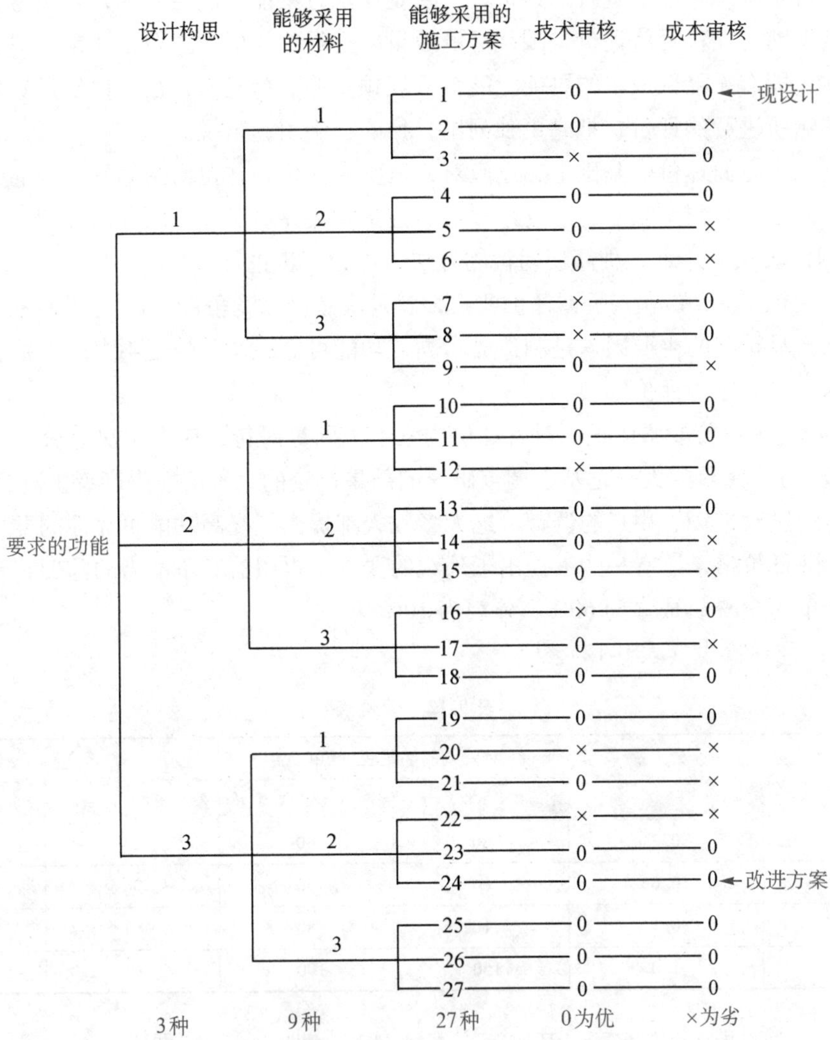

图 9-7　方案具体化的过程

降低成本的更好方案。

这一方法对其他性能指标同样适用。

4. 方案的评价

方案的评价主要考虑能否满足各方案提出的要求。方案评价包括三个方面的内容，如图 9-8 所示。

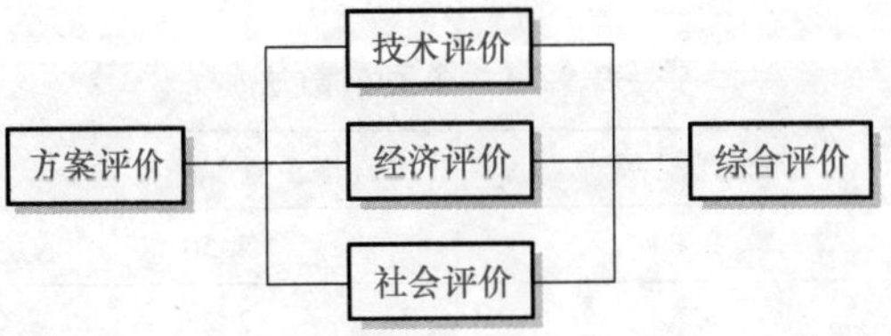

图 9-8　方案评价

技术评价是围绕功能所进行的评价，主要是评定方案能否满足要求，以及方案本身在技术上有无实现的可能；经济评价是围绕经济效果所进行的评价，主要是评定以成本为代表的经济可行性，即有无降低成本的可能，能否实现预定的目标成本；社会评价是针对方案给社会带来的影响所进行的评价，把它单独列出，目的在于引起重视。

在以上三个方面评价的基础上，还应对方案综合评价，并得出正确且必要的结论。

详细评价方法有判定表法、重要系数法、方案相关评价法。下面分别介绍：

（1）判定表法　这是一种简便易行的方法，可分三步进行：

步骤 1：定出评价要素。所谓评价要素，就是决定产品竞争能力的主要因素。例如，目前影响建筑产品销路的主要因素是制造成本高、功能可靠性差、外观不太好，那么就可以把功能、成本和外观定为评价要素。

步骤 2：定出评价要素比重。对各评价要素不能同等对待，应有主次之分，要定出位次和比重（权值）。比重的大小是基于调查研究的结果确定的，不能靠生产者主观臆断。

例如，经过对市场、用户的调查，绝大多数人都提出了提高功能可靠性的要求，但也有不少人要求降低价格，还有一些人提出了外观的要求；再根据竞争能力的需要，定出比重如下：功能比重为 30%、成本为 60%、外观为 10%。

步骤 3：列评价表（表 9-12）。

表 9-12　评价表

评价要素	比　重	对要素的满足程度（%）		评价值（%）	
		A	B	A	B
功能	0.3	80	60	24	18
成本	0.6	60	50	36	30
外观	0.1	10	80	1	8
合计	1.0	150	190	61	56

表中 A、B 为两个备选方案。其中，方案 A 能较好地满足功能要求，能满足降低成本的要求，适当照顾了外观，因此，方案 A 对三个评价要素的满足程度分别定为 80%、60%、10%；而方案 B 基本满足了功能要求，成本也降低不少，较好地满足了外观要求，其满足程度分别定为 60%、50%、80%。如果不考虑评价要素的比重，则 B 的综合满足程度（190%）超过了 A（150%），似应当选。但如果考虑了市场和用户因素，则评价值应当用比重同 A 或 B 满足程度的乘积的和表示，显然可以看出 A 优于 B。

（2）重要系数法　这种方法是用一套由相互比较而确定的系数，进行方案的评价和选择（表 9-13）。

表 9-13　重要系数法

评价要素①	暂定重要系数②	修正重要系数③	重要系数 w④
A	2.0	4.50	0.33
B	0.5	2.25	0.16
C	3.0	4.50	0.33

（续）

评价要素①	暂定重要系数②	修正重要系数③	重要系数 w④
D	1.5	1.50	0.11
E		1.00	0.07
合计		13.75	1.00

首先确定评价要素的重要系数。先把评价要素列入表 9-13 的①栏，然后将上下相邻的要素由下到上两两对比做出系数评定，称为暂定重要系数，记入②栏。具体的比较方法是：A 和 B 比，如 B 为 1.0，则 A 为 2.0；B 和 C 比，如 C 为 1.0，则 B 为 0.5；依次比下去，如 E 为 1.0，则 D 为 1.5，此栏结束。

然后，统一以最下面的要素 E 为比较的基础，对②栏的数字加以修正，称为修正重要系数，记入③栏。具体的修正方法是：当 E 为 1.0 时，D 为 1.0×1.5＝1.5；当 D＝1.5 时，则 C 为 3.0×1.5＝4.5；等等。

最后再用③栏的总值 13.75 分别去除各评价要素的单项值，就可得到各要素最后的重要系数（w），记入④栏。

功能重要系数法所确定的功能评价值能够同产品的目标成本保持一致，使整体目标的实现有可靠的基础。但存在的问题是用户所要求的功能实现程度很难确切把握，对功能重要系数的评定也不易做得十分准确，可能使所确定的功能评价值发生这样或那样的偏差，从而使目标实现的可靠性缺乏充分的保证。

（3）方案相关评价法　在几种不同的方案中，方案之间很少是相互独立的，而是互相影响的。

利用前面提到的强制确定法或最合适区域法，先求出综合评价值，填入表 9-14 的①及③、④、⑤栏中对应的位置，再求出评价对象之间的相互影响系数（干涉系数）。β_{ij}表示 j 方案对 i 方案的影响系数。

然后对原有的评价值（V）进行修正，用 V'来表示修正后的评价值，即

$$V'=\frac{1}{2}\left(V+\frac{\sum_{i=1}^{n}\beta_{ij}V_i}{\sum_{i=1}^{n}\sum_{j=1}^{n}\beta_{ij}V_i}\times 100\right)$$

式中，β 值可正可负，分别表示好的影响和不好的影响。

【例 9-1】　有两个评价对象，已知评价值（V）为 25、40、35，其影响系数为

$$\beta_{12}=2 \qquad \beta_{13}=-2 \qquad \beta_{21}=0$$

$$\beta_{23}=4 \qquad \beta_{31}=0 \qquad \beta_{32}=8$$

在考虑影响之后进行方案的优选。

解：表 9-14 是一个修正的评价表。由表可以看出：考虑了相互影响后，最优方案应是方案 C（51），而不是没考虑影响时的方案 B（40）。

表 9-14 修正的评价表

V ①	评价对象 ②	25 A③	40 B④	35 C⑤	$\Sigma\beta_{ij}V_i$ ⑥	⑥×100/470 ⑦	①+⑦ ⑧	⑧/2 ⑨
25	A		2/80	-2/-70	10	2.1	27.1	14
40	B	0/0		4/140	140	29.8	69.8	35
35	C	0/0	8/320		320	68.1	103.1	51
合计	—	—	—	—	470	100	200	100

（4）方案的实施　前面介绍了评价值的求法及评价值的修正，根据评价值可进行方案的优选，选出的方案要经过实验来验证其是否最优，然后可进行推广与实施。

本章小结

价值工程是以最低的生命周期费用，可靠地实现所研究对象的必要功能，着重于功能分析的有组织的活动。价值工程致力于提高价值，提高价值有五种途径。价值工程的工作过程实质上就是发现问题、分析问题和解决问题的过程。

复习题

1. 什么是价值工程？什么是价值分析？二者有何区别？
2. 价值的概念是什么？提高价值有哪些途径？
3. 什么是生命周期？什么是生命周期费用？
4. 价值工程的工作程序是什么？每个程序都解决什么问题？
5. 选择 VE 对象的方法有哪些？各有什么优缺点？
6. 为什么说价值工程的核心是功能分析？
7. 方案创造的方法有哪些？各有什么特点？

第十章
工程经济学在工程中的应用

学习要点及目标

1. 了解工业建筑设计及民用建筑设计与工程经济性的关系。
2. 掌握工业设计中的经济指标。
3. 理解施工工艺方案的经济评价指标体系。
4. 了解施工组织方案的评价指标。
5. 了解新结构、新材料的经济评价。
6. 了解施工方案经济分析与评价的方法。
7. 掌握设备更新的概念。
8. 掌握设备原型更新的技术经济分析。

第一节　工程设计中的经济分析

在工程产品生命周期中的不同阶段进行工程造价控制的重点和效果是完全不同的。据有关资料分析，投资决策和初步设计阶段对投资的影响程度为90%左右，技术设计阶段对投资的影响程度为75%左右，施工图设计阶段对投资的影响程度为35%左右，而过去人们所看重的施工阶段对投资的影响程度则仅为10%左右。很显然，工程造价控制的关键在于施工前的投资决策和设计阶段，工程项目的工艺、流程、方案一经确定，则该项目的工程造价也就基本确定了。因此，工程设计中的经济分析是一项很重要而且十分有意义的工作。

一、工业建设设计的主要内容与经济指标

工业建设设计的主要内容包括如下几个方面：

（一）总图运输方案设计

1. 厂区总平面图设计

厂区总平面图设计是否经济合理，对整个工程设计和施工以及投产后的生产、经营都有

重大影响。正确合理的总平面设计不仅可以大大减少建筑工程量，节约建设用地，节省建设投资，加快建设速度，降低工程造价和生产后的使用成本，并为企业创造良好的生产组织、经营条件和生产环境，以及树立良好的企业形象，还可以增添优美的艺术整体效果。

1）总平面图设计原则包括：①满足工艺要求，使运输配合协调，避免交叉；②考虑功能分区，保证生产联系和工作环境，动力设施靠近负荷中心；③因地制宜，节约用地；④满足防火、卫生和安全条件，满足施工、绿化和埋设管线的要求；⑤厂容和总体规划协调，减少对环境的影响；⑥有利于管理；⑦考虑发展要求。

2）总平面布置的技术要求。总平面布置除了满足自然条件、技术条件与要求外，还要考虑如下几个方面：①生产要求，做到流程合理、负荷集中、运输通畅；②满足防火、防爆、卫生、环保、防地质灾害等安全要求；③发展要求；④湿陷性黄土地区的布置要求；⑤节约用地的要求。

2. 竖向布置

1）竖向布置的任务：①根据自然条件选择、确定厂区竖向布置的系统和方式；②确定建（构）筑物、露天堆场、铁路、道路、广场、绿地及排水构筑物等的标高，并有利于厂区内外运输；③确定场地平整方案，力求土石方工程量最小，并使厂区填挖方量接近平衡；④确定场地排水方式，计算雨水流量和管道断面，保证厂区排水顺利；⑤确定必须建立的人工构筑物。

2）竖向布置系统与方式。①竖向布置系统可分为平坡式和台阶式两类；②竖向布置方式可分为连续式、重点式和混合式。

3）设计标高的确定。确定竖向布置标高应遵循以下原则：①土石方工程量最小，并使厂区填挖方量接近或达到平衡；②保证厂区不受洪水淹没；③保证车间之间运输方便；④有利于降低建筑造价。

4）厂区排水。①厂区排水的方式有明沟排水、管道系统排水和带盖板的排水沟三种；②厂区排水组织中要求，厂区整平坡度一般不小于5%，困难地段不宜小于3%，最大不宜超过6%，具体排水组织方式包括自由式向外排水、有组织向外排水、用泵抽水外排等。

5）土石方计算。土石方计算的方法包括方格网法、横断面法。

3. 管线综合布置

管线综合布置的任务是使厂区管线之间，以及管线与建（构）筑物、铁路、道路及绿化设施之间相互协调，满足施工、检修、安全等要求和贯彻节约用地的原则。

4. 厂区运输

1）厂区运输设计的要求。①使厂内外和车间内部运输密切结合，使全厂物料运输形成有机整体；②大宗原材料和燃料最好直接运至车间或料库；③厂区运输系统的设计有利于搬运；④保证运输安全；⑤运输、装卸设备的选用满足节约能源和环保要求。

2）运输方式的选择。①标准轨铁路运输；②水上运输；③无轨运输；④带式运输机运输。

3）运输量统计。运输量统计的方法有全厂运输量棋盘表法、全厂运输量统计表法。

4）运输工具。厂区运输多以汽车运输为主。所需运输工具的总吨位数可按下式计

算，即

$$N=\frac{Q}{q}$$

式中　N——需要的车辆总吨位数；

Q——车辆年总运量；

q——每车吨全年完成平均运输量。

5. 厂区道路

1）道路布置的要求。①道路布置满足生产、运输和消防的要求，使货物运输通畅，人流、物流路线短而便捷，运输安全，工程量小；②道路布置与工厂的总平面布置、竖向布置、铁路、管线、绿化、美化等相协调；③道路尽可能与主要建筑物平行布置；④道路等级及其主要技术指标的选用，应根据工厂规模、企业类型、道路类别、使用要求、交通量等综合考虑确定；⑤当人流集中时，厂区道路应设置人行道，尽量使人行走方便。

2）道路方案设计。具体包括道路形式、路面宽度和纵坡的确定，以及路面的选择。

6. 绿化布置

工厂的绿地率一般要求不小于 20%，洁净程度要求高的，要求不小于 30%。

7. 技术经济指标

厂区总平面布置的技术经济指标可用于多方案比较，以衡量方案设计的经济性、合理性和技术水平。其中主要包括建筑系数和场地利用系数。

8. 总图运输方案比选

1）技术经济指标比选。

2）功能比选。

3）拆迁方案比选。

4）运输方案的比选。运输方案比选的要求是：①能够统筹规划场内和外部运输做到物料流向合理，场内和外部运输、接卸、储存形成完整、连续的系统；②项目的外部运输做到尽量依托社会运输系统，拟自建专用铁路、公路、码头，应有足够的运量，避免浪费投资；③主要产出品、大宗原材料和燃料的运输避免多次倒运，以降低运输成本、提高运输效率；④自建的外部运输线路、车站和码头符合规划要求。

（二）土建工程方案设计

（1）建筑设计的一般规定　这些规定包括：①厂房平面和空间设计满足工艺生产要求，流程合理、方便操作、便于管理、利于设备安装维修；②符合防火、防爆、防震、防腐等安全要求；③建筑形式的选择，应根据生产特点、建厂地区条件和其他各种因素综合考虑；④厂房柱网、层高和定位轴线，应遵循国家规定的《建筑模数协调标准》(GB/T 50002—2013）和《厂房建筑模数协调标准》（GB/T 50006—2010）的有关规定；⑤建筑围护结构要满足车间生产上的温湿度要求，防止车间过热和结露，并应根据需要满足通风、采光要求；⑥要考虑车间运输对建筑的要求；⑦生产过程中噪声超过标准的，要采取隔声和吸声等措施；⑧贯彻适用、经济、在可能条件下注意美观的方针。

（2）结构选型　结构选型要注意：①根据生产工艺的特点，满足生产、采光、通风、运输等要求；②保证厂房结构强度、稳定性和耐久性；③力求经济合理，注意节约维修费用；④必须因地制宜；⑤结构布置和构造处理有利于构件标准化、定型化、通用化；⑥积极合理地采用新结构、新材料和新技术；⑦一般采用钢筋混凝土结构。

（3）基础处理　基础埋置深度应考虑：①建（构）筑物场地的地质与水文地质条件；②土壤的冻结深度；③地下室、地下沟道及地下管线和邻近建（构）筑物的影响；④基础荷重的大小及性质。

（4）建筑和结构方案比选　在满足生产需要的前提下，符合适用、经济、美观原则，结合具体条件合理开展建筑方案设计。

（5）编制主要建筑物、构筑物一览表。

（三）公用与辅助工程方案设计

公用与辅助工程各分项方案设计中应包括采用标准、规范，负荷核算和必要的平衡计算，设备选型及主要设备表的编制，工程量核算等。通过方案比较，选取适宜的建设方案。

1. 给水排水工程与消防工程的设计

1）水源与给水处理。①供水水源的选择，应在掌握资料的基础上，进行技术经济比较后确定；②采用海水或水质较差的水源时，应考虑海水的腐蚀性和海水生物繁殖的影响，以及水质不佳带来的问题；③采用地下水作为水源时，取水构筑物的数量应能满足生产、生活及消防用水的要求；④关于给水处理，水质较好时一般不加处理，如水质较差，须经处理后再用作生产、消防或生活用水。

2）给水系统。具体包括以下几种：①生产、生活、消防（低压）给水系统；②软水给水系统；③脱盐水给水系统；④冷冻水给水系统；⑤循环冷却水系统；⑥专用消防水（高压）给水系统。

3）排水系统。具体包括以下几种：①清洁废水系统；②生活污水系统；③生产污水系统；④雨水排水系统。

4）消防系统。①采用低压消防制时，如厂区附近无消防队或消防队不能兼顾厂区消防时，应自行设置消防车站；②采用临时高压消防制时，厂区设有满足3h消防用水蓄水池的企业，一般不再设置消防车站；③固定消防水泵应采用自灌式引水，确有困难时，可采用真空泵或水射器等形式；④室外消火栓应使用方便、标记明显；⑤消防水池的容量按3h内用水总量计算。

2. 供电与通信工程的设计

1）供电电源。一般企业应从电力系统取得供电电源；有些企业不能从电力系统购得全部电能时，经有关部门统一规划也可自建电厂。电源电压应根据用电量等条件与电力部门协商确定。一般企业选用10kV电源；当6kV用电设备较多时，可选用6kV电源；当用电量较大时，可以采用35kV或110kV电源。

2）供电系统。电源系统接线方式：①当供电电压为6kV或10kV时，设置两回路专用电源线路和单母线分段高压开关站，也可采用一回路专用架空线；②35kV/0.4kV直变供电方式；③当供电电压为35kV或110kV，企业用电量大时，设置总降变电所，并尽可能做成终端变电所；④当企业需自建电厂时，应与电力部门协商电源系统接线方案。

3）配电系统。①配电电压的确定；②配电系统接线，分为树干式和放射式；③线路结构；④车间变电所。

4）动力与配线。低压配电系统的总要求是：①满足工艺生产对供电可靠性和电能质量的要求；②接线简单，操作方便，运行安全；③结构合理，施工方便；④节省有色金属消耗，节约投资，减少电能消耗和运行费用。

生产车间配电网络接线方式主要有两种：放射式和链式，这两种方式往往综合运用。线路敷设方式包括桥架系统、电缆沟敷设、电缆支架明敷、线卡明敷、钢管明敷或暗敷等。

5）照明。照明种类可分为正常照明和事故照明。照明方式有一般照明、局部照明和混合照明。照度标准、照度均匀度、灯具要求参照《建筑照明设计标准》（GB 50034—2013）。

6）通信。企业一般设置行政管理电话和生产调度电话两种电信设施。

3. 供热工程的设计

1）热源的选择。蒸汽或热水一般由热电站或自备锅炉供给。自设锅炉时，蒸汽参数应满足生产、空调与采暖通风的要求，燃料以燃煤为主。锅炉最少配两台，采用相同类型和容量。

2）供热管道。管道敷设可选用的方式有架空敷设、地沟敷设和沿地敷设（管墩）三种。

3）热力站。热力站应靠近负荷中心，便于与锅炉房管道相连。

4. 通风、空调与除尘工程

通风、空调与除尘工程的设计方案应结合实地情况，根据工艺特点、使用要求、室外气象条件、能源状况等，同时符合国家有关规定。

5. 制冷工程

1）注意制冷方式的选择。

2）制冷机选型应考虑冷冻水温、有无蒸汽、蒸汽压力高低等因素；台数不宜过多，但也不少于两台。

6. 工业气体工程

1）工业气体包括压缩空气、氧气、氮气、煤气、乙炔气等。

2）工业气体工程的设计必须遵守《建筑设计防火规范》（GB 50016—2014）、《工业企业设计卫生标准》（GBZ 1—2010）和相应的标准、规范、规定。

3）站房的布置。站房应靠近主要用户，通风和采光良好。

4）设计容量。设计容量按用户的昼夜平均小时消耗量或最大小时消耗量乘以同时使用系数确定。

5）设备选择。设备台数按大容量、少机组原则确定并统一型号。

6）工业气体的管道敷设。注意最大流速、管材选用、静电接地、与其他物料管道共架敷设、共沟敷设的要求，并参照有关规定执行。

7. 分析检验设计

工厂的分析检验工作由车间化验室和中心试验室两部分承担，并有防震、防火、防爆、防尘、防腐蚀、防噪声、防阳光直射等要求。

8. 维修设施

工厂维修一般情况下分为大修和维护安全两级。其内容包括设备维修、电气维修、仪表维修、管道维修和土木工程维修。

9. 仓储设施

仓储设施要符合保证生产、加快周转、合理储备、防止损失的原则，以此合理确定仓库面积。

1）仓库的组成。仓库有原材料库、设备库、机物料库、成品库、生活用品库、劳保用品库、修缮材料库、包装材料库、化学品库、危险品库等。

2）储存方式。具体方式包括封闭式（室内）存放、棚库存放及露天存放。

3）储存期。储存期是相对储备定额，即由时间（日、月）表示的定额。我国采用的定额方法有供应期法和经济订购批量法。

4）仓库面积的确定。仓库面积可采用荷重法、物料分析法和概略面积指标法等来确定。

5）装卸运输工具与设备。根据要求可选择人力搬运装卸车辆，叉车及堆垛机，悬挂式或梁式起重机，桥式起重机，板式、带式、辊道式、链式输送机等。

6）土建要求。仓库设计必须符合国家《建筑设计防火规范》以及其他有关标准、规定的要求。

（四）厂外配套工程

1）厂外配套工程类别。具体可分为运输配套项目、公用工程配套项目、环保配套项目和其他配套项目。

2）厂外配套工程的设计原则。①根据工厂的生产特点和使用要求，结合建厂地区条件，遵照确保生产、因地制宜、合理配置的原则进行设计；②厂外配套工程建设同城市和地区规划相协调，保证合理布局；③要考虑使用管理方便，利用已有的条件、设备以及生产协作条件，力求减少工程量，节省投资；④符合环保要求；⑤与工厂和当地发展规划相协调；⑥要在充分调查的基础上进行技术经济综合分析、论证，选择最佳方案。

（五）工业设计中通常采用的经济指标

1）建筑系数。它也称建筑密度，是指厂区内（一般是指厂区围墙内）建筑物、构筑物和各种露天仓库及堆场、操作场地等的占地面积与整个厂区建设用地面积之比，是反映总平面图设计用地是否经济合理的指标。建筑系数越大，表明布置越紧凑，可以节约用地，减少土石方量，又可缩短管线距离，降低工程造价。

2）土地利用系数。它是指厂区内建筑物、构筑物、露天仓库及堆场、操作场所、铁路、道路、广场、排水设施及地上地下管线等所占面积与整个厂区建设用地面积之比。它综合反映出总平面布置的经济合理性和土地利用效率。

3）工程量指标。它是反映工厂总图投资的经济指标，包括场地平整土石量，铁路、道路和广场铺砌面积，排水工程量，围墙长度及绿化面积。

4）运营费用指标。它是反映运输设计是否经济合理的指标，包括铁路、无轨道路、每吨货物的运输费用及其经常费用等。

5）合理确定厂房建筑的平面布置。平面布置应满足生产工艺的要求，力求合理地确定厂房的平面与组合形式。各车间、各工段的位置和柱网、走道、门窗等单厂平面形状越接近方形越经济，并尽量避免设置纵横跨，以便采用统一的结构方案，尽量减少构件类型和简化构造。

6）厂房的经济层数。对于工艺上要求跨度大和层高高、拥有重型生产设备和起重设备、生产时常有较大振动和散发大量热与气体的重工业厂房，采用单层厂房是经济合理的；而对于工艺紧凑、可采用垂直工艺流程和利用重力运输方式、设备与产品重量不大并要求恒温条件的各种轻型车间，采用多层厂房可减少占地面积与基础工程量、缩短运输线路及厂区围墙的长度等。层数的多少应根据地质条件、建筑材料性能、建筑结构形式、建筑面积、施工方法和自然条件（地震、强风）等因素以及工艺要求等具体情况确定。

多层厂房经济层的确定主要考虑两个因素：一是厂房展开面积的大小，展开面积越大，经济层数就可越多；二是与厂房的长度与宽度有关，长度与宽度越大，经济层数就可越多，造价随之降低。

7）合理确定厂房的高度和层高。层高增加，墙与隔墙的建造费用、粉刷费用、装饰费用增加；水电、暖通的空间体积与线路增加；楼梯间与电梯间设备费用增加；起重运输设备及其有关费用增加；顶棚施工费增加。

决定厂房高度的因素是厂房内的运输方式、设备高度和加工尺寸，其中运输方式的选择较为灵活。因此，为降低厂房高度，常选用悬挂式起重机、架空运输、起重机输送、落地龙门起重机以及地面上的无轨运输方式。

8）柱网选择。对单跨厂房，当柱距不变时，跨度越大，则单位面积造价就越低。这是因为除屋架外，其他结构分摊在单位面积上的平均造价随跨度增大而减少。对于多跨厂房，当跨度不变时，中跨数量越多越经济。这是因为柱子和基础分摊在单位面积上的造价减少。

9）厂房的体积与面积。在满足工艺要求和生产能力的前提下，尽量减小厂房的体积和面积，以减少工程量和降低工程造价。为此，设计者要尽可能地选用先进生产工艺和高效能设备，合理而紧凑地布置总平面图、设备流程图以及运输路线；尽可能把可以露天作业的设备设计为露天的而不占厂房，如炉窑、反应塔等；尽可能将小跨度、小柱距的分建小厂合并设计为大跨度、大柱距的厂房，提高平面利用率，减少工程量，降低造价。

二、民用建筑设计与工程经济性的关系

民用建筑中住宅建筑占了很大比例，因此重点论述住宅建筑设计参数的经济性问题。住宅设计中的经济性指标主要包括用地指标与造价指标两个方面。下面分别从这两个方面来分析方案设计对工程经济性的影响。

（一）影响用地指标的因素分析

土地是一种宝贵的资源，如何做到科学合理地利用土地，在住宅设计中探求提高土地利用率的途径，对人多地少、城市用地紧张的我国来说，具有十分重大的现实意义。住宅设计中影响用地的参数主要包括以下几个方面：

1. 平面形状对用地的影响

住宅的平面形状对节约用地有显著的影响，平面形状越规则，越有利于提高土地利用

率。如图 10-1 所示，虽然图中 A、B 两栋住宅楼的用地面积均为 $304m^2$，但 A 住宅的建筑面积为 $304m^2$，而 B 住宅的建筑面积只有 $247m^2$。但是，不能为节约用地而千篇一律地把住宅设计成方形或矩形，既要讲究艺术风格，又要注意节约用地，做到两者兼顾。

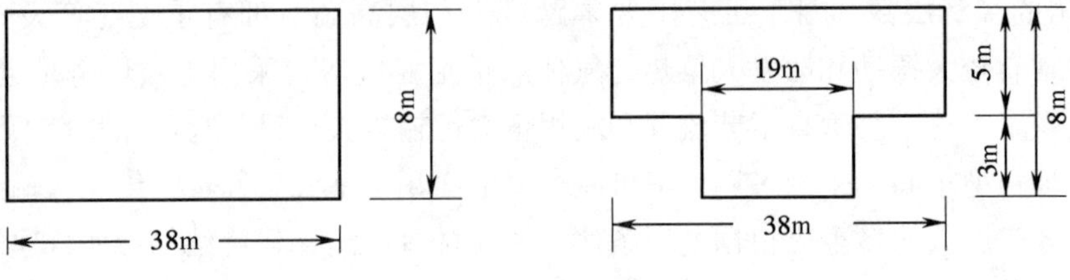

图 10-1 平面形状对用地的影响

2. 剖面形状对用地的影响

如果将住宅的剖面形式做成台阶状，可降低檐口的高度，从而降低住宅的间距，更好地满足住宅的日照要求。如图 10-2 所示，图中两斜线平行，在住宅高度相同的情况下，两栋住宅为获得同等日照要求，住宅间距 $d_2>d_1$。

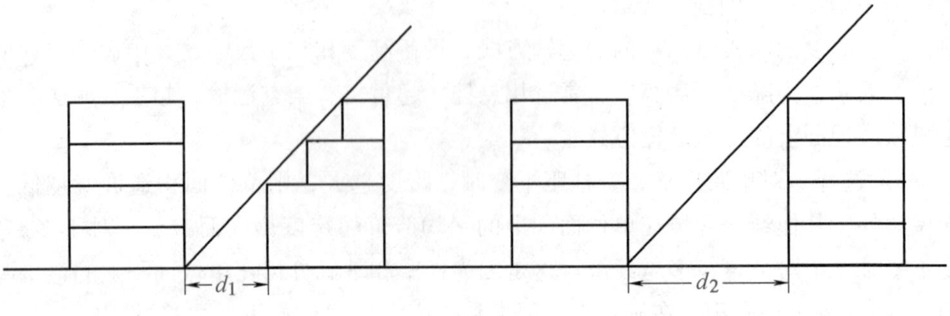

图 10-2 剖面形状对用地的影响

3. 住宅层数对用地的影响

$$住宅用户基本用地=(进深+层高\times层数\times间距系数)\times\frac{每户平均面宽+平均山墙间距}{层数}$$

根据上述公式可知：提高住宅层数，可有效地节约用地。但由于在住宅建设时必须考虑到建筑密度的问题，所以不是在住宅设计时层数越多就越节约用地。住宅层数对用地的影响可通过实际数据来进行分析。例如，某地区住宅设计标准如下：进深 10. 1m，层高 2. 8m，长 63. 6m，每户平均面宽 5. 3m，每户平均山墙间距 0. 7m，在间距系数为 2 时，住宅层数与节约用地的关系如表 10-1 所示。

表 10-1 住宅层数与节约用地的关系

层数（层）	每户用地/m^2	与上一层比较节约用地/m^2	与第 1 层比较（%）
1	94. 2		100
2	63. 9	30. 3	67. 8
3	53. 8	10. 1	57. 1

（续）

层数（层）	每户用地/m^2	与上一层比较节约用地/m^2	与第1层比较（%）
4	48.8	5.0	51.8
5	45.7	3.1	48.5
6	43.7	2.0	46.4
7	42.3	1.4	44.9

从表10-1中可看出，住宅层数由1层增至4层时，节约用地的效果是十分显著的，而在6层以上继续增加层数时，节约用地的效果明显减弱。这是因为随着层数的增加，住宅与住宅之间的日照间距也应相应增加，基地面积在每户建筑面积中所占比重逐步减小，所以节约用地的效果逐渐减弱。同时，在设计时还要考虑到高层住宅对建筑成本、建设周期、建造成本、抗震、防火避难等方面的问题。所以，在住宅设计中一定要注意把握好节约用地与降低造价以及其他一些指标的关系。从土地费用、工程造价和其他社会因素综合角度分析，一般来说，中小城市以建造多层住宅较为经济；在大城市可沿主要街道建设一部分高层住宅，以合理利用空间、美化市容；对于土地价格昂贵的地区来讲，以高层住宅为主也是比较经济的。当然，在满足城市规划要求等条件下，开发住宅的类型是由房地产开发单位根据市场行情进行经济分析比较后决定的。随着我国居民生活水平和居住水平的提高，一些城市出现了低密度住宅群。

4. 住宅层高对用地的影响

住宅与住宅之间的日照间距与住宅总高度成正比，所以降低层高可降低住宅的总高度，从而减少住宅间的日照间距，达到节约用地的目的。因为国家对住宅的层高有明确规定，所以在住宅设计时，在遵循国家有关规定的前提下尽量降低层高，是一种有效节约用地的方法。

5. 每户面宽对用地的影响

在每户建筑面积相同的前提下，加大进深，尽量缩小每户面宽，可以有效地节约用地。但在实际设计中要考虑到进深的加大会不利于采光，甚至出现暗室，即使采用内天井采光的方法也会降低住宅的环境质量。

6. 住宅间距对用地的影响

合理地确定住宅间距可有效地节约用地。而住宅间距的确定，除上面提到过的日照条件外，还要考虑通风、视野、绿化、道路、庭院、施工、防火、私密性等一系列问题。在住宅设计的时候应分清主次，对各因素进行综合分析研究，在保证住宅功能及居民环境质量的前提下，降低住宅间距，达到节约用地的目的。

7. 住宅群体布置对用地的影响

在住宅设计时，采取高低搭配、点条结合、前后错列及局部东西向布置、斜向布置或拐角单元等手法，可有效地节约用地，并提高住宅区的环境条件。这也是住宅设计中一个不可忽略的因素。

（二）影响造价的设计参数分析

1. 平面形状对造价的影响

平面设计中用每平方米建筑面积的平均外墙周长作为评价造价的指标之一。由于立面装修及建筑热工要求，外墙造价一般比内墙造价高，所以减少外墙周长的经济效果比较显著。外墙周围周长与平面形状有关，在设计中可采用如下方式来缩短外墙周长：

1）平面形状力求规则。规则的平面形状，如方形或矩形，既可减少外墙周长，又方便施工。如果设计时平面形状凹凸曲折，则会增加墙体长度和转角。

2）通过加大住宅进深，可减少外墙周长，节省基础和墙体的工程量。

3）当住宅进深一定时，适当增加住宅长度，会减少外墙周长。住宅长度在60m范围内，当地基条件允许时，应尽量采用多单元拼接，增加住宅长度。当然，住宅长度不宜过长，否则因有温度缝的要求设置双墙，造价反而上升。

2. 平面系数对造价的影响

平面设计合理，可以提高面积利用率，增加使用面积，相应地降低造价。在住宅设计中，平面系数是评价使用面积是否经济合理的一个参考指标。其意义是以相同的造价取得最大的使用面积。不同的平面布置、不同的住宅层数，其平面系数也不同。多层住宅的平面系数一般在50%以上。影响平面系数的因素主要有以下两个：

（1）结构面积　住宅的结构面积与结构形式、住宅层数、墙体的功能要求有关，要减少结构面积，首先应发展新型建筑材料，合理选择结构体系，尤其是工业化住宅建筑群体系。

（2）交通面积　与交通面积有关的是住宅的层数以及对交通的功能要求。例如，在高层住宅中，电梯间的设置便增加了交通面积的比重。交通面积过小，直接影响使用功能；交通面积过大，则增加住宅的造价。提高平面系数，关键是在满足使用要求的前提下，合理布置门厅过道、走廊、楼梯及电梯间等交通面积。

3. 住宅层高对造价的影响

降低层高可以减少墙柱和粉饰工程量。据理论测算，住宅层高每降低10cm，可降低造价1.2%~1.5%。例如，当住宅层高从3m降至2.8m时，可降低造价3%~3.5%。

层高降低可提高住宅区建筑密度，以6层住宅为例，层高降低20~30cm，可提高建筑密度5%~8%，从而节约征地拆迁费和城市市政工程费。在寒冷地区，降低层高可节约冬季采暖费用，经济效益也十分可观。

4. 住宅层数对造价的影响

住室层数对造价的影响是个比较复杂的问题。对多层住宅（2~6层）来说，提高层数可相应降低平均每户造价1%左右。但对于高层住宅（7层以上）来说，由于要设置电梯和加压水泵等，则造价相应上升。而且，高层住宅的使用功能和环境质量相较多层住宅差，因此一般应控制高层住宅的建造。只有在大城市的特定地区，当高层住宅节约用地效果显著时，才可以建造少量高层住宅。

总之，在进行住宅设计时，必须以满足住宅的使用功能和环境质量要求为前提，这是合理选择设计参数的先决条件，必须防止牺牲必要的安全、卫生条件而片面强调降低造价的错误做法。

（三）评价住宅设计中的常用技术经济指标

住宅设计中的常用技术经济指标如表10-2所示。

表 10-2　住宅设计中的常用技术经济指标

指标名称	计算公式	指标名称	计算公式
居住用地系数（%）	$\frac{居住用地面积}{小区占地总面积}$	居住面积净密度（%）	$\frac{居住建筑总居住面积}{居住用地}$
公共建筑系数（%）	$\frac{公共建筑用地面积}{小区占地总面积}$	居住建筑工程造价（元/m^2）	$\frac{居住建筑总投资}{居住建筑总面积}$
人均用地指标（m^2/人）	$\frac{总居住建筑用地面积}{小区居住总人口}$	平面系数（%）	$\frac{居住面积}{建筑面积}$
绿化率（%）	$\frac{绿化用地面积}{小区占地总面积}$	辅助面积系数（%）	$\frac{辅助面积}{居住面积}$
居住建筑面积毛密度（m^2/ha）	$\frac{居住建筑面积}{居住区总用地}$	结构面积系数（%）	$\frac{结构面积}{建筑面积}$
居住建筑面积净密度（m^2/ha）	$\frac{居住建筑面积}{居住区居民用地}$	墙体面积系数（%）	$\frac{墙体面积}{建筑面积}$
居住建筑净密度（%）	$\frac{居住建筑占地面积}{居住用地}$		

三、设计方案的经济分析与选择

投资决策中的各项技术经济决策对项目的工程造价都有重大影响，有些甚至影响到项目的整个生命周期。工艺流程的设计与确定、材料设备的选用、建设标准的确定，对工程造价的影响更大。工程设计人员应参与主要方案的讨论，与各部门人员共同办公、密切合作，做好多方案技术经济的分析比较，进行事前控制，选出技术先进、经济合理的最优方案。设计方案的经济分析与选择就是根据前述章节介绍的方法，解决工程设计中多个方案的优选问题。

1. 多指标综合评价法

在以经济建设为中心进行社会主义现代化建设的今天，经济标准无疑是十分重要的。但是在评价重大技术方案时，判别好坏的客观标准不是单一的经济标准，而应该有多个方面标准，如政治、国防、社会、技术、经济、环境生态和自然资源等。所以，必须对多个方面的效益进行综合评价。

综合评价中评价方法有两种：一是评分法，又分为调查咨询评分法（即通过调查咨询的方法对被评价的标准予以打分）和定量计算评分法（即按评价标准要求规定的数值和实际达到数值的相对关系予以打分）两种；二是指数法，它是根据某项评价标准的实际数值同评价标准规定数值的比值进行评价。

在综合评价中，对每个标准的评价包含两项内容：一是评价技术方案对每个标准的满足程度；二是评价每个标准的相对重要程度。满足系数是反映满足程度的一个数值。这个数值有两种表示方法：一种是用评分法和指数法所得数值表示，另一种是用它们的百分数表示。重要系数是反映每个标准相对重要程度的一个数值。重要系数通过调查咨询有两种确定方法：一种是非强制打分法，打分者可以根据实际重要程度的相对大小任意打分；另一种是强制打分法，如 04 法、01 法、五分制法、百分制法、13579 法。

技术综合评价实际上是一个多目标决策问题。多目标决策方法的实质是对不同评价标准的满足系数和重要系数进行相加、相乘、加乘混合、相除或用最小二乘法以求得综合的单目标数值（即综合评价值），然后根据此值大小选择最优方案。

2. 单指标评价法

单指标可以是效益性指标，也可以是费用性指标。效益性指标主要是对其收益或者功能有差异的多方案的比较选择。对于专业工程设计方案和建筑结构方案的比选来说，往往尽管设计方案不同，但方案的收益或功能没有太大的差异。这种情况下可采用单一的费用指标，即采用最小费用法选择方案。

采用费用法比较设计方案，根据工程项目不同有两种方法：一种是只考察方案初期的一次费用，即造价或投资；另一种方法是考察设计方案全生命周期的费用。设计方案全生命周期费用包括工程初期的造价（投资），工程交付使用后的经常性开支费用（包括经常费用、日常维护修理费用、使用过程中的大修费用和局部更新费用等）以及工程使用期满后的报废拆除费用等。考虑全生命周期费用是比较全面合理的分析方法。但对于一些设计方案，如果建成后的工程在日常使用费用上没有明显的差异或者以后的日常使用费难以估计，则可直接用造价（投资）来比较优劣。

3. 价值分析法

价值分析（即价值工程）法是一种相当成熟和行之有效的管理技术与经济分析方法。这种方法力求以最低的生命周期费用，可靠地实现产品或作业的必要功能，借以提高其价值。有关价值工程原理已在前述章节中做了详细介绍。

下面通过一些例子说明设计方案的经济比较与选择。

【例10-1】 某工业企业建设一幢综合楼，设计方案对比项目如下：

A方案：结构方案为大柱网框架轻墙体系，采用预应力大跨度叠合楼板，墙体材料采用多孔砖及移动式可拆装式分室隔墙，窗户采用单框双玻璃钢塑窗，面积利用系数为93%，造价为1437.48元/m^2。

B方案：结构方案同A方案墙体，采用内浇外砌，窗户采用单框双玻璃空腹钢窗，面积利用系数为87%，造价为1108元/m^2。

C方案：结构方案采用砖混结构体系，采用多孔预应力板，墙体材料采用标准黏土砖，窗户采用单玻璃空腹钢窗，面积利用系数为70.69%，造价为1081.8元/m^2。

经专家分析评价确定，三种方案的功能得分及重要系数对比如表10-3所示。

表10-3　三种方案的功能得分及重要系数对比

功能方案	方案得分			方案功能重要系数
	A	B	C	
结构体系	10	10	8	0.25
模板类型	10	10	9	0.05
墙体材料	8	9	7	0.25
面积系数	9	8	7	0.35
窗户类型	9	7	8	0.10

1）试用价值分析法选择最优设计方案。

2）为了控制工程造价及进一步降低费用，拟对最优方案的土建部分以工程材料费为对象进行价值分析。现将土建工程划分为四个功能项目，各功能项目的评分值及其目前成本如表 10-4 所示，且已确定目标成本额为 12170 万元。试分析各功能项目的目标成本及成本可能降低的程度，并确定功能改进顺序。

表 10-4 最优方案工程材料表

序号	功能项目	功能评分	目前成本（万元）
1	桩基围护工程	11	1520
2	地下室工程	10	1482
3	主体结构工程	35	4705
4	装饰工程	38	5105
合计		94	12812

解：对于第一个问题，根据价值分析原理，第一步，计算各方案的成本系数，如表 10-5 所示。

表 10-5 成本系数

方案	造价（元/m^2）	成本系数
A	1437.48	0.3963
B	1108.00	0.3055
C	1081.80	0.2982
合计	3627.28	1.0000

第二步，计算功能因素评分与功能系数，如表 10-6 所示。

表 10-6 功能因素评分与功能系数

功能因素	重要系数	方案功能得分加权值（方案功能得分×功能重要系数）		
		A	B	C
结构体系	0.25	0.25×10=2.50	0.25×10=2.50	0.25×8=2.00
模板类型	0.05	0.05×10=0.50	0.05×10=0.50	0.05×9=0.45
墙体材料	0.25	0.25×8=2.00	0.25×9=2.25	0.25×7=1.75
面积系数	0.35	0.35×9=3.15	0.35×8=2.80	0.35×7=2.45
窗户类型	0.10	0.10×9=0.90	0.10×7=0.70	0.10×8=0.80
各方案加权平均总分		9.05	8.75	7.45
功能系数		$\frac{9.05}{9.05+8.75+7.45}=0.358$	$\frac{8.75}{9.05+8.75+7.45}=0.347$	$\frac{7.45}{9.05+8.75+7.45}=0.295$

第三步，计算各方案价值系数，如表10-7所示。

表10-7　各方案价值系数

方案名称	功能系数	成本系数	价值系数	方案选优
A	0.358	0.3963	0.903	
B	0.347	0.3055	1.136	最优方案
C	0.295	0.2982	0.989	

通过对比，方案B价值系数为1.136>1且为最大，所以B方案为最优方案。

对于第二个问题，根据已知，可计算各功能项目的功能系数和成本系数，再求出其价值系数，然后根据功能系数和总目标成本计算各功能项目目标成本，通过目标成本和现有成本可计算其成本降低幅度。具体计算如表10-8所示。

表10-8　各方案目标成本及成本降幅计算

序号	功能项目	功能评分	功能系数	目前成本（万元）	成本系数	价值系数	目标成本（万元）	成本降幅（万元）
1	桩基围护工程	11	0.1170	1520	0.1186	0.9865	1423.89	96.11
2	地下室工程	10	0.1064	1482	0.1157	0.9196	1294.89	187.11
3	主体结构工程	35	0.3723	4705	0.3672	1.0139	4530.89	174.11
4	装饰工程	38	0.4043	5105	0.3985	1.0146	4920.33	184.67
合计		94	1.0000	12812	1.0000		12170.00	642.00

【例10-2】　某6层单元式住宅共54户，建筑面积为3949.62m^2。原设计方案为内浇外砌结构，内外墙为240mm砖墙。现拟定的新方案为异形柱框架结构，外墙做法不变，新方案内横墙厚为140mm，内纵墙厚为160mm，其他部位的做法、选材及建筑标准与原方案相同。两个方案的各项数据如表10-9所示。

表10-9　两个方案的各项数据

方　案	建筑面积/m^2	使用面积/m^2	总投资（元）
内浇外砌	3949.62	2797.20	8163789
框架	3949.62	2881.98	8300342

问题：

(1) 利用两个方案的单位建筑面积造价和单位使用面积造价指标对两个方案进行经济比较分析。

(2) 若该住宅楼作为商品房出售，在按使用面积和建筑面积出售两种情况下对两个方案进行经济分析。

(3) 经专家评议，两个方案的各指标权重和方案评分值如表10-10所示。试用多指标综合评价法对两个方案进行优劣分析。

表 10-10　两个方案的各指标权重和方案评分值

指　标		平面布局	使用功能	造价	使用面积	经济效益	结构安全
权重		0.15	0.20	0.20	0.15	0.20	0.10
方案	内浇外砌	8	8	9	7	7	7
	框架	8	8	8	8	9	8

解：根据题意，问题（1）是对两个方案的单个指标，即单位建筑面积造价或单位使用面积造价进行经济分析。所以可先计算出两个方案的单位建筑面积造价值或单位使用面积造价值如下：

内浇外砌方案为

$$单位建筑面积投资=\frac{8163789\ 元}{3949.62\mathrm{m}^2}=2066.98\ 元/\mathrm{m}^2$$

$$单位使用面积投资=\frac{8163789\ 元}{2797.20\mathrm{m}^2}=2918.56\ 元/\mathrm{m}^2$$

框架方案为

$$单位建筑面积投资=\frac{8300342\ 元}{3949.62\mathrm{m}^2}=2101.55\ 元/\mathrm{m}^2$$

$$单位使用面积投资=\frac{8300342\ 元}{2881.98\mathrm{m}^2}=2880.08\ 元/\mathrm{m}^2$$

从上面的计算结果可看出：按单位建筑面积计算，框架方案投资高于内浇外砌方案；而按单位使用面积计算时，内浇外砌方案投资高于框架方案。因为只有使用面积才能真正发挥住宅的功能，所以框架方案优于内浇外砌方案。

对于问题（2），如果按单位建筑面积出售，如采用框架方案，两个方案总建筑面积相同，而总投资方面框架方案高于内浇外砌方案，显然对房地产商不利。而对于购房人来说，房价不变，采用框架方案时，每户增加面积$=\frac{2881.98-2797.20\mathrm{m}^2}{54}=1.57\mathrm{m}^2$，所以选择框架方案对购房人有利。

如果按单位使用面积出售，对于购房人来说，如果不考虑其他因素影响，房屋结构对其使用功能不产生影响。而对于房地产商来说，采用框架方案面积增加比$=\frac{2881.98\mathrm{m}^2-2797.20\mathrm{m}^2}{2797.20\mathrm{m}^2}\times100\%=3.03\%$，大于总投资增加比$=\frac{8300342\ 元-8163789\ 元}{8163789\ 元}\times100\%=1.67\%$。所以在通常情况下，按单位使用面积出售时有利于房地产供应商。

对于问题（3），根据题意计算出两个方案的综合评价值为

内浇外砌方案综合评价值$=8\times0.15+8\times0.20+9\times0.20+7\times0.15+7\times0.20+7\times0.10=7.75$

框架方案综合评价值$=8\times0.15+8\times0.20+8\times0.20+8\times0.15+9\times0.20+8\times0.10=8.20$

框架方案综合评价值高于内浇外砌方案综合评价值，所以应选择框架方案。

第二节 工程施工中的经济分析

工程施工的技术经济分析，就是为实现最优设计方案，从若干可行的施工工艺方案、施工组织方案中，分析、比较和评价诸方案的经济效益，从中选择施工方案，以及对工程施工中采用的新结构、新材料进行评价分析等。工程施工中的经济分析在很大程度上决定施工组织的质量和施工任务完成的好坏，是施工任务顺利完成的前提条件。

在工程施工阶段进行技术经济评价时，主要有两项工作：施工方案的评价和采用新结构新材料的评价。施工方案是单位工程或建筑群施工组织设计的核心，是编制施工进度计划、绘制施工平面图的重要依据。下面介绍施工方案技术经济评价的主要内容。

一、施工工艺方案的经济评价指标体系

施工工艺方案是指分部（项）工程和工种工程的施工方案，如主体结构工程、基础工程、安装工程、装饰工程、水平运输、垂直运输、大体积混凝土浇筑、混凝土运送以及模板支撑方案等。在施工中采用新工艺、新技术问题，实际上仍属于施工工艺方案问题。

1. 技术性指标

技术性指标是指用以反映方案的技术特征或适用条件的指标。它可用各种技术性参数表示：如主体结构为现浇框架工程施工工艺方案，则可用现浇混凝土总量、混凝土运输高度等表示；如为装配式结构工程施工工艺方案，则可用安装构件总量、构件最大尺寸、构件最大重量、最大安装高度等表示；如为模板工程施工工艺方案，则可用模板型号数、各型模板尺寸、模板单件重量等表示。

2. 经济性指标

经济性指标主要反映完成施工任务所必要的劳动消耗。它由一系列实物量指标、劳动量指标所组成，主要有：

1）工程施工成本。工程施工成本用施工直接费来表示，包括人工费、材料费、施工设施的成本或摊销费、防止施工公害的设施费等。

2）主要专用机械设备需要量。它包括设备型号、台数、使用时间、总台班数等。

3）施工中的主要资源需要量。这里的资源不是指构成工程实体的材料、半成品或结构件，而是指顺利进行施工所必需的资源，主要包括施工所需的材料、不同施工工艺方案引起的材料消耗增加量和能源需要量等。

4）主要工种工人需要量。它可用主要工种工人需用总数、需用期、月平均需用数、高峰期需用数来表示。

5）劳动消耗量。它可用总劳动消耗量、月平均劳动消耗量、高峰期劳动消耗量来表示。

3. 效果（效益）指标

效果指标主要反映采用该施工工艺方案后所能达到的效果。它主要有：

1）工程效果指标，如施工工期、工程效率等指标。

2）经济效果指标，如成本降低率或降低额、材料（资源）节约额或节约率等指标。

4. 其他指标

其他指标是指未包括在上述三类中的指标，如施工临时占地，所采用施工方案对工程质量的保证程度，抗拒自然灾害的能力，采用该工艺方案后对企业技术装备、素质、信誉、市场竞争力和专有技术拥有程度等方面的影响。这些指标可以是定量的，也可以是定性的。

二、施工组织方案的评价指标

施工组织方案是指单位工程以及包括若干个工程的建筑群体的施工组织方法，如流水施工、平行流水立体交叉作业等组织方法。施工组织方案包括施工组织总设计、单位工程施工组织设计、分部工程施工组织设计和施工装备的选择等。施工组织方案的评价指标有：

（1）技术性指标　主要有：

1）反映工程特征的指标，如建筑面积、主要分部（项）工程量等。

2）反映施工方案特征的指标，如施工方案有关的指标说明等。

（2）经济性指标　主要有：

1）工程施工成本。

2）主要专用机械设备需要量。

3）主要材料资源消耗量。

4）劳动消耗量。

5）反映施工均衡性的指标。

（3）效果指标　主要有：

1）工程总工期。

2）工程施工成本节约。

3）施工机械效率，可用两个指标评价：一是主要大型机械单位工程（单位面积、长度或体积等）耗用台班数；二是施工机械利用率，即主要机械在施工现场的工作总台班数与在现场的日历天数的比值。

4）劳动效率（劳动生产率），可用三个指标评价：一是单位工程量（单位面积、长度或体积等）用工数（如总工日数/建筑面积）；二是分工种的每工产量（m、m^2、m^3 或 t/工日）；三是生产工人的日产值（元/工日）。

5）施工均衡性，可用指标评价（系数越大越不均衡）为

$$\text{主要工种工程施工不均衡性系数}=\frac{\text{高峰月工程量}}{\text{平均月工程量}}$$

$$\text{主要材料资源消耗不均衡性系数}=\frac{\text{高峰月耗用量}}{\text{平均月耗用量}}$$

$$\text{劳动量消耗不均衡性系数}=\frac{\text{高峰月劳动消耗量}}{\text{平均月劳动消耗量}}$$

（4）其他指标　如施工临时占地等。

三、新结构、新材料的经济评价

1. 采用新结构、新材料的技术经济效果

1）改善建筑功能，如改善保温、隔热、隔声等功能，以及扩大房屋的有效使用面积等。

2）减轻建筑物自重，节约运输能力，降低工程造价。

3）有利于缩短施工工期，加快施工的机械化、装配化、工厂化，从而加快施工速度。

4）有利于利用废渣、废料，节约能源。

5）减轻施工劳动强度，改善施工作业条件，提高机械化程度，实现文明施工。

2. 新结构、新材料的技术经济评价指标

1）工程造价。这是反映方案经济性的综合指标，一般用预算价格计算。

2）主要材料消耗量，即钢材、水泥、木材、砌块砖等的消耗量。

3）施工工期，即从开工到竣工的全部日历时间。

4）劳动消耗量。这个指标反映活劳动消耗量，现场用工与预制用工应分别计算。

5）一次性投资额，即为了采用某种新结构、新材料而需建立的相应的材料加工厂、制品厂等的基建投资。

3. 辅助指标

1）建筑物自重（kg/m^2），即采用新结构、新材料后，单位建筑面积建筑物的自重。

2）能源消耗量，即采用新结构、新材料后，在生产制造、运输、施工、安装、使用过程中的年能源消耗量。

3）工业废料利用量，即采用新结构、新材料后，每平方米建筑面积可利用工业废料的数量。

4）建筑物使用年限。

5）经常使用费，即采用新结构、新材料后每年的日常使用费及维护修理费等。

在进行方案评价时，应以主要指标作为基本依据。当主要指标间发生矛盾时，应着重考虑造价和主要材料消耗量指标；当主要指标相差不大时，则需分析辅助指标，作为方案评价的补充论证。

四、施工方案经济分析与评价的方法

施工方案总体来说包括前面提到的三大类，具体而言最为常见的有施工机械的选择与调度、人员的安排、运输方案的选择、施工流水作业方案设计、现场总平面布置等。一般来说，小型工程的方案选择不需要花费大量人力、物力及时间，一般施工管理人员就可完成；但对于大型工程项目或有各种特殊要求的项目施工方案，就需要进行详细的分析、评价与比较，才能及时做出正确的选择。施工方案选择与评价的方法和上一节中施工设计的选择与评价方法类似，常见的同样有多指标综合评价法、单指标评价方法及价值分析方法三种。但由于设计与施工中的评价指标体系不同，在分析时的着重点也就不同。下面通过实例来对施工中的一些常见问题进行分析。

【例 10-3】 某机械化施工企业承担了某工程的基坑土方施工：土方量为 20000m^3，平均运土距离为 8km，计划工期为 15 天，每天一班制施工。该企业现有 WY50、WY75、WY100 挖掘机各 2 台以及 5t、8t、10t 自卸汽车各 20 台，其主要参数如表 10-11 和表 10-12 所示。

（1）若挖掘机和自卸汽车按表中型号各取一种，WY50+5t 自卸、WY75+8t 自卸、WY100+10t 自卸，哪种组合最经济？相应的每立方米土方的挖土、运输直接费为多少？

（2）根据该公司现有的挖掘机和自卸汽车的数量，完成土方挖运任务每天应安排几台何种型号的挖掘机和几台何种型号的自卸汽车？

（3）根据所安排的挖掘机和自卸汽车数量，该土方工程可在几天内完成？相应的每立方米土方的挖土、运输直接费为多少？

表 10-11　挖掘机主要参数表

型　号	WY50	WY75	WY100
容量/m^3	0.50	0.75	1.00
台班开挖量（m^3/台）	480	558	690
台班单价（元/台）	618	689	915

表 10-12　自卸汽车主要参数表

载重能力/t	5	8	10
运距 8km 台班产量（m^3/台）	32	51	81
台班单价（元/台）	413	505	978

解：问题（1）

步骤 1：分析各种机械的单位费用。计算公式为

$$挖掘机\ WY50\ 费用=\frac{618}{480}元/m^3=1.29\ 元/m^3$$

$$挖掘机\ WY75\ 的费用=\frac{689}{558}元/m^3=1.23\ 元/m^3$$

$$挖掘机\ WY100\ 的费用=\frac{915}{690}元/m^3=1.33\ 元/m^3$$

$$自卸汽车\ 5t\ 的费用=\frac{413}{32}元/m^3=12.91\ 元/m^3$$

$$自卸汽车\ 8t\ 的费用=\frac{505}{51}元/m^3=9.90\ 元/m^3$$

$$自卸汽车\ 10t\ 的费用=\frac{978}{81}元/m^3=12.07\ 元/m^3$$

步骤 2：分别计算三种组合的每立方米挖土、运输直接费。计算公式为

$$WY50+5t\ 自卸的费用=(1.29+12.91)元/m^3=14.20\ 元/m^3$$

$$WY75+8t\ 自卸的费用=(1.23+9.90)元/m^3=11.13\ 元/m^3$$

$$WY100+10t\ 自卸的费用=(1.33+12.07)元/m^3=13.40\ 元/m^3$$

所以“WY75+8t 自卸”为最佳经济组合。

问题（2）

步骤1：从费用最低的机械选起。

先选挖掘机，若选取 WY75，则每天需要的台数为

$$\frac{20000\mathrm{m}^3}{558\mathrm{m}^3/台\times15}=2.39\ 台$$

企业拥有2台 WY75，每天完成开挖量 $=558\mathrm{m}^3/台\times2\ 台=1116\mathrm{m}^3$

而要满足工期要求，日开挖量必须达到或超过 $\frac{20000\mathrm{m}^3}{15}=1333.3\mathrm{m}^3$。另选1台 WY50，则日开挖量达到 $(558\times2+480)\mathrm{m}^3=1596\mathrm{m}^3$。

步骤2：选择自卸汽车与挖掘机配合。

自卸汽车从8t选起，要达到日产 $1596\mathrm{m}^3$，与开挖量相配合，所需台数为

$$\frac{1596\mathrm{m}^3}{51\mathrm{m}^3/台}\approx31.3\ 台$$

企业拥有20台8t自卸汽车，全部选用，每天还有不能完工的余土为

$$1596\mathrm{m}^3-20\ 台\times51\mathrm{m}^3/台=576\mathrm{m}^3$$

余土由5t和10t自卸汽车进行运输，选取6台10t自卸汽车和3台5t自卸汽车，则其每天运量为

$$81\mathrm{m}^3/台\times6\ 台+32\mathrm{m}^3/台\times3\ 台=582\mathrm{m}^3$$

可以满足要求。

因此，每天应安排1台 WY50、2台 WY75 挖掘机和3台5t、6台10t、20台8t自卸汽车来完成挖运任务。

问题（3）

步骤1：计算施工天数，即

$$\frac{20000\mathrm{m}^3}{1596\mathrm{m}^3/天}\approx13\ 天$$

步骤2：计算每立方米挖运成本，即

$$[(618\times1+689\times2+413\times3+505\times20+978\times6)\times13/20000]\ 元/\mathrm{m}^3=12.48\ 元/\mathrm{m}^3$$

第三节　设备方案的更新与选择

一、设备更新概述

（一）设备更新的概念

设备更新是指用技术性能更完善、经济效益更显著的新型设备来替换原有技术上不宜继续使用或经济上不能继续使用的设备。由于现代科学技术日新月异，机器设备的陈旧化越来

越快，更新周期越来越短，为了适应现代化的要求，充分发挥企业的技术优势，对现有设备进行更新具有重要的意义。

（二）机械设备使用中的技术规律

1. 机械设备的损耗及其补偿形式

任何机械设备在长期的使用过程中都会逐渐损耗，从而降低其使用效能，也降低其价值，这就是机械设备的损耗。

机械设备的损耗有以下形式：

（1）有形损耗（又称为物质损耗）　它包括使用损耗和自然损耗。

使用损耗是指机械设备在使用过程中的慢性磨损和损伤（包括机械损伤和化学损伤）引起的损耗。这是机械设备损耗中的主要部分。机械设备的使用损耗主要与以下因素有关：负荷程度、机械设备的质量和耐磨程度、机械设备装配和安装的准确性、机械设备的固定程度、设备使用过程中防避外界（如粉尘、水气、高温等）影响的程度、设备的维修情况、工人操作熟练程度。

自然损耗是指由于自然力的作用，如大气中的水分、粉尘和污染物等产生的锈蚀、腐烂造成的有形损耗。

对机械设备的有形损耗，可以通过维修工作使一部分损耗得到修复和补偿。因此，机械设备的有形损耗又可分为可消除的有形损耗与不可消除的有形损耗两类。

（2）无形损耗（又称精神损耗）　产生无形损耗有两种原因：一是机械设备的技术结构、性能没有变化，但由于再生产费用下降，价格降低，而使原有同种机械设备发生贬值；二是由于发明了更完善的高效率的机械设备，使原有同种机械设备的性能相对下降而发生贬值。这两种原因产生的无形损耗，都使得设备继续使用在经济上已不合算而被提前淘汰。

针对机械设备损耗的不同形式，应采取不同的措施加以补偿，即进行维修、改造和更新。机械损耗的补偿形式如图 10-3 所示。

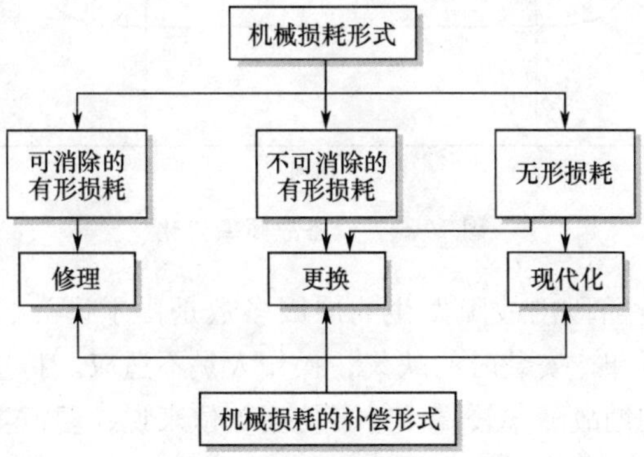

图 10-3　机械损耗的补偿形式

2. 机械设备的磨损规律

机械设备的磨损规律是指机械设备从投入使用以后，磨损量随时间变化的关系。这里的磨损是指有形损耗的使用损耗。机械零件的磨损过程通常经历不同的磨损阶段，直至失效。图 10-4 所示为典型的有形磨损特性曲线。

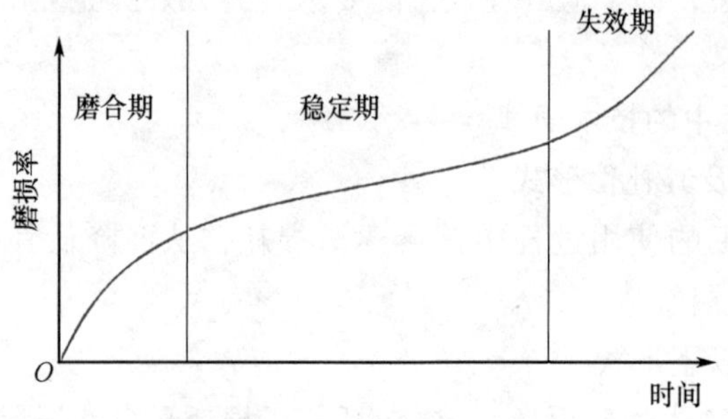

图 10-4 典型的有形磨损特性曲线

图 10-4 中的纵坐标表示单位时间的磨损量，称为磨损率。通常在磨合期内，磨损率比较大，并是递降的；然后进入一个较长时间的稳定期，磨损率较小；直至某一点，斜率陡升，这意味着磨损率急剧增大，失效即将发生。对于一些磨损过程，例如滚动轴承或齿轮中发生的表面疲劳磨损，开始时磨损率可能为零，当工作时间达到一定数值后，点蚀开始出现并迅速扩展，磨损率迅速上升，很快发展为大面积剥落和完全失效。

3. 机械设备的故障率变化规律

所谓故障率，就是机械设备在工作的单位时间内发生故障的次数。了解机械设备的磨损规律后，也就好理解机械设备的故障率变化规律。机械设备的故障率变化规律与磨损规律一样有三个阶段，示意图可参照浴盆曲线（图 10-5）。

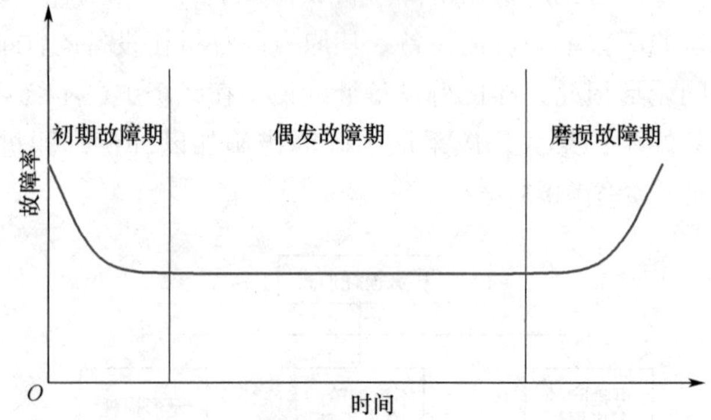

图 10-5 设备故障率变化

（1）初期故障期 此阶段内故障发生的原因多数是由于设计、制造上的缺陷，零部件磨合关系不好，搬运、拆卸、安装时的缺欠，操作人员不适应。特别对于进口机械设备，操作人员的不熟练会造成初期故障率较高。对于使用单位来说，要慎重地进行搬迁、拆卸，严格地进行验收、试运转，以及培训好操作人员等。

（2）偶发故障期 此阶段设备处于正常运转时期，故障率最小，故障的发生主要是由于操作人员的疏忽与错误。因此，此时期的工作重点应是加强正确操作，做好日常维护和保养。机械设备的寿命在很大程度上取决于正确操作和日常维护。

（3）磨损故障期 由于磨损严重，此阶段机械设备性能劣化而造成故障。为了防止其故障的发生，应在零部件达到极限磨损前加以更换。

（三）设备的寿命

机械设备更新要求分析设备的生命周期，以确定最佳的更新周期。设备的生命周期不仅要考虑设备的自然寿命，而且还要考虑设备的经济寿命和技术寿命。

（1）设备的自然寿命（设备的物质寿命）　这是由于物质磨损所决定的设备的使用寿命，即设备从开始投入使用，由于物质磨损而老化、坏损，直至报废为止所经历的时间。一般来说，设备的自然寿命较长。

（2）设备的经济寿命　这是根据设备的使用费用，包括维持费用和折旧所决定的设备寿命。超过了经济寿命而勉强继续使用设备，在经济上往往是不合理的。有人把这个阶段称作“恶性使用阶段”。

（3）设备的技术寿命　由于科学技术的迅速发展，在设备使用过程中出现了技术上更先进、经济上更合理的新型设备，而使现有设备在自然寿命尚未结束前被逐渐淘汰。设备从开始使用直至因技术落后而被淘汰为止所经历的时间，称作设备的技术寿命，有时也称作设备的技术老化周期。

更新机械设备时还有一个要求是必须有利于提高安全性、环保性，以及减轻工人的劳动强度。另外，机械设备更新必须同加强原有设备的维修和改造结合起来。这是因为在一定时期内，更新机械设备的数量总是有限的。因此，应根据需要和可能，除有计划、有重点地更新部分设备外，对于大量的机械设备，必须加强维修和改造，以保证生产的不断发展。

最后，在更新机械设备时要注意克服薄弱环节，提高企业的综合生产能力。由于企业各施工生产环节的机械设备能力总会有富余环节和薄弱环节，只有先更新薄弱环节的陈旧设备，才有利于提高企业的综合生产能力，否则，就难以发挥设备更新应有的效果。

（四）设备更新的方式

1）设备原型更新，即用相同的设备去更换有形磨损严重而不能继续使用的旧设备。这种更新只是在设备因磨损而不能通过修理而继续使用，或即使通过维修能继续使用但修理费用高于购置新设备时采用的方式。这种方式不具有技术更新的性质，不能促进技术的进步。

2）通过购置或对原有设备通过技术改造，用技术更先进、结构更完善、效率更高、性能更好、耗费能源和原材料更少的新型设备来替换那些在物理上不能继续使用或在经济上不宜继续使用的旧设备。采用这种方式进行设备更新的经济分析，就是确定一个最佳的设备更新时间，也就是在什么时间更新现在的设备在经济上最为有利。

设备更新同技术方案选择一样，应遵循有关的技术政策，进行技术论证和经济分析，做出最佳选择。如果因设备暂时故障而草率做出报废的决定，或者片面追求现代化，一味购买最新式设备，都会造成资本的流失；而如果延缓设备更新，失去设备更新的最佳时机，同时竞争对手又积极利用现代化设备降低产品成本和提高产品质量，则会使企业丧失竞争力。因此，识别设备在什么时间不能再有效地使用，应该怎么更新和何时更新等，是工程经济学要解决的重要问题。

二、设备原型更新的技术经济分析

设备原型更换时，主要通过对设备经济寿命的分析制定更新决策。具体来说，就是确定一台设备年平均总成本最低的年数。设备的总成本由两部分组成：一是设备购置费的年分摊额；二是设备的年运行成本（操作费、维修费、材料费及能源耗费等），依据前面设备的故障率与磨损规律分析可知，这部分成本是随着设备使用年限的延长而增加的。例如一辆汽车，随着使用时间的延长，每年分摊的购置费会减少，但每年支出的汽车修理保养费和燃料费用都会增加，因此投资分摊额的减少会被使用费的增加所抵消。这就是说，设备在整个使用过程中，其年平均总成本是随着使用时间变化的，在最适宜的使用年限内会出现年平均总成本的最低值；而能使平均总成本最低的年数，就是设备的经济寿命，如图 10-6 所示。适时地更换设备，既能促进技术进步，加速经济增长，又能节约资源，提高经济效益。

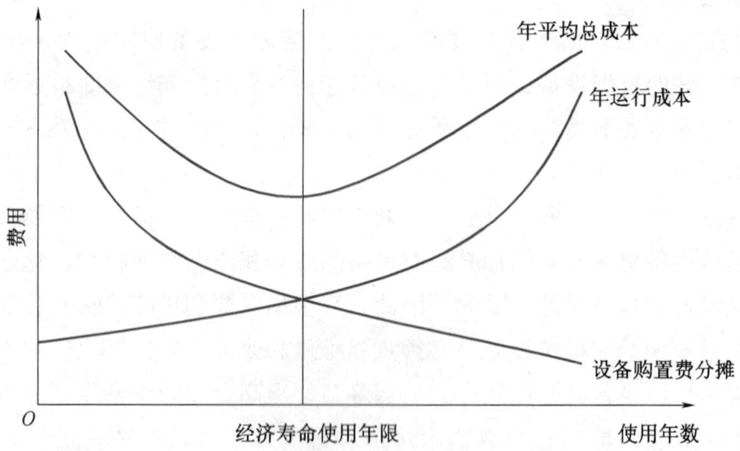

图 10-6　设备的经济寿命

机器设备在使用过程中发生的费用称作运行成本。运行成本包括能源费、保养费、修理费（包括大修理费）、停工损失、废次品损失等。一般情况下，随着设备使用期的增加，运行成本每年以某种速度递增。这种运行成本的逐年递增称为设备的劣化。为简单起见，首先假定每年运行成本的劣化增量是均等的，即运行成本呈线性增长；设每年运行成本增加额为 λ，若设备使用 T 年，则第 T 年时的运行成本为

$$C_T = C_1 + (T-1)\lambda$$

式中　C_1——第 1 年的运行成本。

T 年内运行成本的年平均值为

$$C_{T1} = \frac{\sum C_t}{T} = C_1 + \frac{T-1}{2}\lambda$$

除运行成本外，在使用设备的年总费用中还有每年分摊的设备购置费，其金额为

$$C_{T2} = \frac{P_0 - P_t}{T}$$

式中　P_0——设备的原始价值；

P_t——设备处理时的残值。

随着设备使用时间的延长，每年分摊的设备费用逐年下降，而年运行成本却逐年线性上升。综合考虑这两个方面的因素，一般来说，随着使用时间的延长，设备使用的年平均总成

本的变化规律是先降后升，呈“U”形曲线（图 10-6）。年平均总成本的计算公式为

$$C=C_{T1}+C_{T2}=C_1+\frac{T-1}{2}\lambda+\frac{P_0-P_t}{T}$$

要使设备在最适当的时间更新，就是要求出成本 C 最小时的使用年限 T（经济寿命）。可对上式用求极值的方法求出，即

设 P_t 为一常数，令 $\frac{\mathrm{d}(C)}{\mathrm{d}T}=0$，则设备的经济寿命为

$$T_{\text{opt}}=\sqrt{\frac{2(P_0-P_t)}{\lambda}}$$

【例 10-4】 设某机械设备的原始价值 $P_0=8000$ 元，若 $\lambda=300$ 元/年，残值 P_t 不随使用年限变化均为 800 元，求该设备的最佳使用寿命。

解：把已知数值代入公式，有

$$T_{\text{opt}}=\sqrt{\frac{2(P_0-P_t)}{\lambda}}=\sqrt{\frac{2\times(8000-800)\text{元}}{300\text{元/年}}}=7\text{年}$$

即该设备的最佳使用寿命为 7 年。

如果该设备的残值不是常数，即 P_t 会随使用年限不同而无规律变动；运行成本不呈线性增长趋势，即不存在恒定的 λ 时，可根据历史记录或预测，用列表法来判断设备的经济寿命。

【例 10-5】 某机械设备原始价值为 10 万元，自然寿命为 8 年，设备的年运行成本及各使用年限的年末残值如表 10-13 所示，求该设备何时更新为宜。

表 10-13　设备经济寿命的计算　　（单位：万元）

使用年限	运行成本	年末残值	年运行成本	年设备购置费	年平均总成本
①	②	③	④ $=\frac{\Sigma②}{①}$	⑤ $=\frac{10-③}{①}$	⑥=④+⑤
1	1	6	1	4	5
2	1.2	5	1.10	2.50	3.60
3	1.4	4.5	1.20	1.83	3.03
4	1.5	4	1.28	1.50	2.78
5	1.7	3	1.36	1.40	2.76
6	1.9	2.5	1.45	1.25	2.70
7	2.0	2	1.53	1.14	2.67*
8	2.1	1	1.60	1.13	2.73

从表 10-13 可知，设备的年平均总成本在第 7 年时最低，其值为 26700 元，即该设备应在使用 7 年后更新。

【例10-6】 例10-5的经济寿命计算没有考虑资金的时间价值。如果考虑资金的时间价值，设 $i_c=15\%$，试计算上例中设备的经济寿命。

解：列表计算，如表10-14所示。

表10-14　设备经济寿命的计算　　（单位：万元）

使用年限	运行成本	残值	现值系数(P/F, 15%, n)	运行成本在第1年年初的现值	残值在第1年的现值	年运行成本与年设备购置费现值和	年金系数(A/P, 15%, n)	年平均总成本
①	②	③	④	⑤	⑥=③×④	⑦=10+⑤-⑥	⑧	⑨=⑦×⑧
1	1	6	0.8696	0.8696	5.2176	5.652	1.1500	6.4998
2	1.2	5	0.7561	1.77692	3.7805	7.99642	0.6151	4.918598
3	1.4	4.5	0.6575	2.69742	2.95875	9.73867	0.4380	4.265537
4	1.5	4	0.5718	3.55512	2.2872	11.26792	0.3503	3.949406
5	1.7	3	0.4972	4.40036	1.4916	12.90876	0.2983	3.850683
6	1.9	2.5	0.4323	5.22173	1.08075	14.14098	0.2642	3.736047
7	2.0	2	0.3759	5.97353	0.7518	15.22173	0.2404	3.659304
8	2.1	1	0.3269	6.66002	0.3269	16.33312	0.2229	3.640652

因为年平均总成本最小值为第8年的值，所以该设备应在第8年后更新。这说明当考虑资金的时间价值时，设备的经济寿命和自然寿命相同，即使用该设备至其报废时才进行更新。

本章小结

本章阐述了工程经济学在工程中的应用，结合经济指标，对工业建筑设计和民用建筑设计进行经济性分析，对设计方案的经济性进行分析；从施工工艺方案、施工组织方案、新结构与新材料、施工方案四方面介绍了工程施工中的经济分析；对设备方案的更新与选择进行了简单介绍。

复习题

1. 某校专家楼在设计时，设计师考虑选择家用中央空调系统。该楼每幢各3层，建筑面积大约都在230m²，每幢楼需要配备空调的房间有8间，如选择水系统的家用中央空调系统，则需要配置9台室内风盘。现有两种品牌的家用中央空调系统供选择：

A型，购置费（包括安装费用）为7.6万元，年运行成本为4260元。

B型，购置费（包括安装费用）为6.0万元，年运行成本为5080元。

空调平均使用寿命为20年，均无残值。基准收益率为6%。

（1）用单指标评价方法选择最优型号。

（2）与B型相比，A型为一知名品牌，具有故障率低、稳定性好、运行可靠、智能化程度高、售后服务体系完善等特点。试综合考虑以上因素，对各方案进行对比评分，并进行方案优选。

2. 某建筑进行施工方案设计时，为了确定刷浆工程的质量、进度和成本等，已初选出石灰浆、大白浆、水泥色浆和聚合物水泥浆四种浆液类型。根据调查资料和实践经验，已定出各评价要素的权重及方案的评分值（表 10-15），试对各方案进行比选。

表 10-15　各用浆方案评分值

序号	评价要素	权重（%）	方案评分值			
			石灰浆	大白浆	水泥色浆	聚合物水泥浆
1	质量	30	75	80	90	100
2	成本	40	100	95	90	85
3	进度	10	100	100	85	90
4	操作难度	5	100	95	90	90
5	技术成熟度	15	100	100	95	95

3. 某工程需制作一条 10m 长的钢筋混凝土梁，可采用三种设计方案（表 10-16）。经测算，A、B、C 三种标号的混凝土的制作费分别为 220 元/m^3、230 元/m^3、225 元/m^3，梁侧模的摊销费为 24.8 元/m^2，钢筋制作、绑扎费用为 3390 元/t，哪个方案最优？

表 10-16　钢筋混凝土梁的三种方案

方　　案	梁断面尺寸	钢筋（kg/m^3 混凝土）	混凝土标号
1	300mm×900mm	95	A
2	500mm×600mm	80	B
3	300mm×800mm	105	C

4. 某厂因生产需要 3 年前花 1800 元买了一台抽水机，年度使用费为 1000 元，估计还能使用 5 年，不计残值。现在，该厂又有一个机会，花 2700 元可以购买一台新的抽水机，估计寿命为 5 年，也不计残值，年度使用费为 400 元。假如现在购买新抽水机，旧抽水机可以 200 元售出，基准贴现率为 6%。企业是否该淘汰旧抽水机？

5. 某种机器原始费用为 2000 元，第 1 年年度使用费为 1000 元，以后每年增加 200 元，任何时候都不计残值，不计利息。求机器的经济寿命。

6. 有一台机器原始费用为 20000 元。表 10-17 列出了机器各年的使用费和各服务年的年末残值。假如 $i_c=10\%$，求这台机器的经济寿命。

表 10-17　机器的年使用费和年末残值　　（单位：元）

服务年数	年度使用费	年末残值	服务年数	年度使用费	年末残值
1	2200	10000	6	7700	5000
2	3300	9000	7	8800	4000
3	4400	8000	8	9900	3000
4	5500	7000	9	11000	2000
5	6600	6000	10	12100	1000

7. 5 年前花 27000 元在工厂安装了一套输送设备系统，估计系统的使用寿命为 20 年，年度使用费为

1350 元。由于输送的零件数增加了一倍，现有两种方案可供选择。

方案 A：保留原输送设备系统，再花 22000 元安装一套输送能力、使用寿命、年度使用费等与原系统完全相同的输送设备系统。

方案 B：花 31000 元安装一套输送能力增加一倍的系统，其年度使用费为 2500 元，使用寿命为 20 年。安装此系统后，原系统能以 6500 元售出。

两种系统生命周期末的残值均为原始费用的 10%，$i_c = 12\%$，选择研究期为 15 年，试比较 A、B 两种方案。

8. F 企业正在进行设备更新。旧设备是 5 年前花 100000 元安装的，目前残值为 35000 元，以后每年贬值 4000 元；保留使用一年的年度使用费为 65000 元，以后每年增加 3000 元。新设备的安装成本为 130000 元，经济寿命为 8 年，8 年末的残值为 10000 元，年度使用费固定为 49000 元。假如公司的基准贴现率为 15%，问：

（1）旧设备是否马上更换？

（2）如果要更换，何时更换最经济？

9. 某企业两年前花 80000 元购买了一台施工设备，设备在以后 5 年服务寿命中，其年度使用费分别为 2000 元、10000 元、18000 元、26000 元和 34000 元，目前的残值为 40000 元，以后各年的残值均为 0。

市场上有一种新的该种设备，原始费用为 70000 元，在 5 年服务寿命中年度使用费固定为 8000 元，任何时候的残值均为 0。如果 $i_c = 8\%$，试计算两种设备 5 年中的等值年度费用，并求出新旧设备的经济寿命。考虑 5 年研究期，应采用哪种设备？

第十一章

经济评价案例——某钢铁联合企业财务评价

为了掌握财务评价和不确定性分析等内容，使理论与实践紧密结合，本章改编了某钢铁联合企业的财务评价案例。本案例以 2006 年的某新建钢铁项目为背景，演示了一个钢铁联合企业财务分析的简单过程。该大型钢铁联合企业包括原料场、烧结、焦化、球团、炼铁、炼钢、连铸、热连轧、冷连轧等主要生产厂及与之配套的辅助公用设施，其工序连续，投入产出关系复杂。本案例没有对联合企业内部的投入产出关系以及相关的费用与效益流量进行深入的梳理和分析，而是抓住外部原材料投入与成品钢材产出两个环节，界定了项目的财务边界，简化了分析过程。同时，本案例利用历史统计资料，结合对未来我国经济发展趋势与市场形势的分析，对项目的主要产品和主要原材料的价格进行了相对可靠的预测，保证了项目经济评价结论的可信性。案例分析中价格预测方法的总结对大多数项目具有借鉴意义。在学习本案例时，要注意厘清表格中数据的来龙去脉，并根据表格计算出有关的经济评价指标。

一、概述

我国的钢铁工业，从 1949 年新中国成立时的年产不足百万吨，发展到 2005 年年产钢 3.5 亿 t、钢材 3.7 亿 t，钢铁产能超过全世界的 1/3。我国已变成钢铁产品的进出口国，其生产能力与年产量都居世界首位。2006 年以后的工作重点将放在淘汰落后设备、提高企业集中度、节能降耗、增强产品竞争力方面。本案例就是在上述方针下，将在沿海某地建设一座大型联合钢铁企业以替代该地区众多的小型钢铁企业。本项目所在地临近港口，铁路、公路系统发达，交通便利。

案例建设内容包括原料场、烧结、焦化、球团、炼铁、炼钢、连铸、热连轧、冷连轧等主要生产厂及与之配套的辅助公用设施。项目生产所需的铁矿石拟主要依靠进口，煤炭、石灰石、白云石向周边地区采购，电力需求除自供外，不足部分由当地电网供应。

二、项目基础数据

案例设计年产烧结矿 1010.7 万 t、球团 389.1 万 t、焦炭 233.5 万 t、铁水 898.2 万 t、转炉钢水 950.4 万 t、连铸坯 926.6 万 t、热轧商品板卷 351.8 万 t、冷轧商品板卷共计 505.0 万 t（其中，冷轧薄板 213.0 万 t、冷轧镀锌板 192.0 万 t、冷轧硅钢板 100.0 万 t）。

项目建设期 4 年，生产期 20 年，项目建成后第 1 年达产 60%，第 2 年达产 90%，第 3

年达产 100%。

三、财务评价

（一）价格预测

按照《建设项目经济评价方法与参数》（第三版）的要求，财务评价“采用以市场价格体系为基础的预测价格”。在实际工作中，对固定资产投资，通行做法是按照国家有关部门发布的价格变动指数做相应调整（即在投资中增加涨价预备金项），当涨价预备金系数为零时，固定资产投资按编制时的价格计算（涨价预备金项为零）。对产品销售价格、成本价格，通常有以下两种做法：一种是在建设期内考虑价格变动因素，预测一套投产开始时的投入产出价格，生产期内价格不再变动；另一种是在整个项目评价期内，投入产出的各种价格各自按照一定的规律进行变动。

本案例中的产品销售价格、成本价格将按照上述第一种方法选取。根据钢铁项目的特点，主要选取销售产品的价格和成本中的矿石、煤炭等价格。

当时近 8~10 年的统计资料显示，国内和国际钢材市场的价格变化规律基本相同，说明我国钢铁市场基本上与国际市场接轨，甚至有时我国市场的需求对国际市场的价格会产生决定性的影响。

财务分析中各种投入产出物价确定的原则是：建设期各年采用时价（考虑通货膨胀因素）；生产期各年均采用建设期末价格（生产期不考虑通货膨胀因素）。

1. 价格确定的背景（设 2006 年为基期）

20 世纪 90 年代以来，随着国民经济快速稳定发展，我国钢材生产和消费增长较快。从 1996 年起，我国钢产量首次突破 1 亿 t，跃居世界第一产钢大国，到 2005 年，我国钢产量已经达到 3.5 亿 t。

进入 21 世纪，随着世界经济的复苏和结构调整的加快，特别是我国经济的快速发展，我国钢铁工业呈现持续高增长的发展态势，令世人瞩目。钢铁的高增长为我国用钢行业的快速发展提供了基础原材料保障，为我国国民经济的发展做出了巨大的贡献，并为推动世界钢铁工业的发展做出了巨大贡献。同时，我国国内市场需求旺盛，也为钢铁工业快速发展提供了广阔的市场空间，城市化进程的加快、消费结构的升级、“世界加工中心”向我国转移等，为钢铁需求持续提升注入了活力。

2002 年以来，在需求高速增长的带动下，我国钢铁行业更是得到了前所未有的快速发展，钢铁产品的价格也进入了快速增长期。在钢铁行业高利润的刺激下，产能的增长超过市场需求，造成上游能源、资源的短缺。2005 年下半年，由于产能的集中释放，造成市场供过于求，钢材价格又开始快速下跌，尤其以板材价格更为明显，在上下游市场的双重挤压和国家政策的宏观调控下，钢材价格的波动逐渐加大。

为使经济分析采用的计算价格更趋于合理，在确定主要投入产出物价格时，收集了近 10 年的实际价格，并根据我国钢铁工业发展的具体情况，分段进行了整理分析。

2. 价格的确定

经过对历史价格的分析发现，1994 年—2001 年投入产出物的价格水平呈上下波动状态，价格与时间相关度不大，只在 1994 年和 1995 年出现了一个小高峰，1996 年—2001 年均较平稳，而在 2002 年以后，尤其是 2003 年、2004 年和 2005 年上半年，钢材及原燃料价格呈现快速上升态势，具体如图 11-1~图 11-10 和表 11-1 所示。

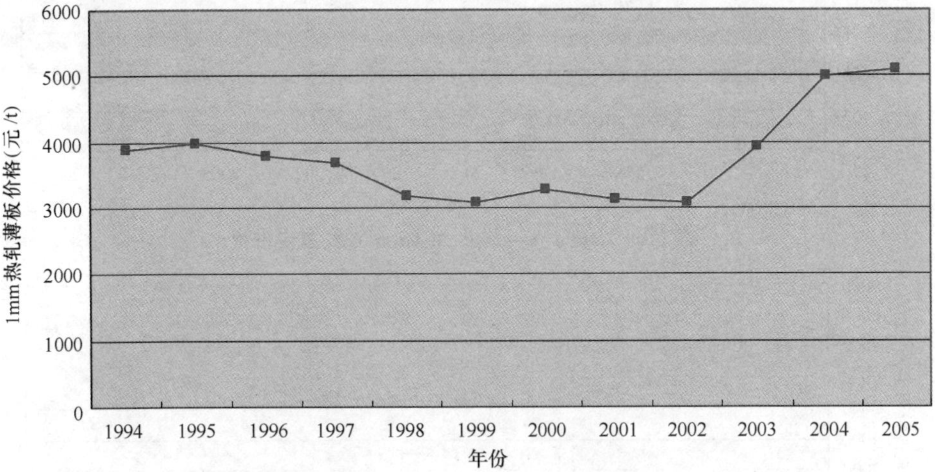

图 11-1　1994 年—2005 年 1mm 热轧薄板价格

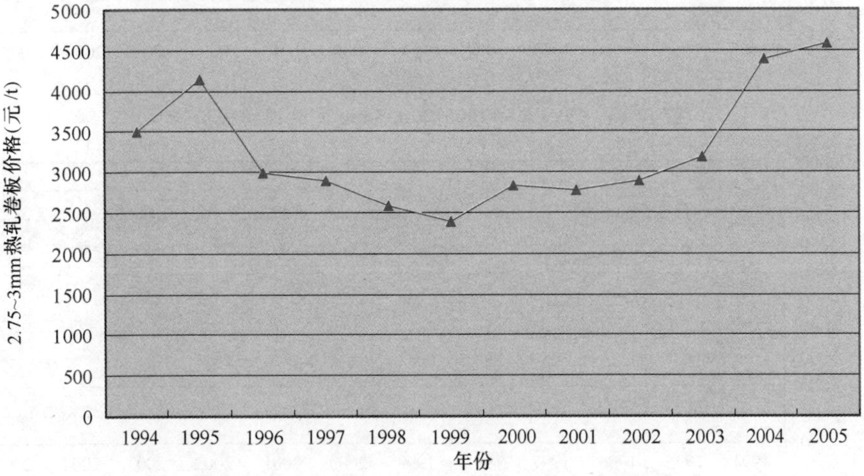

图 11-2　1994 年—2005 年 2.75~3mm 热轧卷板价格

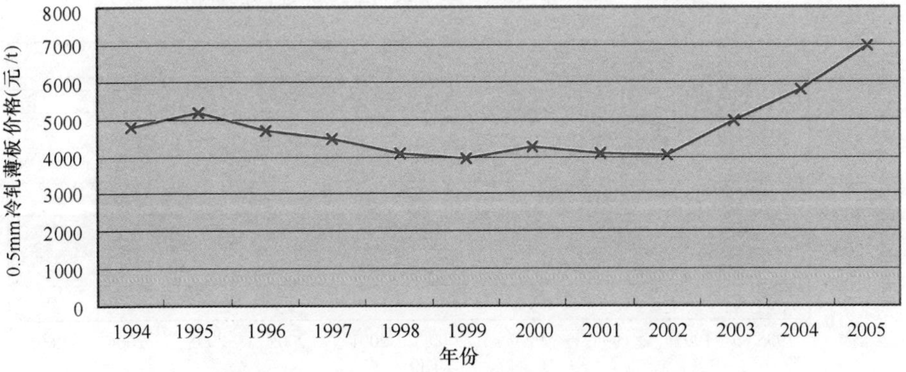

图 11-3　1994 年—2005 年 0.5mm 冷轧薄板价格

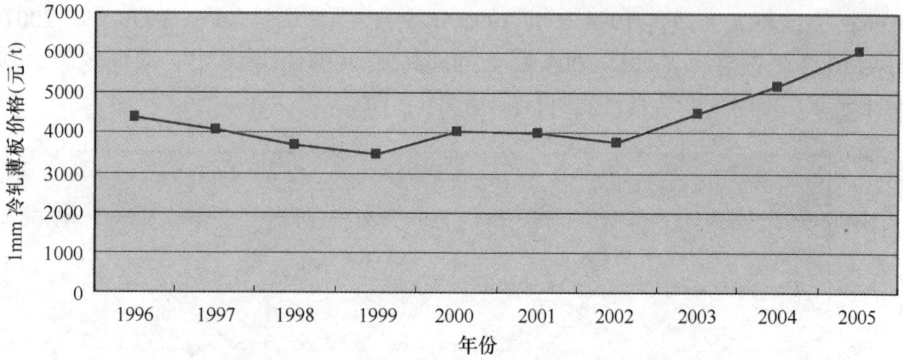

图 11-4　1996 年—2005 年 1mm 冷轧薄板价格

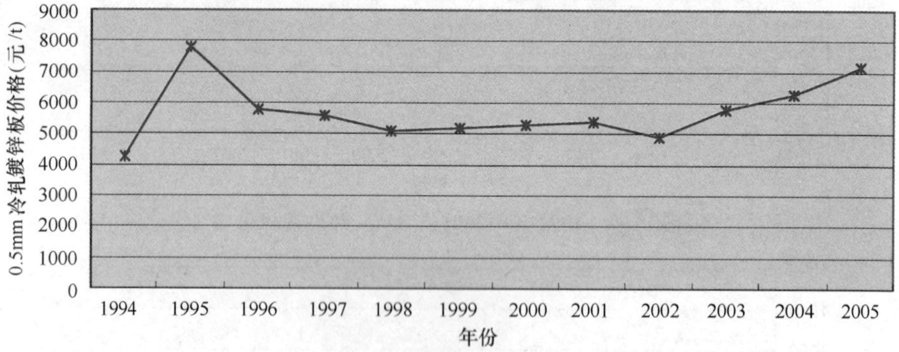

图 11-5　1994 年—2005 年 0.5mm 冷轧镀锌板价格

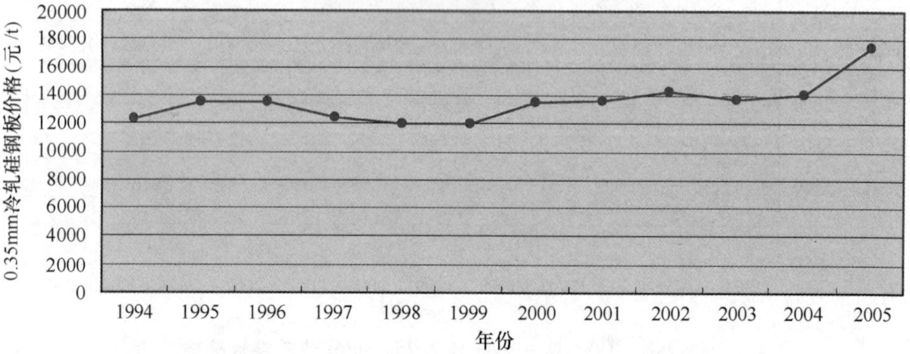

图 11-6　1994 年—2005 年 0.35mm 冷轧硅钢板价格

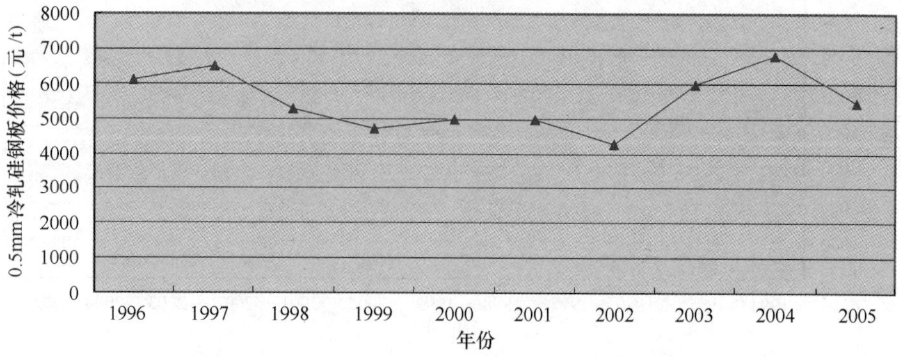

图 11-7　1996 年—2005 年 0.5mm 冷轧硅钢板价格

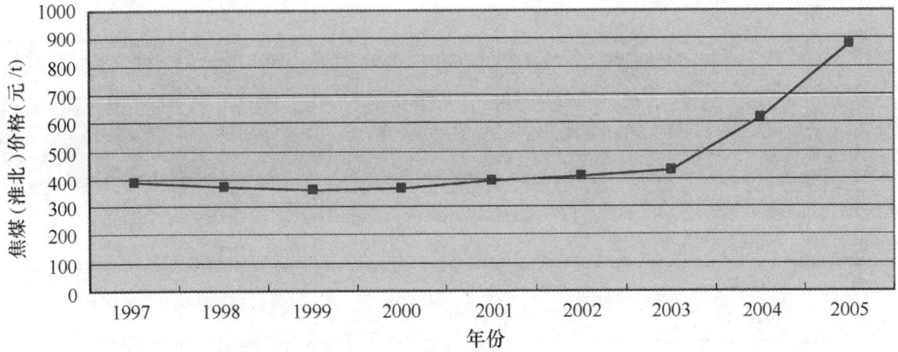

图 11-8　1997 年—2005 年焦煤（淮北）价格

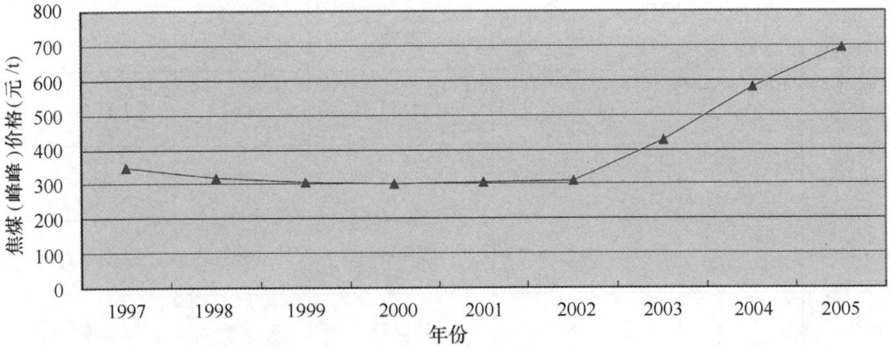

图 11-9　1997 年—2005 年焦煤（峰峰）价格

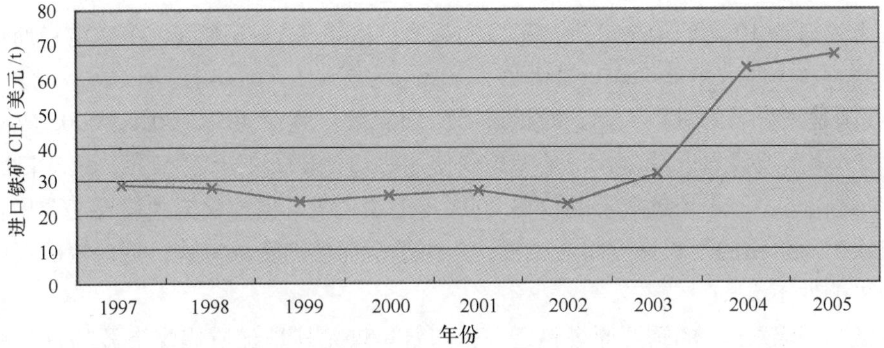

图 11-10　1997 年—2005 年进口铁矿价格

表 11-1　产品及主要原燃料平均价及增长率

序号	品　　种	起止年份	1994 年（1996 年、1997 年）—2001 年平均价（元/t）	1994 年（1996 年、1997 年）—2005 年平均价（元/t）	2001 年—2005 年平均价（元/t）	2002 年—2005 年简单算术年平均增长率	2002 年—2005 年环比递增率
1	1mm 热轧薄板	1994 年—2005 年	3557	3811	4320	20. 30%	17. 20%
2	2. 75～3mm 热轧卷板	1994 年—2005 年	3011	3274	3801	21. 90%	18. 30%

（续）

序号	品　　种	起止年份	1994年（1996年、1997年）—2001年平均价（元/t）	1994年（1996年、1997年）—2005年平均价（元/t）	2001年—2005年平均价（元/t）	2002年—2005年简单算术年平均增长率	2002年—2005年环比递增率
3	0.5mm冷轧薄板	1994年—2005年	4533	4821	5397	22.00%	18.40%
4	1mm冷轧薄板	1996年—2005年	3971	4357	4936	20.90%	17.60%
5	0.5mm冷轧镀锌板	1994年—2005年	5530	5699	6036	15.40%	13.50%
6	0.35mm冷轧硅钢板	1994年—2005年	12786	13469	14834	9.70%	8.90%
7	0.5mm冷轧硅钢板	1996年—2005年	5434	5533	5682	7.90%	7.30%
8	焦煤（淮北）	1997年—2005年	363	464	589	37.90%	28.80%
9	焦煤（峰峰）	1997年—2005年	322	405	509	37.90%	28.80%
10	进口铁矿	1997年—2005年	218	288	376	56.50%	39.10%

注：进口铁矿的价格由图11-10（以美元为单位）按1美元=8元人民币换算。

经过上述对近10年的价格分析，确定的基期价格如表11-2所示。在确定基期价格及其建设期平均增长率时，主要考虑以下因素：

1）我国是铁矿石的进口大国，对铁矿石的国际依存度在40%~50%，2005年共进口铁矿石2.7亿t。本项目靠近港口，正是考虑到使用进口铁矿石的有利条件，故项目所用铁矿石按100%进口考虑。进口铁矿石的价格2005年上涨较快，但如果国内钢铁工业增长速度趋缓，进口铁矿石价格的增长速度将会减慢，但由于全球性的资源短缺，进口铁矿石价格大幅度下降的可能性不大。

2）焦煤是钢铁工业的重要原燃料之一，随着焦煤尤其是优质焦煤资源的日益短缺，总的看来其价格将是上涨趋势的，只是根据需求的变化，会有暂时的波动。2005年焦煤的国际市场价为100~110美元/t。

3）我国板材的产能已得到长足发展，2005年，冷热板卷产量同比增长超过40%，2005年下半年和2006年上半年是产能集中释放的时期。2005年热轧宽带钢轧机产能新增2722万t。由于产品释放过于集中和迅速，造成价格暴跌，其价格由年初的历史最高点急转直下，深度下探，由“暴利”跌至“无利可图”，跌幅达48.9%，甚至已经低于螺纹钢的水平，但钢铁产品和原材料价格回落速度的时间差别，使得钢材价格的下跌首先遭遇回落速度较慢的总成本水平的拦截，因为钢材价格不能长期低于生产成本。同时，随着钢铁产业政策的贯彻，一批落后产能的淘汰也将会腾出一些市场空间，使钢材价格回落到一个理性水平。但供大于求的局面已经形成，板材的“暴利”时代已经结束，回落后将进入“微利”时代。

4）转变经济增长方式的呼声日益强烈，原来的经济增长偏重于量，对具体的经济质量却考虑不多，钢铁行业尤为突出，以往的经济高增长在相当程度上是靠高投入支撑的。以后一段时期，钢铁行业发展的着力点是调整结构，转变增长方式，提高经济运行的质量和效益。因此，钢铁工业高增长的发展态势将会趋缓。但我国传统工业化阶段尚未结束，钢材消费力度仍处于历史较强阶段，只要全球经济不发生大的危机，我国钢材消费不出现绝对量的减少，钢铁行业发展仍会处于稳定增长态势。

5）本项目的产品立足于高端领域，项目装备水平在以后若干年内应属全国一流，因此，其产品具有一定的市场竞争力，产品价格与普通板材相比应有一定的差异。

基期价格及其建设期平均增长率选取结果如表 11-2 所示。

表 11-2　产品及主要原燃料基期价格及建设期增长率

序号	品　　种	基期价格（不含税）（元/t）	建设期平均年增长率（%）
1	1mm 热轧薄板	3900	4
2	2.75~3mm 热轧卷板	3300	3
3	0.5mm 冷轧薄板	4600	4
4	1mm 冷轧薄板	4200	3.5
5	0.5mm 冷轧镀锌板	4800	3.5
6	0.35mm 冷轧硅钢板	14500	5
7	0.5mm 冷轧硅钢板	5800	5
8	焦煤（淮北）	850	10
9	焦煤（峰峰）	730	10
10	进口铁矿	533.8	8

（二）项目总投资与资金筹措

项目建设投资估算如表 11-3 所示。

表 11-3　财务分析辅助报表 1——建设投资估算表

序号	项 目 名 称	估算价值（万元）				
		建设工程	安装工程	设备	其他	合计
1	料场及原料运输	11000.0	4000.0	100000.0		115000.0
2	（2×600m²）烧结	57000.0	13000.0	86000.0		156000.0
3	球团	8000.0	4000.0	19000.0		31000.0
4	（4×60 孔）焦炉	188000.0	18000.0	194000.0		400000.0
5	压差发电系统	5000.0	2000.0	11000.0		18000.0
6	白灰窑	3000.0	2000.0	10000.0		15000.0
7	（2×5500m³）高炉炼铁系统	182000.0	38000.0	310000.0		530000.0
8	废钢加工	6000.0	1000.0	9000.0		16000.0
9	（1×300t+3×300t）转炉炼钢系统	144000.0	22000.0	254000.0		420000.0
10	（2×2 流）常规板坯连铸系统	26000.0	6000.0	96000.0		128000.0
11	（4×4 流）常规板坯连铸系统	20000.0	5000.0	103000.0		128000.0
12	2250mm 热连轧系统	72000.0	35000.0	320000.0		427000.0
13	1780mm 热连轧系统	58000.0	30000.0	256000.0		344000.0

（续）

序号	项 目 名 称	估算价值（万元）				
		建设工程	安装工程	设备	其他	合计
14	2230mm 热连轧系统	98000.0	42000.0	533000.0		673000.0
15	1700mm 热连轧系统	86000.0	34000.0	410000.0		530000.0
16	1550mm 热连轧系统	54000.0	19000.0	207000.0		280000.0
17	冷轧硅钢轧机车间	61000.0	52000.0	227000.0		340000.0
18	全厂公用与辅助设施	301000.0	65000.0	474000.0		840000.0
19	总图运输设施	140000.0	0.0	0.0		140000.0
20	厂区土方工程及地基处理	180000.0	0.0	0.0		180000.0
	合计（1~20）	1700000.0	392000.0	3619000.0		5711000.0
21	工程建设其他费用（含摊销费 15000.0 万元）				343000.0	343000.0
22	预备费				303000.0	303000.0
	建设投资合计（1~22）	1700000.0	392000.0	3619000.0	646000.0	6357000.0

项目建设投资 6342000.0（不含摊销费 15000.0 万元）万元，建设期利息 442468.7 万元，流动资金 648969.9 万元，其中铺底流动资金 194691.0 万元。项目总投资合计 7433438.5 万元。项目建设投资 6342000.0 万元，其中 3805200.0 万元由人民币贷款解决，贷款年利率为 6.12%，其余 2536800.0 万元由项目各投资方出资（资本金）解决。项目需流动资金 648969.9 万元中，铺底流动资金 194691.0 万元（30%）由资本金解决，流动资金贷款 454278.9 万元（70%），流动资金贷款年利率为 5.58%，如表 11-4 所示。

表 11-5 为财务分析辅助报表 3——流动资金估算表。

项目建设期 4 年，各建设期投资投入比例分别为 15%、30%、35%和 20%。

（三）总成本费用计算

成本计算中，各种物料的消耗均为设计指标，各种物料价格采用建设期末价格。

固定资产折旧年限按 20 年，固定资产残值率按建设投资和建设期利息合计的 5%计算；修理费提取率按建设投资的 3%计算，制造费用按建设投资的 1.8%计算。摊销费 15000.0 万元，按 5 年摊销；工资及福利费按 45960.0 元/(人·年) 计算，全部劳动定员为 5580 人；其他营业费用按照营业收入的 1.5%计算；经计算，年成本及费用为 3084593.3 万元（第 13 年开始），正常年经营成本为 2736982.3 万元。年成本及费用计算如表 11-6 所示。

（四）营业收入

为简化计算，在营业收入计算中，将产品产量全部视为代表规格产量。

产品销售价格采用建设期末价格，均为不含税价。经计算，年营业收入为 4538351.3 万元。计算数据如表 11-7 所示。

（五）税金及利润计算

增值税税率为 17%，经计算，生产正常年度进项税为 306954.1 万元，销项税为 771519.7 万元，增值税为 464565.6 万元。营业税金及附加为 51102.2 万元。

年利润总额为 1402655.8 万元（第 13 年开始）。

表 11-4 财务分析辅助报表 2——项目总投资使用计划与资金筹措表

（单位：万元）

序号	项目	合计			1			2			3		
		人民币	外币	小计	人民币	外币	小计	人民币	外币	小计	人民币	外币	小计
1	总投资	7433438.5			968765.9			19872463.5			2365248.9		
1.1	建设投资	6342000.0			951300.0			1902600.0			2219700.0		
1.2	建设期利息	442468.7			17465.9			69863.5			145548.9		
1.3	流动资金	648969.9											
2	资金筹措	7433438.5			968765.9			1972463.5			2365248.9		
2.1	项目资本金	3173959.6			397985.9			830903.5			1033428.9		
2.1.1	用于建设投资	2536800.0			380520.0			761040.0			887880.0		
2.1.2	用于流动资金	194691.0											
2.1.3	用于建设期利息	442468.7			17465.9			69863.5			145548.9		
2.2	债务资金	4259478.9			570780.0			1141560.0			1331820.0		
2.2.1	用于建设投资	3805200.0			570780.0			1141560.0			1331820.0		
	C 贷款额	3805200.0			570780.0			1141560.0			1331820.0		
	D 贷款额												
2.2.2	用于建设期利息												
2.2.3	用于流动资金	454278.9											

（续）

序　号	项　　目	4			5			6			7		
		人民币	外币	小计	人民币	外币	小计	人民币	外币	小计	人民币	外币	小计
1	总投资	1477990.4			437121.3			159690.1			52158.5		
1.1	建设投资	1268400.0											
1.2	建设期利息	209590.4											
1.3	流动资金				437121.3			159690.1			52158.5		
2	资金筹措	1477990.4			437121.3			159690.1			52158.5		
2.1	项目资本金	716950.4			131136.4			47907.0			15647.5		
2.1.1	用于建设投资	507360.0											
2.1.2	用于流动资金				131136.4			47907.0			15647.5		
2.1.3	用于建设期利息	209590.4											
2.2	债务资金	761040.0			305984.9			111783.1			36510.9		
2.2.1	用于建设投资	761040.0											
	C 贷款额	761040.0											
	D 贷款额												
2.2.2	用于建设期利息												
2.2.3	用于流动资金				305984.9			111783.1			36510.9		

表 11-5　财务分析辅助报表 3——流动资金估算表　（金额单位：万元）

序号	项目	周转次数（次）	计算期											
			1	2	3	4	5	6	7	8	9	10	11	12
1	流动资产						566842. 7	790893. 5	864672. 3	864672. 3	864672. 3	864672. 3	864672. 3	864672. 3
1. 1	应收账款	10. 3					194872. 8	271002. 8	295938. 3	295938. 3	295938. 3	295938. 3	295938. 3	295938. 3
1. 2	存货						330973. 5	477408. 8	525968. 3	525968. 3	525968. 3	525968. 3	525968. 3	525968. 3
1. 2. 1	原材料	8. 0					99789. 0	149683. 5	166315. 0	166315. 0	166315. 0	166315. 0	166315. 0	166315. 0
1. 2. 2	辅助材料	14. 4					13997. 3	20996. 0	23328. 8	23328. 8	23328. 8	23328. 8	23328. 8	23328. 8
1. 2. 3	燃料动力	18. 0					28809. 8	43214. 7	48016. 4	48016. 4	48016. 4	48016. 4	48016. 4	48016. 4
1. 2. 4	在产品	24. 0					77021. 5	108655. 9	119200. 7	119200. 7	119200. 7	119200. 7	119200. 7	119200. 7
1. 2. 5	产成品	18. 0					111355. 9	154858. 8	169107. 6	169107. 6	169107. 6	169107. 6	169107. 6	169107. 6
1. 3	现金	12. 0					40996. 4	42481. 9	42765. 5	42765. 5	42765. 5	42765. 5	42765. 5	42765. 5
1. 4	预付账款													
2	流动负债						129721. 4	194582. 1	216202. 4	216202. 4	216202. 4	216202. 4	216202. 4	216202. 4
2. 1	应付账款	10. 3					129721. 4	194582. 1	216202. 4	216202. 4	216202. 4	216202. 4	216202. 4	216202. 4
2. 2	预收账款													
3	流动资金						437121. 3	596811. 4	648969. 9	648969. 9	648969. 9	648969. 9	648969. 9	648969. 9
4	流动资金当期增加额	648969. 9					437121. 3	159690. 1	52158. 5					

（续）

序号	项目	计算期											
		13	14	15	16	17	18	19	20	21	22	23	24
1	流动资产	864672.3	864672.3	864672.3	864672.3	864672.3	864672.3	864672.3	864672.3	864672.3	864672.3	864672.3	864672.3
1.1	应收账款	295938.3	295938.3	295938.3	295938.3	295938.3	295938.3	295938.3	295938.3	295938.3	295938.3	295938.3	295938.3
1.2	存货	525968.4	525968.4	525968.4	525968.4	525968.4	525968.4	525968.4	525968.4	525968.4	525968.4	525968.4	525968.4
1.2.1	原材料	166315.0	166315.0	166315.0	166315.0	166315.0	166315.0	166315.0	166315.0	166315.0	166315.0	166315.0	166315.0
1.2.2	辅助材料	23328.8	23328.8	23328.8	23328.8	23328.8	23328.8	23328.8	23328.8	23328.8	23328.8	23328.8	23328.8
1.2.3	燃料动力	48016.4	48016.4	48016.4	48016.4	48016.4	48016.4	48016.4	48016.4	48016.4	48016.4	48016.4	48016.4
1.2.4	在产品	119200.7	48016.4	48016.4	48016.4	48016.4	48016.4	48016.4	48016.4	48016.4	48016.4	48016.4	48016.4
1.2.5	产成品	169107.6	169107.6	169107.6	169107.6	169107.6	169107.6	169107.6	169107.6	169107.6	169107.6	169107.6	169107.6
1.3	现金	42765.5	42765.5	42765.5	42765.5	42765.5	42765.5	42765.5	42765.5	42765.5	42765.5	42765.5	42765.5
1.4	预付账款												
2	流动负债	216202.4	216202.4	216202.4	216202.4	216202.4	216202.4	216202.4	216202.4	216202.4	216202.4	216202.4	216202.4
2.1	应付账款	216202.4	216202.4	216202.4	216202.4	216202.4	216202.4	216202.4	216202.4	216202.4	216202.4	216202.4	216202.4
2.2	预收账款												
3	流动资金	648969.9	648969.9	648969.9	648969.9	648969.9	648969.9	648969.9	648969.9	648969.9	648969.9	648969.9	648969.9
4	流动资金当期增加额												

表 11-6　财务分析报表 1——总成本费用估算表

（单位：万元）

序号	项目	合计	计算期											
			1	2	3	4	5	6	7	8	9	10	11	12
1	外购原材料费	22175330.9					682317.9	1023476.8	1137196.5	1137196.5	1137196.5	1137196.5	1137196.5	1137196.5
2	辅助材料费用	5598923.4					172274.6	258411.8	287124.3	287124.3	287124.3	287124.3	287124.3	287124.3
3	外购燃料及动力费	15589762.9					479685.0	719527.5	799475.0	799475.0	799475.0	799475.0	799475.0	799475.0
4	工资及福利费	513005.5					25650.3	25650.3	25650.3	25650.3	25650.3	25650.3	25650.3	25650.3
5	修理费	3805200.0					190260.0	190260.0	190260.0	190260.0	190260.0	190260.0	190260.0	190260.0
6	其他制造费用	2283120.0					114156.0	114156.0	114156.0	114156.0	114156.0	114156.0	114156.0	114156.0
7	其他管理费用	2300900.0					115045.0	115045.0	115045.0	115045.0	115045.0	115045.0	115045.0	115045.0
8	其他营业费用	1330871.5					40845.2	64671.5	68075.3	68075.3	68075.3	68075.3	68075.3	68075.3
9	经营成本	53597114.1					1820233.9	2511199.0	2736982.3	2736982.3	2736982.3	2736982.3	2736982.3	2736982.3
10	折旧费	6445245.2					322262.3	322262.3	322262.3	322262.3	322262.3	322262.3	322262.3	322262.3
11	摊销费	15000.0					3000.0	3000.0	3000.0	3000.0	3000.0			
12	利息支出	1544615.2					249952.2	227079.9	200007.4	170897.7	141787.9	112678.1	83568.3	54458.5
13	总成本费用合计	61601974.6					2395448.3	3063541.1	3262252.0	3233142.2	3204032.4	3171922.7	3142812.9	3113703.1
	其中：变动成本	45589068.1					1604652.2	2260831.8	2457840.8	2428731.0	2399621.3	2370511.5	2341401.7	2312291.9
	固定成本	16012906.5					790796.1	802709.3	801411.2	801411.2	801411.2	801411.2	801411.2	801411.2

（续）

序号	项目	计算期											
		13	14	15	16	17	18	19	20	21	22	23	24
1	外购原材料费	1137196.5	1137196.5	1137196.5	1137196.5	1137196.5	1137196.5	1137196.5	1137196.5	1137196.5	1137196.5	1137196.5	1137196.5
2	辅助材料费用	287124.3	287124.3	287124.3	287124.3	287124.3	287124.3	287124.3	287124.3	287124.3	287124.3	287124.3	287124.3
3	外购燃料及动力费	799475.0	799475.0	799475.0	799475.0	799475.0	799475.0	799475.0	799475.0	799475.0	799475.0	799475.0	799475.0
4	工资及福利费	25650.3	25650.3	25650.3	25650.3	25650.3	25650.3	25650.3	25650.3	25650.3	25650.3	25650.3	25650.3
5	修理费	190260.0	190260.0	190260.0	190260.0	190260.0	190260.0	190260.0	190260.0	190260.0	190260.0	190260.0	190260.0
6	其他制造费用	114156.0	114156.0	114156.0	114156.0	114156.0	114156.0	114156.0	114156.0	114156.0	114156.0	114156.0	114156.0
7	其他管理费用	115045.0	115045.0	115045.0	115045.0	115045.0	115045.0	115045.0	115045.0	115045.0	115045.0	115045.0	115045.0
8	其他营业费用	68075.3	68075.3	68075.3	68075.3	68075.3	68075.3	68075.3	68075.3	68075.3	68075.3	68075.3	68075.3
9	经营成本	2736982.3	2736982.3	2736982.3	2736982.3	2736982.3	2736982.3	2736982.3	2736982.3	2736982.3	2736982.3	2736982.3	2736982.3
10	折旧费	32262.3	32262.3	32262.3	32262.3	32262.3	32262.3	32262.3	32262.3	32262.3	32262.3	32262.3	32262.3
11	摊销费												
12	利息支出	25348.8	25348.8	25348.8	25348.8	25348.8	25348.8	25348.8	25348.8	25348.8	25348.8	25348.8	25348.8
13	总成本费用合计	3084593.3	3084593.3	3084593.3	3084593.3	3084593.3	3084593.3	3084593.3	3084593.3	3084593.3	3084593.3	3084593.3	3084593.3
	其中：变动成本	2283182.1	2283182.1	2283182.1	2283182.1	2283182.1	2283182.1	2283182.1	2283182.1	2283182.1	2283182.1	2283182.1	2283182.1
	固定成本	801411.2	801411.2	801411.2	801411.2	801411.2	801411.2	801411.2	801411.2	801411.2	801411.2	801411.2	801411.2

表 11-7 营业收入计算表

序号	产品名称	基期价格（元/t）	产量/万 t	建设期价格平均年增长率（%）	建设期期末价格（元/t）	营业收入（万元）
1	热轧薄板 1mm	3900. 0	105. 53	4. 0	4562. 4	481489. 3
2	热轧卷板 2. 75～3mm	3300. 0	246. 2	3. 0	3714. 2	914593. 9
3	冷轧薄板 0. 5mm	4600. 0	63. 9	4. 0	5381. 3	343868. 2
4	冷轧薄板 1mm	4200. 0	149. 1	3. 5	4819. 6	718601. 9
5	冷轧镀锌板 0. 5mm	4800. 0	192. 0	3. 5	5508. 1	1057557. 2
6	冷轧硅钢板 0. 35mm	14500. 0	30. 0	5. 0	17624. 8	528745. 2
7	冷轧硅钢板 0. 5mm	5800	70. 0	5. 0	7049. 9	493495. 5
	合计	41100	856. 8			4538351. 3

所得税税率按 33%[⊖] 计算，经计算，年所得税为 462876. 4 万元（第 13 年开始）。

年税后利润为 939779. 4 万元（第 13 年开始）。

企业盈余公积金为税后利润的 10%。

计算项目投资现金流量时，应剔除所有利息因素的影响，剔除利息因素的调整所得税为 471841. 5 万元（第 13 年开始）。计算数据如表 11-8 所示。

（六）财务盈利能力分析

本项目生产期按 20 年计算。项目投资现金流量及项目资本金现金流量分析的计算结果如下：

1）项目投资财务内部收益率（税后）（FIRR）：13. 5%（表 11-9）。

2）财务净现值（i_s = 12%）（FNPV）：623198. 9 万元。

3）项目投资回收期：10 年（含建设期 4 年）。

4）项目资本金财务内部收益率（税后）（FIRR）：16. 2%（表 11-10）。

5）总投资收益率：17. 4%（运营期内平均）。

6）项目资本金投资净利润率：27. 3%（运营期内平均）。

（七）偿债能力分析

偿债能力分析中采用等额还本、利息照付的还款方式，等额还本期为 8 年。

1）经计算，可得到项目偿债能力指标利息备付率（ICR）与偿债备付率（DSCR）（表 11-11），将利息备付率与偿债备付率两个指标取出，可形成表 11-12。

⊖ 案例发生时间为 2006 年，当时所得税税率为 33%，所以本案例按 33%计算所得税。但从 2008 年起，新的所得税税率改为 25%，有兴趣的读者可自行计算。

表 11-8 财务分析报表 2——利润和利润分配表

（单位：万元）

序号	项目	合计	计算期											
			1	2	3	4	5	6	7	8	9	10	11	12
1	营业收入	88497850.2					2723010.8	4084516.2	4538351.3	4538351.3	4538351.3	4538351.3	4538351.3	4538351.3
2	营业税金及附加	996493.2					30661.3	45992.0	51102.2	51102.2	51102.2	51102.2	51102.2	51102.2
3	总成本费用	61601974.6					2395448.3	3063541.1	3262252.0	3233142.2	3204032.4	3171922.7	3142812.9	3113703.1
4	补贴收入													
5	利润总额	25899382.4					296901.1	974983.0	1224997.1	1254106.9	1283216.6	1315326.4	1344436.2	1373546.0
6	弥补以前年度亏损													
7	应纳税所得额	25899382.4					296901.1	974983.0	1224997.1	1254106.9	1283216.6	1315326.4	1344436.2	1373546.0
8	所得税	8546796.2					97977.4	321744.4	404249.0	413855.3	423461.5	434057.7	443663.9	453270.2
9	净利润	17352586.2					198923.7	653238.6	820748.0	840251.6	859755.1	881268.7	900772.3	920275.8
10	期末未分配利润							150387.7	300775.5	451163.2	601551.0	751938.7	905326.4	1058714.2
11	可供分配的利润	36117665.8					198923.7	803626.4	1121523.5	1291414.8	1461306.1	1633207.4	1806098.7	1978990.0
12	提取法定盈余公积金	1641280.7					19892.4	65323.9	82074.8	84025.2	85975.5	88126.9	90077.2	92027.6
13	可供投资者分配的利润	34476385.1					179031.4	738302.5	1039448.7	1207389.7	1375330.6	1545080.5	1716021.5	1886962.4
14	应付优先股股利													
15	提取任意盈余公积金													
16	应付普通股股利	14367186.9					28643.6	437527.0	588285.5	605838.7	623391.9	639754.1	657307.3	674860.5
17	未分配利润						150387.7	300775.5	451163.2	601551.0	751938.7	905326.4	1058714.2	1212101.9
	附：息税前利润	27443997.6					546853.3	1202063.3	1425004.5	1425004.5	1425004.5	1425004.5	1425004.5	1425004.5
	息税折旧摊销前利润	33904242.9					872115.6	1527325.2	1750266.8	1750266.8	1750266.8	1750266.8	1750266.8	1750266.8

（续）

序号	项　目	计　算　期											
		13	14	15	16	17	18	19	20	21	22	23	24
1	营业收入	4538351.3	4538351.3	4538351.3	4538351.3	4538351.3	4538351.3	4538351.3	4538351.3	4538351.3	4538351.3	4538351.3	4538351.3
2	营业税金及附加	51102.2	51102.2	51102.2	51102.2	51102.2	51102.2	51102.2	51102.2	51102.2	51102.2	51102.2	51102.2
3	总成本费用	3084593.3	3084593.3	3084593.3	3084593.3	3084593.3	3084593.3	3084593.3	3084593.3	3084593.3	3084593.3	3084593.3	3084593.3
4	补贴收入												
5	利润总额	1402655.8	1402655.8	1402655.8	1402655.8	1402655.8	1402655.8	1402655.8	1402655.8	1402655.8	1402655.8	1402655.8	1402655.8
6	弥补以前年度亏损												
7	应纳税所得额	1402655.8	1402655.8	1402655.8	1402655.8	1402655.8	1402655.8	1402655.8	1402655.8	1402655.8	1402655.8	1402655.8	1402655.8
8	所得税	462876.4	462876.4	462876.4	462876.4	462876.4	462876.4	462876.4	462876.4	462876.4	462876.4	462876.4	462876.4
9	净利润	939779.4	939779.4	939779.4	939779.4	939779.4	939779.4	939779.4	939779.4	939779.4	939779.4	939779.4	939779.4
10	期末未分配利润	1212101.9	1212101.9	1212101.9	1212101.9	1212101.9	1212101.9	1212101.9	1212101.9	1212101.9	1212101.9	1212101.9	1212101.9
11	可供分配的利润	2151881.3	2151881.3	2151881.3	2151881.3	2151881.3	2151881.3	2151881.3	2151881.3	2151881.3	2151881.3	2151881.3	2151881.3
12	提取法定盈余公积金	93977.9	93977.9	93977.9	93977.9	93977.9	93977.9	93977.9	93977.9	93977.9	93977.9	93977.9	93977.9
13	可供投资者分配的利润	2057963.3	2057963.3	2057963.3	2057963.3	2057963.3	2057963.3	2057963.3	2057963.3	2057963.3	2057963.3	2057963.3	2057963.3
14	应付优先股股利												
15	提取任意盈余公积金												
16	应付普通股股利	845801.4	845801.4	845801.4	845801.4	845801.4	845801.4	845801.4	845801.4	845801.4	845801.4	845801.4	845801.4
17	未分配利润	121201.9	121201.9	121201.9	121201.9	121201.9	121201.9	121201.9	121201.9	121201.9	121201.9	121201.9	121201.9
	附：息税前利润	1428004.5	1428004.5	1428004.5	1428004.5	1428004.5	1428004.5	1428004.5	1428004.5	1428004.5	1428004.5	1428004.5	1428004.5
	息税折旧摊销前利润	1750266.8	1750266.8	1750266.8	1750266.8	1750266.8	1750266.8	1750266.8	1750266.8	1750266.8	1750266.8	1750266.8	1750266.8

表 11-9 财务分析报表 3——项目投资现金流量表

（单位：万元）

序号	项目	合计	计算期							
			1	2	3	4	5	6	7	8
1	现金流入	89463920.1					2723010.8	4084516.2	4538351.3	4538351.3
1.1	营业收入	884975850.2					2723010.8	4684516.2	4538351.3	4538351.3
1.2	补贴收入									
1.3	回收固定资产余值	317100.0								
1.4	回收流动资金	648969.9								
2	现金流出	61584577.3	951300.0	1902600.0	2219700.0	1268400.0	2288016.5	2716881.0	2840243.0	2788084.5
2.1	建设投资	6342000.0	951300.0	1902600.0	2219700.0	1268400.0				
2.2	流动资金	648969.9					437121.3	59690.1	52158.5	
2.3	营业税金及附加	996493.2					30661.3	45992.0	51102.2	51102.2
2.4	经营成本	53597114.1					1820233.9	2511199.0	2736982.3	2736982.3
2.5	维持运营投资									
3	所得税前净现金流量	27879342.9	−951300.0	−1902600.0	−2219700.0	−1268400.0	434994.2	1367635.1	1698108.3	1750266.8
4	累计所得税前净现金流量		−951300.0	−2853900.0	−5073600.0	−6342000.0	−5907005.8	−45939370.6	−2841262.3	−1090995.6
5	调整所得税	9056519.2					180461.6	396680.8	476251.5	470251.5
6	所得税后净现金流量	1882283.6	−951300.0	−1902600.0	−2219700.0	−1268400.0	254532.6	970954.3	1227856.8	1280015.3
7	累计所得税后净现金流量		−951300.0	−2853900.0	−5073600.0	−6342000.0	−6087467.4	−5116513.0	−3888656.2	−2608640.9

（续）

序号	项　目	计　算　期							
		9	10	11	12	13	14	15	16
1	现金流入	4538351.3	4538351.3	4538351.3	4538351.3	4538351.3	4538351.3	4538351.3	4538351.3
1.1	营业收入	4538351.3	4538351.3	4538351.3	4538351.3	4538351.3	4538351.3	4538351.3	4538351.3
1.2	补贴收入								
1.3	回收固定资产余值								
1.4	回收流动资金								
2	现金流出	2788084.5	2788084.5	2788084.5	2788084.5	2788084.5	2788084.5	2788084.5	2788084.5
2.1	建设投资								
2.2	流动资金								
2.3	营业税金及附加	51102.2	51102.2	51102.2	51102.2	51102.2	51102.2	51102.2	51102.2
2.4	经营成本	2736982.3	2736982.3	2736982.3	2736982.3	2736982.3	2736982.3	2736982.3	2736982.3
2.5	维持运营投资								
3	所得税前净现金流量	1750266.8	1750266.8	1750266.8	1750266.8	1750266.8	1750266.8	1750266.8	1750266.8
4	累计所得税前净现金流量	659271.2	2409538.0	4159804.8	5910071.6	7660338.4	9410605.1	11160871.9	12911138.7
5	调整所得税	470251.5	471241.5	471241.5	471241.5	471241.5	471241.5	471241.5	471241.5
6	所得税后净现金流量	1280015.3	1279025.3	1279025.3	1279025.3	1279025.3	1279025.3	1279025.3	1279025.3
7	累计所得税后净现金流量	1328625.6	−49600.3	1229425.0	2508450.3	3787475.6	5066500.6	6345526.1	7624551.4

（续）

序号	项目	计算期							
		17	18	19	20	21	22	23	24
1	现金流入	4538351.3	4538351.3	4538351.3	4538351.3	4538351.3	4538351.3	4538351.3	4538351.3
1.1	营业收入	4538351.3	4538351.3	4538351.3	4538351.3	4538351.3	4538351.3	4538351.3	4538351.3
1.2	补贴收入								
1.3	回收固定资产余值								3171000.0
1.4	回收流动资金								648969.9
2	现金流出	2788084.5	2788084.5	2788084.5	2788084.5	2788084.5	2788084.5	2788084.5	2788084.5
2.1	建设投资								
2.2	流动资金								
2.3	营业税金及附加	51102.2	51102.2	51102.2	51102.2	51102.2	51102.2	51102.2	51102.2
2.4	经营成本	2736982.3	2736982.3	2736982.3	2736982.3	2736982.3	2736982.3	2736982.3	2736982.3
2.5	维持运营投资								
3	所得税前净现金流量	1750266.8	1750266.8	1750266.8	1750266.8	1750266.8	1750266.8	1750266.8	1750266.8
4	累计所得税前净现金流量	14661405.5	16411672.3	18161939.1	19912205.8	21662472.6	23412739.4	25163006.2	27879342.9
5	调整所得税	471241.5	471241.5	471241.5	471241.5	471241.5	471241.5	471241.5	471241.5
6	所得税后净现金流量	1279025.3	1279025.3	1279025.3	1279025.3	1279025.3	1279025.3	1279025.3	2245095.2
7	累计所得税后净现金流量	893576.7	10082602.0	11461627.3	12740652.6	14019647.9	15298703.2	1657728.5	18822823.6

项目投资财务内部收益率（所得税前）= 17.8%

项目投资财务内部收益率（所得税后）= 13.5%

项目投资财务净现值（所得税前）= 265190.7 万元

项目投资财务净现值（所得税前）= 623198.9 万元

投资回收期 = 10 年

表 11-10　财务分析报表 4——项目资本金现金流量表

（单位：万元）

序号	项　目	合　计	计　算　期											
			1	2	3	4	5	6	7	8	9	10	11	12
1	现金流入	89486043.6					2723010.8	4084516.2	4538351.3	4538351.3	4538351.3	4538351.3	4538351.3	4538351.3
1.1	营业收入	88497850.2					2723010.8	4084516.2	4538351.3	4538351.3	4538351.3	4538351.3	4538351.3	4538351.3
1.2	补贴收入													
1.3	回收固定资产余值	339223.4												
1.4	回收流动资金	648969.9												
2	现金流出	71664178.4	397985.9	830903.5	1033428.9	716950.4	2805611.2	36295712.3	3883638.5	3848487.4	3828983.9	3810470.3	3790966.8	3771463.2
2.1	项目资本金	3173959.6	397985.9	830903.5	1033428.9	716950.4	131136.4	47907.0	15647.5					
2.2	建设投资贷款偿还	3805200.0					475650.0	475650.0	475650.0	475650.0	475650.0	475650.0	475650.0	475650.0
2.3	流动资金贷款偿还	454278.9												
2.4	借款利息支付	1544615.2					249952.2	227079.9	200007.4	170897.7	141787.9	112678.1	83568.3	54458.5
2.5	经营成本	53597114.1					1820233.9	2511199.0	2736982.3	2736982.3	2736982.3	2736982.3	2736982.3	2736982.3
2.6	营业税金及附加	996493.2					30661.3	45992.1	51102.2	51102.2	51102.2	51102.2	51102.2	51102.2
2.7	所得税	8546796.2					97977.4	321744.4	404249.0	413855.3	423461.5	4340570.7	443663.9	453270.2
2.8	维持运营投资													
3	净现金流量	17821865.1	-397985.9	-830903.5	-1033428.9	-716950.4	-82600.4	454943.9	654712.8	689863.9	709367.4	727881.0	747384.5	766888.1

（续）

序号	项目	计算期											
		13	14	15	16	17	18	19	20	21	22	23	24
1	现金流入	4538351.3	4538351.3	4538351.3	4538351.3	4538351.3	4538351.3	4538351.3	4538351.3	4538351.3	4538351.3	4538351.3	5526544.6
1.1	营业收入	4538351.3	4538351.3	4538351.3	4538351.3	4538351.3	4538351.3	4538351.3	4538351.3	4538351.3	4538351.3	4538351.3	4538351.3
1.2	补贴收入												
1.3	回收固定资产余值												339223.4
1.4	回收流动资金												648969.9
2	现金流出	3276309.7	3276309.7	3276309.7	3276309.7	3276309.7	3276309.7	3276309.7	3276309.7	3276309.7	3276309.7	3276309.7	3276309.7
2.1	项目资本金												
2.2	建设投资贷款偿还												
2.3	流动资金贷款偿还												454278.9
2.4	借款利息支付	25348.8	25348.8	25348.8	25348.8	25348.8	25348.8	25348.8	25348.8	25348.8	25348.8	25348.8	25348.8
2.5	经营成本	2736982.3	2736982.3	2736982.3	2736982.3	2736982.3	2736982.3	2736982.3	2736982.3	2736982.3	2736982.3	2736982.3	2736982.3
2.6	营业税金及附加	51102.2	51102.2	51102.2	51102.2	51102.2	51102.2	51102.2	51102.2	51102.2	51102.2	51102.2	51102.2
2.7	所得税	462876.4	462876.4	462876.4	462876.4	462876.4	462876.4	462876.4	462876.4	462876.4	462876.4	462876.4	462876.4
2.8	维持运营投资												
3	净现金流量	1262041.6	1262041.6	1262041.6	1262041.6	1262041.6	1262041.6	1262041.6	1262041.6	1262041.6	1262041.6	1262041.6	1262041.6

项目资本金财务内部收益率=16.2%

表 11-11　财务分析报表 5——借款还本付息计划表

（单位：万元）

序号	项　目	合　计	计算期					
			1	2	3	4	5	6
1	借款 1							
1.1	当期借款		570780.0	1141560.0	1331820.0	761040.0		
1.2	期初借款余额			570780.0	1712340.0	3044160.0	3805200.0	3329550.0
1.3	当期还本付息							
	其中：还本						475650.0	475650.0
	付息		17465.9	69863.5	145548.9	209590.4	232878.2	203768.5
1.4	期末借款余额		570780.0	1712340.0	3044160.0	3805200.0	3329550.0	2853900.0
2	其他借款、债券							
2.1	当期借款							
2.2	期初借款余额							
2.3	当期还本付息							
	其中：还本							
	付息							
2.4	期末借款余额							
3	借款和债券合计							
3.1	当期借款		570780.0	1141560.0	1331820.0	761040.0		
3.2	期初借款余额			570780.0	1712340.0	3044160.0	3085200.0	3329550.0
3.3	到期还本付息		17465.9	69863.5	145548.9	209590.4	708528.2	679418.5
	其中：还本						475650.0	475650.0
	付息		17465.9	69863.5	145548.9	209590.4	232878.2	203768.5
3.4	期末借款余额		570780.0	1712340.0	3044160.0	3805200.0	3329550.0	2853900.0
	计算指标：利息备付率	7.3					1.2	4.3
	偿债备付率	1.7					0.9	1.9

（续）

序号	项目	计算期					
		7	8	9	10	11	12
1	借款1						
1.1	当期借款						
1.2	期初借款余额	2853900.0	2378250.0	1902600.0	1426950.0	951300.0	475650.0
1.3	当期还本付息						
	其中：还本	475650.0	475650.0	475650.0	475650.0	475650.0	475650.0
	付息	174658.7	145548.9	116439.1	87329.3	58219.6	29109.8
1.4	期末借款余额	2378250.0	1902600.0	1426950.0	951300.0	475650.0	
2	其他借款、债券						
2.1	当期借款						
2.2	期初借款余额						
2.3	当期还本付息						
	其中：还本						
	付息						
2.4	期末借款余额						
3	借款和债券合计						
3.1	当期借款						
3.2	期初借款余额	2853900.0	2378250.0	1902600.0	1426950.0	951300.0	475650.0
3.3	到期还本付息	650308.7	951300.0	951300.0	951300.0		
	其中：还本	475650.0	475650.0	475650.0	475650.0	475650.0	475650.0
	付息	174658.7	145548.9	116439.1	87329.3	58219.6	29109.8
3.4	期末借款余额	2378250.0	1902600.0	1426950.0	951300.0	475650.0	
	计算指标：利息备付率	6.1	7.3	9.1	11.7	16.1	25.2
	偿债备付率	2.3	2.4	2.6	2.8	3.0	3.2

表 11-12　偿债指标表

指标	偿还期综合	偿债期各年							
		5	6	7	8	9	10	11	12
利息备付率	7.3	1.2	4.3	6.1	7.3	9.1	11.7	16.1	25.2
偿债备付率	1.7	0.9	1.9	2.3	2.4	2.6	2.8	3.0	3.2

由表 11-12 可见，在偿债期内各年的利息备付率大于 1，偿债备付率从投产第 2 年（计算期第 6 年）开始均大于 1，说明项目的偿债能力较强。

2）资产负债率（LOAR）（第 10 年）。计算如表 11-13 所示，计算公式为

$$\text{LOAR}=\frac{\text{总负债}}{\text{总资产}}\times 100\%=\frac{1621781.3\text{ 万元}}{6141485.9\text{ 万元}}\times 100\%=26.4\%$$

（八）财务生存能力分析

项目计算期内各年的净现金流量及累计盈余资金均为正值，各年均有足够的净现金流量维持项目的正常运营，可保证项目财务的可持续性，如表 11-14 所示。

四、不确定性分析

1. 盈亏平衡分析

达产年的盈亏平衡（生产能力利用率）为

$$\begin{aligned}\text{BEP}&=\frac{\text{年固定成本}}{\text{年营业收入}-\text{年变动成本}-\text{年税金}}\times 100\%\\&=\frac{801411.2\text{ 万元}}{4538351.3\text{ 万元}-2457840.8\text{ 万元}-51102.2\text{ 万元}}\times 100\%=39.5\%\end{aligned}$$

正常年（第 13 年）的盈亏平衡（生产能力利用率）为

$$\begin{aligned}\text{BEP}&=\frac{\text{年固定成本}}{\text{年营业收入}-\text{年可变成本}-\text{年税金}}\times 100\%\\&=\frac{801411.2\text{ 万元}}{4538351.3\text{ 万元}-2283182.1\text{ 万元}-51102.2\text{ 万元}}\times 100\%=36.4\%\end{aligned}$$

从 BEP 计算结果可见，项目抗风险能力较强。

2. 敏感性分析

敏感性分析中选取了产品售价、经营成本、建设投资和产品产量四个因素的变化对全部投资财务内部收益率的影响。分析结果如表 11-15 所示。

表 11-13　财务分析报表 6——资产负债表

（单位：万元）

序号	项目	计算期							
		1	2	3	4	5	6	7	8
1	资产	968765.9	2941229.3	5306478.2	6784468.7	7060941.5	7025553.9	6856145.2	6614908.1
1.1	流动资产总额				0.0	586735.1	876609.8	1032463.3	1116488.5
1.1.1	货币资金				0.0	60388.7	127698.1	210056.6	294081.7
1.1.2	应收账款					194872.8	271002.8	295938.3	295938.3
1.1.3	预付账款								
1.1.4	存货					331473.5	477908.8	526468.4	526468.4
1.1.5	其他								
1.2	在建工程	968765.9	2941229.3	5306478.2	6784468.7				
1.3	固定资产净值					6462206.4	6139944.1	5817681.9	5495419.6
1.4	无形及其他资产净值					12000.0	9000.0	6000.0	3000.0
2	负债及所有者权益	968765.9	2941229.3	5306478.2	6784468.7	7045941.5	7010553.9	6841145.2	6599908.1
2.1	流动负债总额					129721.4	194582.1	216202.4	216202.4
2.1.1	短期借款								
2.1.2	应付账款					129721.4	194582.1	216202.4	216202.4
2.1.3	预收账款								
2.1.4	其他								
2.2	建设投资借款	570780.0	1712340.0	3044160.0	3805200.0	3329550.0	2853900.0	2378250.0	1902600.0
2.3	流动资金借款					305984.9	417768.0	454278.9	454278.9
2.4	负债小计	570780.0	1712340.0	3044160.0	3805200.0	3765256.3	3466250.1	3048731.3	2573081.3
2.5	所有者权益	397985.9	1228889.3	2262318.2	2979268.7	3280685.2	3544303.8	3792413.9	4026826.8
2.5.1	权益资本	397985.9	1228889.3	2262318.2	2979268.7	3110405.1	3158312.1	3173959.6	3173959.6
2.5.2	资本公积								
2.5.3	累计盈余公积和公益金					19892.4	85216.2	167291.0	251316.2
2.5.4	累计未分配利润					150387.7	300775.5	451163.2	601551.0
	计算指标：资产负债率	58.9%	58.2%	57.4%	56.1%	53.3%	49.3%	44.5%	38.9%

（续）

序号	项　　目	计　算　期							
		9	10	11	12	13	14	15	16
1	资产	6375621.3	6141485.9	5909300.9	5679066.2	5773044.1	5867022.1	5961000.0	6054978.0
1.1	流动资产总额	1202464.0	1290590.8	1380668.1	1472695.6	1888935.8	2305176.0	2721416.2	3137656.4
1.1.1	货币资金	380057.3	468184.1	558261.4	650288.9	1066529.1	1482769.3	1899009.5	2315249.7
1.1.2	应收账款	295938.3	295938.3	295938.3	295938.3	295938.3	295938.3	295938.3	295938.3
1.1.3	预付账款								
1.1.4	存货	526468.4	526468.4	526468.4	526468.4	526468.4	526468.4	526468.4	526468.4
1.1.5	其他								
1.2	在建工程								
1.3	固定资产净值	5173157.4	4850895.1	4528632.8	4206370.6	3884108.3	3561846.0	3239583.8	2917321.5
1.4	无形及其他资产净值								
2	负债及所有者权益	6360621.3	6126485.9	5894300.9	5664066.2	5758044.1	5852022.1	5946000.0	6039978.0
2.1	流动负债总额	216202.4	216202.4	216202.4	216202.4	216202.4	216202.4	216202.4	216202.4
2.1.1	短期借款								
2.1.2	应付账款	216202.4	216202.4	216202.4	216202.4	216202.4	216202.4	216202.4	216202.4
2.1.3	预收账款								
2.1.4	其他								
2.2	建设投资借款	1426950.0	951300.0	475650.0					
2.3	流动资金借款	454278.9	454278.9	454278.9	454278.9	454278.9	454278.9	454278.9	454278.9
2.4	负债小计	2097431.3	1621781.3	1146131.3	670481.3	670481.3	670481.3	670481.3	670481.3
2.5	所有者权益	4263190.0	4504704.6	4748169.6	4993584.9	5087562.9	5181540.8	5275518.7	5369496.7
2.5.1	权益资本	3173959.6	3173959.6	3173959.6	3173959.6	3173959.6	3173959.6	3173959.6	3173959.6
2.5.2	资本公积								
2.5.3	累计盈余公积和公益金	337291.7	425418.6	515495.8	607523.4	701501.3	795479.3	889457.2	983435.1
2.5.4	累计未分配利润	751938.7	905326.4	1058714.2	1212101.9	1212101.9	1212101.9	1212101.9	1212101.9
	计算指标：资产负债率	32.9%	26.4%	19.4%	11.8%	11.6%	11.4%	11.2%	11.0%

（续）

序号	项　目	计　算　期							
		17	18	19	20	21	22	23	24
1	资产	6148955.9	6242933.8	6336911.8	6430889.7	6524867.6	6618845.6	6712823.5	6390561.2
1.1	流动资产总额	3553896.6	3970136.8	4386377.0	4802617.2	5218857.4	5635097.6	6051337.8	6051337.8
1.1.1	货币资金	2731489.9	3147730.1	3563970.3	3980210.5	4396450.7	4812690.9	5228931.1	5228931.1
1.1.2	应收账款	295938.3	295938.3	295938.3	295938.3	295938.3	295938.3	295938.3	295938.3
1.1.3	预付账款								
1.1.4	存货	526468.4	526468.4	526468.4	526468.4	526468.4	526468.4	526468.4	526468.4
1.1.5	其他								
1.2	在建工程								
1.3	固定资产净值	2595059.3	2272797.0	1950534.7	1628272.5	1306010.2	985748.0	661485.7	339223.4
1.4	无形及其他资产净值								
2	负债及所有者权益	6133955.9	6227933.8	6321911.8	6415889.7	6509867.6	6603845.6	6697823.5	6375561.2
2.1	流动负债总额	216202.4	216202.4	216202.4	216202.4	216202.4	216202.4	216202.4	216202.4
2.1.1	短期借款								
2.1.2	应付账款	216202.4	216202.4	216202.4	216202.4	216202.4	216202.4	216202.4	216202.4
2.1.3	预收账款								
2.1.4	其他								
2.2	建设投资借款								
2.3	流动资金借款	454278.9	454278.9	454278.9	454278.9	454278.9	454278.9	454278.9	
2.4	负债小计	670481.3	670481.3	670481.3	670481.3	670481.3	670481.3	670481.3	216202.4
2.5	所有者权益	5463474.6	5557452.5	5651430.5	5745408.4	5839386.3	5933364.3	6027342.2	6159358.9
2.5.1	权益资本	3173959.6	3173959.6	3173959.6	3173959.6	3173959.6	3173959.6	3173959.6	3173959.6
2.5.2	资本公积								
2.5.3	累计盈余公积和公益金	1077413.1	1171391.0	1265368.9	1359346.9	1453324.8	1547302.7	1641280.7	1641280.7
2.5.4	累计未分配利润	1212101.9	1212101.9	1212101.9	1212101.9	1212101.9	1212101.9	1212101.9	1344118.6
	计算指标：资产负债率	10.9%	10.7%	10.6%	10.4%	10.3%	10.1%	10.0%	3.4%

表 11-14 财务分析报表 7——财务计划现金流量表

（单位：万元）

序号	项目	合计	计算期											
			1	2	3	4	5	6	7	8	9	10	11	12
1	经营活动净现金流量						774138.2	1205580.8	1346017.7	1336411.5	1326805.3	1316209.1	1306602.8	1296996.6
1.1	现金流入						3185922.6	4778883.9	5309871.0	5309871.0	5309871.0	5309871.0	5309871.0	5309871.0
1.1.1	营业收入						2723010.8	4084516.2	4538351.3	4538351.3	4538351.3	4538351.3	4538351.3	4538351.3
1.1.2	增值税销项税额						462911.8	694367.7	771519.7	771519.7	771519.7	771519.7	771519.7	771519.7
1.1.3	补贴收入													
1.1.4	其他流入													
1.2	现金流出						2411784.4	3573303.1	3963853.3	3973459.5	3983065.7	3993661.9	4003268.2	4012874.4
1.2.1	经营成本						1820233.9	2511199.0	2736982.3	2736982.3	2736982.3	2736982.3	2736982.3	2736982.3
1.2.2	增值税进项税额						184172.5	276258.7	306954.1	306954.1	306954.1	306954.1	306954.1	306954.1
1.2.3	营业税金及附加						30661.3	45992.0	51102.2	51102.2	51102.2	51102.2	51102.2	51102.2
1.2.4	增值税						278739.4	418109.1	464565.6	464565.6	464565.6	464565.6	464565.6	464565.6
1.2.5	所得税						97977.4	321744.4	404249.0	413855.3	423461.5	434057.7	443663.9	453270.2
1.2.6	其他流出													
2	投资活动净现金流量													
2.1	现金流入													
2.2	现金流出													
2.2.1	建设投资													
2.2.2	维持运营投资													
2.2.3	流动资金													
2.2.4	其他流出													

（续）

序号	项　目	计　算　期					
		13	14	15	16	17	18
1	经营活动净现金流量	1287390.4	1287390.4	1287390.4	1287390.4	1287390.4	1287390.4
1.1	现金流入	5309871.0	5309871.0	5309871.0	5309871.0	5309871.0	5309871.0
1.1.1	营业收入	4538351.3	4538351.3	4538351.3	4538351.3	4538351.3	4538351.3
1.1.2	增值税销项税额	771519.7	771519.7	771519.7	771519.7	771519.7	771519.7
1.1.3	补贴收入						
1.1.4	其他流入						
1.2	现金流出	4022480.6	4022480.6	4022480.6	4022480.6	4022480.6	4022480.6
1.2.1	经营成本	2736982.3	2736982.3	2736982.3	2736982.3	2736982.3	2736982.3
1.2.2	增值税进项税额	306954.1	306954.1	306954.1	306954.1	306954.1	306954.1
1.2.3	营业税金及附加	51102.2	51102.2	51102.2	51102.2	51102.2	51102.2
1.2.4	增值税	464565.6	464565.6	464565.6	464565.6	464565.6	464565.6
1.2.5	所得税	462876.4	462876.4	462876.4	462876.4	462876.4	462876.4
1.2.6	其他流出						
2	投资活动净现金流量						
2.1	现金流入						
2.2	现金流出						
2.2.1	建设投资						
2.2.2	维持运营投资						
2.2.3	流动资金						
2.2.4	其他流出						

（续）

序号	项　目	计　算　期					
		19	20	21	22	23	24
1	经营活动净现金流量	1287390.4	1287390.4	1287390.4	1287390.4	1287390.4	1287390.4
1.1	现金流入	5309871.0	5309871.0	5309871.0	5309871.0	5309871.0	5309871.0
1.1.1	营业收入	4538351.3	4538351.3	4538351.3	4538351.3	4538351.3	4538351.3
1.1.2	增值税销项税额	771519.7	771519.7	771519.7	771519.7	771519.7	771519.7
1.1.3	补贴收入						
1.1.4	其他流入						
1.2	现金流出	4022480.6	4022480.6	4022480.6	4022480.6	4022480.6	4022480.6
1.2.1	经营成本	2736982.3	2736982.3	2736982.3	2736982.3	2736982.3	2736982.3
1.2.2	增值税进项税额	306954.1	306954.1	306954.1	306954.1	306954.1	306954.1
1.2.3	营业税金及附加	51102.2	51102.2	51102.2	51102.2	51102.2	51102.2
1.2.4	增值税	464565.6	464565.6	464565.6	464565.6	464565.6	464565.6
1.2.5	所得税	462876.4	462876.4	462876.4	462876.4	462876.4	462876.4
1.2.6	其他流出						
2	投资活动净现金流量						
2.1	现金流入						
2.2	现金流出						
2.2.1	建设投资						
2.2.2	维持运营投资						
2.2.3	流动资金						
2.2.4	其他流出						

（续）

序号	项目	计算期					
		1	2	3	4	5	6
3	筹资活动净现金流量	951300.0	2473380.0	3932040.0	4312560.0	3012425.5	2179318.1
3.1	现金流入	968765.9	2543243.0	4077588.9	4522150.4	3766671.3	3319575.0
3.1.1	项目资本金投入	397985.9	830903.5	1033428.9	716950.4	131136.4	47907.0
3.1.2	建设投资借款	570780.0	1712340.0	3044160.0	3805200.0	3329550.0	2853900.0
3.1.3	流动资金借款					305984.9	417768.0
3.1.4	债券						
3.1.5	短期借款						
3.1.6	其他流入						
3.2	现金流出	17465.9	69863.5	145548.9	209590.4	754245.8	1140256.9
3.2.1	各种利息支出	17465.9	69863.5	145548.9	209590.4	249952.2	227079.9
3.2.2	偿还债务本金					475650.0	475650.0
3.2.3	应付利润(股利分配)					28643.6	437527.0
3.2.4	其他流出						
4	净现金流量	951300.0	2473380.0	3932040.0	4312560.0	3786563.7	3384898.9
5	累计盈余资金	951300.0	3424680.0	7356720.0	11669280.0	15455843.7	18840742.6

（续）

序号	项目	计算期					
		7	8	9	10	11	12
3	筹资活动净现金流量	1584233.5	1104492.6	640399.1	177496.7	-286596.7	-750690.1
3.1	现金流入	2848176.5	2356878.9	1881228.9	1405578.9	929928.9	454278.9
3.1.1	项目资本金投入	15647.5					
3.1.2	建设投资借款	2378250.0	1902600.0	1426950.0	951300.0	475650.0	
3.1.3	流动资金借款	454278.9	454278.9	454278.9	454278.9	454278.9	454278.9
3.1.4	债券						
3.1.5	短期借款						
3.1.6	其他流入						
3.2	现金流出	1263942.9	1252386.4	1240829.8	1228082.2	1216525.6	1204969.0
3.2.1	各种利息支出	200007.4	170897.7	141787.9	112678.1	83568.3	54458.5
3.2.2	偿还债务本金	475650.0	475650.0	475650.0	475650.0	475650.0	475650.0
3.2.3	应付利润(股利分配)	588285.5	605838.7	623391.9	639754.1	657307.3	674860.5
3.2.4	其他流出						
4	净现金流量	2930251.3	2440904.1	1967204.4	1493705.8	1020006.1	546306.5
5	累计盈余资金	21770993.8	24211897.9	26179102.4	27672808.2	28692814.3	29239120.8

（续）

序号	项　目	计　算　期					
		13	14	15	16	17	18
3	筹资活动净现金流量	-416871.3	-416871.3	-416871.3	-416871.3	-416871.3	-416871.3
3.1	现金流入	454278.9	454278.9	454278.9	454278.9	454278.9	454278.9
3.1.1	项目资本金投入						
3.1.2	建设投资借款						
3.1.3	流动资金借款	454278.9	454278.9	454278.9	454278.9	454278.9	454278.9
3.1.4	债券						
3.1.5	短期借款						
3.1.6	其他流入						
3.2	现金流出	871150.2	871150.2	871150.2	871150.2	871150.2	871150.2
3.2.1	各种利息支出	25348.8	25348.8	25348.8	25348.8	25348.8	25348.8
3.2.2	偿还债务本金						
3.2.3	应付利润（股利分配）	845801.4	845801.4	845801.4	845801.4	845801.4	845801.4
3.2.4	其他流出						
4	净现金流量	870519.1	870519.1	870519.1	870519.1	870519.1	870519.1
5	累计盈余资金	30109639.9	30980159.0	31850678.2	32721197.3	33591716.4	34462235.5

（续）

序号	项　　目	计　算　期					
		19	20	21	22	23	24
3	筹资活动净现金流量	-416871.3	-416871.3	-416871.3	-416871.3	-416871.3	-833111.5
3.1	现金流入	454278.9	454278.9	454278.9	454278.9	454278.9	
3.1.1	项目资本金投入						
3.1.2	建设投资借款						
3.1.3	流动资金借款	454278.9	454278.9	454278.9	454278.9	454278.9	
3.1.4	债券						
3.1.5	短期借款						
3.1.6	其他流入						
3.2	现金流出	871150.2	871150.2	871150.2	871150.2	871150.2	833111.5
3.2.1	各种利息支出	25348.8	25348.8	25348.8	25348.8	25348.8	25348.8
3.2.2	偿还债务本金						
3.2.3	应付利润（股利分配）	845801.4	845801.4	845801.4	845801.4	845801.4	807762.7
3.2.4	其他流出						
4	净现金流量	870519.1	870519.1	870519.1	870519.1	870519.1	454278.9
5	累计盈余资金	35332754.6	36203273.8	37073792.1	37944312.0	3881483.1	39269110.0

表 11-15 敏感性分析

序号	项目	不确定变化率	项目财务内部收益率	敏感度系数	临界点
	基本方案		13.5%		
1	产品产量	-30.0%	11.1%	8.0%	-80.0%
		-20.0%	11.7%	8.9%	
		-10.0%	12.3%	11.6%	
		10.0%	14.6%	10.9%	
		20.0%	15.1%	8.0%	
		30.0%	15.6%	7.0%	
2	产品售价	-30.0%	6.3%	24.0%	-32.9%
		-20.0%	8.3%	25.9%	
		-10.0%	10.2%	33.2%	
		10.0%	16.4%	29.4%	
		20.0%	17.8%	21.5%	
		30.0%	19.1%	18.7%	
3	建设投资	-30.0%	16.1%	8.7%	483.0%
		-20.0%	15.4%	9.4%	
		-10.0%	14.7%	12.0%	
		10.0%	12.4%	10.4%	
		20.0%	12.0%	7.6%	
		30.0%	11.5%	6.5%	
4	经营成本	-30.0%	17.2%	12.5%	55.9%
		-20.0%	16.3%	14.2%	
		-10.0%	15.4%	19.2%	
		10.0%	11.4%	20.5%	
		20.0%	10.4%	15.6%	
		30.0%	9.2%	14.2%	

注：计算临界点的基准收益率为12%。

从表11-15可见，产品售价与经营成本的变动对FIRR的影响很大，是较敏感的因素，其他两个因素次之。

五、分析与结论

我国钢铁产品生产与销售实行市场经济，其产品与原材料的价格均随着市场行情而变化。通过对钢铁建设项目财务评价结果的分析判断，也应该充分认识这种变化。在具备有利条件时，对项目所选用的价格系统尽量采用预测的方法，而不应该采用“时价”对项目进行评价，以避免同一项目在不同时期由于采用不同时点的价格，使评价结果出现不同甚至相反的结果。

本案例在选取价格时采用了将价格从建设期开始预测到投产时为止的方法。虽然“在整个项目的评价期内，投入产出的各种价格按照一定规律各自进行变动”的方法简单一些，但仍然需要评价人员积累相当丰富的价格资料，了解多种预测方法，同时具备综合判断能力。

如果评价人员认为对价格预测较难把握，也可将过去几年的统计价格（如 3 年、5 年或 10 年）算术平均后作为项目投产时的预测价格使用。这在国内外也是一种常用方法。

当评价人员收集到相当长时间的价格数据（5 年、10 年），但是其时间相关性较差，不易找到价格趋势时，采用上述预测方法的说服力将下降。此时可采取假设的方法进行评价分析。具体做法是，根据已掌握的价格资料，找出成本或成本中的主要原料（如生铁项目的生铁与矿石、轧钢项目的钢材与钢坯等）与产品之间的差价（或毛利润）；选择最高、最低和平均差价，分别计算出盈利指标（如 IRR）。这样可以得到的项目财务评价结论是：根据过去的经验，该项目可能的盈利结论最高、最低各是多少，平均盈利水平是多少，以供投资方决策。

总之，钢铁项目评价结果的判断应该采用动态、市场的观念，同时应该看到，我国钢铁生产能力在总量上已经可以满足国民经济建设的需要，基础材料项目的经济效益已不会像过去一样出现“暴利”的情况。

如果能够实现上述预测结果，则本项目的财务评价指标是可以接受的。

附　　录

附表 1　复利系数表（$i=1\%$）

n	$(F/P,i,n)$	$(P/F,i,n)$	$(F/A,i,n)$	$(A/F,i,n)$	$(A/P,i,n)$	$(P/A,i,n)$	$(F/G,i,n)$	$(A/G,i,n)$
1	1.0100	0.9901	1.0000	1.0000	1.0100	0.9901	0.0000	0.0000
2	1.0201	0.9803	2.0100	0.4975	0.5075	1.9704	1.0000	0.4975
3	1.0303	0.9706	3.0301	0.3300	0.3400	2.9410	3.0100	0.9934
4	1.0406	0.9610	4.0604	0.2463	0.2563	3.9020	6.0401	1.4876
5	1.0510	0.9515	5.1010	0.1960	0.2060	4.8534	10.1005	1.9801
6	1.0615	0.9420	6.1520	0.1625	0.1725	5.7955	15.2015	2.4710
7	1.0721	0.9327	7.2135	0.1386	0.1486	6.7282	21.3535	2.9602
8	1.0829	0.9235	8.2857	0.1207	0.1307	7.6517	28.5671	3.4478
9	1.0937	0.9143	9.3685	0.1067	0.1167	8.5660	36.8527	3.9337
10	1.1046	0.9053	10.4622	0.0956	0.1056	9.4713	46.2213	4.4179
11	1.1157	0.8963	11.5668	0.0865	0.0965	10.3676	56.6835	4.9005
12	1.1268	0.8874	12.6825	0.0788	0.0888	11.2551	68.2503	5.3815
13	1.1381	0.8787	13.8093	0.0724	0.0824	12.1337	80.9328	5.8607
14	1.1495	0.8700	14.9474	0.0669	0.0769	13.0037	94.7421	6.3384
15	1.1610	0.8613	16.0969	0.0621	0.0721	13.8651	109.6896	6.8143
16	1.1726	0.8528	17.2579	0.0579	0.0679	14.7179	125.7864	7.2886
17	1.1843	0.8444	18.4304	0.0543	0.0643	15.5623	143.0443	7.7613
18	1.1961	0.8360	19.6147	0.0510	0.0610	16.3983	161.4748	8.2323
19	1.2081	0.8277	20.8109	0.0481	0.0581	17.2260	181.0895	8.7017
20	1.2202	0.8195	22.0190	0.0454	0.0554	18.0456	201.9004	9.1694
21	1.2324	0.8114	23.2392	0.0430	0.0530	18.8570	223.9194	9.6354
22	1.2447	0.8034	24.4716	0.0409	0.0509	19.6604	247.1586	10.0998
23	1.2572	0.7954	25.7163	0.0389	0.0489	20.4558	271.6302	10.5626
24	1.2697	0.7876	26.9735	0.0371	0.0471	21.2434	297.3465	11.0237
25	1.2824	0.7798	28.2432	0.0354	0.0454	22.0232	324.3200	11.4831

（续）

n	(F/P,i,n)	(P/F,i,n)	(F/A,i,n)	(A/F,i,n)	(A/P,i,n)	(P/A,i,n)	(F/G,i,n)	(A/G,i,n)
26	1.2953	0.7720	29.5256	0.0339	0.0439	22.7952	352.5631	11.9409
27	1.3082	0.7644	30.8209	0.0324	0.0424	23.5596	382.0888	12.3971
28	1.3213	0.7568	32.1291	0.0311	0.0411	24.3164	412.9097	12.8516
29	1.3345	0.7493	33.4504	0.0299	0.0399	25.0658	445.0388	13.3044
30	1.3478	0.7419	34.7849	0.0287	0.0387	25.8077	478.4892	13.7557
31	1.3613	0.7346	36.1327	0.0277	0.0377	26.5423	513.2740	14.2052
32	1.3749	0.7273	37.4941	0.0267	0.0367	27.2696	549.4068	14.6532
33	1.3887	0.7201	38.8690	0.0257	0.0357	27.9897	586.9009	15.0995
34	1.4026	0.7130	40.2577	0.0248	0.0348	28.7027	625.7699	15.5441
35	1.4166	0.7059	41.6603	0.0240	0.0340	29.4086	666.0276	15.9871
36	1.4308	0.6989	43.0769	0.0232	0.0332	30.1075	707.6878	16.4285
37	1.4451	0.6920	44.5076	0.0225	0.0325	30.7995	750.7647	16.8682
38	1.4595	0.6852	45.9527	0.0218	0.0318	31.4847	795.2724	17.3063
39	1.4741	0.6784	47.4123	0.0211	0.0311	32.1630	841.2251	17.7428
40	1.4889	0.6717	48.8864	0.0205	0.0305	32.8347	888.6373	18.1776
41	1.5038	0.6650	50.3752	0.0199	0.0299	33.4997	937.5237	18.6108
42	1.5188	0.6584	51.8790	0.0193	0.0293	34.1581	987.8989	19.0424
43	1.5340	0.6519	53.3978	0.0187	0.0287	34.8100	1039.7779	19.4723
44	1.5493	0.6454	54.9318	0.0182	0.0282	35.4555	1093.1757	19.9006
45	1.5648	0.6391	56.4811	0.0177	0.0277	36.0945	1148.1075	20.3273
46	1.5805	0.6327	58.0459	0.0172	0.0272	36.7272	1204.5885	20.7524
47	1.5963	0.6265	59.6263	0.0168	0.0268	37.3537	1262.6344	21.1758
48	1.6122	0.6203	61.2226	0.0163	0.0263	37.9740	1322.2608	21.5976
49	1.6283	0.6141	62.8348	0.0159	0.0259	38.5881	1383.4834	22.0178
50	1.6446	0.6080	64.4632	0.0155	0.0255	39.1961	1446.3182	22.4363

附表 2 复利系数表（$i=2\%$）

n	(F/P,i,n)	(P/F,i,n)	(F/A,i,n)	(A/F,i,n)	(A/P,i,n)	(P/A,i,n)	(F/G,i,n)	(A/G,i,n)
1	1.0200	0.9804	1.0000	1.0000	1.0200	0.9804	0.0000	0.0000
2	1.0404	0.9612	2.0200	0.4950	0.5150	1.9416	1.0000	0.4950
3	1.0612	0.9423	3.0604	0.3268	0.3468	2.8839	3.0200	0.9868
4	1.0824	0.9238	4.1216	0.2426	0.2626	3.8077	6.0804	1.4752
5	1.1041	0.9057	5.2040	0.1922	0.2122	4.7135	10.2020	1.9604
6	1.1262	0.8880	6.3081	0.1585	0.1785	5.6014	15.4060	2.4423
7	1.1487	0.8706	7.4343	0.1345	0.1545	6.4720	21.7142	2.9208

（续）

n	$(F/P,i,n)$	$(P/F,i,n)$	$(F/A,i,n)$	$(A/F,i,n)$	$(A/P,i,n)$	$(P/A,i,n)$	$(F/G,i,n)$	$(A/G,i,n)$
8	1.1717	0.8535	8.5830	0.1165	0.1365	7.3255	29.1485	3.3961
9	1.1951	0.8368	9.7546	0.1025	0.1225	8.1622	37.7314	3.8681
10	1.2190	0.8203	10.9497	0.0913	0.1113	8.9826	47.4860	4.3367
11	1.2434	0.8043	12.1687	0.0822	0.1022	9.7868	58.4358	4.8021
12	1.2682	0.7885	13.4121	0.0746	0.0946	10.5753	70.6045	5.2642
13	1.2936	0.7730	14.6803	0.0681	0.0881	11.3484	84.0166	5.7231
14	1.3195	0.7579	15.9739	0.0626	0.0826	12.1062	98.6969	6.1786
15	1.3459	0.7430	17.2934	0.0578	0.0778	12.8493	114.6708	6.6309
16	1.3728	0.7284	18.6393	0.0537	0.0737	13.5777	131.9643	7.0799
17	1.4002	0.7142	20.0121	0.0500	0.0700	14.2919	150.6035	7.5256
18	1.4282	0.7002	21.4123	0.0467	0.0667	14.9920	170.6156	7.9681
19	1.4568	0.6864	22.8406	0.0438	0.0638	15.6785	192.0279	8.4073
20	1.4859	0.6730	24.2974	0.0412	0.0612	16.3514	214.8685	8.8433
21	1.5157	0.6598	25.7833	0.0388	0.0588	17.0112	239.1659	9.2760
22	1.5460	0.6468	27.2990	0.0366	0.0566	17.6580	264.9492	9.7055
23	1.5769	0.6342	28.8450	0.0347	0.0547	18.2922	292.2482	10.1317
24	1.6084	0.6217	30.4219	0.0329	0.0529	18.9139	321.0931	10.5547
25	1.6406	0.6095	32.0303	0.0312	0.0512	19.5235	351.5150	10.9745
26	1.6734	0.5976	33.6709	0.0297	0.0497	20.1210	383.5453	11.3910
27	1.7069	0.5859	35.3443	0.0283	0.0483	20.7069	417.2162	11.8043
28	1.7410	0.5744	37.0512	0.0270	0.0470	21.2813	452.5605	12.2145
29	1.7758	0.5631	38.7922	0.0258	0.0458	21.8444	489.6117	12.6214
30	1.8114	0.5521	40.5681	0.0246	0.0446	22.3965	528.4040	13.0251
31	1.8476	0.5412	42.3794	0.0236	0.0436	22.9377	568.9720	13.4257
32	1.8845	0.5306	44.2270	0.0226	0.0426	23.4683	611.3515	13.8230
33	1.9222	0.5202	46.1116	0.0217	0.0417	23.9886	655.5785	14.2172
34	1.9607	0.5100	48.0338	0.0208	0.0408	24.4986	701.6901	14.6083
35	1.9999	0.5000	49.9945	0.0200	0.0400	24.9986	749.7239	14.9961
36	2.0399	0.4902	51.9944	0.0192	0.0392	25.4888	799.7184	15.3809
37	2.0807	0.4806	54.0343	0.0185	0.0385	25.9695	851.7127	15.7625
38	2.1223	0.4712	56.1149	0.0178	0.0378	26.4406	905.7470	16.1409
39	2.1647	0.4619	58.2372	0.0172	0.0372	26.9026	961.8619	16.5163
40	2.2080	0.4529	60.4020	0.0166	0.0366	27.3555	1020.0992	16.8885

（续）

n	(F/P,i,n)	(P/F,i,n)	(F/A,i,n)	(A/F,i,n)	(A/P,i,n)	(P/A,i,n)	(F/G,i,n)	(A/G,i,n)
41	2.2522	0.4440	62.6100	0.0160	0.0360	27.7995	1080.5011	17.2576
42	2.2972	0.4353	64.8622	0.0154	0.0354	28.2348	1143.1112	17.6237
43	2.3432	0.4268	67.1595	0.0149	0.0349	28.6616	1207.9734	17.9866
44	2.3901	0.4184	69.5027	0.0144	0.0344	29.0800	1275.1329	18.3465
45	2.4379	0.4102	71.8927	0.0139	0.0339	29.4902	1344.6355	18.7034
46	2.4866	0.4022	74.3306	0.0135	0.0335	29.8923	1416.5282	19.0571
47	2.5363	0.3943	76.8172	0.0130	0.0330	30.2866	1490.8588	19.4079
48	2.5871	0.3865	79.3535	0.0126	0.0326	30.6731	1567.6760	19.7556
49	2.6388	0.3790	81.9406	0.0122	0.0322	31.0521	1647.0295	20.1003
50	2.6916	0.3715	84.5794	0.0118	0.0318	31.4236	1728.9701	20.4420

附表 3　复利系数表（$i=3\%$）

n	(F/P,i,n)	(P/F,i,n)	(F/A,i,n)	(A/F,i,n)	(A/P,i,n)	(P/A,i,n)	(F/G,i,n)	(A/G,i,n)
1	1.0300	0.9709	1.0000	1.0000	1.0300	0.9709	0.0000	0.0000
2	1.0609	0.9426	2.0300	0.4926	0.5226	1.9135	1.0000	0.4926
3	1.0927	0.9151	3.0909	0.3235	0.3535	2.8286	3.0300	0.9803
4	1.1255	0.8885	4.1836	0.2390	0.2690	3.7171	6.1209	1.4631
5	1.1593	0.8626	5.3091	0.1884	0.2184	4.5797	10.3045	1.9409
6	1.1941	0.8375	6.4684	0.1546	0.1846	5.4172	15.6137	2.4138
7	1.2299	0.8131	7.6625	0.1305	0.1605	6.2303	22.0821	2.8819
8	1.2668	0.7894	8.8923	0.1125	0.1425	7.0197	29.7445	3.3450
9	1.3048	0.7664	10.1591	0.0984	0.1284	7.7861	38.6369	3.8032
10	1.3439	0.7441	11.4639	0.0872	0.1172	8.5302	48.7960	4.2565
11	1.3842	0.7224	12.8078	0.0781	0.1081	9.2526	60.2599	4.7049
12	1.4258	0.7014	14.1920	0.0705	0.1005	9.9540	73.0677	5.1485
13	1.4685	0.6810	15.6178	0.0640	0.0940	10.6350	87.2597	5.5872
14	1.5126	0.6611	17.0863	0.0585	0.0885	11.2961	102.8775	6.0210
15	1.5580	0.6419	18.5989	0.0538	0.0838	11.9379	119.9638	6.4500
16	1.6047	0.6232	20.1569	0.0496	0.0796	12.5611	138.5627	6.8742
17	1.6528	0.6050	21.7616	0.0460	0.0760	13.1661	158.7196	7.2936
18	1.7024	0.5874	23.4144	0.0427	0.0727	13.7535	180.4812	7.7081
19	1.7535	0.5703	25.1169	0.0398	0.0698	14.3238	203.8956	8.1179
20	1.8061	0.5537	26.8704	0.0372	0.0672	14.8775	229.0125	8.5229
21	1.8603	0.5375	28.6765	0.0349	0.0649	15.4150	255.8829	8.9231
22	1.9161	0.5219	30.5368	0.0327	0.0627	15.9369	284.5593	9.3186

（续）

n	(F/P,i,n)	(P/F,i,n)	(F/A,i,n)	(A/F,i,n)	(A/P,i,n)	(P/A,i,n)	(F/G,i,n)	(A/G,i,n)
23	1.9736	0.5067	32.4529	0.0308	0.0608	16.4436	315.0961	9.7093
24	2.0328	0.4919	34.4265	0.0290	0.0590	16.9355	347.5490	10.0954
25	2.0938	0.4776	36.4593	0.0274	0.0574	17.4131	381.9755	10.4768
26	2.1566	0.4637	38.5530	0.0259	0.0559	17.8768	418.4347	10.8535
27	2.2213	0.4502	40.7096	0.0246	0.0546	18.3270	456.9878	11.2255
28	2.2879	0.4371	42.9309	0.0233	0.0533	18.7641	497.6974	11.5930
29	2.3566	0.4243	45.2189	0.0221	0.0521	19.1885	540.6283	11.9558
30	2.4273	0.4120	47.5754	0.0210	0.0510	19.6004	585.8472	12.3141
31	2.5001	0.4000	50.0027	0.0200	0.0500	20.0004	633.4226	12.6678
32	2.5751	0.3883	52.5028	0.0190	0.0490	20.3888	683.4253	13.0169
33	2.6523	0.3770	55.0778	0.0182	0.0482	20.7658	735.9280	13.3616
34	2.7319	0.3660	57.7302	0.0173	0.0473	21.1318	791.0059	13.7018
35	2.8139	0.3554	60.4621	0.0165	0.0465	21.4872	848.7361	14.0375
36	2.8983	0.3450	63.2759	0.0158	0.0458	21.8323	909.1981	14.3688
37	2.9852	0.3350	66.1742	0.0151	0.0451	22.1672	972.4741	14.6957
38	3.0748	0.3252	69.1594	0.0145	0.0445	22.4925	1038.6483	15.0182
39	3.1670	0.3158	72.2342	0.0138	0.0438	22.8082	1107.8078	15.3363
40	3.2620	0.3066	75.4013	0.0133	0.0433	23.1148	1180.0420	15.6502
41	3.3599	0.2976	78.6633	0.0127	0.0427	23.4124	1255.4433	15.9597
42	3.4607	0.2890	82.0232	0.0122	0.0422	23.7014	1334.1065	16.2650
43	3.5645	0.2805	85.4839	0.0117	0.0417	23.9819	1416.1297	16.5660
44	3.6715	0.2724	89.0484	0.0112	0.0412	24.2543	1501.6136	16.8629
45	3.7816	0.2644	92.7199	0.0108	0.0408	24.5187	1590.6620	17.1556
46	3.8950	0.2567	96.5015	0.0104	0.0404	24.7754	1683.3819	17.4441
47	4.0119	0.2493	100.3965	0.0100	0.0400	25.0247	1779.8834	17.7285
48	4.1323	0.2420	104.4084	0.0096	0.0396	25.2667	1880.2799	18.0089
49	4.2562	0.2350	108.5406	0.0092	0.0392	25.5017	1984.6883	18.2852
50	4.3839	0.2281	112.7969	0.0089	0.0389	25.7298	2093.2289	18.5575

附表4　复利系数表（$i=4\%$）

n	(F/P,i,n)	(P/F,i,n)	(F/A,i,n)	(A/F,i,n)	(A/P,i,n)	(P/A,i,n)	(F/G,i,n)	(A/G,i,n)
1	1.0400	0.9615	1.0000	1.0000	1.0400	0.9615	0.0000	0.0000
2	1.0816	0.9246	2.0400	0.4902	0.5302	1.8861	1.0000	0.4902
3	1.1249	0.8890	3.1216	0.3203	0.3603	2.7751	3.0400	0.9739
4	1.1699	0.8548	4.2465	0.2355	0.2755	3.6299	6.1616	1.4510
5	1.2167	0.8219	5.4163	0.1846	0.2246	4.4518	10.4081	1.9216

（续）

n	$(F/P,i,n)$	$(P/F,i,n)$	$(F/A,i,n)$	$(A/F,i,n)$	$(A/P,i,n)$	$(P/A,i,n)$	$(F/G,i,n)$	$(A/G,i,n)$
6	1.2653	0.7903	6.6330	0.1508	0.1908	5.2421	15.8244	2.3857
7	1.3159	0.7599	7.8983	0.1266	0.1666	6.0021	22.4574	2.8433
8	1.3686	0.7307	9.2142	0.1085	0.1485	6.7327	30.3557	3.2944
9	1.4233	0.7026	10.5828	0.0945	0.1345	7.4353	39.5699	3.7391
10	1.4802	0.6756	12.0061	0.0833	0.1233	8.1109	50.1527	4.1773
11	1.5395	0.6496	13.4864	0.0741	0.1141	8.7605	62.1588	4.6090
12	1.6010	0.6246	15.0258	0.0666	0.1066	9.3851	75.6451	5.0343
13	1.6651	0.6006	16.6268	0.0601	0.1001	9.9856	90.6709	5.4533
14	1.7317	0.5775	18.2919	0.0547	0.0947	10.5631	107.2978	5.8659
15	1.8009	0.5553	20.0236	0.0499	0.0899	11.1184	125.5897	6.2721
16	1.8730	0.5339	21.8245	0.0458	0.0858	11.6523	145.6133	6.6720
17	1.9479	0.5134	23.6975	0.0422	0.0822	12.1657	167.4378	7.0656
18	2.0258	0.4936	25.6454	0.0390	0.0790	12.6593	191.1353	7.4530
19	2.1068	0.4746	27.6712	0.0361	0.0761	13.1339	216.7807	7.8342
20	2.1911	0.4564	29.7781	0.0336	0.0736	13.5903	244.4520	8.2091
21	2.2788	0.4388	31.9692	0.0313	0.0713	14.0292	274.2300	8.5779
22	2.3699	0.4220	34.2480	0.0292	0.0692	14.4511	306.1992	8.9407
23	2.4647	0.4057	36.6179	0.0273	0.0673	14.8568	340.4472	9.2973
24	2.5633	0.3901	39.0826	0.0256	0.0656	15.2470	377.0651	9.6479
25	2.6658	0.3751	41.6459	0.0240	0.0640	15.6221	416.1477	9.9925
26	2.7725	0.3607	44.3117	0.0226	0.0626	15.9828	457.7936	10.3312
27	2.8834	0.3468	47.0842	0.0212	0.0612	16.3296	502.1054	10.6640
28	2.9987	0.3335	49.9676	0.0200	0.0600	16.6631	549.1896	10.9909
29	3.1187	0.3207	52.9663	0.0189	0.0589	16.9837	599.1572	11.3120
30	3.2434	0.3083	56.0849	0.0178	0.0578	17.2920	652.1234	11.6274
31	3.3731	0.2965	59.3283	0.0169	0.0569	17.5885	708.2084	11.9371
32	3.5081	0.2851	62.7015	0.0159	0.0559	17.8736	767.5367	12.2411
33	3.6484	0.2741	66.2095	0.0151	0.0551	18.1476	830.2382	12.5396
34	3.7943	0.2636	69.8579	0.0143	0.0543	18.4112	896.4477	12.8324
35	3.9461	0.2534	73.6522	0.0136	0.0536	18.6646	966.3056	13.1198
36	4.1039	0.2437	77.5983	0.0129	0.0529	18.9083	1039.9578	13.4018
37	4.2681	0.2343	81.7022	0.0122	0.0522	19.1426	1117.5562	13.6784
38	4.4388	0.2253	85.9703	0.0116	0.0516	19.3679	1199.2584	13.9497
39	4.6164	0.2166	90.4091	0.0111	0.0511	19.5845	1285.2287	14.2157
40	4.8010	0.2083	95.0255	0.0105	0.0505	19.7928	1375.6379	14.4765

（续）

n	(F/P,i,n)	(P/F,i,n)	(F/A,i,n)	(A/F,i,n)	(A/P,i,n)	(P/A,i,n)	(F/G,i,n)	(A/G,i,n)
41	4.9931	0.2003	99.8265	0.0100	0.0500	19.9931	1470.6634	14.7322
42	5.1928	0.1926	104.8196	0.0095	0.0495	20.1856	1570.4899	14.9828
43	5.4005	0.1852	110.0124	0.0091	0.0491	20.3708	1675.3095	15.2284
44	5.6165	0.1780	115.4129	0.0087	0.0487	20.5488	1785.3219	15.4690
45	5.8412	0.1712	121.0294	0.0083	0.0483	20.7200	1900.7348	15.7047
46	6.0748	0.1646	126.8706	0.0079	0.0479	20.8847	2021.7642	15.9356
47	6.3178	0.1583	132.9454	0.0075	0.0475	21.0429	2148.6348	16.1618
48	6.5705	0.1522	139.2632	0.0072	0.0472	21.1951	2281.5802	16.3832
49	6.8333	0.1463	145.8337	0.0069	0.0469	21.3415	2420.8434	16.6000
50	7.1067	0.1407	152.6671	0.0066	0.0466	21.4822	2566.6771	16.8122

附表 5　复利系数表（$i=5\%$）

n	(F/P,i,n)	(P/F,i,n)	(F/A,i,n)	(A/F,i,n)	(A/P,i,n)	(P/A,i,n)	(F/G,i,n)	(A/G,i,n)
1	1.0500	0.9524	1.0000	1.0000	1.0500	0.9524	0.0000	0.0000
2	1.1025	0.9070	2.0500	0.4878	0.5378	1.8594	1.0000	0.4878
3	1.1576	0.8638	3.1525	0.3172	0.3672	2.7232	3.0500	0.9675
4	1.2155	0.8227	4.3101	0.2320	0.2820	3.5460	6.2025	1.4391
5	1.2763	0.7835	5.5256	0.1810	0.2310	4.3295	10.5126	1.9025
6	1.3401	0.7462	6.8019	0.1470	0.1970	5.0757	16.0383	2.3579
7	1.4071	0.7107	8.1420	0.1228	0.1728	5.7864	22.8402	2.8052
8	1.4775	0.6768	9.5491	0.1047	0.1547	6.4632	30.9822	3.2445
9	1.5513	0.6446	11.0266	0.0907	0.1407	7.1078	40.5313	3.6758
10	1.6289	0.6139	12.5779	0.0795	0.1295	7.7217	51.5579	4.0991
11	1.7103	0.5847	14.2068	0.0704	0.1204	8.3064	64.1357	4.5144
12	1.7959	0.5568	15.9171	0.0628	0.1128	8.8633	78.3425	4.9219
13	1.8856	0.5303	17.7130	0.0565	0.1065	9.3936	94.2597	5.3215
14	1.9799	0.5051	19.5986	0.0510	0.1010	9.8986	111.9726	5.7133
15	2.0789	0.4810	21.5786	0.0463	0.0963	10.3797	131.5713	6.0973
16	2.1829	0.4581	23.6575	0.0423	0.0923	10.8378	153.1498	6.4736
17	2.2920	0.4363	25.8404	0.0387	0.0887	11.2741	176.8073	6.8423
18	2.4066	0.4155	28.1324	0.0355	0.0855	11.6896	202.6477	7.2034
19	2.5270	0.3957	30.5390	0.0327	0.0827	12.0853	230.7801	7.5569
20	2.6533	0.3769	33.0660	0.0302	0.0802	12.4622	261.3191	7.9030
21	2.7860	0.3589	35.7193	0.0280	0.0780	12.8212	294.3850	8.2416
22	2.9253	0.3418	38.5052	0.0260	0.0760	13.1630	330.1043	8.5730
23	3.0715	0.3256	41.4305	0.0241	0.0741	13.4886	368.6095	8.8971

（续）

n	(F/P,i,n)	(P/F,i,n)	(F/A,i,n)	(A/F,i,n)	(A/P,i,n)	(P/A,i,n)	(F/G,i,n)	(A/G,i,n)
24	3. 2251	0. 3101	44. 5020	0. 0225	0. 0725	13. 7986	410. 0400	9. 2140
25	3. 3864	0. 2953	47. 7271	0. 0210	0. 0710	14. 0939	454. 5420	9. 5238
26	3. 5557	0. 2812	51. 1135	0. 0196	0. 0696	14. 3752	502. 2691	9. 8266
27	3. 7335	0. 2678	54. 6691	0. 0183	0. 0683	14. 6430	553. 3825	10. 1224
28	3. 9201	0. 2551	58. 4026	0. 0171	0. 0671	14. 8981	608. 0517	10. 4114
29	4. 1161	0. 2429	62. 3227	0. 0160	0. 0660	15. 1411	666. 4542	10. 6936
30	4. 3219	0. 2314	66. 4388	0. 0151	0. 0651	15. 3725	728. 7770	10. 9691
31	4. 5380	0. 2204	70. 7608	0. 0141	0. 0641	15. 5928	795. 2158	11. 2381
32	4. 7649	0. 2099	75. 2988	0. 0133	0. 0633	15. 8027	865. 9766	11. 5005
33	5. 0032	0. 1999	80. 0638	0. 0125	0. 0625	16. 0025	941. 2754	11. 7566
34	5. 2533	0. 1904	85. 0670	0. 0118	0. 0618	16. 1929	1021. 3392	12. 0063
35	5. 5160	0. 1813	90. 3203	0. 0111	0. 0611	16. 3742	1106. 4061	12. 2498
36	5. 7918	0. 1727	95. 8363	0. 0104	0. 0604	16. 5469	1196. 7265	12. 4872
37	6. 0814	0. 1644	101. 6281	0. 0098	0. 0598	16. 7113	1292. 5628	12. 7186
38	6. 3855	0. 1566	107. 7095	0. 0093	0. 0593	16. 8679	1394. 1909	12. 9440
39	6. 7048	0. 1491	114. 0950	0. 0088	0. 0588	17. 0170	1501. 9005	13. 1636
40	7. 0400	0. 1420	120. 7998	0. 0083	0. 0583	17. 1591	1615. 9955	13. 3775
41	7. 3920	0. 1353	127. 8398	0. 0078	0. 0578	17. 2944	1736. 7953	13. 5857
42	7. 7616	0. 1288	135. 2318	0. 0074	0. 0574	17. 4232	1864. 6350	13. 7884
43	8. 1497	0. 1227	142. 9933	0. 0070	0. 0570	17. 5459	1999. 8668	13. 9857
44	8. 5572	0. 1169	151. 1430	0. 0066	0. 0566	17. 6628	2142. 8601	14. 1777
45	8. 9850	0. 1113	159. 7002	0. 0063	0. 0563	17. 7741	2294. 0031	14. 3644
46	9. 4343	0. 1060	168. 6852	0. 0059	0. 0559	17. 8801	2453. 7033	14. 5461
47	9. 9060	0. 1009	178. 1194	0. 0056	0. 0556	17. 9810	2622. 3884	14. 7226
48	10. 4013	0. 0961	188. 0254	0. 0053	0. 0553	18. 0772	2800. 5079	14. 8943
49	10. 9213	0. 0916	198. 4267	0. 0050	0. 0550	18. 1687	2988. 5333	15. 0611
50	11. 4674	0. 0872	209. 3480	0. 0048	0. 0548	18. 2559	3186. 9599	15. 2233

附表 6　复利系数表（$i=6\%$）

n	(F/P,i,n)	(P/F,i,n)	(F/A,i,n)	(A/F,i,n)	(A/P,i,n)	(P/A,i,n)	(F/G,i,n)	(A/G,i,n)
1	1. 0600	0. 9434	1. 0000	1. 0000	1. 0600	0. 9434	0. 0000	0. 0000
2	1. 1236	0. 8900	2. 0600	0. 4854	0. 5454	1. 8334	1. 0000	0. 4854
3	1. 1910	0. 8396	3. 1836	0. 3141	0. 3741	2. 6730	3. 0600	0. 9612
4	1. 2625	0. 7921	4. 3746	0. 2286	0. 2886	3. 4651	6. 2436	1. 4272
5	1. 3382	0. 7473	5. 6371	0. 1774	0. 2374	4. 2124	10. 6182	1. 8836

（续）

n	(F/P,i,n)	(P/F,i,n)	(F/A,i,n)	(A/F,i,n)	(A/P,i,n)	(P/A,i,n)	(F/G,i,n)	(A/G,i,n)
6	1.4185	0.7050	6.9753	0.1434	0.2034	4.9173	16.2553	2.3304
7	1.5036	0.6651	8.3938	0.1191	0.1791	5.5824	23.2306	2.7676
8	1.5938	0.6274	9.8975	0.1010	0.1610	6.2098	31.6245	3.1952
9	1.6895	0.5919	11.4913	0.0870	0.1470	6.8017	41.5219	3.6133
10	1.7908	0.5584	13.1808	0.0759	0.1359	7.3601	53.0132	4.0220
11	1.8983	0.5268	14.9716	0.0668	0.1268	7.8869	66.1940	4.4213
12	2.0122	0.4970	16.8699	0.0593	0.1193	8.3838	81.1657	4.8113
13	2.1329	0.4688	18.8821	0.0530	0.1130	8.8527	98.0356	5.1920
14	2.2609	0.4423	21.0151	0.0476	0.1076	9.2950	116.9178	5.5635
15	2.3966	0.4173	23.2760	0.0430	0.1030	9.7122	137.9328	5.9260
16	2.5404	0.3936	25.6725	0.0390	0.0990	10.1059	161.2088	6.2794
17	2.6928	0.3714	28.2129	0.0354	0.0954	10.4773	186.8813	6.6240
18	2.8543	0.3503	30.9057	0.0324	0.0924	10.8276	215.0942	6.9597
19	3.0256	0.3305	33.7600	0.0296	0.0896	11.1581	245.9999	7.2867
20	3.2071	0.3118	36.7856	0.0272	0.0872	11.4699	279.7599	7.6051
21	3.3996	0.2942	39.9927	0.0250	0.0850	11.7641	316.5454	7.9151
22	3.6035	0.2775	43.3923	0.0230	0.0830	12.0416	356.5382	8.2166
23	3.8197	0.2618	46.9958	0.0213	0.0813	12.3034	399.9305	8.5099
24	4.0489	0.2470	50.8156	0.0197	0.0797	12.5504	446.9263	8.7951
25	4.2919	0.2330	54.8645	0.0182	0.0782	12.7834	497.7419	9.0722
26	4.5494	0.2198	59.1564	0.0169	0.0769	13.0032	552.6064	9.3414
27	4.8223	0.2074	63.7058	0.0157	0.0757	13.2105	611.7628	9.6029
28	5.1117	0.1956	68.5281	0.0146	0.0746	13.4062	675.4685	9.8568
29	5.4184	0.1846	73.6398	0.0136	0.0736	13.5907	743.9966	10.1032
30	5.7435	0.1741	79.0582	0.0126	0.0726	13.7648	817.6364	10.3422
31	6.0881	0.1643	84.8017	0.0118	0.0718	13.9291	896.6946	10.5740
32	6.4534	0.1550	90.8898	0.0110	0.0710	14.0840	981.4963	10.7988
33	6.8406	0.1462	97.3432	0.0103	0.0703	14.2302	1072.3861	11.0166
34	7.2510	0.1379	104.1838	0.0096	0.0696	14.3681	1169.7292	11.2276
35	7.6861	0.1301	111.4348	0.0090	0.0690	14.4982	1273.9130	11.4319
36	8.1473	0.1227	119.1209	0.0084	0.0684	14.6210	1385.3478	11.6298
37	8.6361	0.1158	127.2681	0.0079	0.0679	14.7368	1504.4686	11.8213
38	9.1543	0.1092	135.9042	0.0074	0.0674	14.8460	1631.7368	12.0065
39	9.7035	0.1031	145.0585	0.0069	0.0669	14.9491	1767.6410	12.1857

（续）

n	(F/P,i,n)	(P/F,i,n)	(F/A,i,n)	(A/F,i,n)	(A/P,i,n)	(P/A,i,n)	(F/G,i,n)	(A/G,i,n)
40	10.2857	0.0972	154.7620	0.0065	0.0665	15.0463	1912.6994	12.3590
41	10.9029	0.0917	165.0477	0.0061	0.0661	15.1380	2067.4614	12.5264
42	11.5570	0.0865	175.9505	0.0057	0.0657	15.2245	2232.5091	12.6883
43	12.2505	0.0816	187.5076	0.0053	0.0653	15.3062	2408.4596	12.8446
44	12.9855	0.0770	199.7580	0.0050	0.0650	15.3832	2595.9672	12.9956
45	13.7646	0.0727	212.7435	0.0047	0.0647	15.4558	2795.7252	13.1413
46	14.5905	0.0685	226.5081	0.0044	0.0644	15.5244	3008.4687	13.2819
47	15.4659	0.0647	241.0986	0.0041	0.0641	15.5890	3234.9769	13.4177
48	16.3939	0.0610	256.5645	0.0039	0.0639	15.6500	3476.0755	13.5485
49	17.3775	0.0575	272.9584	0.0037	0.0637	15.7076	3732.6400	13.6748
50	18.4202	0.0543	290.3359	0.0034	0.0634	15.7619	4005.5984	13.7964

附表 7　复利系数表（$i=7\%$）

n	(F/P,i,n)	(P/F,i,n)	(F/A,i,n)	(A/F,i,n)	(A/P,i,n)	(P/A,i,n)	(F/G,i,n)	(A/G,i,n)
1	1.0700	0.9346	1.0000	1.0000	1.0700	0.9346	0.0000	0.0000
2	1.1449	0.8734	2.0700	0.4831	0.5531	1.8080	1.0000	0.4831
3	1.2250	0.8163	3.2149	0.3111	0.3811	2.6243	3.0700	0.9549
4	1.3108	0.7629	4.4399	0.2252	0.2952	3.3872	6.2849	1.4155
5	1.4026	0.7130	5.7507	0.1739	0.2439	4.1002	10.7248	1.8650
6	1.5007	0.6663	7.1533	0.1398	0.2098	4.7665	16.4756	2.3032
7	1.6058	0.6227	8.6540	0.1156	0.1856	5.3893	23.6289	2.7304
8	1.7182	0.5820	10.2598	0.0975	0.1675	5.9713	32.2829	3.1465
9	1.8385	0.5439	11.9780	0.0835	0.1535	6.5152	42.5427	3.5517
10	1.9672	0.5083	13.8164	0.0724	0.1424	7.0236	54.5207	3.9461
11	2.1049	0.4751	15.7836	0.0634	0.1334	7.4987	68.3371	4.3296
12	2.2522	0.4440	17.8885	0.0559	0.1259	7.9427	84.1207	4.7025
13	2.4098	0.4150	20.1406	0.0497	0.1197	8.3577	102.0092	5.0648
14	2.5785	0.3878	22.5505	0.0443	0.1143	8.7455	122.1498	5.4167
15	2.7590	0.3624	25.1290	0.0398	0.1098	9.1079	144.7003	5.7583
16	2.9522	0.3387	27.8881	0.0359	0.1059	9.4466	169.8293	6.0897
17	3.1588	0.3166	30.8402	0.0324	0.1024	9.7632	197.7174	6.4110
18	3.3799	0.2959	33.9990	0.0294	0.0994	10.0591	228.5576	6.7225
19	3.6165	0.2765	37.3790	0.0268	0.0968	10.3356	262.5566	7.0242
20	3.8697	0.2584	40.9955	0.0244	0.0944	10.5940	299.9356	7.3163
21	4.1406	0.2415	44.8652	0.0223	0.0923	10.8355	340.9311	7.5990

（续）

n	(F/P,i,n)	(P/F,i,n)	(F/A,i,n)	(A/F,i,n)	(A/P,i,n)	(P/A,i,n)	(F/G,i,n)	(A/G,i,n)
22	4.4304	0.2257	49.0057	0.0204	0.0904	11.0612	385.7963	7.8725
23	4.7405	0.2109	53.4361	0.0187	0.0887	11.2722	434.8020	8.1369
24	5.0724	0.1971	58.1767	0.0172	0.0872	11.4693	488.2382	8.3923
25	5.4274	0.1842	63.2490	0.0158	0.0858	11.6536	546.4148	8.6391
26	5.8074	0.1722	68.6765	0.0146	0.0846	11.8258	609.6639	8.8773
27	6.2139	0.1609	74.4838	0.0134	0.0834	11.9867	678.3403	9.1072
28	6.6488	0.1504	80.6977	0.0124	0.0824	12.1371	752.8242	9.3289
29	7.1143	0.1406	87.3465	0.0114	0.0814	12.2777	833.5218	9.5427
30	7.6123	0.1314	94.4608	0.0106	0.0806	12.4090	920.8684	9.7487
31	8.1451	0.1228	102.0730	0.0098	0.0798	12.5318	1015.3292	9.9471
32	8.7153	0.1147	110.2182	0.0091	0.0791	12.6466	1117.4022	10.1381
33	9.3253	0.1072	118.9334	0.0084	0.0784	12.7538	1227.6204	10.3219
34	9.9781	0.1002	128.2588	0.0078	0.0778	12.8540	1346.5538	10.4987
35	10.6766	0.0937	138.2369	0.0072	0.0772	12.9477	1474.8125	10.6687
36	11.4239	0.0875	148.9135	0.0067	0.0767	13.0352	1613.0494	10.8321
37	12.2236	0.0818	160.3374	0.0062	0.0762	13.1170	1761.9629	10.9891
38	13.0793	0.0765	172.5610	0.0058	0.0758	13.1935	1922.3003	11.1398
39	13.9948	0.0715	185.6403	0.0054	0.0754	13.2649	2094.8613	11.2845
40	14.9745	0.0668	199.6351	0.0050	0.0750	13.3317	2280.5016	11.4233
41	16.0227	0.0624	214.6096	0.0047	0.0747	13.3941	2480.1367	11.5565
42	17.1443	0.0583	230.6322	0.0043	0.0743	13.4524	2694.7463	11.6842
43	18.3444	0.0545	247.7765	0.0040	0.0740	13.5070	2925.3785	11.8065
44	19.6285	0.0509	266.1209	0.0038	0.0738	13.5579	3173.1550	11.9237
45	21.0025	0.0476	285.7493	0.0035	0.0735	13.6055	3439.2759	12.0360
46	22.4726	0.0445	306.7518	0.0033	0.0733	13.6500	3725.0252	12.1435
47	24.0457	0.0416	329.2244	0.0030	0.0730	13.6916	4031.7769	12.2463
48	25.7289	0.0389	353.2701	0.0028	0.0728	13.7305	4361.0013	12.3447
49	27.5299	0.0363	378.9990	0.0026	0.0726	13.7668	4714.2714	12.4387
50	29.4570	0.0339	406.5289	0.0025	0.0725	13.8007	5093.2704	12.5287

附表8　复利系数表（$i=8\%$）

n	(F/P,i,n)	(P/F,i,n)	(F/A,i,n)	(A/F,i,n)	(A/P,i,n)	(P/A,i,n)	(F/G,i,n)	(A/G,i,n)
1	1.0800	0.9259	1.0000	1.0000	1.0800	0.9259	0.0000	0.0000
2	1.1664	0.8573	2.0800	0.4808	0.5608	1.7833	1.0000	0.4808
3	1.2597	0.7938	3.2464	0.3080	0.3880	2.5771	3.0800	0.9487

（续）

n	(F/P,i,n)	(P/F,i,n)	(F/A,i,n)	(A/F,i,n)	(A/P,i,n)	(P/A,i,n)	(F/G,i,n)	(A/G,i,n)
4	1.3605	0.7350	4.5061	0.2219	0.3019	3.3121	6.3264	1.4040
5	1.4693	0.6806	5.8666	0.1705	0.2505	3.9927	10.8325	1.8465
6	1.5869	0.6302	7.3359	0.1363	0.2163	4.6229	16.6991	2.2763
7	1.7138	0.5835	8.9228	0.1121	0.1921	5.2064	24.0350	2.6937
8	1.8509	0.5403	10.6366	0.0940	0.1740	5.7466	32.9578	3.0985
9	1.9990	0.5002	12.4876	0.0801	0.1601	6.2469	43.5945	3.4910
10	2.1589	0.4632	14.4866	0.0690	0.1490	6.7101	56.0820	3.8713
11	2.3316	0.4289	16.6455	0.0601	0.1401	7.1390	70.5686	4.2395
12	2.5182	0.3971	18.9771	0.0527	0.1327	7.5361	87.2141	4.5957
13	2.7196	0.3677	21.4953	0.0465	0.1265	7.9038	106.1912	4.9402
14	2.9372	0.3405	24.2149	0.0413	0.1213	8.2442	127.6865	5.2731
15	3.1722	0.3152	27.1521	0.0368	0.1168	8.5595	151.9014	5.5945
16	3.4259	0.2919	30.3243	0.0330	0.1130	8.8514	179.0535	5.9046
17	3.7000	0.2703	33.7502	0.0296	0.1096	9.1216	209.3778	6.2037
18	3.9960	0.2502	37.4502	0.0267	0.1067	9.3719	243.1280	6.4920
19	4.3157	0.2317	41.4463	0.0241	0.1041	9.6036	280.5783	6.7697
20	4.6610	0.2145	45.7620	0.0219	0.1019	9.8181	322.0246	7.0369
21	5.0338	0.1987	50.4229	0.0198	0.0998	10.0168	367.7865	7.2940
22	5.4365	0.1839	55.4568	0.0180	0.0980	10.2007	418.2094	7.5412
23	5.8715	0.1703	60.8933	0.0164	0.0964	10.3711	473.6662	7.7786
24	6.3412	0.1577	66.7648	0.0150	0.0950	10.5288	534.5595	8.0066
25	6.8485	0.1460	73.1059	0.0137	0.0937	10.6748	601.3242	8.2254
26	7.3964	0.1352	79.9544	0.0125	0.0925	10.8100	674.4302	8.4352
27	7.9881	0.1252	87.3508	0.0114	0.0914	10.9352	754.3846	8.6363
28	8.6271	0.1159	95.3388	0.0105	0.0905	11.0511	841.7354	8.8289
29	9.3173	0.1073	103.9659	0.0096	0.0896	11.1584	937.0742	9.0133
30	10.0627	0.0994	113.2832	0.0088	0.0888	11.2578	1041.0401	9.1897
31	10.8677	0.0920	123.3459	0.0081	0.0881	11.3498	1154.3234	9.3584
32	11.7371	0.0852	134.2135	0.0075	0.0875	11.4350	1277.6692	9.5197
33	12.6760	0.0789	145.9506	0.0069	0.0869	11.5139	1411.8828	9.6737
34	13.6901	0.0730	158.6267	0.0063	0.0863	11.5869	1557.8334	9.8208
35	14.7853	0.0676	172.3168	0.0058	0.0858	11.6546	1716.4600	9.9611
36	15.9682	0.0626	187.1021	0.0053	0.0853	11.7172	1888.7768	10.0949
37	17.2456	0.0580	203.0703	0.0049	0.0849	11.7752	2075.8790	10.2225
38	18.6253	0.0537	220.3159	0.0045	0.0845	11.8289	2278.9493	10.3440
39	20.1153	0.0497	238.9412	0.0042	0.0842	11.8786	2499.2653	10.4597
40	21.7245	0.0460	259.0565	0.0039	0.0839	11.9246	2738.2065	10.5699

（续）

n	(F/P,i,n)	(P/F,i,n)	(F/A,i,n)	(A/F,i,n)	(A/P,i,n)	(P/A,i,n)	(F/G,i,n)	(A/G,i,n)
41	23.4625	0.0426	280.7810	0.0036	0.0836	11.9672	2997.2630	10.6747
42	25.3395	0.0395	304.2435	0.0033	0.0833	12.0067	3278.0440	10.7744
43	27.3666	0.0365	329.5830	0.0030	0.0830	12.0432	3582.2876	10.8692
44	29.5560	0.0338	356.9496	0.0028	0.0828	12.0771	3911.8706	10.9592
45	31.9204	0.0313	386.5056	0.0026	0.0826	12.1084	4268.8202	11.0447
46	34.4741	0.0290	418.4261	0.0024	0.0824	12.1374	4655.3258	11.1258
47	37.2320	0.0269	452.9002	0.0022	0.0822	12.1643	5073.7519	11.2028
48	40.2106	0.0249	490.1322	0.0020	0.0820	12.1891	5526.6521	11.2758
49	43.4274	0.0230	530.3427	0.0019	0.0819	12.2122	6016.7842	11.3451
50	46.9016	0.0213	573.7702	0.0017	0.0817	12.2335	6547.1270	11.4107

附表9　复利系数表（$i=9\%$）

n	(F/P,i,n)	(P/F,i,n)	(F/A,i,n)	(A/F,i,n)	(A/P,i,n)	(P/A,i,n)	(F/G,i,n)	(A/G,i,n)
1	1.0900	0.9174	1.0000	1.0000	1.0900	0.9174	0.0000	0.0000
2	1.1881	0.8417	2.0900	0.4785	0.5685	1.7591	1.0000	0.4785
3	1.2950	0.7722	3.2781	0.3051	0.3951	2.5313	3.0900	0.9426
4	1.4116	0.7084	4.5731	0.2187	0.3087	3.2397	6.3681	1.3925
5	1.5386	0.6499	5.9847	0.1671	0.2571	3.8897	10.9412	1.8282
6	1.6771	0.5963	7.5233	0.1329	0.2229	4.4859	16.9259	2.2498
7	1.8280	0.5470	9.2004	0.1087	0.1987	5.0330	24.4493	2.6574
8	1.9926	0.5019	11.0285	0.0907	0.1807	5.5348	33.6497	3.0512
9	2.1719	0.4604	13.0210	0.0768	0.1668	5.9952	44.6782	3.4312
10	2.3674	0.4224	15.1929	0.0658	0.1558	6.4177	57.6992	3.7978
11	2.5804	0.3875	17.5603	0.0569	0.1469	6.8052	72.8921	4.1510
12	2.8127	0.3555	20.1407	0.0497	0.1397	7.1607	90.4524	4.4910
13	3.0658	0.3262	22.9534	0.0436	0.1336	7.4869	110.5932	4.8182
14	3.3417	0.2992	26.0192	0.0384	0.1284	7.7862	133.5465	5.1326
15	3.6425	0.2745	29.3609	0.0341	0.1241	8.0607	159.5657	5.4346
16	3.9703	0.2519	33.0034	0.0303	0.1203	8.3126	188.9267	5.7245
17	4.3276	0.2311	36.9737	0.0270	0.1170	8.5436	221.9301	6.0024
18	4.7171	0.2120	41.3013	0.0242	0.1142	8.7556	258.9038	6.2687
19	5.1417	0.1945	46.0185	0.0217	0.1117	8.9501	300.2051	6.5236
20	5.6044	0.1784	51.1601	0.0195	0.1095	9.1285	346.2236	6.7674
21	6.1088	0.1637	56.7645	0.0176	0.1076	9.2922	397.3837	7.0006
22	6.6586	0.1502	62.8733	0.0159	0.1059	9.4424	454.1482	7.2232
23	7.2579	0.1378	69.5319	0.0144	0.1044	9.5802	517.0215	7.4357
24	7.9111	0.1264	76.7898	0.0130	0.1030	9.7066	586.5535	7.6384
25	8.6231	0.1160	84.7009	0.0118	0.1018	9.8226	663.3433	7.8316

（续）

n	(F/P,i,n)	(P/F,i,n)	(F/A,i,n)	(A/F,i,n)	(A/P,i,n)	(P/A,i,n)	(F/G,i,n)	(A/G,i,n)
26	9.3992	0.1064	93.3240	0.0107	0.1007	9.9290	748.0442	8.0156
27	10.2451	0.0976	102.7231	0.0097	0.0997	10.0266	841.3682	8.1906
28	11.1671	0.0895	112.9682	0.0089	0.0989	10.1161	944.0913	8.3571
29	12.1722	0.0822	124.1354	0.0081	0.0981	10.1983	1057.0595	8.5154
30	13.2677	0.0754	136.3075	0.0073	0.0973	10.2737	1181.1949	8.6657
31	14.4618	0.0691	149.5752	0.0067	0.0967	10.3428	1317.5024	8.8083
32	15.7633	0.0634	164.0370	0.0061	0.0961	10.4062	1467.0776	8.9436
33	17.1820	0.0582	179.8003	0.0056	0.0956	10.4644	1631.1146	9.0718
34	18.7284	0.0534	196.9823	0.0051	0.0951	10.5178	1810.9149	9.1933
35	20.4140	0.0490	215.7108	0.0046	0.0946	10.5668	2007.8973	9.3083
36	22.2512	0.0449	236.1247	0.0042	0.0942	10.6118	2223.6080	9.4171
37	24.2538	0.0412	258.3759	0.0039	0.0939	10.6530	2459.7328	9.5200
38	26.4367	0.0378	282.6298	0.0035	0.0935	10.6908	2718.1087	9.6172
39	28.8160	0.0347	309.0665	0.0032	0.0932	10.7255	3000.7385	9.7090
40	31.4094	0.0318	337.8824	0.0030	0.0930	10.7574	3309.8049	9.7957
41	34.2363	0.0292	369.2919	0.0027	0.0927	10.7866	3647.6874	9.8775
42	37.3175	0.0268	403.5281	0.0025	0.0925	10.8134	4016.9793	9.9546
43	40.6761	0.0246	440.8457	0.0023	0.0923	10.8380	4420.5074	10.0273
44	44.3370	0.0226	481.5218	0.0021	0.0921	10.8605	4861.3531	10.0958
45	48.3273	0.0207	525.8587	0.0019	0.0919	10.8812	5342.8748	10.1603
46	52.6767	0.0190	574.1860	0.0017	0.0917	10.9002	5868.7336	10.2210
47	57.4176	0.0174	626.8628	0.0016	0.0916	10.9176	6442.9196	10.2780
48	62.5852	0.0160	684.2804	0.0015	0.0915	10.9336	7069.7823	10.3317
49	68.2179	0.0147	746.8656	0.0013	0.0913	10.9482	7754.0628	10.3821
50	74.3575	0.0134	815.0836	0.0012	0.0912	10.9617	8500.9284	10.4295

附表 10　复利系数表（$i=10\%$）

n	(F/P,i,n)	(P/F,i,n)	(F/A,i,n)	(A/F,i,n)	(A/P,i,n)	(P/A,i,n)	(F/G,i,n)	(A/G,i,n)
1	1.1000	0.9091	1.0000	1.0000	1.1000	0.9091	0.0000	0.0000
2	1.2100	0.8264	2.1000	0.4762	0.5762	1.7355	1.0000	0.4762
3	1.3310	0.7513	3.3100	0.3021	0.4021	2.4869	3.1000	0.9366
4	1.4641	0.6830	4.6410	0.2155	0.3155	3.1699	6.4100	1.3812
5	1.6105	0.6209	6.1051	0.1638	0.2638	3.7908	11.0510	1.8101
6	1.7716	0.5645	7.7156	0.1296	0.2296	4.3553	17.1561	2.2236
7	1.9487	0.5132	9.4872	0.1054	0.2054	4.8684	24.8717	2.6216
8	2.1436	0.4665	11.4359	0.0874	0.1874	5.3349	34.3589	3.0045
9	2.3579	0.4241	13.5795	0.0736	0.1736	5.7590	45.7948	3.3724
10	2.5937	0.3855	15.9374	0.0627	0.1627	6.1446	59.3742	3.7255

（续）

n	(F/P,i,n)	(P/F,i,n)	(F/A,i,n)	(A/F,i,n)	(A/P,i,n)	(P/A,i,n)	(F/G,i,n)	(A/G,i,n)
11	2. 8531	0. 3505	18. 5312	0. 0540	0. 1540	6. 4951	75. 3117	4. 0641
12	3. 1384	0. 3186	21. 3843	0. 0468	0. 1468	6. 8137	93. 8428	4. 3884
13	3. 4523	0. 2897	24. 5227	0. 0408	0. 1408	7. 1034	115. 2271	4. 6988
14	3. 7975	0. 2633	27. 9750	0. 0357	0. 1357	7. 3667	139. 7498	4. 9955
15	4. 1772	0. 2394	31. 7725	0. 0315	0. 1315	7. 6061	167. 7248	5. 2789
16	4. 5950	0. 2176	35. 9497	0. 0278	0. 1278	7. 8237	199. 4973	5. 5493
17	5. 0545	0. 1978	40. 5447	0. 0247	0. 1247	8. 0216	235. 4470	5. 8071
18	5. 5599	0. 1799	45. 5992	0. 0219	0. 1219	8. 2014	275. 9917	6. 0526
19	6. 1159	0. 1635	51. 1591	0. 0195	0. 1195	8. 3649	321. 5909	6. 2861
20	6. 7275	0. 1486	57. 2750	0. 0175	0. 1175	8. 5136	372. 7500	6. 5081
21	7. 4002	0. 1351	64. 0025	0. 0156	0. 1156	8. 6487	430. 0250	6. 7189
22	8. 1403	0. 1228	71. 4027	0. 0140	0. 1140	8. 7715	494. 0275	6. 9189
23	8. 9543	0. 1117	79. 5430	0. 0126	0. 1126	8. 8832	565. 4302	7. 1085
24	9. 8497	0. 1015	88. 4973	0. 0113	0. 1113	8. 9847	644. 9733	7. 2881
25	10. 8347	0. 0923	98. 3471	0. 0102	0. 1102	9. 0770	733. 4706	7. 4580
26	11. 9182	0. 0839	109. 1818	0. 0092	0. 1092	9. 1609	831. 8177	7. 6186
27	13. 1100	0. 0763	121. 0999	0. 0083	0. 1083	9. 2372	940. 9994	7. 7704
28	14. 4210	0. 0693	134. 2099	0. 0075	0. 1075	9. 3066	1062. 0994	7. 9137
29	15. 8631	0. 0630	148. 6309	0. 0067	0. 1067	9. 3696	1196. 3093	8. 0489
30	17. 4494	0. 0573	164. 4940	0. 0061	0. 1061	9. 4269	1344. 9402	8. 1762
31	19. 1943	0. 0521	181. 9434	0. 0055	0. 1055	9. 4790	1509. 4342	8. 2962
32	21. 1138	0. 0474	201. 1378	0. 0050	0. 1050	9. 5264	1691. 3777	8. 4091
33	23. 2252	0. 0431	222. 2515	0. 0045	0. 1045	9. 5694	1892. 5154	8. 5152
34	25. 5477	0. 0391	245. 4767	0. 0041	0. 1041	9. 6086	2114. 7670	8. 6149
35	28. 1024	0. 0356	271. 0244	0. 0037	0. 1037	9. 6442	2360. 2437	8. 7086
36	30. 9127	0. 0323	299. 1268	0. 0033	0. 1033	9. 6765	2631. 2681	8. 7965
37	34. 0039	0. 0294	330. 0395	0. 0030	0. 1030	9. 7059	2930. 3949	8. 8789
38	37. 4043	0. 0267	364. 0434	0. 0027	0. 1027	9. 7327	3260. 4343	8. 9562
39	41. 1448	0. 0243	401. 4478	0. 0025	0. 1025	9. 7570	3624. 4778	9. 0285
40	45. 2593	0. 0221	442. 5926	0. 0023	0. 1023	9. 7791	4025. 9256	9. 0962
41	49. 7852	0. 0201	487. 8518	0. 0020	0. 1020	9. 7991	4468. 5181	9. 1596
42	54. 7637	0. 0183	537. 6370	0. 0019	0. 1019	9. 8174	4956. 3699	9. 2188
43	60. 2401	0. 0166	592. 4007	0. 0017	0. 1017	9. 8340	5494. 0069	9. 2741
44	66. 2641	0. 0151	652. 6408	0. 0015	0. 1015	9. 8491	6086. 4076	9. 3258
45	72. 8905	0. 0137	718. 9048	0. 0014	0. 1014	9. 8628	6739. 0484	9. 3740
46	80. 1795	0. 0125	791. 7953	0. 0013	0. 1013	9. 8753	7457. 9532	9. 4190
47	88. 1975	0. 0113	871. 9749	0. 0011	0. 1011	9. 8866	8249. 7485	9. 4610

（续）

n	(F/P,i,n)	(P/F,i,n)	(F/A,i,n)	(A/F,i,n)	(A/P,i,n)	(P/A,i,n)	(F/G,i,n)	(A/G,i,n)
48	97.0172	0.0103	960.1723	0.0010	0.1010	9.8969	9121.7234	9.5001
49	106.7190	0.0094	1057.1896	0.0009	0.1009	9.9063	10081.8957	9.5365
50	117.3909	0.0085	1163.9085	0.0009	0.1009	9.9148	11139.0853	9.5704

附表 11　复利系数表（$i=12\%$）

n	(F/P,i,n)	(P/F,i,n)	(F/A,i,n)	(A/F,i,n)	(A/P,i,n)	(P/A,i,n)	(F/G,i,n)	(A/G,i,n)
1	1.1200	0.8929	1.0000	1.0000	1.1200	0.8929	0.0000	0.0000
2	1.2544	0.7972	2.1200	0.4717	0.5917	1.6901	1.0000	0.4717
3	1.4049	0.7118	3.3744	0.2963	0.4163	2.4018	3.1200	0.9246
4	1.5735	0.6355	4.7793	0.2092	0.3292	3.0373	6.4944	1.3589
5	1.7623	0.5674	6.3528	0.1574	0.2774	3.6048	11.2737	1.7746
6	1.9738	0.5066	8.1152	0.1232	0.2432	4.1114	17.6266	2.1720
7	2.2107	0.4523	10.0890	0.0991	0.2191	4.5638	25.7418	2.5515
8	2.4760	0.4039	12.2997	0.0813	0.2013	4.9676	35.8308	2.9131
9	2.7731	0.3606	14.7757	0.0677	0.1877	5.3282	48.1305	3.2574
10	3.1058	0.3220	17.5487	0.0570	0.1770	5.6502	62.9061	3.5847
11	3.4785	0.2875	20.6546	0.0484	0.1684	5.9377	80.4549	3.8953
12	3.8960	0.2567	24.1331	0.0414	0.1614	6.1944	101.1094	4.1897
13	4.3635	0.2292	28.0291	0.0357	0.1557	6.4235	125.2426	4.4683
14	4.8871	0.2046	32.3926	0.0309	0.1509	6.6282	153.2717	4.7317
15	5.4736	0.1827	37.2797	0.0268	0.1468	6.8109	185.6643	4.9803
16	6.1304	0.1631	42.7533	0.0234	0.1434	6.9740	222.9440	5.2147
17	6.8660	0.1456	48.8837	0.0205	0.1405	7.1196	265.6973	5.4353
18	7.6900	0.1300	55.7497	0.0179	0.1379	7.2497	314.5810	5.6427
19	8.6128	0.1161	63.4397	0.0158	0.1358	7.3658	370.3307	5.8375
20	9.6463	0.1037	72.0524	0.0139	0.1339	7.4694	433.7704	6.0202
21	10.8038	0.0926	81.6987	0.0122	0.1322	7.5620	505.8228	6.1913
22	12.1003	0.0826	92.5026	0.0108	0.1308	7.6446	587.5215	6.3514
23	13.5523	0.0738	104.6029	0.0096	0.1296	7.7184	680.0241	6.5010
24	15.1786	0.0659	118.1552	0.0085	0.1285	7.7843	784.6270	6.6406
25	17.0001	0.0588	133.3339	0.0075	0.1275	7.8431	902.7823	6.7708
26	19.0401	0.0525	150.3339	0.0067	0.1267	7.8957	1036.1161	6.8921
27	21.3249	0.0469	169.3740	0.0059	0.1259	7.9426	1186.4501	7.0049
28	23.8839	0.0419	190.6989	0.0052	0.1252	7.9844	1355.8241	7.1098
29	26.7499	0.0374	214.5828	0.0047	0.1247	8.0218	1546.5229	7.2071
30	29.9599	0.0334	241.3327	0.0041	0.1241	8.0552	1761.1057	7.2974
31	33.5551	0.0298	271.2926	0.0037	0.1237	8.0850	2002.4384	7.3811
32	37.5817	0.0266	304.8477	0.0033	0.1233	8.1116	2273.7310	7.4586

（续）

n	(F/P,i,n)	(P/F,i,n)	(F/A,i,n)	(A/F,i,n)	(A/P,i,n)	(P/A,i,n)	(F/G,i,n)	(A/G,i,n)
33	42.0915	0.0238	342.4294	0.0029	0.1229	8.1354	2578.5787	7.5302
34	47.1425	0.0212	384.5210	0.0026	0.1226	8.1566	2921.0082	7.5965
35	52.7996	0.0189	431.6635	0.0023	0.1223	8.1755	3305.5291	7.6577
36	59.1356	0.0169	484.4631	0.0021	0.1221	8.1924	3737.1926	7.7141
37	66.2318	0.0151	543.5987	0.0018	0.1218	8.2075	4221.6558	7.7661
38	74.1797	0.0135	609.8305	0.0016	0.1216	8.2210	4765.2544	7.8141
39	83.0812	0.0120	684.0102	0.0015	0.1215	8.2330	5375.0850	7.8582
40	93.0510	0.0107	767.0914	0.0013	0.1213	8.2438	6059.0952	7.8988
41	104.2171	0.0096	860.1424	0.0012	0.1212	8.2534	6826.1866	7.9361
42	116.7231	0.0086	964.3595	0.0010	0.1210	8.2619	7686.3290	7.9704
43	130.7299	0.0076	1081.0826	0.0009	0.1209	8.2696	8650.6885	8.0019
44	146.4175	0.0068	1211.8125	0.0008	0.1208	8.2764	9731.7711	8.0308
45	163.9876	0.0061	1358.2300	0.0007	0.1207	8.2825	10943.5836	8.0572
46	183.6661	0.0054	1522.2176	0.0007	0.1207	8.2880	12301.8136	8.0815
47	205.7061	0.0049	1705.8838	0.0006	0.1206	8.2928	13824.0313	8.1037
48	230.3908	0.0043	1911.5898	0.0005	0.1205	8.2972	15529.9150	8.1241
49	258.0377	0.0039	2141.9806	0.0005	0.1205	8.3010	17441.5048	8.1427
50	289.0022	0.0035	2400.0182	0.0004	0.1204	8.3045	19583.4854	8.1597

附表12　复利系数表（$i=15\%$）

n	(F/P,i,n)	(P/F,i,n)	(F/A,i,n)	(A/F,i,n)	(A/P,i,n)	(P/A,i,n)	(F/G,i,n)	(A/G,i,n)
1	1.1500	0.8696	1.0000	1.0000	1.1500	0.8696	0.0000	0.0000
2	1.3225	0.7561	2.1500	0.4651	0.6151	1.6257	1.0000	0.4651
3	1.5209	0.6575	3.4725	0.2880	0.4380	2.2832	3.1500	0.9071
4	1.7490	0.5718	4.9934	0.2003	0.3503	2.8550	6.6225	1.3263
5	2.0114	0.4972	6.7424	0.1483	0.2983	3.3522	11.6159	1.7228
6	2.3131	0.4323	8.7537	0.1142	0.2642	3.7845	18.3583	2.0972
7	2.6600	0.3759	11.0668	0.0904	0.2404	4.1604	27.1120	2.4498
8	3.0590	0.3269	13.7268	0.0729	0.2229	4.4873	38.1788	2.7813
9	3.5179	0.2843	16.7858	0.0596	0.2096	4.7716	51.9056	3.0922
10	4.0456	0.2472	20.3037	0.0493	0.1993	5.0188	68.6915	3.3832
11	4.6524	0.2149	24.3493	0.0411	0.1911	5.2337	88.9952	3.6549
12	5.3503	0.1869	29.0017	0.0345	0.1845	5.4206	113.3444	3.9082
13	6.1528	0.1625	34.3519	0.0291	0.1791	5.5831	142.3461	4.1438
14	7.0757	0.1413	40.5047	0.0247	0.1747	5.7245	176.6980	4.3624
15	8.1371	0.1229	47.5804	0.0210	0.1710	5.8474	217.2027	4.5650
16	9.3576	0.1069	55.7175	0.0179	0.1679	5.9542	264.7831	4.7522
17	10.7613	0.0929	65.0751	0.0154	0.1654	6.0472	320.5006	4.9251

（续）

n	(F/P,i,n)	(P/F,i,n)	(F/A,i,n)	(A/F,i,n)	(A/P,i,n)	(P/A,i,n)	(F/G,i,n)	(A/G,i,n)
18	12.3755	0.0808	75.8364	0.0132	0.1632	6.1280	385.5757	5.0843
19	14.2318	0.0703	88.2118	0.0113	0.1613	6.1982	461.4121	5.2307
20	16.3665	0.0611	102.4436	0.0098	0.1598	6.2593	549.6239	5.3651
21	18.8215	0.0531	118.8101	0.0084	0.1584	6.3125	652.0675	5.4883
22	21.6447	0.0462	137.6316	0.0073	0.1573	6.3587	770.8776	5.6010
23	24.8915	0.0402	159.2764	0.0063	0.1563	6.3988	908.5092	5.7040
24	28.6252	0.0349	184.1678	0.0054	0.1554	6.4338	1067.7856	5.7979
25	32.9190	0.0304	212.7930	0.0047	0.1547	6.4641	1251.9534	5.8834
26	37.8568	0.0264	245.7120	0.0041	0.1541	6.4906	1464.7465	5.9612
27	43.5353	0.0230	283.5688	0.0035	0.1535	6.5135	1710.4584	6.0319
28	50.0656	0.0200	327.1041	0.0031	0.1531	6.5335	1994.0272	6.0960
29	57.5755	0.0174	377.1697	0.0027	0.1527	6.5509	2321.1313	6.1541
30	66.2118	0.0151	434.7451	0.0023	0.1523	6.5660	2698.3010	6.2066
31	76.1435	0.0131	500.9569	0.0020	0.1520	6.5791	3133.0461	6.2541
32	87.5651	0.0114	577.1005	0.0017	0.1517	6.5905	3634.0030	6.2970
33	100.6998	0.0099	664.6655	0.0015	0.1515	6.6005	4211.1035	6.3357
34	115.8048	0.0086	765.3654	0.0013	0.1513	6.6091	4875.7690	6.3705
35	133.1755	0.0075	881.1702	0.0011	0.1511	6.6166	5641.1344	6.4019
36	153.1519	0.0065	1014.3457	0.0010	0.1510	6.6231	6522.3045	6.4301
37	176.1246	0.0057	1167.4975	0.0009	0.1509	6.6288	7536.6502	6.4554
38	202.5433	0.0049	1343.6222	0.0007	0.1507	6.6338	8704.1477	6.4781
39	232.9248	0.0043	1546.1655	0.0006	0.1506	6.6380	10047.7699	6.4985
40	267.8635	0.0037	1779.0903	0.0006	0.1506	6.6418	11593.9354	6.5168
41	308.0431	0.0032	2046.9539	0.0005	0.1505	6.6450	13373.0257	6.5331
42	354.2495	0.0028	2354.9969	0.0004	0.1504	6.6478	15419.9796	6.5478
43	407.3870	0.0025	2709.2465	0.0004	0.1504	6.6503	17774.9765	6.5609
44	468.4950	0.0021	3116.6334	0.0003	0.1503	6.6524	20484.2230	6.5725
45	538.7693	0.0019	3585.1285	0.0003	0.1503	6.6543	23600.8564	6.5830
46	619.5847	0.0016	4123.8977	0.0002	0.1502	6.6559	27185.9849	6.5923
47	712.5224	0.0014	4743.4824	0.0002	0.1502	6.6573	31309.8826	6.6006
48	819.4007	0.0012	5456.0047	0.0002	0.1502	6.6585	36053.3650	6.6080
49	942.3108	0.0011	6275.4055	0.0002	0.1502	6.6596	41509.3697	6.6146
50	1083.657	0.0009	7217.7163	0.0001	0.1501	6.6605	47784.7752	6.6205

附表 13　复利系数表（$i=20\%$）

n	(F/P,i,n)	(P/F,i,n)	(F/A,i,n)	(A/F,i,n)	(A/P,i,n)	(P/A,i,n)	(F/G,i,n)	(A/G,i,n)
1	1.2000	0.8333	1.0000	1.0000	1.2000	0.8333	0.0000	0.0000
2	1.4400	0.6944	2.2000	0.4545	0.6545	1.5278	1.0000	0.4545
3	1.7280	0.5787	3.6400	0.2747	0.4747	2.1065	3.2000	0.8791

（续）

n	(F/P,i,n)	(P/F,i,n)	(F/A,i,n)	(A/F,i,n)	(A/P,i,n)	(P/A,i,n)	(F/G,i,n)	(A/G,i,n)
4	2. 0736	0. 4823	5. 3680	0. 1863	0. 3863	2. 5887	6. 8400	1. 2742
5	2. 4883	0. 4019	7. 4416	0. 1344	0. 3344	2. 9906	12. 2080	1. 6405
6	2. 9860	0. 3349	9. 9299	0. 1007	0. 3007	3. 3255	19. 6496	1. 9788
7	3. 5832	0. 2791	12. 9159	0. 0774	0. 2774	3. 6046	29. 5795	2. 2902
8	4. 2998	0. 2326	16. 4991	0. 0606	0. 2606	3. 8372	42. 4954	2. 5756
9	5. 1598	0. 1938	20. 7989	0. 0481	0. 2481	4. 0310	58. 9945	2. 8364
10	6. 1917	0. 1615	25. 9587	0. 0385	0. 2385	4. 1925	79. 7934	3. 0739
11	7. 4301	0. 1346	32. 1504	0. 0311	0. 2311	4. 3271	105. 7521	3. 2893
12	8. 9161	0. 1122	39. 5805	0. 0253	0. 2253	4. 4392	137. 9025	3. 4841
13	10. 6993	0. 0935	48. 4966	0. 0206	0. 2206	4. 5327	177. 4830	3. 6597
14	12. 8392	0. 0779	59. 1959	0. 0169	0. 2169	4. 6106	225. 9796	3. 8175
15	15. 4070	0. 0649	72. 0351	0. 0139	0. 2139	4. 6755	285. 1755	3. 9588
16	18. 4884	0. 0541	87. 4421	0. 0114	0. 2114	4. 7296	357. 2106	4. 0851
17	22. 1861	0. 0451	105. 9306	0. 0094	0. 2094	4. 7746	444. 6528	4. 1976
18	26. 6233	0. 0376	128. 1167	0. 0078	0. 2078	4. 8122	550. 5833	4. 2975
19	31. 9480	0. 0313	154. 7400	0. 0065	0. 2065	4. 8435	678. 7000	4. 3861
20	38. 3376	0. 0261	186. 6880	0. 0054	0. 2054	4. 8696	833. 4400	4. 4643
21	46. 0051	0. 0217	225. 0256	0. 0044	0. 2044	4. 8913	1020. 1280	4. 5334
22	55. 2061	0. 0181	271. 0307	0. 0037	0. 2037	4. 9094	1245. 1536	4. 5941
23	66. 2474	0. 0151	326. 2369	0. 0031	0. 2031	4. 9245	1516. 1843	4. 6475
24	79. 4968	0. 0126	392. 4842	0. 0025	0. 2025	4. 9371	1842. 4212	4. 6943
25	95. 3962	0. 0105	471. 9811	0. 0021	0. 2021	4. 9476	2234. 9054	4. 7352
26	114. 4755	0. 0087	567. 3773	0. 0018	0. 2018	4. 9563	2706. 8865	4. 7709
27	137. 3706	0. 0073	681. 8528	0. 0015	0. 2015	4. 9636	3274. 2638	4. 8020
28	164. 8447	0. 0061	819. 2233	0. 0012	0. 2012	4. 9697	3956. 1166	4. 8291
29	197. 8136	0. 0051	984. 0680	0. 0010	0. 2010	4. 9747	4775. 3399	4. 8527
30	237. 3763	0. 0042	1181. 8816	0. 0008	0. 2008	4. 9789	5759. 4078	4. 8731
31	284. 8516	0. 0035	1419. 2579	0. 0007	0. 2007	4. 9824	6941. 2894	4. 8908
32	341. 8219	0. 0029	1704. 1095	0. 0006	0. 2006	4. 9854	8360. 5473	4. 9061
33	410. 1863	0. 0024	2045. 9314	0. 0005	0. 2005	4. 9878	10064. 6568	4. 9194
34	492. 2235	0. 0020	2456. 1176	0. 0004	0. 2004	4. 9898	12110. 5881	4. 9308
35	590. 6682	0. 0017	2948. 3411	0. 0003	0. 2003	4. 9915	14566. 7057	4. 9406
36	708. 8019	0. 0014	3539. 0094	0. 0003	0. 2003	4. 9929	17515. 0469	4. 9491
37	850. 5622	0. 0012	4247. 8112	0. 0002	0. 2002	4. 9941	21054. 0562	4. 9564
38	1020. 674	0. 0010	5098. 3735	0. 0002	0. 2002	4. 9951	25301. 8675	4. 9627
39	1224. 809	0. 0008	6119. 0482	0. 0002	0. 2002	4. 9959	30400. 2410	4. 9681
40	1469. 771	0. 0007	7343. 8578	0. 0001	0. 2001	4. 9966	36519. 2892	4. 9728

（续）

n	(F/P,i,n)	(P/F,i,n)	(F/A,i,n)	(A/F,i,n)	(A/P,i,n)	(P/A,i,n)	(F/G,i,n)	(A/G,i,n)
41	1763. 725	0. 0006	8813. 6294	0. 0001	0. 2001	4. 9972	43863. 1470	4. 9767
42	2116. 471	0. 0005	10577. 3553	0. 0001	0. 2001	4. 9976	52676. 7764	4. 9801
43	2539. 765	0. 0004	12693. 8263	0. 0001	0. 2001	4. 9980	63254. 1317	4. 9831
44	3047. 718	0. 0003	15233. 5916	0. 0001	0. 2001	4. 9984	75947. 9581	4. 9856
45	3657. 262	0. 0003	18281. 3099	0. 0001	0. 2001	4. 9986	91181. 5497	4. 9877
46	4388. 714	0. 0002	21938. 5719	0. 0000	0. 2000	4. 9989	109462. 8596	4. 9895
47	5266. 457	0. 0002	26327. 2863	0. 0000	0. 2000	4. 9991	131401. 4316	4. 9911
48	6319. 748	0. 0002	31593. 7436	0. 0000	0. 2000	4. 9992	157728. 7179	4. 9924
49	7583. 698	0. 0001	37913. 4923	0. 0000	0. 2000	4. 9993	189322. 4615	4. 9935
50	9100. 438	0. 0001	45497. 1908	0. 0000	0. 2000	4. 9995	227235. 9538	4. 9945

附表 14　复利系数表（$i=25\%$）

n	(F/P,i,n)	(P/F,i,n)	(F/A,i,n)	(A/F,i,n)	(A/P,i,n)	(P/A,i,n)	(F/G,i,n)	(A/G,i,n)
1	1. 2500	0. 8000	1. 0000	1. 0000	1. 2500	0. 8000	0. 0000	0. 0000
2	1. 5625	0. 6400	2. 2500	0. 4444	0. 6944	1. 4400	1. 0000	0. 4444
3	1. 9531	0. 5120	3. 8125	0. 2623	0. 5123	1. 9520	3. 2500	0. 8525
4	2. 4414	0. 4096	5. 7656	0. 1734	0. 4234	2. 3616	7. 0625	1. 2249
5	3. 0518	0. 3277	8. 2070	0. 1218	0. 3718	2. 6893	12. 8281	1. 5631
6	3. 8147	0. 2621	11. 2588	0. 0888	0. 3388	2. 9514	21. 0352	1. 8683
7	4. 7684	0. 2097	15. 0735	0. 0663	0. 3163	3. 1611	32. 2939	2. 1424
8	5. 9605	0. 1678	19. 8419	0. 0504	0. 3004	3. 3289	47. 3674	2. 3872
9	7. 4506	0. 1342	25. 8023	0. 0388	0. 2888	3. 4631	67. 2093	2. 6048
10	9. 3132	0. 1074	33. 2529	0. 0301	0. 2801	3. 5705	93. 0116	2. 7971
11	11. 6415	0. 0859	42. 5661	0. 0235	0. 2735	3. 6564	126. 2645	2. 9663
12	14. 5519	0. 0687	54. 2077	0. 0184	0. 2684	3. 7251	168. 8306	3. 1145
13	18. 1899	0. 0550	68. 7596	0. 0145	0. 2645	3. 7801	223. 0383	3. 2437
14	22. 7374	0. 0440	86. 9495	0. 0115	0. 2615	3. 8241	291. 7979	3. 3559
15	28. 4217	0. 0352	109. 6868	0. 0091	0. 2591	3. 8593	378. 7474	3. 4530
16	35. 5271	0. 0281	138. 1085	0. 0072	0. 2572	3. 8874	488. 4342	3. 5366
17	44. 4089	0. 0225	173. 6357	0. 0058	0. 2558	3. 9099	626. 5427	3. 6084
18	55. 5112	0. 0180	218. 0446	0. 0046	0. 2546	3. 9279	800. 1784	3. 6698
19	69. 3889	0. 0144	273. 5558	0. 0037	0. 2537	3. 9424	1018. 2230	3. 7222
20	86. 7362	0. 0115	342. 9447	0. 0029	0. 2529	3. 9539	1291. 7788	3. 7667
21	108. 4202	0. 0092	429. 6809	0. 0023	0. 2523	3. 9631	1634. 7235	3. 8045
22	135. 5253	0. 0074	538. 1011	0. 0019	0. 2519	3. 9705	2064. 4043	3. 8365
23	169. 4066	0. 0059	673. 6264	0. 0015	0. 2515	3. 9764	2602. 5054	3. 8634
24	211. 7582	0. 0047	843. 0329	0. 0012	0. 2512	3. 9811	3276. 1318	3. 8861
25	264. 6978	0. 0038	1054. 7912	0. 0009	0. 2509	3. 9849	4119. 1647	3. 9052

（续）

n	(F/P,i,n)	(P/F,i,n)	(F/A,i,n)	(A/F,i,n)	(A/P,i,n)	(P/A,i,n)	(F/G,i,n)	(A/G,i,n)
26	330. 8722	0. 0030	1319. 4890	0. 0008	0. 2508	3. 9879	5173. 9559	3. 9212
27	413. 5903	0. 0024	1650. 3612	0. 0006	0. 2506	3. 9903	6493. 4449	3. 9346
28	516. 9879	0. 0019	2063. 9515	0. 0005	0. 2505	3. 9923	8143. 8061	3. 9457
29	646. 2349	0. 0015	2580. 9394	0. 0004	0. 2504	3. 9938	10207. 7577	3. 9551
30	807. 7936	0. 0012	3227. 1743	0. 0003	0. 2503	3. 9950	12788. 6971	3. 9628
31	1009. 742	0. 0010	4034. 9678	0. 0002	0. 2502	3. 9960	16015. 8713	3. 9693
32	1262. 177	0. 0008	5044. 7098	0. 0002	0. 2502	3. 9968	20050. 8392	3. 9746
33	1577. 721	0. 0006	6306. 8872	0. 0002	0. 2502	3. 9975	25095. 5490	3. 9791
34	1972. 152	0. 0005	7884. 6091	0. 0001	0. 2501	3. 9980	31402. 4362	3. 9828
35	2465. 190	0. 0004	9856. 7613	0. 0001	0. 2501	3. 9984	39287. 0453	3. 9858
36	3081. 487	0. 0003	12321. 9516	0. 0001	0. 2501	3. 9987	49143. 8066	3. 9883
37	3851. 859	0. 0003	15403. 4396	0. 0001	0. 2501	3. 9990	61465. 7582	3. 9904
38	4814. 824	0. 0002	19255. 2994	0. 0001	0. 2501	3. 9992	76869. 1978	3. 9921
39	6018. 531	0. 0002	24070. 1243	0. 0000	0. 2500	3. 9993	96124. 4972	3. 9935
40	7523. 163	0. 0001	30088. 6554	0. 0000	0. 2500	3. 9995	120194. 6215	3. 9947
41	9403. 954	0. 0001	37611. 8192	0. 0000	0. 2500	3. 9996	150283. 2769	3. 9956
42	11754. 94	0. 0001	47015. 7740	0. 0000	0. 2500	3. 9997	187895. 0961	3. 9964
43	14693. 67	0. 0001	58770. 7175	0. 0000	0. 2500	3. 9997	234910. 8702	3. 9971
44	18367. 09	0. 0001	73464. 3969	0. 0000	0. 2500	3. 9998	293681. 5877	3. 9976
45	22958. 87	0. 0000	91831. 4962	0. 0000	0. 2500	3. 9998	367145. 9846	3. 9980
46	28698. 59	0. 0000	114790. 3702	0. 0000	0. 2500	3. 9999	458977. 4808	3. 9984
47	35873. 24	0. 0000	143488. 9627	0. 0000	0. 2500	3. 9999	573767. 8510	3. 9987
48	44841. 55	0. 0000	179362. 2034	0. 0000	0. 2500	3. 9999	717256. 8137	3. 9989
49	56051. 93	0. 0000	224203. 7543	0. 0000	0. 2500	3. 9999	896619. 0172	3. 9991
50	70064. 92	0. 0000	280255. 6929	0. 0000	0. 2500	3. 9999	1120822. 7715	3. 9993

附表 15 复利系数表（$i=30\%$）

n	(F/P,i,n)	(P/F,i,n)	(F/A,i,n)	(A/F,i,n)	(A/P,i,n)	(P/A,i,n)	(F/G,i,n)	(A/G,i,n)
1	1. 3000	0. 7692	1. 0000	1. 0000	1. 3000	0. 7692	0. 0000	0. 0000
2	1. 6900	0. 5917	2. 3000	0. 4348	0. 7348	1. 3609	1. 0000	0. 4348
3	2. 1970	0. 4552	3. 9900	0. 2506	0. 5506	1. 8161	3. 3000	0. 8271
4	2. 8561	0. 3501	6. 1870	0. 1616	0. 4616	2. 1662	7. 2900	1. 1783
5	3. 7129	0. 2693	9. 0431	0. 1106	0. 4106	2. 4356	13. 4770	1. 4903
6	4. 8268	0. 2072	12. 7560	0. 0784	0. 3784	2. 6427	22. 5201	1. 7654
7	6. 2749	0. 1594	17. 5828	0. 0569	0. 3569	2. 8021	35. 2761	2. 0063
8	8. 1573	0. 1226	23. 8577	0. 0419	0. 3419	2. 9247	52. 8590	2. 2156
9	10. 6045	0. 0943	32. 0150	0. 0312	0. 3312	3. 0190	76. 7167	2. 3963
10	13. 7858	0. 0725	42. 6195	0. 0235	0. 3235	3. 0915	108. 7317	2. 5512

（续）

n	(F/P,i,n)	(P/F,i,n)	(F/A,i,n)	(A/F,i,n)	(A/P,i,n)	(P/A,i,n)	(F/G,i,n)	(A/G,i,n)
11	17.9216	0.0558	56.4053	0.0177	0.3177	3.1473	151.3512	2.6833
12	23.2981	0.0429	74.3270	0.0135	0.3135	3.1903	207.7565	2.7952
13	30.2875	0.0330	97.6250	0.0102	0.3102	3.2233	282.0835	2.8895
14	39.3738	0.0254	127.9125	0.0078	0.3078	3.2487	379.7085	2.9685
15	51.1859	0.0195	167.2863	0.0060	0.3060	3.2682	507.6210	3.0344
16	66.5417	0.0150	218.4722	0.0046	0.3046	3.2832	674.9073	3.0892
17	86.5042	0.0116	285.0139	0.0035	0.3035	3.2948	893.3795	3.1345
18	112.4554	0.0089	371.5180	0.0027	0.3027	3.3037	1178.3934	3.1718
19	146.1920	0.0068	483.9734	0.0021	0.3021	3.3105	1549.9114	3.2025
20	190.0496	0.0053	630.1655	0.0016	0.3016	3.3158	2033.8849	3.2275
21	247.0645	0.0040	820.2151	0.0012	0.3012	3.3198	2664.0503	3.2480
22	321.1839	0.0031	1067.2796	0.0009	0.3009	3.3230	3484.2654	3.2646
23	417.5391	0.0024	1388.4635	0.0007	0.3007	3.3254	4551.5450	3.2781
24	542.8008	0.0018	1806.0026	0.0006	0.3006	3.3272	5940.0086	3.2890
25	705.6410	0.0014	2348.8033	0.0004	0.3004	3.3286	7746.0111	3.2979
26	917.3333	0.0011	3054.4443	0.0003	0.3003	3.3297	10094.8145	3.3050
27	1192.533	0.0008	3971.7776	0.0003	0.3003	3.3305	13149.2588	3.3107
28	1550.293	0.0006	5164.3109	0.0002	0.3002	3.3312	17121.0364	3.3153
29	2015.381	0.0005	6714.6042	0.0001	0.3001	3.3317	22285.3474	3.3189
30	2619.995	0.0004	8729.9855	0.0001	0.3001	3.3321	28999.9516	3.3219
31	3405.994	0.0003	11349.9811	0.0001	0.3001	3.3324	37729.9371	3.3242
32	4427.792	0.0002	14755.9755	0.0001	0.3001	3.3326	49079.9182	3.3261
33	5756.130	0.0002	19183.7681	0.0001	0.3001	3.3328	63835.8937	3.3276
34	7482.969	0.0001	24939.8985	0.0000	0.3000	3.3329	83019.6618	3.3288
35	9727.860	0.0001	32422.8681	0.0000	0.3000	3.3330	107959.5603	3.3297
36	12646.21	0.0001	42150.7285	0.0000	0.3000	3.3331	140382.4284	3.3305
37	16440.08	0.0001	54796.9471	0.0000	0.3000	3.3331	182533.1569	3.3311
38	21372.10	0.0000	71237.0312	0.0000	0.3000	3.3332	237330.1039	3.3316
39	27783.74	0.0000	92609.1405	0.0000	0.3000	3.3332	308567.1351	3.3319
40	36118.86	0.0000	120392.8827	0.0000	0.3000	3.3332	401176.2756	3.3322

附表 16　复利系数表（$i=35\%$）

n	(F/P,i,n)	(P/F,i,n)	(F/A,i,n)	(A/F,i,n)	(A/P,i,n)	(P/A,i,n)	(F/G,i,n)	(A/G,i,n)
1	1.3500	0.7407	1.0000	1.0000	1.3500	0.7407	0.0000	0.0000
2	1.8225	0.5487	2.3500	0.4255	0.7755	1.2894	1.0000	0.4255
3	2.4604	0.4064	4.1725	0.2397	0.5897	1.6959	3.3500	0.8029
4	3.3215	0.3011	6.6329	0.1508	0.5008	1.9969	7.5225	1.1341
5	4.4840	0.2230	9.9544	0.1005	0.4505	2.2200	14.1554	1.4220

（续）

n	(F/P,i,n)	(P/F,i,n)	(F/A,i,n)	(A/F,i,n)	(A/P,i,n)	(P/A,i,n)	(F/G,i,n)	(A/G,i,n)
6	6.0534	0.1652	14.4384	0.0693	0.4193	2.3852	24.1098	1.6698
7	8.1722	0.1224	20.4919	0.0488	0.3988	2.5075	38.5482	1.8811
8	11.0324	0.0906	28.6640	0.0349	0.3849	2.5982	59.0400	2.0597
9	14.8937	0.0671	39.6964	0.0252	0.3752	2.6653	87.7040	2.2094
10	20.1066	0.0497	54.5902	0.0183	0.3683	2.7150	127.4005	2.3338
11	27.1439	0.0368	74.6967	0.0134	0.3634	2.7519	181.9906	2.4364
12	36.6442	0.0273	101.8406	0.0098	0.3598	2.7792	256.6873	2.5205
13	49.4697	0.0202	138.4848	0.0072	0.3572	2.7994	358.5279	2.5889
14	66.7841	0.0150	187.9544	0.0053	0.3553	2.8144	497.0127	2.6443
15	90.1585	0.0111	254.7385	0.0039	0.3539	2.8255	684.9671	2.6889
16	121.7139	0.0082	344.8970	0.0029	0.3529	2.8337	939.7056	2.7246
17	164.3138	0.0061	466.6109	0.0021	0.3521	2.8398	1284.6025	2.7530
18	221.8236	0.0045	630.9247	0.0016	0.3516	2.8443	1751.2134	2.7756
19	299.4619	0.0033	852.7483	0.0012	0.3512	2.8476	2382.1381	2.7935
20	404.2736	0.0025	1152.2103	0.0009	0.3509	2.8501	3234.8864	2.8075

附表 17　复利系数表（$i=40\%$）

n	(F/P,i,n)	(P/F,i,n)	(F/A,i,n)	(A/F,i,n)	(A/P,i,n)	(P/A,i,n)	(F/G,i,n)	(A/G,i,n)
1	1.4000	0.7143	1.0000	1.0000	1.4000	0.7143	0.0000	0.0000
2	1.9600	0.5102	2.4000	0.4167	0.8167	1.2245	1.0000	0.4167
3	2.7440	0.3644	4.3600	0.2294	0.6294	1.5889	3.4000	0.7798
4	3.8416	0.2603	7.1040	0.1408	0.5408	1.8492	7.7600	1.0923
5	5.3782	0.1859	10.9456	0.0914	0.4914	2.0352	14.8640	1.3580
6	7.5295	0.1328	16.3238	0.0613	0.4613	2.1680	25.8096	1.5811
7	10.5414	0.0949	23.8534	0.0419	0.4419	2.2628	42.1334	1.7664
8	14.7579	0.0678	34.3947	0.0291	0.4291	2.3306	65.9868	1.9185
9	20.6610	0.0484	49.1526	0.0203	0.4203	2.3790	100.3815	2.0422
10	28.9255	0.0346	69.8137	0.0143	0.4143	2.4136	149.5342	2.1419
11	40.4957	0.0247	98.7391	0.0101	0.4101	2.4383	219.3478	2.2215
12	56.6939	0.0176	139.2348	0.0072	0.4072	2.4559	318.0870	2.2845
13	79.3715	0.0126	195.9287	0.0051	0.4051	2.4685	457.3217	2.3341
14	111.1201	0.0090	275.3002	0.0036	0.4036	2.4775	653.2504	2.3729
15	155.5681	0.0064	386.4202	0.0026	0.4026	2.4839	928.5506	2.4030
16	217.7953	0.0046	541.9883	0.0018	0.4018	2.4885	1314.9708	2.4262
17	304.9135	0.0033	759.7837	0.0013	0.4013	2.4918	1856.9592	2.4441
18	426.8789	0.0023	1064.6971	0.0009	0.4009	2.4941	2616.7428	2.4577
19	597.6304	0.0017	1491.5760	0.0007	0.4007	2.4958	3681.4400	2.4682
20	836.6826	0.0012	2089.2064	0.0005	0.4005	2.4970	5173.0160	2.4761

附表 18　*F* 分布临界值表

$P\{F>F_\alpha(f_1,f_2)\}=\alpha \quad \alpha=0.05$

F_α f_1 / f_2	1	2	3	4	5	6	7	8	12	24	+∞
1	161.4	199.5	215.7	224.6	230.2	234.0	236.8	238.9	243.9	249.1	254.3
2	18.5	19.0	19.2	19.2	19.3	19.3	19.4	19.4	19.4	19.5	19.5
3	10.1	9.55	9.28	9.12	9.01	8.94	8.89	8.85	8.74	8.64	8.53
4	7.71	6.94	6.59	6.39	6.26	6.16	6.09	6.04	5.91	5.77	5.63
5	6.61	5.79	5.41	5.19	5.05	4.95	4.88	4.82	4.68	4.53	4.36
6	5.99	5.14	4.76	4.53	4.39	4.28	4.21	4.15	4.00	3.84	3.67
7	5.59	4.74	4.35	4.12	3.97	3.87	3.79	3.73	3.57	3.41	3.23
8	5.32	4.46	4.07	3.84	3.69	3.58	3.50	3.44	3.28	3.12	2.93
9	5.12	4.26	3.86	3.63	3.48	3.37	3.29	3.23	3.07	2.90	2.71
10	4.96	4.10	3.71	3.48	3.33	3.22	3.14	3.07	2.91	2.74	2.54
11	4.84	3.98	3.59	3.36	3.20	3.09	3.01	2.95	2.79	2.61	2.40
12	4.75	3.89	3.49	3.26	3.11	3.00	2.91	2.85	2.69	2.51	2.30
13	4.67	3.81	3.41	3.18	3.03	2.92	2.83	2.77	2.60	2.42	2.21
14	4.60	3.74	3.34	3.11	2.96	2.85	2.76	2.70	2.53	2.35	2.13
15	4.54	3.68	3.29	3.06	2.90	2.79	2.71	2.64	2.48	2.29	2.07
16	4.49	3.63	3.24	3.01	2.85	2.74	2.66	2.59	2.42	2.24	2.01
17	4.45	3.59	3.20	2.96	2.81	2.70	2.61	2.55	2.38	2.19	1.96
18	4.41	3.55	3.16	2.93	2.77	2.66	2.58	2.51	2.34	2.15	1.92
19	4.38	3.52	3.13	2.90	2.74	2.63	2.54	2.48	2.31	2.11	1.88
20	4.35	3.49	3.10	2.87	2.71	2.60	2.51	2.45	2.28	2.08	1.84
21	4.32	3.47	3.07	2.84	2.68	2.57	2.49	2.42	2.25	2.05	1.81
22	4.30	3.44	3.05	2.82	2.66	2.55	2.46	2.40	2.23	2.03	1.78
23	4.28	3.42	3.03	2.80	2.64	2.53	2.44	2.37	2.20	2.01	1.76
24	4.26	3.40	3.01	2.78	2.62	2.51	2.42	2.36	2.18	1.98	1.73
25	4.24	3.39	2.99	2.76	2.60	2.49	2.40	2.34	2.16	1.96	1.71
26	4.23	3.37	2.98	2.74	2.59	2.47	2.39	2.32	2.15	1.95	1.69
27	4.21	3.35	2.96	2.73	2.57	2.46	2.37	2.31	2.13	1.93	1.67
28	4.20	3.34	2.95	2.71	2.56	2.45	2.36	2.29	2.12	1.91	1.65
29	4.18	3.33	2.93	2.70	2.55	2.43	2.35	2.28	2.10	1.90	1.64

（续）

F_α f_1 / f_2	1	2	3	4	5	6	7	8	12	24	+∞
30	4.17	3.32	2.92	2.69	2.53	2.42	2.33	2.27	2.09	1.89	1.62
40	4.08	3.23	2.84	2.61	2.45	2.34	2.25	2.13	2.00	1.79	1.51
60	4.00	3.15	2.76	2.53	2.37	2.25	2.17	2.10	1.92	1.70	1.39
120	3.92	3.07	2.68	2.45	2.29	2.17	2.09	2.02	1.83	1.61	1.25
+∞	3.84	3.00	2.60	2.37	2.21	2.10	2.01	1.94	1.79	1.52	1.00

附表 19　t 分布临界值表

$$P\{|T|>t_\alpha\}=\alpha$$

t α / f	0.20	0.10	0.05	0.02	0.01	0.001
1	3.078	6.314	12.706	31.821	63.657	636.619
2	1.886	2.920	4.303	6.965	9.925	31.599
3	1.638	2.353	3.182	4.541	5.841	12.924
4	1.533	2.132	2.776	3.747	4.604	8.610
5	1.467	2.015	2.571	3.365	4.032	6.869
6	1.440	1.943	2.447	3.143	3.707	5.959
7	1.415	1.895	2.365	2.998	3.499	5.408
8	1.397	1.860	2.306	2.896	3.355	5.041
9	1.383	1.833	2.262	2.821	3.250	4.781
10	1.372	1.812	2.228	2.764	3.169	4.587
11	1.363	1.796	2.201	2.718	3.106	4.437
12	1.356	1.782	2.179	2.681	3.055	4.318
13	1.350	1.771	2.160	2.650	3.012	4.221
14	1.345	1.761	2.145	2.624	2.977	4.140
15	1.341	1.753	2.131	2.602	2.947	4.073
16	1.337	1.746	2.120	2.583	2.921	4.015
17	1.333	1.740	2.110	2.567	2.898	3.965
18	1.330	1.734	2.101	2.552	2.878	3.922
19	1.328	1.729	2.093	2.539	2.861	3.883
20	1.325	1.725	2.086	2.528	2.845	3.850
21	1.323	1.721	2.080	2.518	2.831	3.819

（续）

f \ t \ α	0.20	0.10	0.05	0.02	0.01	0.001
22	1.321	1.717	2.074	2.508	2.819	3.792
23	1.319	1.714	2.069	2.500	2.807	3.768
24	1.318	1.711	2.064	2.492	2.797	3.745
25	1.316	1.708	2.060	2.485	2.787	3.725
26	1.315	1.706	2.056	2.479	2.779	3.707
27	1.314	1.703	2.052	2.473	2.771	3.690
28	1.313	1.701	2.048	2.467	2.763	3.674
29	1.311	1.699	2.045	2.462	2.756	3.659
30	1.310	1.697	2.042	2.457	2.750	3.646
40	1.303	1.684	2.021	2.423	2.704	3.551
60	1.296	1.671	2.000	2.390	2.660	3.460
120	1.289	1.658	1.980	2.358	2.617	3.373
+∞	1.282	1.645	1.960	2.326	2.576	3.291

参考文献

[1] 于立君. 工程经济学学习指导与习题 [M]. 北京：机械工业出版社，2010.

[2] 于立君. 工程经济学 [M]. 北京：清华大学出版社，2014.

[3] 沙利文，威克斯，科林. 工程经济学：第 17 版 [M]. 影印版. 北京：清华大学出版社，2020.

[4] 中国注册会计师协会. 税法：2021 年注册会计师全国统一考试辅导教材 [M]. 北京：中国财经出版传媒集团，2021.

[5] 财政部会计资格评价中心. 初级会计实务：2021 年度全国会计专业技术资格考试辅导教材 [M]. 北京：经济科学出版社，2020.

[6] 全国一级建造师执业资格考试用书编写委员会. 建设工程经济 [M]. 北京：中国建筑工业出版社，2021.

[7] 刘长滨. 建筑工程技术经济学 [M]. 北京：中国建筑工业出版社，2004.

[8] 中国房地产估价师与房地产经纪人学会. 房地产基本制度与政策：全国房地产估价师执业资格考试用书 [M]. 北京：中国建筑工业出版社，2015.

[9] 古扎拉蒂，波特. 计量经济学基础：英文版·第五版 [M]. 北京：中国人民大学出版社，2010.

[10] 国家发展改革委员会，建设部. 建设项目经济评价方法与参数 [M]. 3 版. 北京：中国计划出版社，2006.

[11] 建设部标准定额研究所. 建设项目经济评价案例 [M]. 北京：中国计划出版社，2006.

[12] THUESEN G J, FABRYCKY W J. 工程经济学：第 9 版 [M]. 影印版. 北京：清华大学出版社，2005.

[13] 全国造价工程师职业资格考试培训教材编审委员会. 建设工程造价管理：2021 年版全国一级造价工程师职业资格考试培训教材 [M]. 北京：中国计划出版社，2021.